조선시대
책문 연구

조선시대
책문 연구

박재경
지음

작가의 말

이 책은 서울대학교에서 박사학위를 받은 논문을 책을 묶은 것이다. 20여 년 전만 해도 하릴없이 교수직을 번호표 받고 자리 잡고서 박사학위를 천천히 받고 그것을 책으로 당연히 출판하는 선배들이 많았다. 하지만 시절이 바뀌면서 박사학위를 받고도 낭인 생활을 하는 이들이 발에 치이는 시대를 맞이하게 되었다.

그래서 별 의미 없이 당연히 책으로 묶어 나오던 박사 논문과 똑같은 취급을 받는 것이 혐오스러울 것을 염려한 끝에 군이 책을 출판하는 일은 고사해왔던 터였다. 오히려 하드커버로 찍은 박사 논문도 다른 이들에게 주지 않아서 박스 포장 그대로 서재 한쪽을 차지하는데 군이 그래야 하나 고민도 많았다.

그럼에도 불구하고 이렇게 책으로 엮어 출판하게 된 데에는 나름의 변명이 있다. 책의 제목만으로도 알 수 있듯이 이 책이 표방하는 바는 논문으로 묶여 나오기 이전에는 물론 세월이 제법 지난 지금까지도 누구도 하지 못한 방대한 작업의 결과물이라는 점에 의의가 있다. 조선시대 전반에 걸쳐 치러진 과거시험 그중에서도 최종과목으로 치러졌던 현대의 논술과 같은 책문은 문제와 답안을 조선시대 전체에 걸쳐 분석한 결과가 이제까지 없었다. 이 책의 부록으로 담긴 조선시대 과거 시험 중에 책문으로 치러졌던 내용을 정리한 것도 최초로 집대성하여 정리된 자료이기에 관련 연구를 하고자 하는 문학과 역사 학도들에게는 시간을 줄일 수 있는 인덱스와 같은 역할을 할 것으로 기대된다.

　논문의 형태로 있는 도서관에 배치된 것과 일반인들이 좀 더 편하게 접할 수 있는 책의 형태로 출간되는 것은 작지만 큰 차이가 있다. 사실 하버드 교수로서 해외 한국학에 지대한 영향을 미친 에드워드 와그너의 연구도 결국 한국의 과거제도를 기반으로 하고 있음을 보건대, 아직 조선시대 과거시험의 과목 중에서도 최종시험 과목으로 시행되었던 책문은 그것이 가지고 있는 비중이 결코 가볍지 않다고 할 것이다.

　본의 아니게 국내가 아닌 세계의 대학을 유랑하듯 해외에 주로 적을 두게 되면서 다양한 나라의 다양한 동료 교수들과 한국학자와 학생들에게 내 전공은 일종의 신비로운 범접하지 못할 매우 어려운 분야로 인식되고 회자되었다. 그럼에도 불구하고 박사 논문을 한번 읽어보고 싶다는 이들이 적지 않았던 것을 보면, 그 옛날 벽안(碧眼)의 와그너 교수가 한적(漢籍)을 통해 조선시대 과거제도부터 관심을 가졌던 것이 우연은 아니라는 생각이 들었다.

　그리고 박사 논문을 쓰기 시작할 때부터 가지고 있던 약간은 큰 계획, 과거제도의 시험으로 사용된 육체(六體)를 집대성하는 작업을 더 나이 들어 힘이 빠져버리기 전에 구체화해야 한다는 조급함이 시리즈로 시작되는 조선시대 과거시험의 첫 장을 열게 한 것이다.

이래저래 여러 가지 변명을 늘어놓는 꼴이 되고 말았지만, 결국 이렇게 학자로서의 공식적인 데뷔 저술이었던 글을 책으로 묶어 대중에게 내놓게 되었다.

　책은 장르와 내용을 고사하고 많이 읽히는 것이 욕망의 기본인 물질이다. 유관한 전공으로 인해 내용을 활용하고자 하는 학자에서부터 공부가 업이 아니지만 취미 이상의 골동 서화 취향을 가진 고급 독자에 이르기까지 조금이라도 많은 이들이 이 책의 내용을 공유하고 향유하였으면 하는 바람은 나 역시 크게 다르지 않다.

　이제껏 여러 장르의 다양한 책을 써오면서도 필명이 아닌 본명으로 출판을 하는 것은 거의 처음에 해당하지 않는가 싶다. 기획한 대로 조선시대 과거시험 육체의 전모를 집대성하여 시리즈를 완성하게 되는 그날, 조촐하게나마 이 연구를 시작한 첫날을 기념하고 싶다.

　내가 숨쉬고 살아갈 수 있는 그 모든 이유인, 사랑하는 내 가족들에게 이 책을 바친다.

멀찍이 한강이 내려다보이는
어느 늦가을 오후에 적다.

:: 목 차

제1부

서론

'科擧'는 동아시아 고유의 인재선발제도이면서 조선시대의 문·사·철을 다각도에서 읽어낼 수 있는 매우 유용한 열쇠다. 중국에서 587년에 과거가 실시된 이래, 우리나라에서는 그보다 약 400년이 늦은 958년(광종 9)에야 과거시험이 처음 실시되었다. 이후 조선시대 전반에 걸쳐 천 년에 가까운 시기를 우리나라에서는 인재선발제도로 '과거'를 시행하였다.

　과거가 시작된 것은 고려시대였지만, 실제 제도로서 정착되어 활성화되었던 시기는 조선시대였다. 과거제도는 조선의 건국과 함께 확대·계승되었는데, 체제 정비에 따라 시험 과목에 약간의 변화가 있긴 했으나 제도의 틀 자체가 바뀌지는 않았다. 고려시대부터 조선시대에 이르도록 科文의 주종을 이룬 과목들은, '詩·賦·表·策·疑·義'로 대표되는 이른바 '科文六體'였다. 다양한 장르에 대해 일정 수준 이상의 학문 수준이 갖춰져야만 과거에 합격할 수 있었다.

　이러한 배경 때문에 科文은 문장학습과는 불가분의 관계일 수밖에 없었다. 이것은 학문을 익히고 궁구하는 것과는 별개의 문제였다. 글을 배우고 경전을 학습하는 일차적 목적이, 과거에 합격하여 벼슬하기 위한 것이었기 때문이다. 이처럼 科擧가 만들어낸 독특한 상황들로 인해, 科文에 대한 연구는 그 시대를 읽는 것과 동시에 그 시기의 文風과 개개인의 문학 간의 유기적 고찰을 가능하게 한다.

그렇지만 이제까지 科文에 대한 연구는 그다지 활성화되지 못했다. 차미희는 최근 연구동향에 대한 보고에서[1] 文科에 대한 연구를 사상사와 연결시켜 연구하기 위해서는 시험답안지(試券)의 내용 분석이 선행되어야 함을 주장하면서, 국사학계는 물론이고 한문학계에서 이렇다 할 만한 연구가 진행되지 않았다고 지적하였다. 특히 試券의 본격적인 분석 없이 科擧 관련 연구를 더 심화하기는 어렵다는 점을 강조하였다. 황위주 교수는 최근 科文 연구 논저 300여 편을 정리하여 그 성과를 분석한 바 있다.[2] 특히, 답안지의 형식과 내용, 문체 등을 검토하여 그 실체를 규명하는 연구가 필요함을 역설하고, 시험 문제의 분석을 통해 국가의 교육정책과 개인의 독서 경향을 파악해낼 수 있다는 점 등을 거론하여 구체적인 科文 연구의 목표와 방향을 제시하였다.

이러한 지적에 유의하여 이 책에서는 조선시대 科文, 그중에서도 策文[3]에 주목하여 그 문체적 특징과 程式을 밝히고, 策問 주제와 그 시대적 의의 및 對策의 문체적 전개 양상이 갖는 의미에 대해 규명해 보고자 한다. 이 책에서 科文의 여러 장르 중에서도 策文을 연구 대상으로 삼은 배경에는 다음 세 가지 이유가 있다.

첫째, 策文이 일정 수준 이상의 학문 능력을 검증받은 이들이 자

---

1) 차미희, 「조선시대 문과 연구의 동향과 전망」, 『역사교육논집』 49, 역사교육학회, 2012.
2) 황위주, 「한국한문학 연구의 몇 가지 과제」, 『大東漢文學』 22, 대동한문학회, 2005.————, 「과거시험 연구의 현황과 과제」, 『大東漢文學』 22, 대동한문학회, 2013.
3) 이 책에서 '策文'이라는 용어는, 문제에 해당하는 策問과 그 답안에 해당하는 對策을 통칭하는 의미로 사용한다.

신의 능력을 최대한 발휘하면서 작성한 문장이기 때문이다. 策文은 조선시대 科擧의 종장과목에 해당하여 최종관문의 시험으로 편입된 경우가 많았다. 이것은 策文이 1차와 2차 시험을 통해 학문과 글쓰기의 능력을 검증받아 통과한 수험생이 치르는 상위 시험 과목에 해당한다는 것을 의미한다. 그 점을 고려한다면 책문은 당시 문학과 학문의 경향을 파악하는 객관적 자료로서의 가치를 지닌 장르라 할 수 있을 것이다.

둘째, 策文이 科文 중에서는 상대적으로 수험생의 고유한 생각과 그것을 표현하는 문학적 記述의 특징을 간취해내기에 적합한 과목이기 때문이다. 策文은 科文이기 이전에 散文이다. 과거시험 과목 중에서 산문 장르는 科文이 갖춰야 할 엄격한 程式에도 불구하고, 운문 장르들보다 상대적으로 자신의 의견을 자유롭게 피력할 수 있다는 특징이 있다. 실제로 策問에는 주어진 질문에 대한 범위 밖이라도 평소 자기 생각을 개진해도 좋다고까지 적시하고 있다. 策文은 이러한 정황적 특성상 개인의 글쓰기 특성은 물론, 당시 文風이나 문장 학습을 위해 어떤 책을 많이 읽었는지 등이 드러난다는 점에서 다른 과문 장르보다 자료적 가치가 높다고 할 수 있다.

셋째, 시대 문제에 대한 신하들의 해결책을 듣겠다는 策問의 취지에 비춰봤을 때, 당대 시대상과 주요 과제를 역으로 考究해낼 수 있기 때문이다. 과거제 연구와 관련하여 국사학계에서 한문학계의 시권연구를 기대하는 것도 이러한 부분이 작용한 것이라 하겠다. 문제에 해당하는 策問만 분석하더라도 爲政者의 입장에서 당대에 무엇을 고민했었는지 파악해 낼 수 있다는 점에서 책문은 역사적 현실의 단면을 잘 보여주는 자료로서도 의미가 크다 할 것이다.

위에 언급한 바와 같이 문·사·철을 다각도로 조명할 수 있는 학문적 가치가 있음에도 策文 연구가 활성화되지 못했던 이유 중 하나는, 科文에 대한 연구자들의 선입견을 들 수 있을 것이다. 科文이 형식적 요소를 엄격하게 규제하는 장르임은 주지의 사실이다. 그로 인한 科文의 規式化에 대해서는 조선시대 문인들 역시 시대를 막론하고 수없이 지적한 바 있다. 그래서인지 이제까지 학계에서는 科文이 형식을 지나치게 강조한 나머지 학문적 가치를 발견해내기 어려운 장르라고 간주해왔다. 게다가 현대에 오면서 학술적으로 문학과 사학, 그리고 철학이 철저히 분리되면서 '과거제도'라는 제도사적인 문제와 '시험용 글쓰기'라는 문학적 문제, 그리고 '유학 전반 혹은 성리학'의 철학적 문제가 각자의 영역에서만 독자적으로 연구되어 왔다. 그 결과 문학과 역사, 철학의 세 분야가 유기적으로 연관된 결정체인 策文은 본의 아니게 기형적인 모습으로 홀대받는 처지로 전락하게 되었다.

科文 중에서도, 策文에 대한 연구는 성과가 특히 미미하였다. 2000년대 들면서 科體詩에 대한 연구가 활성화되기 시작한 것보다 策文에 대한 연구는 개괄적이고 부분적으로 연구된 바가 있을 뿐이었다. 물론 아주 성과가 없다고 할 수는 없겠으나 아직 다루지 않았거나 다루어야 할 부분이 훨씬 많다는 점은 부정할 수 없는 사실이다.

策文에 대한 연구는, 이병혁의 선구적인 정리 작업을 통해 시작되었다. 그는 科文 연구를 통해 科文六體에 대한 정리와 분석을 시도하였다.[4] 그는 『燃藜室記述』의 기록에 언급된 사실을 토대로, 시

---

4) 李炳赫, 「韓國科文研究 : 詩·賦를 中心으로」, 『東洋學』16, 단국대학교 동양학연구소, 1986.—

험 시기와 시험문제 등에 대한 연표를 만들어 개괄적 분석을 하였다. 이 연구들은 科文에 대한 기록을 일목요연하게 제시하여 전체적인 윤곽을 파악할 수 있게 한 연구라는 점에서 의미가 있다. 다만, 『燃藜室記述』의 기록을 다른 자료와 校勘하지 않은 탓에 연도나 내용표기의 오류가 발견되므로 아직 완전한 형태의 자료는 아니라고 볼 수 있다. 『문과방목』이나 『조선왕조실록』 등의 기록과 상이한 부분들을 校勘하여 수정 보완할 필요가 있을 것으로 판단된다.

한편, 2008년 송준호, 송만오가 작성한 자료5)는 『문과방목』을 기반으로 책문 자료를 정리하여 보다 진전된 성과를 보였다. 이 책에는 태조 때부터 인조 때까지 실시된 300회의 문과를 대상으로, 科擧가 언제 어떠한 이유로 실시되었으며, 몇 명을 선발하였는지, 또 殿試에서 출제된 시험 문제는 무엇이었으며, 각 시험을 진행하는 과정에서 어떤 주목할 만한 사건이 있었는지 등을 상세히 정리하였다. 이 작업은 이후 효종 대부터 고종 대까지 실시된 448회의 문과에 대해서도 같은 형식의 설명이 추가되어 중권과 하권, 총 3권으로 발간될 예정이라고 밝히고 있는데, 현재까지는 상권만이 발간되어 있다.

이러한 성과에도 불구하고 책문에 집중한 보다 체계적인 정리 작업이 여전히 필요한 것이 현실이다. 이에 위에서 살펴본 선행연구를 참고하되, 한국문집총간(속집 포함)에 수록된 策文과 그 외 시기별 策文選集 3편에 수록된 총 917편의 策文을 연구 대상으로 삼았다. 또, 개별 자료에서 놓치기 쉬운 통시적 시각을 확보하기

──, 「科文의 形式考(Ⅱ)-표·책을 중심으로-」, 『동양한문학연구』 2, 동양한문학회, 1987.──, 「韓國科文研究(Ⅲ)」, 『동양한문학연구』 12, 동양한문학회, 1998.

5) 송준호, 송만오 편, 『朝鮮時代 文科白書』, 삼우반, 2008.

위해, 국왕별로 시행되었던 과거제도의 형태와 시기, 출제 문제 및 수석 합격자의 기록 등을 참고하였다.

한편, 策文에 대한 연구가 조금씩 나오기 시작하면서 소개된 자료 중에서는 策文만을 모아서 엮은 策文選集에 대한 연구를 간과할 수 없다. 최근 학계에서는 다양한 策文選集의 발굴과 소개가 적잖게 이루어져 책문 연구에 다양한 시각을 반영하기 시작하였다.

책문 선집을 발굴하고 소개한 대표적인 연구결과로는 『科策』[6])과 『殿策精粹』 등에 대한 개별연구가 있다.[7]) 최식은 『科策』의 서문에 해당하는 '策文準的'의 내용을 소개하였고, 글쓰기의 관점에서 그 의의를 분석하였다. 이 연구는 「策文準的」에서 명시한 12가지 항목들을 통해 책문의 程式을 살폈는데 『科策』이 편찬된 시기에 책문의 규식화가 어느 정도 진행되었는지 등을 구체적으로 검토하였다.

임완혁은 『殿策精粹』라는 책문 선집 자료를 소개하면서 책문의 논리적 구조를 살펴보고자 하였다. 조선전기 책문 선집으로서 의미가 있는 이 자료의 소개는 책문 선집류에 대한 학계의 관심을 다시 한번 불러일으키는 데 많은 기여를 하였다. 임완혁은 이 연구에서 對策을 서론, 본론, 결론으로 나누어 삼단구성으로 분석하고, 논의를 확장하여 『殿策精粹』를 통해 조선전기 士의 세계 인식에 주목하였다.

이러한 학계의 책문 연구 성과 분위기에 힘입어 책문을 일반 독

---

6) 이 자료는 국립중앙도서관에 소장되어 있는데(한古朝31-115) 표지에 『科策』이라고 기록되어 있고 이어서 '策文準的'이라는 제목과 함께 서문격으로 對策의 정식이 담겨있다. 이것을 권수제로 보고 策題목을 '策文準的'이라고 한 것은 오기라고 판단하여 표지의 제목으로 정정하였다.

7) 최식, 「策文의 특징과 글쓰기 - 『策文準的』을 중심으로」, 『東方漢文學』 39, 동방한문학회, 2009. 임완혁, 「朝鮮前期 策文과 士의 世界 認識 : 『殿策精粹』를 중심으로」, 『漢文學報』 20, 우리한문학회, 2009.

자들에게 소개하는 인문교양서적8)과 학술관련 책문 선집의 번역 서9) 출간도 잇따랐다.

한편, 책문을 통하여 文風을 읽어내고자 한 연구도 있었다. 특정 문인의 책문을 근거로 어떤 글쓰기 방식이 유행하였는지를 파악하고자 한 경우와 策問의 출제자로서 위정자의 성향이나 당대 文風 간의 영향관계를 살펴보고자 한 연구들이 포함된다.

文風과 관련한 연구는 김성진의 연구가 있다.10) 이 연구는 策文 에 한정된 연구는 아니지만 科文과 문체변화의 영향관계에 주목했 다는 점에서 의미가 있다. 김성진은 문체반정의 직접적인 계기가 이옥과 남공철의 科文이었다는 사실에 주목하여 당시 科文의 변화 양상과 원인 등을 분석했다. 그의 설명에 따르면, 문체반정에서 의 미하는 문체는 '科文'을 지칭한다. 그는 科文의 구체적 특징을 세 가지 항목으로 정리하여 기술하였다. 이 가운데 '자구의 신기성 추 구와 속어 사용'에 대한 내용은 받아들일 만하지만 '어조사의 생략 과 격식의 탈피'는 재고의 여지가 있을 듯하다. 어조사 생략은 賦 의 장르적 특성으로 한정된 문제이고, 격식의 탈피는 일반적이라고 판단하기 어렵기 때문이다.

科文과 文風의 영향관계를 다룬 연구로는 최근 안세현의 연구가 있다.11) 이 연구는 조선중기 문인들 사이에 先秦兩漢 古文의 학습과 창작이 유행하게 된 내적 요인을 규명하고자 시도되었다. 이 논문에

---

8) 지두환, 『조선과거실록』, 동연, 1997; 김태완, 『책문: 시대의 물음에 답하라』, 소나무, 2004; 김 태완, 『율곡문답』, 역사비평사, 2008.

9) 이정섭, 『(국역) 東策精粹』, 국립중앙도서관, 2006.

10) 김성진, 「正祖年間 科文의 문체변화와 文體反正」, 『韓國漢文學硏究』 16, 한국한문학회, 1993.

11) 안세현, 「조선중기 文風의 변화와 科文」, 『대동문화연구』 74, 대동문화연구원 2011.

서는 선조에서 인조 연간 殿試의 對策에『莊子』와『戰國策』의 문체를 그대로 사용하는 문제가 계속 제기되었다고 하면서, 그 근거로 당시 젊은 유생들 사이에 과문 학습을 위한 텍스트로『孟子』,『莊子』,『史記』,『漢書』 등이 유행하고 있었다는 사실을 들고 있다. 이러한 사실을 통해 조선 중기에는 기존 唐・宋 古文 위주의 학습에서 선진양한까지 그 범위가 확대되었다는 결론을 내렸다.『장자』나『전국책』의 논리와 문체를 가져다 쓰게 된 이유는 試官의 눈에 들기 위한 기발한 착상과 기세 있는 논리 전개가 필요했다는 점을 들고 있다. 그 배경에는 선조의 역할이 크게 작용하였는데, 그 때문에 策과 表 등 詞章의 비중이 확대되는 양상을 보인다고 분석하였다.

책문의 글쓰기에 주목하여 생성적 문해력의 특성을 문제 발견적 글쓰기의 형태에서 찾을 수 있다고 주목한 연구도 있었다.[12] 조희정은 동일하게 주어진 과제에 대한 답안이 달라질 수 있다는 것이 각기 무엇을 문제라고 여기는지에서 출발한다는 점에 주목하여 세종조의 策文을 대상으로 글쓰기 방식을 분석하였다.

한편, 국사학계에서는 제도사 중심의 과거 연구가 많았다. 과거제 연구사를 분석한 차미희는[13] 사상사와 연결된 연구가 대체로 고시과목, 그중에서도 경학 이해에 대한 것에 편향되었음을 밝히며 종합적 산물인 과거에 대해 국사학계뿐만 아니라 철학계와 한문학계가 공동으로 다각적 연구를 해나가야 한다고 제안하고 있다. 또, 원창애는 조선시대 문과 重試 급제자들에 대하여 제도사와 사회사적 측면의 분석을 시도하였다.[14] 이 연구는 문과 중시에서 급제한

---

12) 조희정,「사회적 문해력으로서의 글쓰기 교육 연구」, 서울대 국어교육과 박사 논문, 2002.
13) 차미희, 앞의 논문.
14) 원창애,「조선시대 문과 중시 급제자 연구」,『역사와 실학』39, 역사실학회, 2009.

인물들에 대한 계층분석과 성향에 대한 분석 및 그 성분을 규명하였다는 점에서 사회사적 의미가 있다.

이 밖에도 특정 인물의 策文 연구[15]나 한 시험에 제출된 여러 사람의 對策을 비교하고자 했던 연구[16], 혹은 정조의 『弘齋全書』에 수록된 策問을 중심으로 논의를 전개한 연구[17] 등도 이루어졌다. 하지만 策文의 장르적 특성을 바탕으로 한 연구라기보다는 해당 내용의 파악을 위한 자료로 책문을 제시하는 정도에서 그치고 있음을 확인할 수 있다. 심지어 策文을 주 연구 자료로 삼겠다고 하고서 책문의 특징 분석이나 장르의 이해 없이 단순히 서술된 내용만을 살펴 정치사상이나 경제사상을 파악하는 보조 자료로만 활용된 사례도 확인된다. 그렇게 된 데는 여러 가지 원인이 있을 수 있겠으나 근본적인 원인은 문체상의 특징 등 책문이 무엇인지 명확히 규명하는 기초연구가 없었던 탓이 크다 할 것이다. 아울러 원래 중국의 장르였던 책문의 특징이 조선에서 어떻게 수용되었는지에 대한 양상과 조선만의 책문으로 변모하는 과정을 주목하지 못한 점도 대표적 원인 중 하나로 꼽을 수 있을 것이다.

이에 이 책에서는 조선시대 문인들에게 '책문의 전범'이라고 일컬어졌던 董仲舒의 『天人三策』을 토대로, 漢武帝의 策問과 董仲舒의 對策이 갖는 특징에 대해 분석하고자 한다. 그래서 이를 조선시대의 策文과 비교해봄으로써, 중국 策文의 특징 중에서 어떤 점이

---

15) 곽신환, 「이율곡의 책문 연구」, 『유교사상문화연구』 7, 한국유교학회, 1994. 鄭炳憲, 「羅世纘의 策文과 論述의 傳統」, 『語文論集』 6, 숙명여자대학교 어문학연구소, 1996.

16) 김현옥, 「成三問과 申叔舟의 策文에 나타난 現實認識 比較」, 『漢文學論集』 33, 근역한문학회, 2011.

17) 김윤조, 「文體策 연구」, 『한국한문학연구』 18, 한국한문학회, 1995. 정옥자, 『正祖의 抄啓文臣敎育과 文體政策』, 『규장각』 6, 서울대학교 규장각 한국학연구원, 1982 김현옥, 「正祖의 經世思想 硏究」, 공주대학교 한문교육 박사 논문, 2010.

수용되고 어떤 점이 변용·창안되어 조선 책문만의 특징으로 자리잡게 되는지를 규명하고자 한다.

따라서 기존 연구들의 성과에 주목하면서 그 연구들의 미진했던 점을 보완하고 책문의 문체적 특징과 정식을 밝히며 조선시대에 출제되었던 책문의 주제와 對策의 전개 양상에 대해 고구해보고자 한다.

다양한 시기의 책문 선집에 대한 종합적 검토와 분석이 제대로 행해지려면 조선시대 전반에 걸친 전개 과정을 통시적으로 고찰하고 조망할 수 있어야 한다. 하지만 이제까지 조선시대 策文의 구체적 분석을 통한 목록이 갖춰지지 못한 정황을 감안한다면 책문 연구는 자료 구축과 분석 작업부터 출발해야 할 것이다.

이를 위해 현재까지 확인된 917편의 책문 자료를 통해 조선시대 책문 연구의 토대를 마련하여 전체를 조망할 수 있는 시야를 확보하고자 한다. 그러기 위해 이 책에서 대상으로 삼는 策文은 科擧에 치른 科文으로서의 책문만을 대상으로 삼지 않는다. 917편의 책문 자료 중에는 과거시험을 목적으로 치러지지 않은 작품들[18]도 상당수 포함되어 있기 때문이다.

나아가 조선시대 策文에 대하여 문·사·철의 입체적 시각에서 그 형식과 전모를 드러내는 것을 목표로 한다. 그 목표점에 도달하기 위해서는, 문학연구의 틀에서 머물지 않고 문·사·철을 아우르는 구도를 취하는 것이 불가피하다. 그 이유는 策文이 태생적으로 정치적인 배경을 배태하고 있고, 역사적 의미와 철학적 의미를 따

---

18) 정식 과거 시험의 과목으로 출제된 것이 아닌 경우를 의미한다. 예컨대, 정조가 시행한 초계문신들에 대한 策問이나 賜暇讀書의 과제로 출제되었던 策問, 또 개인적으로 모의 삼아 작성했던 對策 등이 이에 해당한다.

로 떼어 생각할 수 없는 장르이기 때문이다. 그러한 이유로 인해, 策文에 녹아있는 사학이나 철학적인 부분에 대한 전체적 조망과 긴장을 늦추지 않을 것이다. 이것은, 문·사·철이 고루 용해된 종합적 성향의 장르로서의 책문이 갖는 입체적인 모습을 조망하는 데 이 접근법이 유효할 것이라는 판단에서다.

이러한 사정을 고려하여 2장에서는, 조선시대 책문의 자료적 양상에 대해 고찰한다. 여기서는 조선시대 과거시험의 전반적인 흐름을 파악하기 위해 『文科榜目』과 『조선왕조실록』 그리고 한국문집총간(속집 포함)과 책문 선집 등 책문이 수록되거나 정황을 파악할수 있는 각종 문헌 자료를 최대한 취합하여 새롭게 작성한 자료를 제시하게 될 것이다. 시기는 조선전기와 후기로 나누어 분석하되, 특히 책문 선집이 간행되기 시작한 이후 시기별로 선집류에 어떤작품들이 수록되었는지를 중심으로 분석하고자 한다. 그래서 책문선집을 편집한 의도를 규명하여 해당 시기에 어떤 策題들이 주로출제되었으며 어떤 인물의 對策이 수록되었는지 등을 살피고 편집의도에 따라 어떻게 변모했는지에 대해서도 살펴보기로 하겠다. 이를 통해 현재까지 이루어진 책문 자료의 현황에 대해 가능한 한많은 자료들의 전모를 파악할 수 있도록 할 것이다.

다음으로 3장에서는 중국 책문의 전범에 대해 분석하고자 한다. 중국에서 시작된 策文의 전범이 어떤 특징이 있는지를 살펴 조선시대 책문에 그 특징이 어떻게 반영되었는지를 董仲舒의 「天人三策」을 중심으로 고찰하고자 한다. 먼저 조선시대 문인들은 어떤 중국의 대책을 전범으로 삼고 있었는지에 대해 살펴본 후, 대표 전범이라고 할 수 있는 漢武帝의 策問과 董仲舒의 對策으로 나누어 어떤 특징을 보이는지에 대해 분석할 것이다.

그리고, 4장에서는 조선시대 對策의 程式과 문체적 특징을 규명하고자 한다. 먼저 1절에서는 대책의 규식과 용어들이 언급되어 있는 각종 문헌 자료들을 검토할 것이다. 이어 2절에서는 분석된 자료들을 분석하여 虛頭, 中頭, 篇終 등 실제 사용된 책문 용어의 의미와 작법상의 운용 특징에 대해 용례를 통하여 규명할 것이다. 그리고 나서 3절에서는 그러한 책문의 程式이 조선 전반에 걸쳐 어떤 양상으로 변모해 갔는지를 통시적으로 살펴볼 것이다. 이러한 분석 작업은 조선시대 책문의 程式과 변모 양상을 탐구해야 하는 학적 필연성을 보충해줄 것으로 기대한다.

이상의 형식에 대한 분석과 논의를 바탕으로 5, 6장에서는 조선시대 策文에 대한 주제와 내용에 대해 본격적으로 고찰할 것이다. 5장에서는, 먼저 1절에서 조선 전반에 걸쳐 시행된 策問의 출제 경향을 개괄적으로 검토한다. 이어 2절에서는 책문의 주제를 15개 분야로 나누어 어떤 문제가 출제되었는지를 구체적으로 살폈다. 이를 통해 당시 정국의 주요 관심사가 무엇이었으며 왜 이와 같은 策題가 출제되었는지 고구해보고자 한다. 결과적으로는 조선시대 策問의 주제와 시대적 의의를 규명해낼 수 있을 것으로 기대한다.

6장에서는 '文體'와 관련된 조선전기와 중기, 후기를 대표하는 策文을 중심으로 策文과 文風이 어떤 식으로 관계를 맺고 있었는지를 구체적으로 고구해보고자 한다. 1절에서는 李珥의 「文策」을 통해 조선전기의 文風과 당시 주도적인 문학론이 어떤 영향관계였는지에 대해 파악해보고자 한다. 2절에서는 鄭弘溟이 출제했던 策問을 통해 조선의 17세기 文風의 양상을 살피고, 150여 년 이후

鄭弘溟의 策問을 토대로 改作된 정조의 첫 번째 「文體策」과의 비교를 통해 어떤 부분이 원용되고 어떤 부분이 바뀌었는지, 차이점을 분석하여 그 특징에 대해 좀 더 명확하게 고구해보고자 한다. 끝으로 3절에서는 正祖가 첫 번째 文體策 이후 자신의 문학관을 관철시키고자 출제했던 두 번째 「文體策」을 중심으로 策問과 그에 응대한 정약용, 이가환, 심진현, 이만수, 이서구의 다섯 臣僚들의 對策을 분석하여 책문 연구에서 가장 다기한 변화와 풍성한 자료적 양상을 보여주는 18세기 정조 연간의 文風과 문체에 대해 살펴보고자 한다.

이상의 분석과정을 통해 조선시대 책문을 고찰하고자 한다. 문학에 대한 연구이지만 책문이 지니는 문사철의 통합적 성향을 감안해볼 때 이 책의 작업 결과는 책문을 문사철의 종합적 산물로서 이해하는 데도 일조할 것으로 본다. 그런 점에서 여기에서의 논의가 향후 책문 연구, 특히 科文을 통합적으로 검토하는 연구에 중요한 밑거름이 되기를 기대한다.

제2부

策文의 자료적 양상

서론에서 언급했던 바와 같이, 이 책에서 연구 대상으로 삼은 策文 자료는 한국문집총간(속집 포함)과 책문 선집 세 종류(『科策』, 『殿策精粹』, 『東策精粹』)에 실려 있는 총 917편의 策文[1]이다. 이 자료들은 동일한 기준에 의해 선별된 균질적인 것이 아니므로, 이를 연구에 활용하려면 분석과 정리 작업이 필요하다. 이를 위해 1차적 정리 작업에서 작성된 자료들을 바탕으로 다음 세 가지 목록으로 策文 자료를 정리하였다.

첫째, 조선시대 科擧 수석 합격자와 策問의 策題 목록이다.[2]

이 자료는 태조 2년부터 시작된 조선 과거시험의 자료를 망라하고 그중에 策問과목으로 시험을 치렀다고 확인되는 자료를 찾아 정리한 것이다. 이 자료의 장점은, 무엇보다 조선시대 과거시험에서 策問이 차지하는 비중과 어느 왕 때, 어떤 시험으로 몇 명의 사람을 뽑았으며, 장원급제자를 한눈에 확인할 수 있다는 점이다. 선행연구의 자료에서 발견된 오류를 바로잡고 누락된 것을 보완하여 작성하였다.[3] 이 자료를 통해 조선시대에 시행되었던 과거제도 가

---

1) 중첩되는 策問이 있는 경우는 策文의 내용이 다르기 때문에 그대로 두었고, 정조의 『弘齋全書』에 따로 수록된 「策問」편은 문제만 수록되어 있어 다른 개인문집의 내용과 비교 검토하기 위해 그대로 두었음을 밝혀둔다.

2) 권말 부록 1에 수록.

운데 策文이 科文 중에서 어떤 위치였는지에 대한 대략적 윤곽을 파악할 수 있다.

둘째, 한국문집총간(속집 포함)에 수록된 策文의 策題 목록이다.[4]

이 자료는 한국문집총간에 수록된 策文들을 작가의 생몰연대를 기준으로 그 策題를 정리한 것이다. 이것은 한국문집총간을 주 자료로 삼아 자료의 검색과 비교를 용이하게 하고자 한 것으로, 첫 번째 자료에 구체적으로 기록되지 않은 더 많은 세부적인 정보를 망라하고 있다. 무엇보다 殿試 등의 큰 시험에만 국한되지 않고, 初試나 覆試 등의 하위 시험에서 치른 책문에 대한 기록 전체를 살펴볼 수 있다는 점에서 의미가 크다.

셋째, 책문 선집에 수록된 策文의 策題 목록을 정리하였다.[5]

이 자료는 수험서의 일환으로 출판된 선집류 중에서 각 시기를 대표하는 세 종류를 대상으로 삼아 선집에 수록된 인물과 策題를 정리한 것이다. 이 자료는 과거시험 중 책문 과목을 대비하기 위한 수험서가 제작되었다는 사실만으로도 책문 연구에 큰 의미를 시사한다. 특히, 수험서에 수록된 작품의 분석을 기초로 하여, 수록된 작품들이 어떤 기준에서 발탁되었는지에 대한 편찬 의도를 분석함으로써 당시 시험 출제 양상 등을 살펴볼 수 있는 귀중한 자료 중 하나라고 할 수 있다.

이 세 가지 자료를 종합적으로 정리하면, 책문 연구의 면밀한 기

---

3) 李炳赫,「韓國科文研究 : 詩・賦를 中心으로」,『東洋學』16, 단국대학교 동양학연구소, 1986, 13-28면 참조. 이 자료는『燃藜室記述』의 기록을 바탕으로 기록되었으나 오기나 오류가 많아 바로잡았다. 또,『燃藜室記述』은 정조 연간이후의 기록이 없어『문과방목』의 자료를 바탕으로 고종까지의 기록을 보완하였다.
4) 권말 부록 2에 수록.
5) 표1, 표2, 표3, 표5에 수록.

초 자료 검토가 가능한 하나의 밑그림이 나오게 된다. 작가의 생몰연대를 기준으로 조선시대 책문 917편을 망라한 策問의 주제와 소재별 분석이 한눈에 파악되는 정리목록이 그것이다.

이와 같이 정리한 策文 자료는 策問과 對策이 모두 실린 자료도 있지만 策問이나 對策만 실려 있는 경우도 상당수 있다. 이 책에서 대상으로 삼은 자료 총 917편 중 策問과 對策이 모두 실린 경우는 289편이다. 이는 자신이 응했던 해당 策問을 기록하고 자신이 적은 對策을 보관하고 있는 경우에 해당한다. 그러나 개인 문집의 경우, 자신이 대책을 작성한 策問에 대해서는 간략하게 제목이나 주제만 언급하거나 아예 생략하고 빼놓은 경우도 118편이나 된다. 이렇게 對策만 실려 있는 경우는 문제까지 상세히 기록할 수 없었거나, 기록하는 것을 중요치 않게 여겼거나, 문제보다는 자신이 작성한 답안에 더 비중을 두어 하나의 작품이라고 여겨 수록한 경향이 강했기 때문으로 추정된다.

마지막으로 策問만 수록된 경우가 510편으로 가장 많은 양을 차지한다. 여기에는 자신이 출제자가 되어 작성된 策問이 문집에 수록된 경우와『弘齋全書』에 수록된 「책문」편의 78편 등이 해당한다. 특히, 對策보다 策問이 더 많이 수록된 배경에는, 자신이 출제자로 선정되어 策問을 출제하게 된 사실에 대해, 명예로운 일로 여기지 않았는가 하는 추정이 가능하다.

이 장에서는 위와 같은 과정을 통해 정리된 917편의 策文의 자료적 양상에 대해 조선전기와 후기로 나누어 개괄하였다. 특히, 현존하는 策文選集들의 편집 양상을 고려하면서 선집에 어떤 인물의 어떤 對策들이 수록되었는지를 고찰한다. 이러한 과정을 통해 조선시대 策文의 자료에 대해 전체적으로 조망해보고자 한다.

1. 조선전기의 策文

본 절에서 대상으로 삼은 조선전기의 책문 총 227편 중에서 策問만 남아있는 것은 92편이고, 對策만 남아있는 것이 32편, 策問과 對策이 모두 남아있는 것이 103편이다.

이 시기의 자료 중에서 시기적으로 가장 먼저 눈에 띄는 것은 고려 말 문인들이 작성한 策文이다. 이곡(李穀, 1298~1351)의 경우, 원나라에서 치른 科擧의 對策이 전하고 있어 당시 원나라 策文의 형태와 규식은 어떤 양상이었는지 확인할 수 있는데, 이는 우리나라 문인이 중국의 程式을 학습하고 중국에서 과거에 응시했다는 사실도 함께 확인해주는 자료이다. 이규보(李奎報, 1168~1241)의 경우는 그가 출제했던 策問만 전하고 있어, 그가 작성한 對策의 정황이 어떠했는지까지는 확인할 수 없다.

한편, 鄭夢周의 對策이 최근 학계에 소개되어 화제가 된 바 있는데, 2009년 도현철이 나고야 蓬左文庫에 소장되어 있던 자료를 찾아 소개한 『策文』이 바로 그것이다.6) 이 자료는 표지를 제외하고 182쪽 불분권 1책으로, 행·초서체로 정리되어 있고, 필사 시기와 필사자에 대한 기록은 보이지 않는다. 천혜봉7)의 연구에 따르면,

---

6) 도현철,「對策文을 통해 본 정몽주의 국방 對策과 문무겸용론」,『한국중세사연구』26, 한국중세사학회, 2009 ; 해당 자료에 대한 해제는 김성환,「日本 蓬左文庫 所藏『策文』」,『포은학연구』3, 포은학회, 2009 참조.

7) 천혜봉,『日本 蓬左文庫 韓國典籍』, 지식산업사, 2003 참조.

蓬左文庫의 소장 자료들이 도요토미 히데요시(豊臣秀吉)와 도쿠가와 이에야스(德川家康)가 임진왜란 때 조선에서 가져간 典籍 가운데 상속받은 일부와 그 이후 수집된 자료로 이루어졌다고 하였다. 이러한 사실로 미루어 볼 때, 이 책은 임진왜란 직전에 간행되었을 확률이 높다.

『策文』에는 총 32건이 실려 있는데 諭書와 記文을 빼면 策文은 총 29건이다. 그중에서 저자가 명기되지 않은 것이 8건이고, 나머지 21건은 저자가 명기되어 있다. 이중 朴時亨, 李永垠[8], 채수(蔡壽, 1449~1515)의 對策은 각 2건씩 수록되어 있다. 정몽주의 과거급제 답안이 수록되었기는 하나, 이 선집이 편집되었을 것으로 추정되는 시기는 임란 이전 15세기에 간행되었을 확률이 높기 때문에 다른 책문 선집인 『殿策精粹』나 『東策精粹』가 간행되었을 시기와 크게 차이가 나지 않는다는 점을 알 수 있다. 고려 말의 책문이 다수 섞여 있는 선집류가 비슷한 시기에 간행되었다는 사실을 종합해보면, 이 당시까지만 하더라도 고려 말에 쓰인 對策의 양상이 조선전기의 그것에 비해 그렇게 큰 차이를 보이지 않았다는 점도 미루어 짐작할 수 있다.

자료를 살펴보면, 편집상의 특징은 보이지 않고, 저자와 해당 시험의 시기, 성적에 대해 간단히 병기한 형태로 되어 있다. 『문과방목』의 기록과 대조해 보면, 선집에 수록된 인물들이나 對策들이 장원급제한 이들의 답안만을 모아 편찬한 것이 아니었다는 사실을

---

8) 이영은의 경우, 세조 3년, 對策이 奇偉하다는 평을 듣고 세조로부터 직접 칭찬을 들었다는 기록이 전하는 것으로 보건대, 장원이 아니었을지라도 당시 높은 평가가 선집편찬에 많은 영향을 끼쳤음을 짐작케 한다. "李永垠對策, 辭意奇偉, 眞奇材也"(『世祖實錄』6卷, 3年(1457) 2月 9日(癸卯) 기사조)

확인할 수 있다. 이는 향후 책문 선집의 편찬 의도와 관련하여 주요한 실마리를 제공한다는 점에서 유의하여 살필 필요가 있다.

한편, 세종 연간에는 같은 시험을 치른 이들의 對策도 함께 발견되어 좋은 연구 자료가 된다. 세종 29년(1447)에 시행되었던 重試의 對策인데, 자료가 남아 있는 이들은 이석형(李石亨, 1415~1477), 김담(金淡, 1416~1464), 신숙주(申叔舟, 1417~1475), 성삼문(成三問, 1418~1456) 등이다. 이처럼 같은 策問에 대해 답한 對策은 각 문인의 문집을 분석하다 보면 적잖이 발견된다. '술의 안 좋은 점(酒禍)'이라는 독특한 策題에 대해 윤자임(尹自任, 1407~1478)과 김구(金絿, 1488~1534)가 작성한 對策이 『東策精粹』에 함께 수록되어 있다.

조선전기는 對策 한 편 때문에 정치적 문제가 연루되어 단순한 罷榜이 아닌 생사가 걸린 정치적 사건에 휘말리는 경우가 적지 않았다.[9] 그러한 정황을 파악할 수 있는 대표적인 사건으로는, 나세찬(羅世纘, 1498~1551)의 경우를 들 수 있는데, 그의 문집에 실린 對策을 토대로 『조선왕조실록』을 살펴보면 그가 겪은 사건에 대한 언급이 자세히 실려 있다.

한편, 16세기로 넘어가면서 國初에는 보이지 않았던 책문 선집의 편찬이 왕성해지기 시작했음을 확인할 수 있다. 책문 선집의 편찬이 왕성해지기 시작했다는 사실은, 策文이 科文에서 얼마만큼의 비중을 차지하기 시작했는가를 보여주는 기준이자 그것을 증명하는 문화현상으로도 이해할 수 있을 것이다.

그렇다면 먼저, 주로 15세기에 작성된 策文을 주요 수록작품으

---

9) 졸고, 「策文으로 본 조선시대 과거사의 이면」, 『대동한문학』38, 대동한문학회, 2013 참조.

로 삼아 16세기 초반에 편찬된 것으로 추정되는 『東國壯元集』10)부터 살펴보자.

이 책은 壯元及第한 策文 17편을 모아놓은 선집으로, 편자는 미상이다. 편찬 연대도 정확히는 알 수 없으나 甲寅字로 인쇄된 점과 策文 중에서 연대가 가장 늦은 시기의 것이 1514년(중종 9)인 점 등을 볼 때, 중종 연간인 16세기 초반에 편찬된 것으로 추정된다. 앞표지 안쪽에는 수록된 策文의 주제와 저자명이 필사되어 있는데 소장자가 본문을 보고 따로 정리하여 필사한 것으로 보인다.11)

본문을 살펴보면 策問을 기록한 다음 對策의 저자명 작성 시기 석차(第一人) 對策의 본문 등으로 구성된 것을 알 수 있다. 이 편찬 순서는 당시 선집류의 공통된 편집형식으로 추정된다.12) 또, 策問이 시작되는 곳의 상단 여백에 策問의 주제를 따로 적어둔 점이 특이하다. 17편의 글 중에서 金驥孫·南袞·陳植의 글에는 저작 연도가 빠져 있으며 崔溥·洪貴達의 對策에는 저자명만 적혀있다. 수록된 저자와 책문 주제 시험연도 등을 정리하면 다음과 같다.

---

10) 규장각소장본, 청구기호 一簑古貴041-D717.

11) 강문식, 규장각해제 참고

12) 뒤에 이은 다른 선집류도 동일한 순서로 기록되어 있음을 감안하면 이미 책문 선집류의 기록 방식은 기존의 수험 서적의 기록방식으로 고착화되었던 것으로 보인다.

표1. 『東國壯元集』에 수록된 策文

	생몰연대	(자)호	저자	策題	시험연도
1	미상		金驥孫	正統	1482년/ 성종13
2	1471~1527	知足堂	南袞	西征	미상
3	미상		陳植	用賢退邪	1506년/ 중종1
4	1469~1503		金千岭	待夷	1496년 / 연산군 2
5	1486~1520	沖菴	金淨	終始	1507년 / 중종 2
6	1360~1446	松雪軒	權弘	紀綱	重試 1507년 / 중종 2
7	미상	沽弗	尹璋	民俗	重試 1497년 / 연산군 3
8	1471~1498	寒齋	李穆	人才	1495년 / 연산군 1
9	1485~1541	思齋	金正國	敬天勤民	1509년 / 중종 4
10	1474~1540	靑蘿	金克誠	四弊	1498년 / 연산군 4
11	1360~1446	松雪軒	權弘	九經	1497년 / 연산군 3
12	1449~1515	懶齋	蔡壽	三弊	1469 / 예종 1
13	1454~1504	錦南	崔溥	用儒	미상
14	1455~1505		閔頤	邊務	1486년 / 성종 17
15	1459~1499	郡事	韓訓	天地人文	1494년 / 성종 25
16	1491~?	道源齋	朴世熹	弭災足食善俗	1514년 / 중종 9
17	1438~1504	虛白堂	洪貴達	徙民	미상

　『東國壯元集』에 수록된 對策들은 대개 문집에는 따로 수록되어
있지 않다. 이러한 사실은 조선전기의 策文 자료가 조선후기보다
적은 것과도 무관하지 않은데, 문집에 보이는 조선전기의 자료를
살펴보더라도 한 사람의 자료가 많이 수록된 경우가 조선후기에
비해 훨씬 적음을 알 수 있다. 조선전기에는 조선후기보다 공식적
인 시험의 답안을 시험 이후 수집하는 것이 용이하지 않았을 것으
로 추정할 수 있다. 또, 對策의 특성상 공식적인 시험장에서 바로
작성한다는 점을 감안하면, 원본을 자신이 가지고 나오거나 모두
외워 다시 필사해둘 필요성을 느끼지 않았을 가능성도 배제할 수
는 없다. 개인문집을 편찬할 때, 원고를 모으려 하더라도 對策이

남아 있을 가능성이 희박하다는 점도 이유로 들 수 있다. 조선전기의 자료들이 初試나 覆試에 작성된 對策이거나, 공식적으로 보관되는 殿試의 對策들이 많은 것도 이러한 이유 때문이다. 그러한 점에서 본다면, 왕이 참관하여 치른 殿試의 對策은 최종시험에 참여한 결과물이라는 점만으로도 큰 의의가 있다.

그래서 장원급제한 답안만을 모은 선집에 이어 殿試에서 수위를 차지한 답안만을 모은 선집도 출간되었다. 『殿策精粹』[13]가 바로 여기에 해당한다.

이 책은 15, 16세기 문인들이 殿試에서 작성하여 올린 策文 가운데 우수한 것들을 뽑아 편찬한 책이다. 편자는 알 수 없으며 下卷 말미에 '嘉靖丁未歲仲秋下澣慶州京低開印'이라 기재된 것을 근거로 삼아 명종 2년(1547)에 발간된 것으로 추정할 뿐이다. 上, 下 1권씩으로 된 2책이며 상권에 13편, 하권에 11편으로 총 24편의 策文이 실려 있다[14]. 수록된 책문들과 작가를 정리하면 다음과 같다.[15]

---

13) 규장각 소장본, 청구기호 古貴4253.5-8.

14) 강석화, 규장각해제 참조.

15) 이 자료는, 임완혁(2009)이 소개한 자료를 토대로 하여 수록된 작품의 작성 인물의 생몰연대를 기준으로 오기되었거나 기록이 빠져 있는 부분들을 보완하여 작성한 것이다.

표2. 『殿策精粹』에 수록된 策文

권차	생몰연대	(자)호	저자	책문 내용
상권1	1380~1435	綿谷	魚變甲	待野人, 備戰艦
상권2	1396~1478	學易齋	鄭麟趾	貢法
상권3	1409~1747	太虛亭	崔恒	輪對, 婚禮, 臺諫
상권4	1418~1456	梅竹軒	成三問	置私兵, 禮大臣, 分政權, 復政房
상권5	1422~1484	三灘	李承召	全材, 經書, 讀史, 詩學, 射
상권6	1423~1500	四友堂	任元濬	求賢才, 汰冗官, 修城郭
상권7	1486~1520	孤峯	金淨	善始善終
상권8	1471~1498	(仲雍)	李穆	人才
상권9	1471~1527	知足堂	南袞	戎患
상권10	1471~1527	知足堂	南袞	天地人文
상권11	1469~1513	(仁老)	金千齡	吏患策
상권12	1478~1543	慕齋	金安國	紀綱
상권13	1485~1541	思齋	金正國	敬天勤民
하권1	1493~ ?	柳亭	張玉	紀綱
하권2	1482~1519	靜庵	趙光祖	紀綱, 法度
하권3	1480~1533	陰崖	李耔	輔相策
하권4	1471~1517		成曼井	中和策
하권5	1491~1530	(而晦)	朴世熹	弭災策
하권6	1479~1541	訥庵	宋世琳	學校.風俗 敎化
하권7	1498~1551	松齋	羅世纘	崇禮讓, 善風俗
하권8	1497~1548	石壁	洪春卿	天文地理策
하권9	미상		宋王廉	軍制變通
하권10	1493~1534	三松	許伯琦	習尙策
하권11	1435~1477	寧海君	李璋	夷狄之患

자료의 정황만으로 『殿策精粹』의 편집기준을 파악해내는 것은 상당히 어려운 일이다. 기본적으로 수록된 작품들이 殿試에서 首位를 차지한 답안이라는 사실은 확인되지만, 간혹 그 시기나 인물이 명확히 확인되지 않은 작품도 꽤 있기 때문이다. 게다가, 같은 策題에 대해 쓴 답안이 함께 수록되어 있다는 점에서 볼 때, 1등을

한 답안만 모은 것도 아님을 알 수 있다. 그렇다고 주제가 한 가지로 일치하는 것도 아니고, 주제별로 정리된 것도 아니며, 시험의 시기나 형태가 일관된 것도 아니다.

공통점은 제목에서 알 수 있듯이 殿試의 답안을 모았다는 점뿐이다. 당시 시험에서 수위의 성적으로 고관들이나 시험을 치른 사람들에게 좋은 평가를 받은 답안이었을 것으로 짐작할 뿐이다. 무엇보다 그들의 답안을 필사할 수 있는 권한이 개인에게 주어지지 않는다는 점에서 시험에 참여했거나 참여할 수 있는 이들에게 자료를 취합하여 만들게 했을 가능성이 높다고 추정된다.

종합해보면, 이 시기는 건국 이후 국가적인 사업을 정비하며 안정을 도모하던 때로, 국가의 기강이 확립되고, 통치 질서의 안정을 바탕으로 문물의 정비가 완성되던 때이다. 이와 동시에 권력의 집중으로 인한 잠재적 모순이 표면에 드러나면서 士禍가 일어난 시기이기도 하다. 결국 이 시기는 조선이 안정을 추구하던 시기에서 점차 변화를 꾀하기 시작하는 역동적 시기였다는 것을 의미한다. 그러므로 다루어졌던 문제들도 조선전기의 원론적인 국가 체제 정비에 해당하는 제왕학 차원의 문제에서 다양한 현상과 모순에 대한 문제로 범위가 확산되어간 사실을 확인할 수 있다.

이러한 사회 변화는 과거시험에도 반영되었을 것으로 볼 수 있다. 과연 그런지 확인하기 위해서 선조 연간에 편찬된 책문 선집인 『東策精粹』를 살펴보자. 이 책은 중종에서 선조까지 과거에 합격한 19인 20편의 對策을 엮은 것이다. 선조 연간에 간행된 것으로, 일명 '해동책문'으로도 불렸다고 전한다.16)

---

16) 여기에는 「立師道」에 대한 기준(奇遵, 1492~1521)의 글이 보이는데 그의 문집 『德陽遺稿補遺』

이 책은 상권과 하권으로 구분되었는데 상권에 11편, 하권에 9편, 도합 20편이 수록되어 있다. 『殿策精粹』와 書名이 비슷한 것으로 보면, 시기나 편집이 『殿策精粹』의 후편 격으로 보완된 것이 아닌가 하는 의문인 든다. 『殿策精粹』가 殿試에 제출된 답안만을 대상으로 한 것에 반해, 『東策精粹』는 殿試의 策文을 중심으로는 삼되 다른 시험 策文도 다수 실었다. 같은 시험의 답안이 하나밖에 없다는 점에서 다양한 주제에 대한 답안을 편집하려 했던 의도를 엿볼 수 있다. 구체적인 수록 사항을 정리하면 다음과 같다.

의 「立師道」에 '出海東策文二十數中'이라고 출전을 밝히고 있어 『해동책문』의 존재를 추정할 수 있다.

표3. 『東策精粹』에 수록된 策文

	생몰연대	(자)호	저자	책문 내용
상권1	1495~1545	蓽齋	朴光佑	喪道
상권2	1488~1534	自庵	金絿	酒禍
상권3	1488~1519	(仲耕)	尹自任	酒禍
상권4	1492~1521	德陽	奇遵	師道
상권5	1495~1547	潛庵	金義貞	使价
상권6	1502~1536		朴敏中	字畫
상권7	1504~1568	觀物齋	閔箕	火
상권8	미상	(景任)	趙希尹	佛弊
상권9	1507~1581	秋坡	宋麒壽	詩評
상권10	1499~?	勖齋	沈通源	法制
상권11	1499~?	勖齋	沈通源	工人
하권1	미상	(徵之)	全獻	財用
하권2	미상	(仲鳴)	閔球	財敎
하권3	1514~1545	(省吾)	尹希聖	人物之生
하권4	1515~1590	蘇齋	盧守愼	賢人君子之交
하권5	1518~1578	玉溪	盧禛	官制
하권6	1483~1536	新齋	崔山斗	冠婚喪祭
하권7	미상	秋厓	宋璉	出處
하권8	미상	(周卿)	呂昌文	聖人之書
하권9	1490~1522	素愚堂	鄭鷹	神僊之說

　　수록된 작가들을 보면, 후대에 많이 알려진 문인 외에도 이름이
잘 알려지지 않은 인물도 여럿 보인다. 『東策精粹』가 편집 의도와
내용면에서 殿試의 策文만이 수록된 『殿策精粹』에 비해, 策問의 주
제가 훨씬 다양해졌음을 확인할 수 있다. 주제들을 비교해보면 『殿

策精粹』에 수록된 策題들이 貢法, 天地人文, 紀綱, 輔相策, 夷狄之患 등 국가 정책이나 국왕의 입장에서 출제된 것보다 『東策精粹』의 策題들은 酒禍, 師道, 字畫, 詩評, 工人, 出處, 神僊之說 등으로 다양한 분야의 세부적인 내용들로 분화되었음을 확인할 수 있다. 그것은 『東策精粹』에 수록된 글들이 初試나 覆試 등 하위 시험의 답안지까지 수집 범위를 넓혔기 때문이기도 하다. 이것은 선집에 수록된 자료들의 시험 형태가 殿試에서 初試나 覆試로 확대되었을 경우 동일한 양상의 策題가 출제되는 것이 아니라 문제를 출제했던 試官들의 개인적인 다양한 관심사들이 투영되기 시작한 경향을 방증하는 사실이기도 하다. 이러한 정황을 감안하면 『東策精粹』의 편집 의도가 생원시나 진사시 등의 다양한 시험대비 용도로 확대되었음을 의미한다. 책문 선집은 對策에 흥미를 가진 이들을 위해 편찬된 것이 아니다. 수험생들이 수험 준비서로 모범답안을 공부하기 위한 것이라는 점이 일차적 편집 의도임을 간과해서는 안 된다. 『殿策精粹』가 殿試의 모범답안만을 수록한 점과 비교하면, 모범 답안집을 통한 학습이 어느 정도 효과를 거두었고, 이어서 하위 시험 수험생들의 요구가 증대됨에 따라 그러한 수요에 부응하여 편집되었을 것으로 예측할 수 있다. 그리고 策文의 출제빈도와 비중이 높아진 15세기말부터 17세기까지가 策文 선집류의 편찬이 활발하게 이루어진 배경을 마련하였다는 점도 확인할 수 있다.17)

이렇게 조선전기의 책문 선집 편찬은 중종 연간 전후로 활성화

---

17) 李瀷은 선비의 공부에 방해되는 것이 科文이 아니라 시율과 필법이라고 하며 董仲舒를 인용하여 오히려 對策의 폐해에 대해 변호했다. "儒士之害教有二, 科文不與焉. 詩律也筆法也. 雖有輕重之別, 等是無用之技. 自童幼無識, 舍置實行, 殫心著功, 精力旣竭, 到老只如此. 董子謂凡非六藝之科聖人之言者皆去之, 漢時尙然, 況季葉之靡靡哉. 聖王有作, 必將禁絶然後此道可明矣."(李瀷, 『星湖全集』卷56, 「書蘭亭圖」한국문집총간 199집, 532면)

되기 시작한다. 특히, 처음에는 수험생보다 이미 관직에 있으면서 策文에 대한 학습을 보강하여 승진시험에 대비하기 위한 자습서의 성향이 강했는데, 이후 초시나 복시 등의 하위시험으로 책문 과목이 확대되면서 수험생들의 요구에 응하여 점차 수집 범위가 확대된 것으로 보인다.

그러한 추정이 가능한 근거로는, 무엇보다 장원급제 답안지만 모아 편찬하거나 殿試에 제출된 신하들의 답안을 편찬하는 일이 상당한 직급에 있던 관리가 아니라면 모두 모으는 것조차 어려웠을 것이라는 점을 들 수 있다. 또 『殿策精粹』나 『東策精粹』가 필사본이 아닌 목활자본이었다는 점에서도 이 추정은 설득력이 있다.

2. 조선후기의 策文

본 절에서는, 조선후기 책문의 전개 양상이 조선전기의 그것과는 어떻게 다른지에 대해 살펴보기로 한다. 이 책에서 연구 대상으로 삼은 자료에서 조선후기가 시작되는 기준을 이정귀의 策問으로 규정한다.[18]

이 책에서 대상으로 삼은 917편의 책문 자료 중 조선후기에 해당하는 자료는 총 690편으로, 조선전기 227편의 세 배가 넘는 분

---

18) 그 이유는 구체적으로 출제 시기를 확인할 수 있는 책문 중에서 이정귀의 책문이 출제된 시기가 1599(선조 32, 기해)년의 별시라고 기록되어 있기 때문이다. 그래서 임진왜란이 발발한 1592년을 기준으로 볼 때, 어느 정도 사회가 안정되고 시험을 치렀던 시기로 보고 이정귀의 책문이 확인되는 시기부터 조선후기로 파악한다. 시험별로 문제를 모두 고증할 수 있고 한국 문집총간 및 책문 선집의 인물들의 策文이 작성된 시험의 명확한 시기를 확인할 수 있다면 좋겠지만, 현존하는 책문 자료에 시기가 모두 기록된 것이 아니라는 이유로 불가피하게 이와 같은 방법을 선택하였다. 이정귀의 책문이 출제된 전후시기에 해당하는 인물 중에서 조선전기와 후기가 애매한 경우는 해당 인물별로 그 시기를 추적하여 고증하기로 한다.

량이다. 그 내용을 살펴보면 임란을 기준으로 급격하기보다 서서히 변화를 보이고, 영·정조시기에 들어서면서 다시 왕성한 변화의 움직임이 포착된다. 과거시험 과목으로서의 책문은 정조시기 이후 급격한 감소를 보이다가 거의 그 자취를 감춘다.

그렇다고 조선후기에 공식적인 과거시험을 더 많이 치르게 된 것은 물론 아니었다. 과거시험은 정기적인 형태의 시험이 주류를 이루었기 때문에 별시가 행해진 것을 감안하더라도 갑자기 많아질 수 있는 체계가 아니었다.[19] 그렇다면 왜 훨씬 많은 분량이 남아 있을까? 그것은 전란과 사화의 혼란 속에서도 과거제도는 본래의 역할을 지속하였고, 策文 역시 자료가 누적되면서 初試나 覆試에 해당하는 하위 시험 자료들이 더 많이 보존되었으며, 그것이 문집 간행의 유행이라는 時流와 맞아떨어졌다는 점에서 해답의 실마리를 찾을 수 있다.

690편의 자료 중에서 策問만 수록된 것이 272편, 對策만 수록된 것이 86편, 策問과 對策이 모두 수록된 것이 186편을 차지한다. 對策만 수록된 것 중에는 策問의 상세한 내용이 수록되어 있지 않은 것도 있지만 대개는 策題만이라도 남아 있거나 對策의 내용을 통해 策問의 내용을 유추할 수도 있어 策問의 情狀을 파악하는 데는 큰 무리가 없다.

조선전기의 자료와 비교했을 때, 조선후기에 가장 두드러지는 양상은 정치적인 내용을 구체적으로 표방한 策問이 현격히 줄어들었다는 점이다.[20] 정치적인 대안을 듣기 위함이라는 策問의 취지를

---

19) 특별히 치러지는 시험이 있기는 했으나 조선후기가 조선전기보다 특별시험의 횟수가 월등히 많아진 것은 아니었다.

20) 오히려 정치를 전면에 표방한 책제들이 줄어들었고, 오히려 철학 분야에 해당하는 策題 같은

감안하더라도 정치적 사안에 대해 구체적으로 언급하는 것을 선호하지 않게 되었다는 점은 시사하는 바가 크다. 그 대신 전란과 사화로 인해 피폐해진 사회의 문제점에 대한 개선이 특히 많이 지적되었음을 자료를 통해 확인할 수 있다.21)

문학에 대한 策題들도 조선전기보다 분량이나 내용에서 다양하고 풍성해졌음을 보여준다. 특히 조선전기에는 詩史나 詩評에 한정되어 있던 논의들이 조선후기로 접어들면서 주제의 폭이 넓어져, 장르는 물론 질문 방식이나 對策을 작성하는 시각에서도 다양한 변화 양상을 보여준다. 조선전기에 철학적 개념을 묻는 것이 압도적이었던 것에서 벗어나 문학 개념에 해당하는 문체나 서적의 구체적인 내용을 언급하는 내용도 많아졌음을 확인할 수 있다. 또 文風을 시대적 개념과 함께 인식하기 시작하여 '문장이 시대의 흐름과 무관하지 않다.'는 주제를 직접 策問에 출제한다든가,22) 이미 대중화되어 한문과 구별 지었던 한글에 대한 관심을 보여 출제하는23) 등 주제에서 서술방식, 시각에 이르기까지 훨씬 다양하고 폭넓어졌음을 확인할 수 있다.

조선후기에 보이는 이러한 변화의 배경에는 정조(正祖, 1752~

경우 조선후기 책문의 전체 분량 중 1/3정도에 육박하는 분량을 차지했다는 점을 보게 되면 조선후기 사상의 다양한 변화를 보여준다.

21) 사회 분야는 조선전기에서 후기로 오면서 양적인 면에서 가장 많이 확대된 분야이다. 소재 면에서도 상당히 다양하고 폭넓은 세부 분야로 확대된 것을 확인할 수 있다. 자세히 살펴보면 기본적으로 조선전기에도 보였던 법이나 제도 정비와 관련된 부분을 포함하여 전란 이후 조선후기로 오면서 三政이 문란해진 것에 대한 위기의식이 고조되었다는 사실도 책제를 통해 읽을 수 있다. 또, 과거제도의 부정이 심해져 인재 등용 문제에 대해 제도적 개선을 요구하는 대책도 당시 과거제도의 부패상이 얼마나 심각했는지를 짐작케 한다. 전반적으로 사회 분야에 대한 관심은 위정자의 입장에서 백성들의 시각으로 낮아지는 경향을 확인할 수 있다.

22) 金鎭圭, 「文章與世運」, 『竹泉集』卷之八, 한국문집총간 174집, 114면.尹愭, 「文體與世道」, 『無名子集』冊九, 한국문집총간 256집, 376면.

23) 孫命來, 「諺文問」, 『昌舍集』卷之四, 한국문집총간 54집, 552면.

1800)의 策問이 끼친 영향을 빼놓을 수 없다. 정조는 策問을 정치적 학습의 수단으로 활용하였다. 정조의 『弘齋全書』를 보면, 권48에서 권52까지 총 78편의 策問이 따로 편찬·정리되어 있음을 확인할 수 있다. 이 자료들은 정조가 成均館 儒生, 奎章閣 抄啓文臣 등에게 출제했던 策問들로, 군주임과 동시에 스승이고자 했던 정조의 학문관과 정치관을 여실히 보여주는 자료이다. 또 이 자료에 답한 臣僚들의 對策이 적지 않게 발견되어 정조의 생각에 당시 학자들이 어떤 대응 양상을 잘 보였는지를 파악할 수 있다. 이 가운데는 정약용, 이덕무, 이서구, 서유구, 박제가 등 당대 석학이자 문인들이 같은 문제에 어떻게 다른 답안을 제출했는지, 그 예가 포함되어 있다.

　『弘齋全書』에 수록된 策問의 주제와 그 시험의 성격을 정리하면 다음과 같다.

표4. 『弘齋全書』에 수록된 策題 및 시험의 성격

策題	시험의 성격
賙賑	到記儒生의 春試
尙書	抄啓文臣의 課講比較
書牘	抄啓文臣의 親試 再試
書牘	三日製
俗學之弊	抄啓文臣의 親試
詩	人日製 및 到記儒生의 春試
詩	韻書를 편찬하는 諸臣의 應製 및 抄啓文臣의 親試 再試
詩	抄啓文臣의 親試 및 성균관 上齋儒生의 應製
詩經旨義	上齋儒生의 再試
詩窮	抄啓文臣의 親試 및 文臣의 應製
時與勢	到記儒生의 春試
時體	抄啓文臣의 課試
十三經	上齋儒生의 三試
詔誥	到記儒生의 三試
中幸	抄啓文臣의 課講比較
重恢	蔭官의 應製 및 抄啓文臣의 親試
知行	到記儒生의 再試 및 抄啓文臣의 親試 再試
知行	抄啓文臣의 親試 및 文臣의 製述
車制	抄啓文臣의 課講比較
娼妓	人日製
策	七夕製 및 抄啓文臣의 親試와 궁중에 숙직하던 諸臣의 應製
策規	濟州 세 고을 유생들의 試取
責宰相臺諫經筵守令之道	新舊選 抄啓文臣의 親試
天地至公	관북 지방 功令生의 試取
淸高之士涵養之道	御定大學類義와 朱子書節約을 교정한 호남 유생들의 試取
楚却齊請東地兵	抄啓文臣의 親試
應變	실록낭청 및 三館과 三曹당하관의 응제應製
關東	관동 功令生의 應製
耀耀	文臣製述
地靈	궁중에 숙직하는 신하들의 應製比較와 동재·서재에 거처하는 유생들의 응제 비교
地理	臣僚과 승지의 應製
天文	新舊選 抄啓文臣의 親試

法古	到記에서 선발된 유생의 再試
辟暑之方	到記儒生의 秋試
馬政	抄啓文臣의 課試比較
民蒙至治之澤	抄啓文臣의 課講比較
法古	抄啓文臣의 親試
壽	庭試殿試
詢謀之道	한림 권점을 받은 사람의 召試
時	庭試殿試
是非	到記儒生의 春試
是非	庭試殿試
時中之道	到記儒生의 春試
心經	到記儒生의 春試
審幾微	三日製
心術	抄啓文臣의 課講比較
心術	人日製
心與事	到記儒生의 春試
深衣喪服制度	抄啓文臣의 課試再次比較
握奇經	三日製 및 文臣 應製
養民致賢	到記儒生의 春試
養生	到記儒生의 秋試 및 抄啓文臣의 親試
陽陰, 天理與人欲, 君子與小人, 中國與夷狄	抄啓文臣의 課試 再試 및 上齋生의 應製
儒	到記儒生의 春試
朱子諸書	到記儒生의 再試
註解	到記儒生의 春試
竹	到記儒生의 秋試
中	閣臣과 承旨의 應製
中	三日製
中	到記儒生의 秋試 및 抄啓文臣의 親試와 文臣의 製述
中庸	七夕製 및 抄啓文臣의 親試
中庸	抄啓文臣의 親試 및 泮儒의 應製
中庸	到記儒生의 秋試 및 抄啓文臣의 親試 再試
中和	九日製
知	到記儒生의 春試
天人相感	庭試殿試

天地位萬物育	抄啓文臣의 課講比較
天地人物	人日製 및 抄啓文臣의 親試
天下祇有善惡邪正二塗而已	東齋・西齋에 거처하는 儒生의 應製 및 抄啓文臣의 親試
體用	抄啓文臣의 講義比較
通書	翰林圈點을 받은 사람의 再試
河洛(河圖洛書)	奎章閣 增廣殿試
學	到記儒生의 春試
學	到記儒生의 秋試
學者所以變化氣質	抄啓文臣의 親試
學之所貴在乎志	抄啓文臣의 課試의 세 번째 시험 및 上齋生의 應製
恨	關東 功令生의 試取
好惡之道	人日製

　위 자료를 통해 정조가 특히 서적에 깊은 관심을 보였다는 사실
을 확인할 수 있다. 조선전기는 서적의 주제가 경전의 철학적 개념
에 대한 것이 중심이었지만, 이 시기에는 문학과 문자학의 분야로
관심이 확대되고 세부 주제도 다양하게 변화해 간 것을 확인할 수
있다. 예컨대, 『詩經』의 본뜻을 전면에 표방하여 시에 대한 본연의
의미를 묻는 策問[24]이나 策題에 韓愈의 문집인 『昌黎集』을 지목하
여 문집에 대한 의견을 묻는 策問[25]이 눈에 띈다. 이러한 策題들의
출제 경향과 움직임을 살펴보면 조선후기에 보이는 다양한 변화의
움직임이 여러 형태로 포착되는 것을 파악할 수 있다.
　한편, 앞 절에서 살펴보았던 것과 같이 조선 중종 연간을 전후로
한 책문 선집 편찬의 흐름은 조선후기에 어떤 방식으로 지속되고
변화하였을까? 조선전기의 막바지에 편찬된 『東策精粹』를 기점으
로 점차 선집류의 수용 저변이 확대되고 있음은 이미 확인한 바와

---

24) 蔡彭胤, 「詩經旨義」, 『希菴集』卷之二十九, 한국문집총간 182집, 522면.

25) 姜樸, 「問昌黎集」, 『菊圃集』卷之十二, 한국문집총간 70집, 232면.

같다. 사화와 전쟁의 혼란을 겪긴 했으나 조선의 과거제도는 영향 받지 않고 그대로 시행되었고, 그중에서도 策文의 비중은 쉽게 낮아지지 않았다. 오히려 왕은 策文을 통해 사회의 혼란을 어떻게 수습해야 하는지에 대해 다양한 질문을 던졌다. 策文의 비중과 빈도가 커지면서 생원시나 진사시까지 策問이 확대·채택되어 수험생들에게는 對策에 대한 대비가 필요했다. 조선전기에 중국 對策의 程式을 공부하던 개론서[26]에서 벗어나 조선의 對策만이 갖는 程式을 기출문제집을 통해 학습하는 분위기가 형성되기 시작한 것이다.

　이 같은 17세기의 정황은 18세기에 편찬되어 나온 책문 선집을 통해 확인할 수 있다. 당시 편찬된 대표적인 선집이 바로 『科策』[27]이다. 이 책은 현재 국립중앙도서관에 '策文準的'이라는 책명으로 소장되어 있는데, 표지에는 『科策』이라고 되어 있어 현재의 책명이 誤記인 것을 알 수 있다. 특히, 책 첫머리에 對策의 套式과 작문 요령을 기록한 글의 표제가 '策文準的'이라고 적혀 있는 것을 보면 그 내용에 비중을 두어 권수제로 파악하여 서명 대신 불렸을 가능성이 높다.

　『科策』은 기존 선집과 비교하여, 독특한 특징 두 가지가 있다.

　첫 번째 특징은 殿試의 對策이 단 한 편도 실리지 않았다는 점이다. 다시 말해, 『科策』에는 初試와 覆試에 치른 策文만이 실려 있다는 것이다. 이것은 앞서 분석한 바와 같이 책문 선집의 수요층에 대한 저변 확대가 그 배경이라고 할 것이다. 이것은 책문의 형식에서 執事가 낸 문제에 어떤 형식으로 답하는가의 程式과 상투

---

26) 대표적인 서적으로 柳希齡이 편찬한 『歷代文選策』을 들 수 있다.

27) 국립중앙도서관 소장본, 한古朝31~115.

어구를 살펴보는 좋은 자료임을 의미하는 것이기도 하다. 또 하나의 특징은 의미상 문단을 구분했다는 점이다. 이는 내용은 물론 문체를 학습하는 데 편의를 제공하려는 것으로 보인다. 기존 목판 선집류들이 단락을 나누지 않고 기존 문집처럼 모두 붙어 있는 것에 비해,『科策』이 단락을 구분하여 기록한 것은 이러한 맥락으로 파악된다.

『科策』에 수록된 작품들을 표로 정리해보면 다음과 같다.

표5. 『科策』에 수록된 策文

	생몰연대	(자)호	저자	책문 내용
1	1651~1708	農巖	金昌協	禍福
2	1651~1708	農巖	金昌協	規模
3	1652~1719	晚靜	徐宗泰	經書註解
4	1649~1696	滄溪	林泳	感應
5	1659~1726	(善長)	鄭重元	幾
6	1641~1708	(巨卿)	尹弘离	小中華
7	1645~1687	(季受)	尹之翊	言語容貌
8	1622~1689	復齋	徐漢柱	動靜
9	미상		閔沇	動靜
10	1631~?	(致遠)	金馹	同異
11	1632~1703	三休堂	姜世龜	同異
12			정보없음	知行
13	1607~1677	麻庵	李休徵	知行
14	1639~?	(夏卿)	白時亨	綱目
15	1646~1707	瓠窩	李震殷,	素位而行
16	1639~1719	(汝長)	李元齡	素位而行
17	1654~1700	懶隱	李東標	振作
18	1647~?	(士章)	朴奎世	閏(윤달)
19	1669~1720	昆侖	崔昌大	書牘
20	1669~1716	松塘	李夏命	書牘
21	1644~?	(君瑞)	崔斗徵	索隱行怪

22	1651~?	(明遇)	朴其良	索隱行怪
23	미상		韓泳徵	氣郞
24	1661~?	(思仲)	沈齊賢	氣郞
25	1680~?		金翰運	四方
26	1680~1761	圃巖	尹鳳朝	亂極當治
27	1673~1751	晦窩	尹陽來	亂極當治
28	1654~1724	星谷	李濟	安危治亂

자세히 살펴보면『東策精粹』때까지만 해도 목활자본이던 것이 필사본으로 바뀐 것을 확인할 수 있다. 조선후기의 책문 선집들이 거의 필사본이라는 점에서 독자층과 수요가 상당한 저변확대를 이루었음을 추정할 수 있다. 또, 시험의 형태나 성적도 반드시 수위가 아니더라도 규식에 맞는 기본 형식에 맞춰진 對策이 많이 실려 있다는 특징을 보여준다. 한 가지 더 주목해야 할 사실은, 동일한 策問의 답안이 많이 실려 있다는 점이다. 동일한 문제의 경우, 어떤 것이 평균에 해당하고, 어떻게 변용을 줄 수 있는지 비교할 수 있다는 점을 활용하도록 하기 위해 복수 답안을 수록한 것으로 보인다.『科策』에만 총 28편의 작품 중 4편의 동일한 策問에 답한 8편의 對策이 수록되어 있다.

조선전기의 선집이 참신하고 높은 점수를 받은 이들의 對策을 위주로 한 모범답안들을 제시하는 성향을 띠었다면, 조선후기의 선집은 선택의 폭이 다양해지는 것 같으면서도 규식화된 규범에 맞춘 기초해설서의 성향이 짙어졌다고 분석할 수 있다.

이러한 추정의 근거로, 선집에서 對策이 빠지고 기출문제로만 편집된 선집이 나온 점을 들 수 있다. 科文 수험서로 추정되는『京外題錄』[28]은 科擧試驗에 출제된 문제들을 과목별로 구분하여 정리한 책이다. 앞에는 大科의 문제들로 策 18問, 表 16問, 賦 36問, 論 12問, 疑 4問 등이 있고, 그 다음에는 小科의 문제들로 賦 57問, 詩 72問, 疑 34問, 義 31問 등이 수록되어 있다. 시험 출제 연도 표기를 보면 丁酉, 己亥, 庚子, 壬寅, 戊戌年이라고 되어 있어 18세기에 편찬한 것으로 추정되며, 과거시험의 종류를 명확히 구분하여 大科에 增廣試(初試, 覆試), 式年試(初試, 覆試)를 넣어 분류하고, 小科에 初試, 覆試를 넣어 분류하면서 漢城試와 鄕試의 구분도 명확히 하고 있음을 확인할 수 있다.

이러한 경향과 상황을 고려할 때, 이 시기 책문 선집의 편집형태는 답안의 형식이 규식화가 되었으므로 더 이상 따로 공부할 필요가 없어졌음을 의미한다. 그래서 어떤 주제에 대한 문제가 나올지에 대한 경향을 읽을 수 있는 '최근 5년간 기출문제집'만이 필요하게 되어 버린 것으로 이해할 수 있을 것이다.

그렇다면 조선후기의 자료 중에서는 어떤 인물들의 對策이 발견되는지 자료적 양상을 살펴보겠다. 위에서 조선후기의 자료가 조선전기보다 상당히 많다는 사실을 확인한 바 있는데, 그것은 개인 문집에 그 문인의 對策이 별개의 장르로 잘 정리된 경우가 많기 때문이기도 하다. 예컨대, 崔命龍과 金長生의 문인이었던 유집(柳楫, 1585~1651)의 문집에는 58편의 策問과 對策이 잘 정리되어 있어 자료적 가치가 매우 높다. 또 無名子 윤기(尹愭, 1741~1826)가 23편, 조귀명(趙龜命, 1693~1737)과 이종휘(李種徽, 1731~1797)가 각 9편 등 적지 않은 對策을 문집에 수록하였다. 윤선도(尹善道, 1587~1671)의 對策도 다양한 주제별로 6편이나

---

28) 규장각 소장본.(奎 9943, 필사본)

문집에 수록되어 있다.

글쓰기가 뛰어난 것으로 평가받는 김창협(金昌協, 1651~1708)과
손명래(孫命來, 1664~1722) 역시 對策 자료가 전한다. 특히, 김창
협의 경우는 문집에서 찾아볼 수 없는 對策들이 책문 선집에 실려
있어 그가 작성한 對策의 전모를 살펴보는 데 도움을 준다. 손명래
는 당대 對策의 대가로 손꼽히던 인물인 만큼 그가 출제한 策問은
물론, 풍속이나 국방, 천문 등 다양한 주제에 대한 對策이 문집에
수록되어 있어 그의 책문 글쓰기를 파악하는 데 큰 도움이 된다.

앞서 策問의 자료적 양상에서도 살펴본 것처럼 策文은 18세기
정조 연간을 필두로 정점으로 치달으며 전성기를 구가한다. 이 시
기의 초계문신들인 실학자들의 對策도 확인할 수 있는데, 유득공,
박제가, 이서구, 정약용, 서유구 등의 對策도 문집에 수록되어 있어
이들의 개별연구와의 연계에도 큰 도움이 될 것으로 기대된다. 예
컨대, 1792년(정조16년)에 『奎章全韻』이 완성된 기념으로 정조가
이 책의 교정을 명하면서 문자학 제반 문제에 대한 논의를 담고
있는 策問을 내린 것은 정조 연간의 策文을 파악할 수 있는 단서
를 제공한다.

이 策問에 대하여 당시 초계문신들을 비롯하여 여러 신하들이
자신의 의견을 對策으로 작성하여 올렸다는 기록이 남아 있다.29)
현재 문집을 통해 확인할 수 있는 對策으로 이덕무(李德懋, 1741~
1793), 유득공(柳得恭, 1749~1807), 박제가(朴齊家, 1750~1805),
이서구(李書九, 1754~1825), 윤행임(尹行恁, 1762~1801)의 것이

---

29) 일례로 다음과 같은 경우를 들 수 있다. "壬子八月, 命公編纂奎章全韻, 書旣成, 命閣臣尹行恁
徐榮輔南公轍, 承旨李書九李家煥, 校書校理成大中, 檢書官柳得恭 朴齊家, 校正, 仍命諸臣對
策." (李德懋, 「六書策」, 『靑莊館全書』卷之二十, 한국문집총간 257집, 286면)

있다.30) 문자의 연원과 특정 문자들에 대한 해명과 해석을 구체적인 서적을 근거로 해명하도록 했던 이 策文은 당시 조선 학계에서 小學이 학문의 한 분과임을 공식적으로 확인한 것이자31) 조선후기 학자들이 청대 고증학을 어떻게 받아들였는지를 파악하는 데 요긴한 자료라 할 것이다.

이제까지 살펴본 것처럼 조선후기는 조선전기에 비해 양적으로도 방대한 자료가 확인되지만 무엇보다 내용면에서 다양한 소재로 관심이 확대되고 있음을 알 수 있었다. 그러한 변화의 배경에는 인식의 변화도 적지 않은 영향을 미쳤으며, 그에 따른 文風의 변화들이 연계되어 있음을 확인할 수 있는데, 책문이 그러한 사실을 확인하는 객관적인 자료로서의 역할을 할 수 있다는 점에 주목할 필요가 있다.

---

30) 李德懋, 「六書策」, 『靑莊館全書』卷之二十, 한국문집총간 257집, 286면; 柳得恭, 『冷齋集』卷之十日一, 한국문집총간 260집, 125면; 朴齊家, 『貞蕤閣集』卷之二, 한국문집총간 261집, 625면; 李書九, 『惕齋集』卷之七, 한국문집총간 270집, 155면; 尹行恁, 『碩齋應製錄』, 국립중앙도서관본, 55면.

31) 심경호, 「한학기초학사서설」, 『한국한문학 연구의 새 지평』, 소명출판, 2005. 988면.

제3부

중국 策文의 전범

1. 중국 策文 전범과 그 수용

조선시대 對策에는, 도덕적 수행에 관련된 부분에서는 연쇄법을 사용하거나, 단락 앞에서 특정 개념이 나오면 定義法을 활용하거나, 마무리 단계에서 유교 경전을 인용문헌으로 활용하는 등의 공통된 특징들이 발견된다. 이러한 특징은 어디서 온 것일까? 정해진 규칙이 있는 것도 아닌데 공통적 용례가 보인다는 것은 무언가 전범이 되는 학습 기준이 있었음을 의미한다. 이에 본 절에서는 책문의 전범을 통해 책문의 전통적인 특징에 대해 고찰해보고자 한다.

조선시대 문인들이 科擧 문장의 모범을 언급하거나 임금 앞에서 시험을 치른 殿試를 언급할 때 상징적으로 늘 등장하는 인물이 있다. 바로 對策으로 漢武帝에게 발탁된 董仲舒(董仲舒, B.C 170~B.C 120)이다. 조선시대에 그와 그의 대책을 언급하는 방식이 어떠했는지 살펴보자.

> 漢나라 뜰에서 외람되게 對策하니, 策文은 天理와 人事의 精妙한 것이 아니었는데, 唐나라 殿中에서 榜을 내걸 적에 이름은 龍虎榜의 우두머리에 들어있었습니다.[1]

---

1) "叨對漢庭, 策非天人之妙, 放榜唐殿, 名參龍虎之雄."(『成宗實錄』 112卷, 10年(1479) 12月 8日(己

위 글은 工曹正郎 성담년(成聃年, 생몰년 미상)이 성종에게 올린
사직상소문의 일부이다. 이 글에서 성담년은 사실을 표현함에 있어
董仲舒의 고사를 들고 있다. '漢나라 뜰에서 외람되게 對策하니'라
는 말은 곧 자신을 董仲舒에 비긴 것이다. 성담년 외에도 策問으로
시험을 치른 사실을 언급한 적지 않은 조선 문인들이 漢武帝 때
책문을 올린 董仲舒의 고사를 거론하는 것을 흔히 볼 수 있다.[2]

그렇다면 조선 문인들은 董仲舒의 對策을 어떻게 평가했는지를
살펴보자.

> 선비가 하늘과 땅 사이에 태어나서 그 빼어난 기운을 한데 모아
> 표현해 내면 그것이 文章이 된다. 혹자는 이 문장을 가지고 天子의
> 뜰에서 이름을 드날리기도 하였고, 혹자는 諸侯의 나라에서 벼슬
> 을 하기도 하였는데, …중략… 그러다가 漢나라의 전성기에 이르
> 러서는 董仲舒와 賈誼의 무리가 출현하여 對策文을 짓고 上疏文을
> 올려 天人의 관계를 밝히고 치안의 요체를 논하였으며, 枚乘과 司
> 馬相如는 제후들 사이에서 노닐며 모두 英名을 떨치고 文才를 발
> 휘하면서 性情을 읊고 노래하여 文德을 아름답게 드높였다.[3]

위 인용문은 정도전(鄭道傳, 1342~1398)이 이숭인(李崇仁,
1347~1392)의 문집에 써준 서문의 일부이다. 文才로 이름을 날린
인물들에 대해 주나라의 尹吉甫에서부터 한나라의 인재로 對策의
董仲舒와 上疏의 가의를 대표적인 인물로 들고 있음을 확인할 수

未) 2번째 기사)

2) 李穀, 『稼亭集』卷之十三, 「皇帝王覇之道」, 한국문집총간 3집, 179면; 崔岦, 『簡易集』卷之七, 「麻
浦錄」, 한국문집총간 49집, 457면; 李玄逸, 『葛庵集』卷之六, 「經筵講義」, 한국문집총간 127집,
473면; 奇大升, 『高峯集』卷之二, 「失題」, 한국문집총간 40집, 279면; 趙慶男, 『亂中雜錄』四, 「戊
申」,

3) "士生天地間, 鍾其秀氣, 發爲文章. 或揚于天子之庭, 或仕于諸侯之國, …중략… 及漢盛時, 董仲舒,
賈誼之徒出, 對策獻書, 明天人之蘊, 論治安之要." (鄭道傳, 「陶隱集序」, 『陶隱集』, 한국문집총간
6집, 522면)

있다. 董仲舒에 대한 이러한 인식이 특수한 경우가 아니라 일반적인 것이었다면 어떤 점에서 그러한 평가를 받게 되었는지도 살펴볼 필요가 있다. 다음 예문에서 그 근거를 살펴보자.

> 아, 글이라는 것은 예술이니, 비록 잘하더라도 예술일 뿐이다. 經學에 근본하고 국가의 체통에 밝아서 사정을 모두 말하고 흉금을 다 털어놓음에 이르러서는 筆墨(문장)의 법칙으로 논할 수 없는 것이다. 이 때문에 漢나라의 司馬遷과 司馬相如가 문장이 훌륭하지 않은 것이 아니었으나 對策은 董仲舒만 못하였고, 唐나라의 韓愈와 柳宗元이 문예가 높지 않은 것이 아니었으나 奏議는 陸公(陸贄)만 못한 것이다.4)

남구만(南九萬, 1629~1711)이 文에 대한 자신의 의견을 개진한 글의 일부이다. 남구만은, 진정한 문장이란 글의 기교보다 경학에 근본을 두고, 진실됨을 피력하는 것만이 으뜸이라고 단언한다. 여기서 그러한 글쓰기의 전범으로 董仲舒의 對策을 꼽은 점이 눈길을 끈다. 사마천이나 사마상여가 문예적인 부분이 뛰어날지는 모르지만 董仲舒의 對策에 보이는 진정성이 '진정한 문학'에 더 가깝다는 것이다. 陸贄의 奏議를 한유나 유종원보다 높이 평가한 것도 같은 이유에서다. 이러한 평가에 근거하면, 조선시대 문인들에게 董仲舒의 對策이 어떤 점에서 인정받고 어떤 위치를 차지했는지 미루어 짐작게 된다. 이러한 평가는 농암 김창협의 『五子粹言』5)에서

---

4) "噫, 文者藝也, 雖工則亦藝而已矣. 至若本於經術, 明於國體, 說盡事情, 開拓心胸, 是不可以筆墨蹊逕論. 是以漢之兩司馬文非不盛, 而對策讓於仲舒, 唐之韓柳藝非不高, 而奏議遜於陸公." (南九萬, 「竹西集跋」, 『藥泉集』第二十七, 한국문집총간 132집, 454면)

5) "五子는 荀卿, 董仲舒, 揚雄, 王通, 韓愈이다. 선생은 孟子 이후로 성인의 학문이 전수되지 못하였는데 斯道를 외고 말할 줄 안 사람은 이 다섯 사람이었다고 여겼다. 그래서 그들의 격언과 至論으로서 도에 합치하는 것을 골라 한 編을 만들고 '오자수언'이라고 이름한 것이다."(五子, 荀卿, 董仲舒, 揚雄, 王通, 韓愈也. 先生以孟子以後, 聖學不傳, 而能知誦說斯道者. 有此五子. 故擇其格言至論合於道者, 作爲一編, 名曰『五子粹言』. ; 「年譜 上」, 『農巖集』卷之三十五, 한국문집총간

도 찾아볼 수 있다. 농암은 경학을 중시한 것 외에도 對策에 탁월한 능력을 보여주었다는 점을 들어 董仲舒를 5인 중 1인으로 꼽고 있다.

이러한 견해는 문인들에 한한 것만이 아니었다. 策問의 출제자 위치에 있던 왕도 마찬가지였다. 『영조실록』의 기록에 보면 "임금이 董仲舒가 세 번 策問을 한 故事를 본받아, 어제 뽑힌 2인을 소견하며 두 번째 책문을 내리고, 모두 급제를 내리도록 명하였다.6)" 라고 하여 영조가 策問으로 시험을 치른 것에 대한 언급이 보인다. 한 번 策問을 내고 답안을 채점한 후 董仲舒의 고사를 본받아 두 번째 연이은 策問을 냈다는 기록이다.7)

이처럼 조선시대 문인들은 對策의 전범으로 삼았던 董仲舒의 「天人三策」에 상당히 매료되어 있었던 것으로 추정된다. 그런데, 董仲舒가 「天人三策」을 작성했던 시기를 생각해보면 조선시대 문인들이 對策이라는 것을 작성하게 되기까지 너무 긴 간극이 있다. 그렇다면 중국의 對策 중에서 조선시대의 문인들이 전범으로 삼을 만한 작품은 「天人三策」뿐이었을까?

그 해답을 찾기 위해서는 조선시대 문인들이 책문 작성을 위해 보았음직한 중국의 대표적인 책문 선집을 찾아 내용을 파악하면 된다. 그러나 아쉽게도 중국의 책문 선집 중에서 조선의 문인들이 입수하여 읽었다는 책문 선집은 아직 학계에 보고된 바 없다. 오히려 조선의 문인이 중국의 책문 중에서 전범이 될 만한 작품을 모

162집, 399면)

6) 上效董仲舒三策故事, 召昨日被抄二人再策之, 幷命賜第.(『英祖實錄』 124卷, 51年(1775) 6月 19日 (乙未) 1번째 기사)

7) 영·정조시기에 董仲舒 책문에 대한 언급이 잦은 이유는 董仲舒의 학술 성향이 조선후기의 '원시유학으로의 회귀'가 갖는 지향점과 동궤를 이루고 있기 때문이다.

아 편찬한 선집이 있어 이 문제의 실마리를 푸는 데 도움을 준다.

자료 1에 보이는 유희령(柳希齡, 1480~1552)이 편찬한 『歷代文選策』이 바로 그러한 자료에 해당한다.

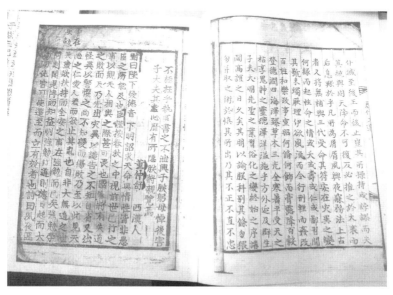

자료1. 柳希齡의 『歷代文選策』

이 책은 상하 두 권으로 이루어져 있고, 상권에 22편, 하권에 3편이 남아있다. 구성은 책문과 對策으로 나뉘는데, 상권에 수록된 對策의 인물로는 3편이 실려 있는 董仲舒를 비롯하여 晁錯, 谷永, 申屠剛, 杜鄴, 李固, 周擧, 漢나라의 荀爽, 晉나라의 皇甫規, 唐나라의 張說, 張九齡, 楊若虛, 裴■, 姜公輔, 穆質, 元稹, 白居易, 牛僧孺, 劉蕡가 있다. 하권은 宋나라의 蘇軾의 對策 1편과 蘇轍의 對策 2편이 실려 있고 나머지는 결락되어 전하지 않는다.

『歷代文選策』에 수록된 인물들 중에서도 이미 고려 때부터 널리 알려진 白居易와 蘇軾 등의 인물은 조선 문인들에게는 상당히 많이 언급되고 있다.8) 예컨대, 白居易의 경우, 그가 進士策問에서 "廣袖高髻의 민요를 들으면, 풍속이 부박한 것을 알 수 있습니다. (聞廣袖高髻之謠, 則知風俗之奢蕩也.)"라고 한 구절이 『중종실록』에 처음 등장한 이후9) 숙종, 인종, 영조, 순종에 이르기까지 『조선왕조실록』에 계속 등장하는 것을 확인할 수 있다. 그 의미는 "대중들이 時俗流行을 따르다가 그 정도가 점점 심해진다."는 의미로, 조선시대에는 이 문구가 관용구처럼 사용되고 있음을 알 수 있다.

여기서 주목해서 살펴봐야 할 부분은, 백거이의 對策 자체가 형식면에서의 전범으로 적용되었다기보다는 백거이의 문학이 보여준 성향과 그의 성품이 조선 문인들의 인식에 전형화되어 각인되었다는 점이다. 그의 대책이 언급되는 경우도 대개는 같은 맥락에서 이루어지고 있음을 확인할 수 있는데, 자신의 의지를 굽히지 않는 강직한 성품이 대표적인 그의 성향으로 각인되어 있음을 여러 기록에서 발견할 수 있다.

이경석(李景奭:1595~1671)은 당 헌종이 백거이의 진언에 불만을 품은 것에 대해 다음과 같이 비평하였다.

> 당 헌종은 중등의 군주이다. 초년에 좋은 정치를 바라던 때는 군국의 큰일이 있을 때마다 반드시 여러 학사들과 그것을 모의하였다. 일찍이 한 달이 넘도록 학사를 만나지 않자, 이강 등이 말씀 드리기를 "신들이 배불리 먹기만 하고 말씀을 올리지 않는다면 자

---

8) 『歷代文選策』에 수록된 백거이의 대책은 「對才識兼茂明於體用策」이 있고, 소식의 대책은 「御試制科策」, 「擬進士對御試策」, 「御試制策」 등이 있다.

9) 『中宗實錄』9卷, 4年(1509 己巳) 8月 23日(癸未) 5번째 기사조 참조.

신의 보신책으로는 좋습니다. 그러나 폐하께서는 어찌 되겠습니까? 폐하께서 도를 다스리는 것에 대해 자문하고 직언을 받아들이는 것은 실로 천하의 다행이지, 신들의 다행은 아닙니다."라고 하자, 헌종은 즉시 불러보았습니다. 그러나 백거이가 일을 논하다가 "폐하의 잘못"이라고 하자, 헌종의 표정이 엄숙해지면서 자리를 파하였으니, 헌종의 뜻은 이에 태만하여 진 것입니다.[10]

이경석은 인조에게 納諫에 대한 자기 생각을 펼치며 당나라 헌종의 태도를 인용하여 군주로서의 자세에 대한 잘못된 예로 비평을 가하고 있다. 이 때 백거이가 헌종에게 직언했던 사실을 들어 권계의 대상으로 삼은 것이다. 이처럼 백거이는 조선 문인들에게 본받아야 할 뛰어난 諫官의 대명사로 인식되고 있다. 대책이 간관이 올리는 글의 성향을 대표하는 양식이라는 점에서 그러한 성향은 자연스럽게 조선 문인들에게 인용된다.

한편,『정조실록』에 보면 정조가 "宋나라 仁宗의 일을 내가 항상 훌륭하게 여기고 있다. 蘇轍의 對策은 곧 情外의 이야기인데 考試官이 내치기를 청하기에 이르렀어도 끝내 따르지 않았으니, 어찌 훌륭하지 않은가?"[11]라며 蘇轍의 對策을 언급하는 부분이 보인다. 정도전의『삼봉집』에 그 구체적인 내용이 다음과 같이 전한다.

어떤 자가, 蘇轍의 對策이 지나치게 곧다 하여 貶黜하기를 청하자, "정직한 말을 구하면서 그를 버린다면 천하에서 뭐라고 하겠는가?" 하였다. 또한 학문을 좋아하고 儒賢을 존숭하여 斯道를 부

---

10) "唐憲宗中主也. 而初年願治之時, 每有軍國大事, 必與諸學士謀之. 嘗踰月不見學士, 李絳等上言; "臣等飽食不言, 其自爲計則得矣. 如陛下何. 陛下詢訪理道, 開納直言, 實天下之幸, 非臣等之幸也." 憲宗卽爲召對. 白居易因論事言陛下錯, 上色莊而罷, 憲宗之意, 於是乎怠矣. "(李景奭,「十月雷電再作 請策免」因陳所懷疏,『白軒集』卷之二十, 한국문집총간 96집, 66면)

11) "上曰: "宋仁宗事, 予常賢之矣. 蘇轍對策, 卽情外之談, 考官至於請黜而竟不聽, 豈不賢哉?"(『正祖實錄』, 3卷, 1年(1777 丁酉) 5月 10日(甲戌) 1번째 기사조)

식함으로써, 위로는 태조와 太宗, 眞宗의 마음을 계승하고 아래로
는 濂洛(程朱)의 道學이 지닌 아름다움을 前導하였으니, 더욱 훌
륭하고 아름다운 일이다.[12]

蘇轍의 對策이 충직한 마음을 절실하게 표현한 점을 높이 평가한
것으로 보인다. 蘇軾의 對策에 대한 부분도 동일한 의미에서 평가받
은 것으로 보이는데, 정약용의 『경세유표』에 나온 언급을 통해 당
시 조선 문인들이 그의 對策을 어떻게 인식했는지 확인할 수 있다.

> 생각건대, 최근 策問의 제목이 혹 수천 자가 넘으니 학식이 얕
> 은 선비는 頭詞만을 짓고, 그 다음은 제목에 따라 엮어서 그 편을
> 완성하여 천편일률적이어서 가려 뽑을 수가 없으니 이제 과거시
> 험의 규칙을 엄격히 하여 제목은 100자를 넘지 말게 함이 마땅하
> 며, 對策은 오래된 투식을 모두 없애고 한결같이 蘇軾의 문체를
> 따름이 거의 좋을 듯하다.[13]

위 인용문에서 전범으로 제시한 소식 대책의 문체란 무엇을 말
하는 것일까? 소식의 대책은 단순히 시비를 논하는 論의 성향보다
는 현실적이며 구체적인 성향을 띠는 특징을 보인다. 소식의 의론
문은 忠壯한 내용을 근간으로 하여 설득력을 배가하기 위한 단락
開合轉折의 활용, 보편타당한 논리를 위한 비유와 고사의 인용이
주 특색이라 할 수 있겠는데, 이는 先秦 諸子의 글에서 이미 다채
로운 운용을 거친 바 있고, 가깝게는 부친 蘇洵의 의론문에서도 발

---

12) "或以蘇轍對策過直諷黜之, 曰; "求直言而棄之, 天下謂何." 又好學崇儒, 扶植斯道, 上承一祖二宗
　　之心, 下開濂洛道學之懿, 尤爲盛美."(鄭道傳, 「君道」, 『經濟文鑑 別集』下, 한국문집총간 5집,
　　498면)

13) "臣謹案, 近世策問之題, 或過數千字, 淺學之士, 但作頭詞, 其下循題點綴, 以成其篇, 千篇一套,
　　無以簡選, 今宜嚴立科條, 題不過二百字, 其對悉除舊套, 一遵蘇軾體裁, 庶乎其善也."(丁若鏞, 「選
　　科擧之規二」, 『經世遺表』卷十五, 한국문집총간 285집, 289면)

견되는 양상이다.[14] 따라서 이것이 동파의 창안이라고는 할 수 없으되 자유로운 운용으로 그만의 특색을 갖춘 경지를 인정받았다고 할 수 있다.

소식의 문장만의 특징은 논리의 효과적인 전달을 위해 비유나 典故 등의 서사를 사용하고, 체험의 보편화를 위해 의론을 도입한 데 있다. 즉 소식의 산문은 문체·시기를 막론하고 주제면에서 說理性이 강하며, 소재면에서 현실감이 두드러지고 기교면에서 형상성이 뛰어나, 고문이론이 추구하던 산문의 이상성과 문학성을 겸비한 것이라 할 수 있다.

이것은 그의 시기에 보인 文風과도 무관하지 않다. 당송 고문운동은 변려문에 반기를 들고 시작되기는 하였어도 사륙문의 장점을 홀시하지 않아 변문과 산문의 竝置期를 형성하였다.[15] 그러나 문장의 難易奇平의 차이는 작가마다 달라 韓愈는 이론상으로 이들의 조화를 꾀하였으나 실제 글쓰기에는 難과 奇에 치우쳤다. 뒤를 이은 唐末五代의 柔靡浮艶과 宋初의 難澁怪癖의 餘習을 내쫓고자 소식은 自然暢達을 글쓰기의 근본으로 삼게 된 것이다.[16] 그의 작품이 시기나 文體別로 풍격이 다르지만 대책에서도 이러한 성향은 그대로 드러난다. 그래서 소식은 자신의 문장을 다음과 같이 평하고 있다.

내 문장은 마치 만 斛나 되는 샘물과도 같아서 땅을 가리지 않

---

14) 三蘇 의론문은 賈誼, 陸贄의 영향을 많이 받았는데, 동파는 특히 陸贄의 글을 존숭하였다고 전한다.(진옥경, 「蘇東坡散文 疏探」, 『중국어문학』10, 영남중국어문학회, 1985, 110면)

15) 張仁靑, 『中國騈文發展史』, 浙江大學出版社, 2009.

16) 王水照, 『蘇軾評傳』, 南京大學出版社, 2009, 140-148면 참조.

고 솟을 수 있다. 평지를 도도히 흘러 하루에 무난히 천리를 갈
수 있지만 산과 돌이 구부러지고 꺾이는 데서는 굽이굽이 흐르게
된다. 사물의 본질에 따라 형상으로 만들어지니 이를 미리 알 수
없는 노릇이다.[17]

명나라 王聖俞도『蘇長公小品』을 選하며, "문장은 동파에 이르러
정말로 지으려 노력하지 않아도 일을 따라 기록만 하면 곧 문장이
되곤 하였다.(交至東坡眞是不須作文,　只隨事記錄,　便是文.)"[18]라고
하였고, 청나라의 蔣湘南는 다음과 같이 소식 문장의 평이성을 높
이 평가한 바 있다.

　　　송대의 여러 문인들은 가파르고 날카로운 문장을 평이하고 유
　　창하게 변화시켰다. 영숙은 정과 운치가 부드러워 문장에 허자가
　　많으며, 자첨은 기질이 청렴 강직하여 글의 짜임새가 간결하다.
　　후세의 공령문의 법식은 대개 이 양가에서 나왔으니, 고문을 지으
　　려는 자 역시 두 사람의 문장을 입문으로 삼았다.[19]

이제까지 살펴본 백거이와 소식의 대책이 보여주는 공통점이 있
다면 董仲舒에서부터 이어지는 임금에 대한 충정과 그 충정을 피
력하는 기세와 절실한 마음이 전달되는 문장을 對策에서 가장 우
선시했다는 것이다. 이것은 對策을 올리는 신하가 본래 수행해야
할 의무와 마음가짐을 강조한 데서 나온 것으로 보인다.

그렇다면 형식이나 내용에서 책문의 전범이 되는 작품은 무엇인

---

17) "吾文如萬斛泉源, 不擇地皆可出, 在平地滔滔汩汩, 雖一日千里無難. 及其與山石曲折, 隨物賦形,
　　而不可知也."(『蘇軾文集』卷66,「自評文」)

18) 『經進東坡文集事略』卷57,「交說」

19) "宋之諸公, 變峭厲而爲平暢, 永叔情致于紆徐, 故虛字多. 子瞻才氣廉悍, 故間架闊. 後世功令文之
　　法, 大半出於兩家. 即作古文者, 亦以兩家爲初 ■."(蔣湘南,『七經樓文鈔』卷四,「與田叔子論古文
　　二」)

가? 그것은 유희량의 『歷代文選策』에서도 가장 앞에 실려 있는 董仲舒의 세 편의 대책인 「天人三策」이라 할 수 있을 것이다. 앞서 말한 바와 같이 策文은 문제에 해당하는 策問과 답안에 해당하는 對策으로 이루어진다. 두 가지라고는 하지만 따로 분리하여 생각할 수 없고 그래서도 안 된다. 그렇기 때문에 董仲舒의 대책만이 아니라 그 문제에 해당하는 漢武帝(劉徹, BC 156~BC 87)의 策問도 별도로 분석하여 어떤 전범으로서의 특징이 있는지를 살펴보고자 한다. 그래서 漢武帝 策問과 董仲舒의 대책이 조선시대 對策의 전범이 된 점이 무엇이며, 그것이 어떻게 변용되어 조선시대 책문의 전형적인 유형으로 자리 잡게 되었는지를 집중적으로 논의해보려 한다.

2. 漢武帝의 策問

짐은 선제의 더할 수 없는 존귀함과 아름다운 덕을 이어받았다. 이러한 자리를 무궁하게 전하고, 이러한 덕을 무한히 이어가려고 하는데, 맡은 자리는 중대하고, 져야 할 책임은 무겁도다. 이 때문에 이른 아침부터 늦은 밤까지 편안히 쉴 겨를이 없이 온갖 국사의 계통에 대해 오랫동안 고민했다. 그럼에도 오히려 빠뜨린 것이 있을까 두렵다.

따라서 사방의 크고 뛰어난 인재를 널리 초빙하고자 각 군과 왕국, 제후들에게 현명하고 어질며, 행실이 바르고 학업을 폭넓게 닦은 선비를 공정하게 선발하라고 명했다. 그렇게 하여 위대한 도리의 요점이 무엇이고, 고매한 주장의 핵심이 무엇인지를 듣고자 한다. 이제 그대 대부들은 천거 받은 선비들 중에서도 우두머리가 된 출중한 자들이다. 짐은 그대들을 매우 가상하게 여긴다. 그대 대부들은 정성껏 깊이 생각하도록 하라! 짐이 귀 기울여 질문하겠다.[20]

漢武帝의 策問은 이렇게 시작한다. 구체적인 것을 질문하기에 앞서 자신의 치세에 대한 정통성 그리고 이런 문제를 출제하게 된 배경 및 이유에 대해 간략히 설명하고 있다.

이러한 구성방식과 상투적 내용은 반드시 策問의 첫머리에 넣지 않더라도 策問에서 반드시 들어가는 전형이 되어 조선시대의 策問에도 이어져 옴을 확인할 수 있다. 조선시대 책문의 몇몇 용례를 통해 어떤 부분이 전형에 해당하는지를 살펴보자.

> 부덕한 내가 한 나라의 신하와 백성 위에 군림하여, 백성을 덕으로 교화하는 것이 비록 두루 미치지는 못할지라도, 밤낮으로 小康에 이를 것을 생각하고, 일찍이 옛 제왕의 마음의 도에 뜻을 두어 배우고자 하였다. 정무를 보는 여가에 經書와 典籍을 보고 읽어 그 뜻은 알았지만 무엇부터 힘써야 할지 방도를 찾지 못했으니, 행동하고 말하는 데나 政敎와 法令 사이에 지나침이나 모자람이 어찌 없겠는가? 지나쳐서 마땅히 덜어내야 할 것은 어떤 일이며, 모자라서 마땅히 보태야 할 것은 또 어떤 일이겠는가?[21]

---

20) "朕獲承至尊休德, 傳之亡窮, 而施之罔極, 任大而守重, 是以夙夜不皇康寧, 永惟萬事之統, 猶懼有闕. 故廣延四方之豪儁, 郡國諸侯公選賢良修絜博習之士, 欲聞大道之要, 至論之極. 今子大夫褒然爲擧首, 朕甚嘉之. 子大夫其精心致思, 朕垂聽而問焉." (『漢書』卷五十六, 「董仲舒傳」)

21) "予以否德, 莅于一國臣民之上, 雖無德敎可以及民, 庶幾夙夜思致小康, 其於帝王之心之道, 盖嘗有志而願學焉. 聽政之暇, 覽觀經籍, 究求厥旨, 而未知所以用力之方, 動靜云爲之際, 政敎法令之間, 豈無過與不及之差者乎. 其有過而當損者何事, 不及而當益者又何事歟." (卞季良, 「存心出治之道立法定制之宜」, 『春亭集』卷之八, 한국문집총간 8집, 107면)

부덕한 내가 외람되게 제왕의 큰 기업을 이어받고는 인재 육성하는 방안을 간절히 강구했지만, 士習은 점차 비루해지고, 인재는 날로 천박해지고, 학교에서 갈고 닦는 도는 적어지고, 여염에서는 학문에 힘쓰는 풍조가 사라지니, 이는 내가 진작시키는 것이 성실하지 못하여 이렇게 되었는가? 아니면 세상의 도덕이 더럽혀져서 이렇게 되었는가?[22]

조선시대 親試 策問의 시작은 '王若曰(왕은 이렇게 말했다.)'로 시작하는데[23] 이는 문자 그대로 문제를 왕이 냈다는 것을 의미하는 것은 아니다. 왕이 신하들에게 하문하는 방식이기 때문에 신하들이 문제를 내더라도 대개 이 형식을 택한다. 특히 임금이 출제했거나 임금 앞에서 시험을 치른 殿試의 경우는 策問의 시작이 '王若曰'로 시작하는 것이 일반적이다. 반면, 初試나 覆試 혹은 임금이 관여하지 않고 출제를 지시한 경우는 '問(묻노라)'이라고 짧게 하고, 내용의 결구나 임금의 입장에서 내는 문구와는 차이를 두었다.

다시 漢武帝의 책문으로 돌아와 보자. 자신이 왜 策問을 내는지를 관용구를 사용하여 조심스럽게 물어본 후 바로 역사적인 사실에 대해 언급하는 것을 확인할 수 있다.

오제와 삼왕의 도에 대해 들은 바에 따르면, 제도를 바꾸고 음악을 제정하자 천하가 모두 화합했고, 모든 제왕이 그에 찬동했다고 한다. 순임금의 음악 가운데 韶보다 위대한 것이 없었고, 주나라 음악 가운데 匀보다 위대한 것이 없다고 한다. 聖王이 사라지자 종과 북, 피리와 현악기로 연주하는 음악이 미처 쇠잔하기도

---

22) "予以否德, 叨承丕基, 育才之方, 惓惓講究, 而士習漸降, 人才日卑, 館學少講磨之道, 閭閻絶絃誦之風, 是予振作之不誠而然耶. 抑世道之汚下而然耶."(洪聖民, 「殿策庭試魁」, 『拙翁集』卷之六, 한국문집총간 46집, 518면)

23) 원나라 과거 시험에 급제했던 이곡의 대책을 살펴보면 策問의 시작을 '制曰'(황제가 말하기를)로 하며 황제가 스스로를 칭하는 대명사로 '朕'이라는 표현을 사용하고 있는 것을 알 수가 있다. 조선시대의 策問에는 '王' 외의 '황제'라는 지칭은 사용된 예가 보이지 않는다.

전에 위대한 도는 쇠약해지고 퇴락해버렸다. 점차 桀과 紂의 행실에 이르러 제왕의 도는 크게 붕괴하기에 이르렀다.[24]

언뜻 보기엔 객관적인 역사적 사실을 언급하고 주관적인 견해가 들어 있지 않은 듯 보이지만, 자세히 보면 漢武帝의 주관에 따라 논평을 가하고 있음을 알 수 있다. 특히, 고대부터 통시적인 흐름을 따라 내려오다가 질문할 사항에 대해 구체적으로 언급하기 시작하면서 왜 그 역사적 사실이 지금 문제가 되는지를 지적한다. 위 인용문에서 漢武帝는 '음악'이라는 화두를 정치에 빗대어 설명하고 있다.

직접 본론에 들어가기보다 역사적 사실을 근거로 들어 문제점과 연계시키는 방식 또한 조선시대 책문에 계승된다. 漢武帝가 그 논리를 어떻게 본격적인 질문과 연결시키는지 논지 전개의 방식을 좀 더 자세히 들여다보자.

> 500년 사이에 법도를 잘 지키는 군주와 권력을 쥔 사대부 가운데 선왕의 법을 본받아서 자기가 처한 세상을 받들어 지탱하려는 자가 대단히 많아졌다. 그런데도 여전히 정도로 돌아가지 못한 채 날이 갈수록 기울고 무너져 후세의 왕에 이르러서야 상황이 겨우 그쳤다. 어찌 그들이 지킨 것이 이치에 어긋나고 기강을 잃어서 그러한 것이겠는가? 본디 하늘이 이미 내린 명은 다시 회복되지 않는 법이니, 반드시 크게 쇠퇴한 상태로 몰아넣은 뒤에야 그치기 때문이다. 오호라! 하는 일마다 조바심을 내며 아침 일찍 일어나 밤늦게 자면서 상고 시대를 본받고자 힘쓴다고 해도 아무런 도움이 되지 않는단 말인가?[25]

---

24) "蓋聞五帝三王之道, 改制作樂而天下洽和, 百王同之. 當虞氏之樂莫盛於韶, 於周莫盛於勺. 聖王已沒, 鐘鼓管絃之聲未衰, 而大道微缺. 陵夷至乎桀紂之行, 王道大壞矣."(『漢書』卷五十六,「董仲舒傳」)

25) "夫五百年之間, 守文之君, 當塗之士, 欲則先王之法以戴翼其世者甚衆. 然猶不能反, 日以仆滅, 至

여기서부터가 질문이 구체화되는 부분이다. 모두가 고대의 선왕을 본받고자 하고 그렇게 정치를 하려고 하는데도 문제가 생기는 것은 왜인지를 다시 묻고 있다. 漢武帝 당대의 문제를 묻는 형태이긴 하지만 너무 노골적으로 지적하면서 비판하면 현재 정사가 제대로 운영되고 있지 않음을 인정해버리는 것이므로, 역사적인 사실에 빗대어 일반론적 질문을 던지는 방식을 취했다. 여기서 단락 마지막에 사용한 '烏虖(嗚呼)'는 단락을 집약하고 정리하는 의미가 있다.[26]

> 三代의 제왕이 천명을 받았다고 하는데 그것을 입증할 증거는 어디에 있는가? 천재지변은 무슨 이유로 일어나는가? 性命之情을 살펴보면, 어떤 자는 요절하고 어떤 자는 장수하며, 어떤 자는 어질고 어떤 자는 비열하다. 그 호칭은 익히 들어왔으나 그 이치는 명확하게 알지 못한다.[27]

이제 세부 사항을 묻는 단계로 들어간다. 훌륭한 정치를 펼친 제왕들이 천명을 받았다고 하는데 그것을 실증할 수 있는지 묻고 있다. 형이상학적인 명제를 제시하고 나서 그 논리와 이치에 맞는 답변을 어떻게 작성하는지 확인해보겠다는 채점 기준의 의도가 깔린 질문이기도 하다.

> 은덕이 사방에 퍼져 명령이 아래에서 잘 시행되고, 형벌이 가벼워도 간악한 자들이 행동을 고치며, 백성들이 화합하여 안락을 누

後王而後止. 豈其所持操或詩繆而失其統與. 固天降命不可復反, 必推之於大衰而後息與. 烏虖. 凡所爲屑屑, 夙興夜寐, 務法上古者, 又將無補與." (위의 글)

26) 그 용법의 기대효과와 변용양상은 對策에서의 그것과 동일하므로 상세한 내용은 4장의 2)절 참조.

27) "三代受命, 其符安在. 災異之變, 何緣而起. 性命之情, 或夭或壽, 或仁或鄙, 習聞其號, 未燭厥理." (위의 글)

리고 정치는 밝게 펼쳐지기를 바란다. 도대체 어떠한 덕망을 닦고
어떠한 시책을 정비해야 하늘에서 감로가 내려오고 온갖 곡식이
잘 익으며, 은혜가 사해를 기름지게 하고 덕택이 초목에까지 미치
며, 三光(해, 달, 별)이 온전하고, 추위와 더위가 순조로우며, 하늘
이 내리는 복을 받고, 우리가 바치는 제물을 귀신이 잘 받아들여,
덕택이 넘쳐흘러 세상 끝까지 뻗어나가고, 온갖 생령에까지 미치
게 할 수 있는가?28)

　다시 원래의 질문 의도로 돌아와 어떻게 하면 백성들과 온 세상
이 그 혜택을 누릴 수 있는 좋은 정치를 할 수 있는지를 묻고 있
다. 중국이나 조선이나 대부분 策問의 의도는 '그래서 어떻게 하면
이 폐단을 一掃하여 정치를 잘 할 수 있겠는가?' 하는 점이다. 마
지막 부분에서는 본래 질문을 다시 한번 정리하기 때문에, 상투 어
구가 사용되는 경우가 잦다. 상투 어구는 특히 마무리 부분에 많이
보이는데 대략을 살펴보면 다음과 같다.

　　　그대 대부들은 옛 성인의 치적을 환히 알고, 풍속과 교화의 변
　　천이나 (왕조 교체의) 자초지종을 익히 알며, 고매한 이치를 강
　　론하여 들은 지 오래일 터이므로 짐에게 또렷하게 깨우쳐주기
　　바란다.29)

　수험자들이 실력을 갖춘 대부들이라며 칭찬해주고 공부를 많이
한 사람들이니 제대로 답변하라는 왕의 명이다. 漢武帝의 마무리는
다른 의도가 안배된 것이 아닌가 하는 생각이 들 정도로 구체적
양상을 보인다. 자신의 책문에 대한 답변 요령에 대해 구체적으로

---

28) "伊欲風流而令行, 刑輕而姦改, 百姓和樂, 政事宣昭. 何脩何飭而膏露降, 百 ■ 登, 德潤四海, 澤臻
　　牛木, 三光全, 寒暑平, 受天之祜, 享鬼神之靈, 德澤洋溢, 施厚方外, 延及羣生."(위의 글)
29) "子大夫明先聖之業, 習俗化之變, 終始之序, 講聞高誼之日久矣. 其明以諭朕." (위의 글)

지시하는 내용을 담고 있기 때문이다. 자세한 내용을 살펴보자.

> 조목을 조리 있게 나누어 이치를 설명하되 지나치게 번잡하게
> 도 하지 말고, 지나치게 소략하게도 하지 말라! 經術에서 이치를
> 취해오고 내용의 출처를 신중하게 밝혀라! 부정하고 곧지 못하며,
> 충성스럽지 못하고 공정하지 못해 맡은 책임을 어그러뜨리는 점
> 이 있으면, 빠짐없이 모두 글로 써라! 짐만이 그 글을 접할 것이므
> 로 뒤에 있을지도 모를 탈은 걱정하지 말라! 그대 대부들은 온갖
> 정성을 다할 뿐, 숨기지 말라! 짐이 직접 글을 보겠노라!30)

이것은 대답을 어떻게 써야 하는지에 대해 지침을 제시하는 부
분으로, 여느 策問에서는 이 정도까지 세세한 지침이 보이는 경우
는 찾기 어렵다. 주의사항을 策問에서 설명하여 중구난방 식의 답
안을 방지한다는 의미에서 작성된 것으로 추정된다. 특히, 조목을
조리 있게 나누라는 것, 經術에서 이치를 취하고 내용의 출처를 반
드시 밝히라는 것을 보면 답안이 추상적으로 흐를 것을 경계한 것
으로 이해할 수 있다. 經學에 대한 지식을 제시하여 객관적인 설득
력을 갖추라는 지침이다. 이는 주관적인 견해를 서술하는 자유로운
글쓰기가 아닌, 시험으로서의 성격을 띤다는 점을 보여주는 부분이
기도 하다. 그리고 對策이 갖는 본연의 기능을 명확히 인지하고 있
다는 점을 '직언을 하더라도 뒤탈을 걱정하지 말라'는 언급을 통해
알 수 있다. 아무리 공식적인 글쓰기라고는 하지만 당대의 문제점
을 지적하고 대안을 제시하는 글의 특성상 왕이나 조정 관료들이
비판의 화살로부터 자유로울 수는 없다. 그 점에 대해 漢武帝는 수
험자들에게 왕인 자신이 보장할 테니 거리낌 없이 의견을 내보라

---

30) "科別其條. 勿猥勿幷. 取之於術, 愼其所出. 乃其不正不直, 不忠不極, 枉于執事, 書之不泄. 興于
  朕躬, 毋悼後害. 子大夫其盡心, 靡有所隱. 朕將親覽焉." (위의 글)

는 것이다. 그래서 왕이 직접 답안을 보겠다는 말로써 마무리하고
있다.

책문 작성의 주의사항을 언급한 이 부분은 초기 策問에서 출제
자가 어떤 방식의 서술을 원했는지에 대한 기준을 확인할 수 있는
좋은 자료이다. 형태는 달라졌어도 이러한 의도와 내용은 策問을
마무리하는데 빠지지 않는 관용구로 자리 잡게 되었다. 조선시대의
策問에서는 어떠한지 비교하여 살펴보자.

> 그대 대부들은 경학에 통달하고 정치하는 기본을 알며 이 세상
> 에 뜻을 둔 지 오래일 터이다. 옛 제왕들이 마음을 보존하고 정치
> 를 하는 도리와 오늘날 법을 세우고 제도를 정하는 마땅함에 대
> 해, 옛 제도를 살피고 지금 시대에 알맞은 것을 참작하여 수준이
> 높더라도 구차하고 어렵게 하려 하지 말고, 수준이 낮더라도 더럽
> 고 천박함으로 흐르지 않으면서, 각자 마음에 쌓은 바를 모두 글
> 에 실어 보아라. 내가 장차 친히 보고 채용하리라.31)

건국 초창기 태종이 시행했던 親試 策問의 마지막 부분이다. 나
라가 다르고 시대가 다르긴 하지만 漢武帝의 策問 마지막 부분과
크게 달라지지 않았다고 느껴지는 것은, 그 程式이 유사하기 때문
이다. 이 외에도 "그대 유생들은 널리 경전과 역사서에 통달하였으
니 능히 이에 대해 말할 수 있을 것이다. 각자 마음을 다하여 대답
하라."(諸生博通經史, 必有能言是者, 其各悉心以對.)32)라는 부분이
나 "그대 대부들은 사책에 널리 통달하니 현실에 맞는 對策을 깊
이 밝혀, 각자 마음을 다하여 대답하라."(子大夫博通史策, 深燭時措

---

31) "子大夫通經術, 識治軆, 有志斯世久矣. 其於帝王存心出治之道, 當今立法定制之宜, 稽諸古訓, 酌
  平時中, 高不務於苟難, 卑不流於汚淺, 各底所蘊, 悉著于篇. 予將親覽而致用焉."(卞季良,「存心出
  治之道立法定制之宜」,『春亭集』卷之八, 한국문집총간 8집, 107면)
32) 李珥,「天道策」,『栗谷全書』卷之十四, 한국문집총간 44집, 309면.

之宜, 其各悉心以對.)[33]라는 부분에서 알 수 있듯이, 시대의 변천에 따라 변화는 있었지만 그 의도와 기본적인 형식에는 큰 변화가 없었음을 확인할 수 있다.

그렇다면 개별적인 항목에 대한 질문은 어떤 방식으로 이루어졌는지, 漢武帝의 두 번째 策問을 연이어 검토해보자.

순임금 때에는 궁정의 깊숙한 별실에서 노닐고 옷소매를 늘어뜨리고 팔짱을 낀 채 아무런 하는 일이 없었어도 천하가 태평스러웠다고 짐은 들었다. 주나라 문왕은 해가 기울도록 식사할 겨를이 없을 만큼 정사에 여념이 없었는데 이때에도 천하가 잘 다스려졌다. 제왕의 도는 같은 사리에 공통된 맥락이 있으련만 어째서 이리도 한 사람은 즐기고 한 사람은 고생하는 차이가 있단 말인가?

검소한 옛 군주는 울긋불긋한 깃발 장식을 꾸며 만들지 않았다. 반면 주나라 왕실에 이르러서는 양관(궁궐 문 밖 양쪽에 세운 망루)을 설치하고, 큰 수레를 타고 다녔으며, 붉은 칠을 한 방패와 옥으로 자루를 꾸민 도끼를 가졌고, 八佾舞를 궁궐 마당에 배설하여 춤을 추었다. 그런데도 제왕을 찬송하는 노랫소리가 드높았다. 제왕이 지향하는 도가 다른가? 그런데 좋은 옥은 아로새기지 않는다고 하는 자도 있고, 화려하지 않으면 천자의 덕을 돕지 못한다고 하는 자도 있다. 이 두 가지 생각은 서로 다르다.

은나라는 다섯 가지 형벌을 사용하여 간악한 짓을 저지른 자를 벌하고, 신체에 손상을 가하여 악인을 징계했다. 반면 주나라 성왕과 강왕은 이러한 형벌을 내리지 않았는데도 40여 년 동안 천하사람들이 법을 어기지 않아 감옥이 비었다. 진나라에서는 형벌을 내려 죽은 사람들이 매우 많았고 형벌을 당한 자들이 길거리에 널려 있었다. 그 때문에 인구가 줄어들었으니 슬픈 일이다![34]

33) 申叔舟, 「置私兵禮大臣分政權復政房」, 『保閑齋集』卷第十三, 한국문집총간10집, 103면.

34) "蓋聞虞舜之時, 游於巖廊之上, 垂拱無為, 而天下太平. 周文王至於日昃不暇食, 而宇內亦治. 夫帝王之道, 豈不同條共貫與? 何逸勞之殊也? 蓋儉者不造玄黃旌旗之飾. 及至周室, 設兩觀, 乘大路, 朱干玉戚, 八佾陳於庭, 而頌聲興. 夫帝王之道豈異指哉? 或曰良玉不瑑, 又曰非文無以輔德, 二端異焉. 殷人執五刑以督姦, 傷肌膚以懲惡. 成康不式, 四十餘年天下不犯, 囹圄空虚. 秦國用之, 死者甚衆, 刑者相望, 耗矣哀哉!" (『漢書』卷五十六, 「董仲舒傳」)

내용상 구분하여 의미를 파악하기 세 단락으로 나누었다. 위 세 단락은, 無爲와 有爲, 儉素와 華麗, 형벌제도의 有無로 나눠 상반된 정치를 했음에도 같은 결과가 도출된 것에 대한 이유를 묻고 있다. 이것은 양 극단에 해당하는 역사적 사실을 예시하며 왜 과정이 달랐음에도 결과는 같은지를 묻는 방식이다.[35]

문단의 전개 방식을 살펴보면, 여러 가지 개념을 나누어 항목화하여 질문한 뒤, 이것을 종합하는 모두를 하나로 종합하여 의미를 정리하는 역할을 하는 문단을 배치한다. 이것은 對策에서도 자연스럽게 그 구조를 따르는 결과를 낳게 된다.

> 아! 짐이 아침마다 새벽같이 일어나 예전 제왕들이 세워놓은 법을 생각하고, 지극히 존귀한 천자의 자리를 받들어 행하고 크나큰 제왕의 업적을 빛나게 이루고자 심사숙고했더니 모든 것이 근본에 힘쓰고 어진 이를 임용하는 데 달려 있었다. 이제 몸소 藉田에서 경작하여 농부에게 솔선수범하고, 효도와 어른 공경을 권장하고, 덕 있는 사람을 숭상했다. 이를 위해 각지에 파견한 사자들의 수레가 길에 이어졌다. 열심히 일하는 백성을 위문하고 고독한 자들을 구휼하느라고 사려를 다하고 정신을 쏟아 부었다. 그런데도 아직 빛나는 공적이나 아름다운 은덕을 거두지는 못하였다.[36]

이 단락에서 漢武帝는 자신은 열심히 노력해왔음에도 결과는 만족스럽지 못했다며 다시 그 원인과 대안을 수험생들에게 묻고 있다. 그리고 이러한 策問을 내는 이유가 현재 해결해야만 하는 심각

---

35) 이 형태는 이후 策問의 전형적인 형식으로 자리 잡아 변용·계승된다. 반대되는 개념을 묻거나 정책에 있어 서로 반대되는 의견을 비교할 때에도 매우 요긴하게 사용되는 방식으로 활용 범위가 확장된다.

36) "烏摩! 朕夙寤晨興, 惟前帝王之憲, 永思所以奉至尊, 章洪業, 皆在力本任賢. 今朕親耕藉田, 以爲農先, 勸孝弟, 崇有德, 使者冠蓋相望, 問勤勞, 恤孤獨, 盡思極神, 功烈休德, 未始云獲也."(위의 글)

한 문제가 발생했기 때문이라는 점을 강조한다. 당대 현실의 문제에 대해 지적하고 그 대안을 제시하는 부분은 뒤에서 다룰 對策의 程式에서 '當今'이라는 항목으로 자리 잡게 된다.

> 지금은 음양이 어긋나서 사악한 기운이 천지에 가득하여 생존의 욕구를 채우는 생령들이 드물고, 많은 백성들이 아직도 풍족하게 살지 못한다. 청렴한 자와 탐관오리가 어지럽게 널려 있고, 유능한 자와 모자란 자가 뒤섞여 그 실상을 제대로 알 수 없다. 그래서 특별한 재능이 있는 선비들을 모두 초빙해 들였으니 뭔가를 이룰 수 있지 않겠는가?[37]

그리고 나서 약간 부담이 될 수 있는 추가 질문을 넣는다.

> 이제 조칙을 기다리는 그대 대부들은 100여 명이다. 어떤 자는 세상의 급선무를 진언하지만 물정에 통달하지 못한 경우가 있고, 옛날 일과 견주어보면 부합되지 않는 경우도 있으며, 현재의 실정에 적용하여 실행하기 어려운 것도 있다. 법조문에 속박당해서 자신의 의견을 마음껏 펼치지 못해서 그러한가? 아니면 추종하는 학술이 서로 다르고 전수받은 도가 남과 달라서 그러한가?[38]

漢武帝의 이 글이 최초의 策問도 아니고 이전에도 상소나 다른 형태로 왕에게 진언한 글이 없었던 것도 아니라는 것을 상기시키며 다시 한번 대안을 제시하는 방법과 지침을 내놓는다. 이론에 함몰되지 말 것이며, 옛 것에 경도되어 현재에 적용하기 어려운 것은 답안으로 인정하지 않겠다는 의미이다. 그리고 「天人三策」의 특성

---

37) "今陰陽錯繆, 氛氣充塞, 羣生寡遂, 黎民未濟, 廉恥貿亂, 賢不肖渾淆, 未得其眞, 故詳延特起之士, (意)庶幾乎!" (위의 글)

38) "今子大夫待詔百有餘人, 或道世務而未濟, 稽諸上古之不同, 考之于今而難行, 毋乃牽於文繫而不得騁歟? 將所繇異術, 所聞殊方與?" (위의 글)

상 연이어 策問이 출제된 것이기 때문에 1차에서 추려낸 사람들이 2차로 對策을 작성한다는 점에서, 앞서 보았던 첫 번째 책문보다는 약간 소략한 느낌으로 마무리하고 있다.

> 각자 숨김없이 응답하여 글로 쓰도록 하라! 일을 담당한 관리들을 두려워하여 숨기지 않도록 하라! 말하려 하는 바를 분명하게 밝히고 생각을 깊이 있게 갈고닦아 짐의 뜻에 부합하도록 하라![39]

이제 「天人三策」의 마지막 세 번째 策問을 살펴보자. 여기서는 첫머리에서 策問의 시작에서 흔히 발견되는 경전의 인용어구 방식의 전형이 나타난다.

> "하늘에 대해 잘 말하는 자는 반드시 사람에게서 하늘의 일을 증명하고, 옛것에 대해 잘 말하는 자는 반드시 현재 일에서 증명한다."고 짐은 들었다. 따라서 짐은 하늘과 사람의 감응에 대해 질문하면서 위로는 요순임금을 찬미하고 아래로는 걸왕과 주왕을 애도했다. 점점 쇠퇴하다 결국 멸망하는 법칙과 점점 발전하여 마침내 번영을 구가하는 이치를 허심탄회하게 받아들여 나 자신을 바꾸고자 했다. 그대 대부는 음양이 만물을 창조하고 기르는 이유를 잘 알고 있고, 옛 성인의 도와 업적을 잘 알고 있다. 그러나 아직 문명의 극치에 이르지 못한 것을 보니 혹시 이 시대에 해야 할 임무를 짐이 소홀히 한 것이 아닌가? 고대 제왕의 조리를 끝까지 탐구하지 못했고, 기강을 완전히 이해하지 못한 것은 짐이 눈이 밝지 못해서인가? 아니면 짐이 귀가 어두워서인가?[40]

"하늘에 대해 잘 말하는 자는 반드시 사람에게서 하늘의 일을

---

39) "各悉對, 著于篇, 毋諱有司. 明其指略, 切磋究之, 以稱朕意." (위의 글)

40) "蓋聞 '善言天者必有徵於人, 善言古者必有驗於今.' 故朕垂問乎天人之應, 上嘉唐虞, 下悼桀紂. 寖微寖滅寖明寖昌之道, 虛心以改. 今子大夫明於陰陽所以造化, 習於先聖之道業. 然而文采未極, 豈惑厚當世之務哉. 條貫靡竟, 統紀未終, 意朕之不明與. 聽若眩歟." (위의 글)

증명하고, 옛것에 대해 잘 말하는 자는 반드시 현재 일에서 증명한다."라고 한 부분은 『荀子』의 「性惡」편의 원문을 활용한 것이다. 이러한 방식은 뒤에서 살펴보게 될 對策에 보이는 경전의 활용 방식과 같다. 董仲舒가 경전을 활용하되 대의명분을 내세우기 위해 주로 유가경전을 활용한 것을 확인할 수 있는데, 그것은 策問에서 먼저 시작되어 그에 조응한 것으로 보는 것이 옳을 것이다.

조선시대 策問에서도 경전을 인용하며 글을 시작하는 방식이 어느 정도 정식화되었음을 확인할 수 있는데, 몇 가지 용례를 통해 그 사실을 살펴보자.

> 왕께서 다음과 같이 말씀하셨다. "공자께서 '만약 나를 사용하는 자가 있으면 한 달이면 다스림을 기대할 수 있고, 3년이면 공적을 이룰 수 있다.'고 하셨으니, 성인이 어찌 헛된 말을 했겠는가? 그 규범을 세우고 베푸는 방법을 행하기 전에 미리 정해 놓은 것이 반드시 있을 것이니, 그것을 가리켜 차례로 말할 수 있겠는가?41)"

1515년 중종은 謁聖試 策問의 시작에서 『論語』의 「子路」에 나오는 문구를 인용하여 기강과 법도에 대한 화두로 활용하고 있다. 경전 인용으로 策問을 시작하면 인용하는 전거를 밝힘과 동시에 논의의 정당성을 부여하는 이점이 있다. 여기서도 이러한 전략을 확인할 수 있다.

「天人三策」세 번째 策問의 마무리를 보자.

---

41) "王若曰, 孔子曰; '如有用我者, 期月而已, 可也, 三年有成, 聖人豈徒言哉.' 其規模設施之方, 必有先定於未行之前者, 其可指而歷言之歟."(趙光祖, 「謁聖試策」, 『靜菴集』卷之二, 한국문집총간 22집, 15면)

삼대 성왕의 가르침은 시작이 다 똑같지 않을 뿐만 아니라 모두 결함이 있다. 오래되어도 바뀌지 않는 것을 道라고 일컫는 자가 있는데 도에 관한 관점이 혹시 다른가? 지금 그대 대부는 큰 도의 극치를 이미 밝혔고, <u>治亂의 단서</u>를 이미 진술했으니 이 점을 빠짐없이 규명하고 숙고하여 다시 한번 설명하라! 詩經에서 "아아, 군자여! 항상 편히 살려고 하지 말라! 신령이 살펴보고 네게 큰 복을 주리라!"라고 하지 않았더냐? 짐이 친히 볼 터이니 그대 대부는 힘써 밝히도록 하라![42]

밑줄 친 '治亂의 단서'가 바로 策問에서 핵심이었음을 정리하면서 마지막으로 『詩經』「小雅」의 내용을 인용하여 그 뜻을 확인하고 있다. 董仲舒가 漢武帝의 『詩經』에 조응하여 경전을 인용한 것은 앞에서 살펴본 대로이다.

연이은 策問 3편을 3단계로 나누어 보면 세 번째 책문은 자신이 앞으로 어떻게 정치하면 좋을지 대안을 다소 애매모호하게 묻고 있다. 즉, 구체적인 항목 없이, '왕인 내가 제대로 해보고자 하였는데 이제까지는 잘 안되었다. 그 이유를 규명할 수 있겠는가?' 정도로 물으며 글을 마치고 있다.

이제까지 漢武帝의 「天人三策」 策問을 분석하며 策問의 전형적인 특징을 살펴보았다. 오래된 전범이긴 하나 조선시대의 策問은 漢武帝의 策問이 보여주는 전통적인 특징을 그대로 학습하고 답습했음을 확인할 수 있었다.

漢武帝 策問의 분석을 통해 확인했던 중국 策問의 전형적 특징을 정리하면 다음과 같다.

---

42) "夫三王之教所祖不同, 而皆有失. 或謂久而不易者道也, 意豈異哉. 今子大夫既已著大道之極, 陳治亂之端矣, 其悉之究之, 孰之復之. 詩不云乎. '嗟爾君子, 毋常安息. 神之聽之, 介爾景福.' 朕將親覽焉, 子大夫其茂明之." (『漢書』卷五十六,「董仲舒傳」)

첫째, 策題와 관련된 역사적 사실을 언급한다. 비교 대상을 명확히 하고 양극단의 예를 모두 들어 수험자가 어떤 쪽을 지지하는지 묻는다. 역사적 사실에 대한 득실을 명확히 이해하고 있는지 묻는다. 단, 구체적인 사안에 대해서는 모두 설명하지 않고 질문에서 필요한 부분만을 사용하여 시대와 인물, 사건 정도만 간략하게 서술한다. 그리고 나서 역사적 배경과 그 이면에 대해 묻는다. 예컨대, 왜 그런 일이 벌어진 것인가? 그러한 정책을 편 이유는 무엇인가? 그 정책이 실패한 이유는 무엇인가 등이 그것이다. 이 질문의 요소는 경학이나 역사에 대한 지식을 얼마나 명확하게 인용하여 서술할 수 있는지 묻기 위한 사전 포석이기도 하다.

둘째, 단답식 혹은 구체적인 답안을 조목조목 세세하게 묻는다. 오늘날의 시험도 마찬가지지만 문제가 애매모호하면 답안 역시 구체적이기 어렵다. 策問은 그 점에서 상당히 엄격했다. 역사적 사실을 언급하며 질문할 경우에도 명확하게 그 상황에서 무엇이, 어떻게, 왜 그렇다는 것인지 구체적으로 묻는다. 예컨대, 어떤 사람이 그런 말을 했는지, 정통을 이은 사람은 누구인지, 어떤 책에서 그런 말이 나왔는지 등이 그것이다. 이렇게 문제가 구체적인 이유는 수많은 수험자의 답안이 주관적이고 애매모호한 글쓰기로 흐르는 것을 방지하고, 해당 내용의 출처와 인용하려는 의도를 명확하게 서술할 만한 지식을 갖추고 있는지 시험하기 위함으로 추정된다.

셋째, 역사적 사실의 득실과 연관된 당대 현실을 반드시 언급한다. 對策에서 논리 구성의 짜임새나 용어가 程式化 된 것은, 오랜 시간에 걸쳐 시험이라는 형식이 고착화된 탓이 크다. 그런데 이 對策의 규식화에 策問이 끼친 영향이 전혀 없다고 할 수 없다. 주어진 策問에 명확히 조응하며 서술해야 하는 對策의 특성상 논리 전개방식이 유사해질 수밖에 없기 때문이다.[43]

넷째, 定義를 활용하여 왕의 의지를 표명한다.

일반적으로 객관성이 유지된 문제라면 출제자의 주관적 의도가 문제에 드러나서는 안 될 것이다. 하지만 策問에는 의도적으로 왕의 주관이 반영된다. 예컨대 조선의 경우, 정조의 『弘齋全書』「策問」편을 살펴보면 정조가 策問을 통해 자신의 사상과 의지를 신하이자 제자들에게 교조적으로 주입하려는 경향을 쉽게 찾아볼 수 있다. 물론 일방적인 수용 양상도 아니었고 정조를 지지한 초계문신만 있는 것도 아니었으나[44] 어찌되었든 정조의 목적은 충분히 策問에 반영되었다. 이런 특별한 경우가 아니더라도 策問에서 출제자의 문교적 의도를 읽어내는 것은 그리 어려운 일이 아니다.

다섯째, 단일 문항만을 출제하는 경우가 드물다.

제목에 해당하는 주제는 한 가지일지라도 策問에서는 단일 형태로 출제하는 경우가 드물다. 역사적 사실에 해당하는 단답식 서술형의 작은 문제를 열거하고 나서 그것을 모두 포섭하는 대전제에 해당하는 큰 질문을 하거나, 폐단을 항목화하여 그 문제점에 대해 개별적으로 묻는 경우가 일반적이다. 그렇게 여러 가지를 묻고서도 策問의 마지막에는 "질문에 해당하지 않더라도 時弊라고 생각하는 것이 있다면 개의치 말고 적으라."는 당부도 잊지 않는다. 이것은

---

43) 조선의 策問에서는 역사적 사실의 득실을 논하는 경우, 중국의 역사적 사실을 전반부로 본다면, 후반부는 우리나라의 경우를 구체적으로 묻는 것이 일반적이다. 특히, 이 부분에서는 현재의 폐단에 대해 왕의 입장에서 가이드라인을 정해주는 것처럼 비판의 구체적 목록이 정해져 있다. 그 원인이 정치를 제대로 하지 못한 데 있는지 등을 구체적으로 언급하지는 않지만 현 상황에서의 폐단에 대한 냉정한 비판을 통해 왜 지금 이 문제를 다루는지에 대해 명확한 분석을 요구한다.

44) 이 부분에 대한 양상은 6장의 3)절에서 상세히 다루기로 한다.

질문을 무시하고 개진하고 싶은 의견이나 준비한 다른 내용을 말하라는 것이 아니라, 질문에서 놓치고 있거나 새로운 의견을 개진할 수 있도록 공간을 마련해주겠다는 의미이다. 그래서 수험자도 아주 특별한 경우가 아니고서는[45] 篇終에서 준비했던 견해를 내놓거나 그렇지 않으면 소략하게 마무리하는 정도로 그친다.

위와 같은 전통 策問의 유형적 특징이 조선시대 策問에서 학습·계승된 부분을 정리해보면 다음과 같다.

(1) 정의가 되는 질문에서의 화두 한 가지를 명시한다.
(2) 중국 역사적 사실에 대한 득실을 논한다.(여기 주로 세부 질문이 부가된다.)
(3) 주제와 관련하여 역사적 사실에서 문제가 되는 부분을 지적한다.
(4) 우리나라(조선)에서는 그 흐름을 받아서 어떻게 되었는지 상황을 정리한다.
(5) 현재 그것이 어떻게 잘못되어 무슨 폐단이 있는지에 대해 간략 제시한다.
(6) 그것을 개선하기 위해 노력했음에도 고쳐지지 않는다며 의견을 묻는다.

여기까지 정리한 분석 결과를 토대로 策問을 통해 쓴 對策을 채점하는 기준을 엿볼 수 있는데, 다음 다섯 가지 정도로 추려볼 수

---

45) 나세찬의 경우에는 왕의 책문을 간단히 답하고 자신이 時弊라고 여기는 문제점에 대해 다시 자문자답하는 형식의 對策을 작성하여 문제가 된 바 있다.(졸고, 「策文으로 본 조선시대 과거사의 이면」, 『대동한문학』38, 2013, 156-160면 참조)

있다.

(1) 역사적 사실을 명확히 알고 있는가? : 역사서나 유교경전 등 경학에 대하여 충분한 지식을 갖추고 있는가?

(2) 논리 전개를 설득력 있고 명쾌하게 하고 있는가?: 질문에 대한 분석 능력과 행동화를 제안할 만한 논리력을 갖추었는가?

(3) 진정한 해결책을 제시할 수 있는가?: 문예미보다 對策 본연의 기능을 충분히 발휘하여 쓰고 있는가?

(4) 문예적인 능력(수사법이나 글 전체의 구성능력): 번다한 수식어구보다 다양한 수사와 인용을 활용하여 효과를 거두고 있는가?

(5) 중국의 사례와 우리나라의 사례 비교: (1)과 관련하여 정확한 비교와 대조를 할 만큼 지식을 갖추고 있는가?

다음 절에서는, 漢武帝의 책문에 답한 董仲舒의 對策을 분석하여 그의 對策이 전범으로서 갖는 특징을 살펴보고, 그 특징들이 조선시대 문인들에게 어떤 영향을 주어 조선시대 對策에 어떤 부분들이 수용되고 학습되었는지에 대해 고구해보고자 한다.

3. 董仲舒의 對策

그렇다면 董仲舒의 對策이 조선 왕과 문인들에게 어떤 점에서 전범으로 손꼽히게 되었는지 「天人三策」을 통해 구체적인 내용을 살펴보자. 「天人三策」이란 董仲舒가 漢武帝(B.C. 156~B.C. 87)에게 올린 對策 3편을 통칭한 것이다. 「元光元年擧賢良對策」이라고도 부르고, 간략히 줄여 「賢良對策」으로도 부른다. 이 세 편의 책문은 漢武帝가 처음 출제했던 策問에 董仲舒가 답하고 그 답에 다시 漢武帝가 연이어 질문한 것이 3회에 걸쳐 이어졌기 때문에, 3편이긴 하지만 한 편의 對策으로 본다.

董仲舒의 對策은 후대 유학자들이 天人感應과 災異에 관한 많은 글을 짓게 한 계기가 되었고, 종횡으로 치닫던 한나라 초기 산문의 특색이 순정하고 전아하며 완곡한 논조의 문체로 바뀌는 전환점이 되었다고 평가받는다.[46] 그런데 이제까지 董仲舒나 그의 對策에 대한 연구는 주로 철학 분야에서 「天人三策」에 드러난 유가 사상을 분석하는 것에 집중되어 있었다. 이에 이 글에서는 이제까지 연구와 달리, 董仲舒의 「天人三策」이 조선시대 對策의 전범으로서 갖는 특징들을 검토하고자 한다.

(1) 인용의 활용방식

董仲舒의 「天人三策」에서 발견할 수 있는 가장 큰 특징 중 하나

---

46) 郭預衡, 『中國散文史』上冊, 上海古籍出版社, 1986, 253면; 漆緒邦 主編, 『中國散文通史』上卷, 吉林敎育出版社, 1992, 294면. 董仲舒의 「天人三策」에 대한 최근까지 중국에서의 연구성과는 장거영의 논문에 정리되어 있다.(張擧英, 『董仲舒 「天人三策」 硏究』, 山東大學碩士學位論文, 2008)

는 인용이다. 구체적인 인용의 양상을 분석하기 전에 한 가지 명확히 짚고 넘어가야 할 점이 있다. 인용이 對策의 작법상 특징이라고 규정할 만한 것인가에 대한 문제이다. 굳이 제가백가의 논리가 난무하던 시기를 언급하지 않더라도 누군가를 설득하는 문장을 쓸 경우 책이나 다른 사람의 말을 인용하는 것은 한문학에서는 일반적 상식에 해당하기 때문이다.

그렇다면 한문학 글쓰기의 상식적 인용이 董仲舒의 對策에서 어떻게 활용되고 있는지, 또 그것이 어떻게 對策의 전범으로 자리 잡게 되는지 구체적으로 살펴보자. 먼저 첫 번째 對策에 보이는 『春秋』의 평범하지 않은 인용방식부터 살펴보겠다.

> 신은 삼가 『春秋』의 내용을 검토하여 예전 세상에서 이미 벌어진 일을 살펴보고 하늘과 인간의 상관관계가 몹시 두려워해야 할 것임을 알아차렸습니다.[47]
> 신이 삼가 『春秋』의 내용을 검토하여 王道의 시초가 무엇인지 찾아보았더니 다름 아닌 正이었습니다.[48]
> 『春秋』에서 제왕이 즉위한 첫해를 '一年'이라고 쓰지 않고 '元年'이라고 쓴 의미를 신이 삼가 생각해보았습니다. …중략… 『春秋』가 무엇에 근본을 두었는지 깊이 따져보니, 저 자신의 고귀한 가치로 돌아가는 것으로 시작했습니다.[49]

위 인용문은 첫 번째 對策에서 『春秋』를 인용한 부분만 발췌한 것이다. 일찍이 유협(劉勰, 465~521)이 『文心雕龍』에서 董仲舒의 對策에 대해 "『春秋』를 입론의 근거로 내세우고, 천지 음양의 변화

---

47) "臣謹案 『春秋』之中, 視前世已行之事, 以觀天人相與之際, 甚可畏也."(『漢書』卷五十六, 「董仲舒傳」)

48) "臣謹案 『春秋』之文, 求王道之端, 得之於正."(앞의 글)

49) "臣謹案 『春秋』謂一元之意, …중략… 『春秋』深探其本, 而反自貴者始."(앞의 글)

에 근거하여 역대 정치의 변화된 이치를 규명했다.”[50]고 한 부분은 이것을 두고 말한 것이다. 그런데 이것은 유협의 분석처럼 『春秋』를 인용한 것이 아니라 자신의 논리를 위한 근거로 활용했다는 점에서 단순한 인용이라고 평가하기 어려운 부분이 있다.

'臣謹案'으로 시작하여 자신의 의견을 개진하는 명제로 董仲舒는 『春秋』를 가지고 왔다. 『春秋』에서 검토했다며 언급한 내용에 대해 자연스럽게 자신의 의견을 개진하고 있다. 董仲舒가 春秋公羊學[51]을 주창한 학자임을 감안하더라도 전체 구조에 통일된 서적을 배치하여 자신의 논지를 전개하는 것은 치밀한 안배에 의한 고도의 전략에서 나온 것임을 알 수 있다.

이러한 『春秋』의 인용은 조선시대의 對策에도 그대로 이어진다. 예컨대, 광해군 3년(1611), 3월에 치른 殿試에서 임숙영(任叔英, 1576~1623)이 작성한 對策의 전반적인 구성과 내용을 살펴보면, 문제점을 네 가지로 적시하고 난 후 논지 전개 과정에서 한결같이 『春秋』만을 인용하여, 보이지 않는 부분에서 宗統을 표방하고 있음을 확인할 수 있다.[52]

한편, 董仲舒는 논지 전개에 있어서도 직접인용과 간접인용을 다양하게 활용하고 있다. 董仲舒가 對策에서 인용하는 서적류가 대부분 유교 경전이라는 점은, 董仲舒가 春秋 公羊學者였다는 사실과 그의 사상적 기반을 정치적 이론으로 활용하고자 했던 漢武帝의

---

50) “仲舒之對, 祖述春秋, 本陰陽之化, 究列代之變.”(『文心雕龍』, 「議對」)

51) 西漢 초기에 생긴 今文學派는 孔子를 정치가로, 그가 편성한 六經을 공자의 정치이론서라고 생각하였다. 그 가운데서도 특히 『春秋公羊傳』에 핵심 사상이 있다고 생각하여 서한의 학자 董仲舒와 公孫弘이 중심이 되어 이 공양학을 창설하였다. 또 중국은 하나라는 사상인 이른바 大一統사상이 『公羊傳』에서 강조되자, 이 학문이 정치에 큰 도움이 되겠다고 판단한 한나라 무제가 정치이론서로 선택하고 공손홍을 승상으로 등용하자 공양학은 매우 번창하였다.

52) 任叔英, 『疏菴集』권8, 「辛亥殿試對策」.

의도가 맞아 떨어진 데서 나온 성과라 할 수 있다. 이러한 점은 유교사상을 건국이념으로 삼은 조선시대에 董仲舒의 對策이 전범으로 활용되는 직접적인 근거가 되었다. 董仲舒가 경전을 직접 인용하는 방식을 구체적으로 살펴보자.

> 우리가 할 일이란 끝까지 노력하는 것뿐입니다. 학문에 정진하면 견문이 넓어지고 지혜가 날이 갈수록 밝아지며, 도를 실천하고자 열심히 노력하면 덕은 날마다 커가고 공적이 크게 쌓일 것입니다. 이것은 모두 효과를 속히 불러일으키는 일입니다. 『詩經』에서 "아침부터 밤까지 게으름 피우지 않네."라고 했고, 『書經』에서 "노력하고 노력하라!"[53]라고 한 것은 모두 끝까지 열심히 노력하라고 한 의미입니다.[54]

한 단락에 자신의 주장이 되는 명제를 내세우고 그것에 대한 내용을 점층적으로 강조하며 그 주장의 근거를 경전에 인용하는 방식을 알 수 있다. 이것 역시 조선시대 문인들에게는 단락구성법이자 對策 글쓰기의 전범으로 자리 잡게 된다. 董仲舒는 주로 공자의 말을 많이 인용하였는데, 다른 서적을 인용할 경우 서적명을 밝힌 것에 반해, 『論語』의 경우에만 유독 책이름을 쓰지 않고 대부분 공자의 이름을 밝히고 인용했다.

이렇게 공자를 인용한 방식에 대해 이욱진은, 董仲舒가 공자의 도덕적·신비적 권위에 의지함으로써 자연히 『論語』의 인용에도 힘이 실릴 것을 기대한 것으로 보인다고 분석했다.[55] 하지만, 첫

---

53) 『虞書』, 「皐陶謨」.

54) "事在彊勉而已矣. 彊勉學問, 則聞見博而知益明; 彊勉行道, 則德日起而大有功. 此皆可使還至而立有效者也. 『詩』曰; "夙夜匪解", 『書』云; "茂哉茂哉!" 皆彊勉之謂也. "(『漢書』卷五十六, 「董仲舒傳」)

55) 이욱진, 「董仲舒 對策文의 수사법」, 『수사학』 16, 한국수사학회, 2012, 154면 참조.

번째 對策에서 『春秋』를 인용의 중심으로 삼은 것과 두 번째 對策에서 『論語』를 인용의 중심으로 삼은 것을 볼 때 설득력이 떨어진다. 오히려 董仲舒는 첫 번째 對策에서 중심에 놓인 『春秋』가 가지고 지닌 경전으로서의 의미56)를 방해하지 않는 범위에서 보조적 차원의 인용을 가미하기 위해 사용했을 가능성이 높다. 즉, 첫 번째 對策에서 『春秋』의 성향으로 전체의 색깔을 규정하였다면, 두 번째 對策의 색깔을 『論語』에서 얻을 수 있는 색깔로 확정하려는 경향으로 보는 것이 좀 더 정확하다고 판단된다. 이러한 분석은 董仲舒 이후 對策에서 경전의 인용이 단순히 인용된 글의 내용보다 해당 서적의 저술 취지나 그 의미를 전제하는 경우가 많아진다는 점에서 주목할 필요가 있다. 예컨대, 정통성의 확립을 강조할 경우 『春秋』를, 위정자의 행실에 대한 권계를 강조할 경우 『論語』를 인용하는 것이 대표적인 예다.

한편, 董仲舒는 간접인용의 경우에도 다양한 형태를 활용하는데, 서적을 인용하지 않고 역사적 사실을 구체적으로 언급하여 자신의 논거로 삼는 경우가 이에 해당한다. 몇 가지 그 예를 살펴보자.

> 순임금께서 정사를 보지 않으신 지 오래입니다만 음악을 연주하고 찬송하던 유풍이 여전히 남아 있었기 때문에 제나라에 머무시던 공자께서 韶를 들으셨던 것입니다.57)

주나라의 도는 幽王과 厲王 때 쇠퇴했습니다. 도가 사라져서가

---

56) 對策에 인용되는 『春秋』의 의미를 살펴보면, 대개 王道의 正統을 강조하는 경향이 짙음을 알 수 있다.

57) "夫虞氏之不爲政久矣, 然而樂頌遺風猶有存者, 是以孔子在齊而聞韶也."(『漢書』卷五十六, 「董仲舒傳」)

아니라 유왕과 여왕이 그 도를 따르지 않아서 그렇게 되었습니다. 宣王 시절에 옛 先王의 덕을 그리워하여 침체된 정치를 일으키고 폐단을 보완하여 문왕과 무왕의 공훈과 업적을 복원하자 주나라의 도가 다시 찬란하게 흥성했습니다. 시인이 그 일을 아름답게 여겨 시를 지었습니다.[58]

첫 번째 인용문은 역사적 사실을 구체적으로 언급함으로써 주장의 근거를 삼은 것이고, 두 번째 인용문은 『詩經』 「大雅」의 내용을 근거로 역사적 사실을 언급하는 방식을 취하고 있다. 이는 직접적으로 서적을 인용하지 않으면서도 서적의 내용을 근거로 하여 역사적 사실을 고증하여 사실적 논거로 제시하는 방식이다. 하나의 명제로 하나의 주장을 하더라도 어떤 형태로든 객관적 논거를 제시하여 완결된 형태를 갖추는 양상을 확인할 수 있다. 이는 董仲舒 對策에 구사된 인용의 목적이, 설득을 위한 자신의 논거 확보임을 확인시켜준다.

(2) 災異論의 활용 방식

결과적으로 보면, 인용도 효과적인 설득을 위한 한 가지 방법으로 채택되었다는 점에서 對策은 글을 올리는 대상인 왕을 설득하는 것이 최우선 목표임에 틀림없다. 그 목표를 위해 董仲舒가 선택한 방식은 크게 두 가지로 나누어 살펴볼 수 있다. 양 극단의 방법인 '위협'과 '효과제시'이다. 이것을 심리학에서는 '양면제시'와 '단

---

58) "夫周道衰於幽厲, 非道亡也, 幽厲不繇也. 至於宣王, 思昔先王之德, 興滯補弊, 明文武之功業, 周道粲然復興, 詩人美之而作."(위의 글)

면제시'라는 개념으로 현대화하여 설명하는데,59) 기본적인 원리는 크게 다르지 않다. 董仲舒는 對策에서 이 두 가지 방식을 적절하게 활용하고 있다. 먼저 위협의 방식을 어떻게 구사하고 있는지 살펴보자.

신하가 왕을 위협한다는 것은 유교적 발상에서 보면 상상도 할 수 없는 일이다. 하지만 극적인 효과를 위해 다소 파격적인 요소가 필요하다는 점은 이미 춘추전국시대를 거쳐 다양한 방식으로 검증되고 활용되었다. 董仲舒는 극적 효과를 통해 설득력을 높이기 위한 방법으로 왕보다 더 높을 수 없는 신하의 입장에서 더 큰 권위를 실어줄 대상인 하늘을 끌어오게 된다. 이것이 이른바 '災異論'의 등장 배경이다.

董仲舒는 재이를 하늘이 임금에게 내리는 견책의 관점에서 해석한다. 그는 이러한 견책의 효과를 높이기 위해 점층법을 사용하여 '3단계'로 하늘의 경고를 강조한다. 1단계는 재해를 통한 견책으로, 나라가 도를 잃었을 때 처음 나타나는 하늘의 계시이고, 2단계는 이변을 통한 경고로, 왕이 스스로 반성하지 않을 경우 두 번째로 나타나는 현상이다. 그리고 마지막 3단계는 나라의 멸망이다. 여전히 무엇이 잘못되었는지 모를 경우 맞을 수 있는 최후를 상정한 것이다. 董仲舒가 재이의 근본적 원인이 모두 국가의 失政에 있다고 지적한 점이 이러한 사실을 반증한다.60)

---

59) '양면제시'란 반대론과 같은 부정적인 부분도 제시하는 방법이고, '단면제시'란 자신에게 유리한 것만 말하는 긍정적인 부분만을 제시하는 방법이다. 양면제시에는 중요한 요소가 있는데 부정적인 정보를 먼저 제시하고 긍정적인 정보는 나중에 제시하는 것이다. 최후에 부정적인 정보를 제시하면 부정적인 것만 인상에 남아 버리기 때문이다. (김문성, 『이기는 심리학』, 스타북스, 2010, 224면 참조)

60) "凡災異之本, 盡生於國家之失. 國家之失乃始萌芽, 而天出災害以譴告之."(董仲舒, 『春秋繁露』, 「必仁且智」)

그렇다면 董仲舒가 이 災異를 어떻게 위협의 방식으로 활용하고 있는지 살펴보자.

> 신이 삼가 『春秋』의 내용을 보니, 이전 시대에 이미 벌어진 일을 살펴보고 하늘과 인간의 상관관계가 몹시 두려워해야 할 것임을 알아차렸습니다. <u>국가가 올바른 도리를 잃어 패망할 때는 하늘은 먼저 재해를 일으켜 놀라게 하여 경고합니다. 그런데도 반성할 줄 모르면 다시 괴이를 일으켜 두렵게 하여 경계하도록 합니다. 그런데도 변화를 알지 못하면 무너뜨리고 부숴버립니다.</u> 이러한 일을 통해 하늘의 마음이 군주를 어진 마음으로 사랑하여 난리를 그치게 하려고 한다는 사실을 알았습니다.[61]

하늘의 뜻을 말하면서 기본적으로는 하늘이 군주를 사랑하고 아끼기 때문에 災異를 일으키지 않으려고 한다는 설명을 덧붙였다. '災異'라는 용어를 전면에 배치하지 않지만 '재앙이 되는 괴이한 일'이라는 사전적인 의미로 풀어서 사용하고 있다. '災異'란, '인간이 설명할 수 없는 자연재해와 천재지변'을 뜻한다. 여기서 주목해야 할 부분은 그러한 현상의 원인을 왕의 부덕이나 정치가 바르지 못한 데서 찾았다는 점이다.

중국에서만이 아니라 조선에서도 이러한 인식은 쉽게 발견할 수 있다.

> 開國 이래 災變이 없는 해가 없었다. 太上王 때는 내가 기억하지 못하나, 上王朝 때는 만약 災異가 있으면, 들어와서는 고하고 나가면 물어, 항상 경계하고 두려워하여, 매양 山이 무너지고 물[水]이 마르는 일과 해·달·별·바람·서리·우뢰·비·새·벌

---

61) "臣謹案 『春秋』之中, 視前世已行之事, 以觀天人相與之際, 甚可畏也. 國家將有失道之敗, 而天乃先出災害以譴告之, 不知自省, 又出怪異以警懼之, 尚不知變, 而傷敗乃至. 以此見天心之仁愛人君而欲止其亂也." (『漢書』卷五十六, 「董仲舒傳」)

레・물고기 따위의 變怪가 있으면 모두 記憶하여 修省하지 아니함이 없었는데, 오늘날에 이르러 하늘의 譴告는 진실로 알기 어렵다. 漢나라 光武帝와 唐나라 太宗도 災異를 면하지 못하여, 董仲舒가 災異를 논하였는데, 무엇 때문에 應한 것인지 말하지 아니하였다. 宋나라는 지금부터 오래지 아니한데, 사람이 변하여 용이 된 異變이 있었어도, 무엇 때문에 應한 것인지를 듣지 못하였다. 그러나 어찌 예전에도 이 같은 일이 있었다고 하여 하늘의 경계를 漫忽히 여길 수 있겠느냐?"62)

태종이 攝制 延嗣宗에게 東北面에 심한 기근이 든 사실을 확인하며 한탄했다는 실록의 내용 중 일부다. 왜 재이가 일어났는지 董仲舒가 對策에서 漢武帝의 잘못이라고 꼭 짚어 지적하지는 않았지만 그 잘못에 대한 하늘의 경고 자체를 결코 소홀히 여길 수 없다고 설명한다. 다시 말해 재이의 원인이 失政때문인지 단언할 수는 없지만, 무언가 잘못된 부분이 있기 때문에 이런 일이 일어난 것이고 그것이 하늘이 내리는 경고라면 문제점을 찾아 개선해야 한다는 왕의 강력한 의지를 피력하는 것이다. 이와 유사한 왕의 사고방식은 조선시대 전반에 걸쳐 상식처럼 받아들여졌음을 알 수 있다.

『정종실록』에는 정종이 근간에 일어난 재이에 대해, "근자에 하늘이 異變을 보이고, 땅이 災異를 보이는 것은 모두 否德이 부른 것이니63)"라며 자책했다는 기록이 그러한 사실을 밝혀준다. 『조선왕조실록』을 살펴보면, 성종 시기에도 그와 같은 현상과 해석이 반복되었음을 확인할 수 있다.64)

---

62) "開國以來, 災變無歲無之. 太上時則予未有記, 上王之朝, 若值災異, 則入告出問, 常以警懼, 每當山水崩渴, 與夫日月星辰風霜雷雨禽鳥蟲魚之怪, 靡不記臆而修省, 以至今日, 天之譴告, 果難知也. 漢之光武, 唐之太宗, 未免災異, 董仲舒論災異, 未有曰有某應也. 若宋朝, 去今未遠, 至有人化爲龍之異, 亦未聞有某應也. 然豈可謂古旣如此, 而漫天戒乎?"(『太宗實錄』17卷, 9年(1409) 4月 23日(乙未) 1번째 기사)

63) "近者天之示變, 地之見異, 皆否德所召" (定宗 2卷, 1年(1399 己卯) 8月 3日(庚子) 3번째 기사)

중국은 물론 조선왕조에 이르기까지 이 설명할 수 없는 천재지변인 '災異'를 가장 두려워한 사람은 바로 왕이었다. 자연현상은 때론 인간을 두렵게 한다. 농경과 어로 중심의 사회에서 이어져 온 다양한 토속신앙과 풍습은 그러한 두려움을 해소하기 위한 대안이었다. 이러한 역사적인 배경에서 성리학적 이념에 따르면, 임금이 부덕하면 천재지변이 일어난다고 보았다. 이것이 이른바 董仲舒가 고심 끝에 만들어낸 '災異論'의 실체다.

그런데, 災異論과 對策이 도대체 무슨 관련이 있어 董仲舒는 이런 내용을 對策 첫머리에 놓고 시작했을까? 그 해답의 실마리를 조선시대 기대승(奇大升, 1527~1572)의 글에서 찾아볼 수 있다.

> 마침 災異로 인하여 求言하자 공은 마침내 수천 자의 상소문을 올렸는데, 말한 바가 모두 임금의 마음을 바로잡고 時務를 조처하는 내용으로서 임금에게 아뢰고 도모한 것이 지극히 충성스럽고 정직하였다.65)

災異로 인해 왕이 신하들에게 의견을 구한다는 것은, 바꿔 말하면 災異로 인한 자신의 실책을 신하들에게 물어 정치에 반영하겠다는 것을 의미한다. 즉, 災異는 신하들에게, 자신의 의견을 왕에게 제안할 수 있는 절호의 계기인 셈이었다. 災異를 빙자하여 그간의 잘못된 부분을 '하늘의 계시'라는 대의명분을 내세워 왕에게 직언할 수 있었던 것이다. 기대승이 위 글에서, 災異가 발생하여 이언적이 그것을 기회로 상소를 올려 왕에게 확실하게 자기 의견을 전

---

64) 李相虎, 「『朝鮮王朝實錄』에 나타난 成宗期 災異觀의 특징」, 『국학연구』21, 한국국학진흥원, 2012.

65) "會因災異求言, 乃上疏數千言, 所陳無非格君心, 措時務, 啓沃謀謨, 極其忠讜."(「贈領議政文元李公神道碑銘幷序」, 『高峯集』卷第三, 한국문집총간 40집, 100면)

달하는 계기가 되었다고 한 부분은 바로 이러한 맥락에서 이해할 수 있다. 이것은 신하가 왕에게 의견을 올리면서 자신이 하늘의 뜻을 읽어 왕에게 전달하는 것이니 무시해서는 안 된다는 고도의 압박전략인 셈이다. 그래서 災異는 자신의 의견에 무게를 둘 수 있음은 물론이고 왕이 듣지 않을 수 없게 조건을 만들어내는 고도의 수사법으로 활용된다.

한편, '災異'라는 주제는 對策에서 활용되는 논리뿐만 아니라 策問의 주제로 전면적으로 드러나는 경우도 적지 않았음을 쉽게 찾을 수 있다.[66]

다시 「天人三策」으로 돌아와 보자. 董仲舒가 文頭부터 재이론을 꺼낸 이유가 무엇인지는 윤곽이 잡혔다. 그 목적과 기대효과는 크게 두 가지다. 위에서 살펴본 바와 같이, 천자를 하늘의 권위에 종속시킴으로써 한편으로는 왕에 대한 정통성을 높여주면서, 다른 한편으로는 對策을 올리는 신하를, 하늘의 계시를 전달하는 使者 역할로 둔갑시켜 왕의 자의적인 권력 행사를 통제하려는 의도가 담겨 있는 것이다.

위협의 방식으로 첫 머리에 재이론을 내세웠다면, 마지막 부분은 효과를 제시하는 방식으로 글을 마무리 지었다.

옛날의 제왕은 이 점을 명확하게 깨달았기 때문에 남향하고서 천하를 다스릴 때 교화를 주요하게 할 일로 삼지 않은 분이 아무도 없었습니다. 서울에서 대학을 세워서 교육을 시행했고, 읍에는

---

66) 宋希奎, 「災異策」『倻溪集』卷之一, 한국문집총간 2집, 98면; 柳楫, 「轉災爲祥之道」, 『白石遺稿』卷之六, 한국문집총간 22집, 102면; 宋挺濂, 「應旨對災變策」, 『存養齋集』卷之二, 한국문집총간 32집, 289면; 柳景深, 「變災異致祥瑞之道」, 『龜村集』卷之二, 한국문집총간 3집, 42면; 李敏敍, 「殿試問」, 『西河集』卷之十三, 한국문집총간 144집, 223면.

학교를 설립하여 백성을 교화시켰습니다. 백성을 仁에 젖어들게 하고, 백성을 義로 도야시켰으며, 백성을 예절로 절제하게 했습니다. 따라서 형벌을 아주 가볍게 시행했음에도 국가에서 금하는 것을 백성이 범하지 않았습니다. 교화가 잘 시행되어 풍속이 아름다웠기 때문입니다.[67]

이러한 효과에 대한 제시는 여러 가지 형태로 변용된다. 위 인용문에서와 같이, "옛 성현이나 군자들의 예를 들어 그들처럼 하게 되면 善政을 이룰 수 있는데, 그것에는 이러저러한 이유가 있었다."라고 근거를 제시하는 방식도 있고, 자신의 주장과 같이 하게 되면 어떤 공효가 있는지에 대해 비전을 제시하는 방식도 있다. 董仲舒는 이러한 긍정적 효과제시의 방식에, 앞서 살펴본 위협의 방식을 섞어 변용하기도 한다. 다음 인용문에서 그 방식을 확인해보자.

주나라 성왕이 난세를 이어 천하를 다스리자 난세의 흔적을 깨끗이 청소하여 완전히 없애고, 다시 교화를 숭상하여 시행했습니다. 그래서 교화가 밝게 시행되고 풍속이 새롭게 조성되자 자손들이 이를 준수하여 500-600년의 시간이 흘렀어도 기풍이 무너지지 않았습니다. 그러다가 주나라 말엽에 이르러 무도한 짓을 자행했기 때문에 천하를 잃었습니다. 진나라가 주나라를 엄중하게 금지하여 책을 끼고 다니지 못하도록 했으며, 예의를 내팽개치고 한술 더 떠서 예의에 대해 듣는 것조차 싫어했습니다. 그들은 선왕의 도를 완전히 없애고 멋대로 권력을 휘두르며 인과 의를 경시하는 정치를 할 생각이었습니다. 그 결과 천자의 자리에 오른 지 14년 만에 나라가 패망했습니다.
먼 옛날부터 지금까지 어지러움에 어지러움을 보태어 천하의 백성에게 큰 손해를 끼친 나라로서 진나라보다 더한 나라는 일찍이 없었습니다. 그 해독과 풍속은 현재까지도 완전히 사라지지 않

---

67) "古之王者明於此, 是故南面而治天下, 莫不以敎化爲大務. 立大學以敎於國, 設庠序以化於邑, 漸民以仁, 摩民以誼, 節民以禮, 故其刑罰甚輕而禁不犯者, 敎化行而習俗美也."(『漢書』卷五十六, 「董仲舒傳」)

은 상태입니다. 습속이 각박하고 백성들이 방자하게 날뛰며, 범죄를 저지르고 관에 반항하는 행위를 일삼으니 이렇게까지 심하게 부패한 나라는 없었습니다.[68)]

제대로 천하를 다스린 주나라 성왕의 이야기에서 시작해서 그와 상반되는 정치방식을 취하여 14년 만에 패망하게 된 진나라의 예를 들어, 진나라와 같이 하게 되면 나라가 패망한다는 위협적인 말로 자신의 주장을 따라야 함을 강조한다. 이것은 긍정적인 효과를 제시하는 것과 반대로 위협적인 말로를 상반되게 전개하여 읽는 이에게 경각심을 불러 일으킨다.

이러한 董仲舒의 재이론에 대해 후쿠이 시게마사(福井重雅)[69)]는 첫 번째 對策이 漢武帝가 제기한 질문과 밀접한 연관이 없어 논란이 되는 부분이라고 보았는데, 그것은 董仲舒의 對策에서 재이론이 활용되는 양상을 전체적인 맥락에서 읽어내지 못한 데서 생긴 오해로 보인다. 오히려 재이론은 董仲舒 對策의 가장 큰 특징을 보여주는 부분이자 董仲舒 이후 對策에서 서술자의 정당성을 확보하기 위해 유학자들이 활용하는 대표적인 수법의 하나로 자리 잡게 된다고 보는 것이 옳겠다.

---

68) "成王王之繼亂世也, 壎除其迹而悉去之, 復修敎化而崇起之. 敎化已明, 習俗已成, 子孫循之, 行五六百歲尙未敗也. 至周之末世, 大爲亡道, 以失天下. 秦繼其後, 獨不能改, 又益甚之, 重禁文學, 不得挾書, 棄捐禮誼而惡聞之, 其心欲盡滅先王之道, 而顓爲自恣苟簡之治, 故立爲天子十四歲而國破亡矣. 自古以徠, 未嘗有以亂濟亂, 大敗天下之民如秦者也. 其遺毒餘烈, 至今未滅, 使習俗薄惡, 人民嚚頑, 抵冒殊扞, 孰爛如此之甚者也." (『漢書』卷五十六, 「董仲舒傳」)

69) 福井重雅, 『漢代儒敎の史的硏究』, 汲古書院, 2005, 329~344면.

(3) 정의, 연쇄, 비유의 활용방식

기존 연구에서는 董仲舒가 「天人三策」에 '정의'라는 수사법을 사용한 배경에 대해, 하늘과 인간이라는 매우 추상적이고 근본적인 개념을 바탕으로 논의를 진행했기 때문에 개념을 명확하게 하기 위한 수단으로 활용되었다고 분석하였다.[70] 하지만 「天人三策」에 사용된 정의법은 추상적이고 근본적인 개념을 다루면서 불가피하게 개념을 명확하게 하기 위한 목적보다는 자신이 주장하려는 논리의 주축을 세우기 위한 자의적 방법론이라는 것이 좀 더 타당할 것으로 보인다. 그 이유는 크게 두 가지로 나누어 볼 수 있다.

하나는 董仲舒가 『天人三策』에서 정의내리고 있는 개념들이 策問에서 언급되어 조응된 방식으로 반드시 언급해야 하는 개념들이 아니라는 점이다. 또 한 가지는 기존 경전에서 인용되어 나오는 정의가 아니라 자신이 새롭게 내리는 정의가 대부분이라는 점이다. 설명을 명확히 하고자 하는 것이라면 사람들에게 널리 알려진 경전의 원문이나 주석에서 이미 일반화된 定義를 인용하는 방식을 취하면 되었을 것임에도, 董仲舒는 기존 경전에서 규정된 사전적 정의를 단 한 군데서도 원용하지 않는다. 이것은 해설을 용이하게 하여 자신의 논지에 부합하게 하기 위한 방편인 것이다.

추상적 개념을 명확하게 하기 위한 것이라면 기존 서적에 사전적 정의로 규정한 것을 사용해도 무방한데 그렇게 하지 않는 데는 숨겨진 전략이 있다. 유교경전의 학습을 통해 정의의 방식에 익숙해진 이들의 사고방식에 편승하는 효과를 노린 것이다. 즉, 형태는 정의법의 형태를 갖춰 마치 객관적인 사실인 양 정당성을 확보하

---

70) 이욱진, 앞의 글, 153면.

면서 내용은 자신의 논지와 부합하도록 규정하는 것이다. 실제로 조선시대 對策에서 사용되는 정의도 기존 서적의 사전적 정의를 인용하는 경우보다는 자신이 규정하는 해설을 사용하는 경우가 많음을 확인할 수 있다.

董仲舒가 유교경전의 학습에 익숙한 이들의 사고방식을 노린 전략에는 연쇄법도 빼놓을 수 없는 수사법 중 하나다. 먼저 「天人三策」에 보이는 연쇄법의 대표적인 예를 살펴보자.

> 이러한 천성을 환하게 깨달으면 인간이 만물 중에서 가장 귀하다는 사실을 알게 되고, 인간이 만물 중에서 가장 귀한 존재라는 사실을 알게 된 다음에는 인의를 알게 되고, 인의를 알게 된 다음에는 예절을 중시하고, 예절을 중시하게 된 다음에는 선한 도리를 편하게 여기고, 선한 도리를 편안하게 여긴 다음에는 순리를 즐기고, 순리를 즐기게 된 다음부터 그를 군자라고 한다.[71]

기본적으로, 연쇄법은 읽는 이에게 흥미를 유발하며 표현하려는 내용을 강조하는 효과를 낳는다. 그런데 이 연쇄법 또한 정의법과 마찬가지로 董仲舒만의 특징이 아니다. 대표적인 예를 살펴보면, 『大學』의 八條目에 나오는 유학의 수양방법을 설명하면서 논리적으로 강조할 때 사용된 수사법이라는 것을 알 수 있다. 이것은 유학을 국가의 기틀로 여기고 학문의 전범을 전통 유학 경전에서 배운 조선 문인들에게는 너무도 친숙하고 당연한 결과물로 받아들여졌을 것이다. 董仲舒의 對策은 그렇게 조선 학자들의 對策의 모범으로 자리 잡게 된 것이다.

---

71) "明於天性, 知自貴於物, 知自貴於物, 然後知仁誼, 知仁誼, 然後重禮節, 重禮節, 然後安處善, 安處善, 然後樂循理, 樂循理, 然後謂之君子." (『漢書』卷五十六, 「董仲舒傳」)

한편, 「天人三策」에는 비유법도 다양한 형태로 구사되고 있음을 확인할 수 있다.

> 공자께서는 "썩은 나무로는 조각을 할 수 없고, 지저분한 흙으로 쌓은 담은 흙손질을 할 수 없다"고 말씀하신 바 있습니다. 한나라는 진나라를 승계했으므로 썩은 나무나 지저분한 흙으로 쌓은 담과 같은 처지입니다. 아무리 이 나라를 잘 다스리려 해도 손을 써볼 길이 없습니다. 법이 나오면 간사한 짓이 생겨나, 명령을 내리면 사기를 치는 자들이 일어나서 마치 뜨거운 물로 끓는 것을 그치게 하고, 땔감을 안고 불을 끄려는 것처럼 힘을 들이면 들일수록 무익할 뿐입니다. 거문고 소리가 심하게 뒤틀렸을 때는 반드시 줄을 풀어서 새롭게 매어야 연주가 제대로 되는 것에 이러한 상황을 비유할 수 있습니다. 이처럼 정치를 잘 했음에도 심각하게 나라가 잘 다스려지지 않을 때는 반드시 법을 바꾸어 개혁하고 교화를 베풀어야 통치가 가능합니다. 새롭게 줄을 매어야 할 때 새로 매지 않는다면 아무리 훌륭한 악사가 있어도 연주를 잘 할 수 없듯이, 개혁해야 할 때 개혁하지 않는다면 아무리 위대한 현인이 나타난다 해도 나라를 잘 통치할 수 없습니다.[72]

위 인용문에는 한 단락에 무려 네 가지의 비유가 구사되었다. 비유는 다분히 문학적인 특징을 갖는 수사법의 한 가지이다. 그럼에도 對策이라는 형식적인 글에 비유가 이처럼 다양하게 사용된 것은 다름 아닌 '설득'이라는 목적에 유용하기 때문이다. 對策에 사용되는 비유는 화려한 수사적 기교가 아니라 전적으로 읽는 이의 이해를 높이기 위해 쓰인다. 그래서 위 인용문에서와 같이 특정 상황이나 입장을 비유하는 경우가 대부분인 것을 확인할 수 있다. 군

---

72) 孔子曰; "腐朽之木不可彫也, 糞土之牆不可圬也." 今漢繼秦之後, 如朽木糞牆矣, 雖欲善治之, 亡可柰何. 法出而姦生, 令下而詐起, 如以湯止沸, 抱薪救火, 愈甚亡益也. 竊譬之琴瑟不調甚者, 必解而更張之, 乃可鼓也; 爲政而不行甚者, 必變而更化之, 乃可理也. 當更張而不更張, 雖有良工不能善調也, 當更化而不更化, 雖有大賢, 不能善治也. (『漢書』卷五十六, 「董仲舒傳」)

주를 설득하기 위한 제자백가들의 글이 난무하던 春秋전국시대의 영향도 對策에 상당 부분 용해되어 있음을 감안한다면 비유는 설득에서 빠질 수 없는 효과적인 수사법임에 틀림없다.

이처럼 「天人三策」의 다양한 수사법들은 자기주장을 설득하기 위해 사용되었음을 알 수 있다. 특히, 유교 경전에서 사용되는 방식을 주로 택한 것은 경전학습에 익숙한 읽는 이에게 효과적으로 독해되도록 하기 위한 전략이었음도 아울러 확인하였다.

이제까지 살펴보았던 董仲舒의 「天人三策」의 세 가지 특징들은 조선시대 책문의 전범으로 통용되어 그 구성은 물론 논지전개와 수사학적 방식에 이르기까지 막대한 영향을 끼쳤다.

제4부

조선시대 對策의 程式

1. 策規 용어 수록 자료 검토

중국에서 시작된 對策이 처음부터 일정한 규칙이나 형식이 정해져있던 것은 아니다. 임금에게 올리는 글이라는 특성상 상투적으로 사용하는 용어나 기본적으로 갖추어야 할 격식 정도는 있었으나 '글을 반드시 어떻게 전개해야 한다.'거나 '이렇게 써야 한다.'는 원칙이 있었던 것은 아니라는 뜻이다. 형식적으로 규제를 많이 받았던 운문이 아닌 산문이었다는 점에서 對策은 형식적 제약이 덜했다고 하는 것이 옳겠다. 하지만 시험이 목적인 문체의 특성이 늘 그렇듯 시간이 지나면서 높은 점수로 급제한 이들의 글을 중심으로 일종의 규칙 같은 것이 생겨났다. 그리고 답습하여 모방하는 것에서 시작하는 한문학 학습의 특성상 교육과정에서 자연스레 규식화가 진행되었다.

그래서 조선후기의 對策을 살펴보면 조선전기에는 보이지 않던 특수용어나 형식들이 선집이나 문집에 언급되기 시작하는 것을 확인할 수 있다. 시간이 흐르면서 조금씩 정형화된 규칙이 생기고 용어가 생겨나면서 어느 사이엔가 규식화되어 간 것이다.

17세기 후반에서 18세기에 이르러서는 對策의 규식화가 만연하게 되어 정조가 策規(策文의 규범)를 策題로 출제하여 지적한 바 있는데, 그 구체적인 내용을 살펴보자.

　　왕은 말하노라.
　　平臺에 나와 策問을 내는 것은 西漢 즈음 시작되었는데, 사정을 자문하고 발언을 상고하는 것에 불과하였고, 처음부터 체제를 세우고 규정을 정한 것은 아니었다. 그러므로 董仲舒의 天人 대책과 公孫弘의 經術論과 鼂錯의 刑名學이 비록 그 학술은 동일하지 않으나, 요점은 모두 실제의 체득에 바탕을 두었으므로 사업에 실행할 수 있었다. 어찌 일찍이 지금의 대책하는 자들과 같이 양식에만 맞춰 그저 모사만 하고 표적에 따라 궁도를 변경하였겠느냐? 소위 虛頭의 衍義라는 것은 진정 물혹덩어리와 같고, 中頭의 造語라는 것은 그저 繩墨을 따랐을 뿐이다. 逐條는 질문에 따라 대략 제시하고, 大抵는 제목에 따라 전문을 베낄 뿐이며, 救弊는 마지 못해 응대하여 진언하고, 篇終에서는 옛 것을 끌고 와 미리 강론하여 말미에 이어 다급하게 갖다 붙이니 실용적인 부분이라고는 전혀 없다.
　　어찌 대답하는 자만이 투식을 따랐겠느냐? 책문을 내는 것도 규정에 얽매여 그대로 했을 것이다. 비록 黼黻을 만들 수 있는 훌륭한 기술이 있다 하더라도 試墨帖에 들어 있는 八股文의 排比에 구애되니 어찌겠느냐? 이것을 탈피하지 못한다면, 정연한 禮樂으로도 포장하여 서술하기 어려울 것이다. 고금을 참작하여 책문을 내는 규정을 정함으로 실제에 적용할 수 있는 문장을 얻으려 한다면, 어떻게 고쳐야 책문을 잘 출제하여 대책을 작성하는 자의 뜻을 유감없이 발휘하게 하겠느냐?[1]

실용적인 글쓰기를 강조한 임금인 정조는 형식에 치우쳐 자기만

---

1) "王若曰. 臨軒發策, 蓋昉西漢, 不過詢事而攷言, 初非立體而定規. 故如董子之天人, 公孫之經術, 鼂令之刑名, 雖其學術不同, 要皆本之實得, 可以措諸事業. 曷嘗依樣畫葫, 隨的變毂, 如今之對策者哉. 所謂虛頭之衍義, 眞同贅疣, 中頭之造語, 徒循繩墨. 逐條之隨問略提, 大抵之趁題全謄, 救弊之膓對陳言, 篇終之引古預講, 續尾副急, 全乏實用. 奚但對者之因循例套. 蓋由發問之勒定塗轍. 雖有黼黻之高手, 奈拘墨帖之八股, 排比之程式. 若不擺脫, 縱橫之禮樂, 難容鋪叙. 如欲叄酌古今, 以定設問之規, 要得適用之文, 則不知改之如何, 可謂善問, 而有以發對者之意歟." (正祖,「策規」,『弘齋全書』卷四十九, 한국문집총간 263집, 252면)

의 참신한 생각을 담아내지 못한 당대 對策의 폐단을 우려하며 천편일률적으로 굳어져버린 형식을 신랄하게 지적하고 있다. 우리는 여기서 밑줄 친 부분에 주목할 필요가 있다. 이 글에서 정조가 하나하나 지적하고 있는 '虛頭', '中頭', '逐條', '大抵', '救弊', '篇終' 등이 바로 책문의 구조와 수순 및 특징을 구분할 수 있게 하는 용어이기 때문이다. 구체적인 용어에 대한 이런 언급과 설명은 『日得錄』에서도 다시 확인할 수 있다.

> 지금의 策問은 옛 법식이 아니다. 그러므로 그에 따른 應對의 수준이 더욱 낮다. 소위 '虛頭', '中頭', '逐條', '設弊', '抹弊', '篇終' 같은 것은 질문하는 자가 모두 문제와 답안의 조목에 따라 양식대로 부연 설명할 뿐이다. 인습한 지 오래되어 일정한 투식이 되고 말았으니 말이 비록 좋더라도 어디에 쓰겠는가. 책문에 응하는 선비가 실제적인 일에 마음을 쏟아 미리 강구하지 않는 것은, 투식어가 따로 있어 이를 일삼을 필요가 없기 때문이다. 하물며 抄啓文臣은 經世濟民을 급선무로 삼음을 일반 선비들보다도 더 심하게 여겨야 하니 이제부터는 옛 법식을 대략 모방해서 근래의 규식을 모두 버리고 당세의 요긴한 급선무에 대해 질문함으로써 모방하고 꾸미어 짓지 못하게 하고, 각자 자신의 의견에 따라 蘇軾의 對策 같은 수십 줄의 글을 지어내게 한다면 체재와 내용이 일정한 투식에 빠지지 않고 유용한 글이 될 것이며, 잘하고 못한 것을 쉽게 판별할 수 있을 것이다. 오래도록 시행하면 필시 새롭게 발탁된 이들이 세상사에 잊지 않고 새겨두는 데 도움이 될 것이다. 그대들은 알아 두라.[2]

위 글을 보면, 이미 당시 '虛頭', '中頭', '逐條' 등의 용어가 일

---

2) 今之策問, 非古也˚ 故其對愈下. 如所謂虛頭˙ 中頭˙ 逐條˙ 大抵˙ 設弊˙ 抹弊˙ 篇終, 問者, 皆預爲之設, 而對者則隨條步趨, 依樣敷衍而已. 因襲旣久, 莫不有一定之套, 語雖善, 將焉用之. 策士之不經心事務而預講之者, 以有套語在而無事乎此也. 況抄啓文臣, 其急於經濟, 有甚於士者. 始自今策問, 略倣古式, 盡擺近規, 問以當世之要務, 俾不得以摸擬雕撰, 各隨己見, 倣出數十行文字, 如蘇氏策略, 則庶乎其機軸指畫, 不歸一套, 爲有用之文, 而易辨其工拙. 行之悠久, 則亦必以新進董留意世務之一助也. 爾等識之.(正祖,「文學一」,『弘齋全書』卷百六十, 한국문집총간 267집, 138면)

반화되었고, 책문이 그 형식에 맞춰 작성되는 폐단이 만연했음을 알 수 있다. 정조는 형식만이 강조되어 對策을 짓는 이들이 새로운 정견을 내기 위해 더 이상 고민하지 않게 되었다며 그 점을 시정하라고 지시하고 있다. 그 대안의 바른 예로 蘇軾의 대책을 들었는데, 이는 그가 지은 5편의 對策이 모두 정해진 형식의 틀에서 벗어나 자연스럽게 문제에 접근하여 해결을 강구한 점을 크게 인정했다는 측면에서 책문 본연의 실용성을 강조한 정조의 의도를 읽을 수 있는 대목이라 하겠다. 이러한 전체적인 상황을 감안하면 對策을 연구함에 있어 그 규칙과 용어를 이해하지 않으면 전모를 파악하기 어려운 것이 사실이라는 점을 알 수 있다. 이에 본 절에서는 현존하는 책문 선집 관련서적에서 언급하고 규정한 對策의 용어들에서 공통적으로 언급되는 부분들을 비교·검토하면서 그 용어들이 실제 對策에서 어떻게 구사되었으며 對策이 어떤 형식적 특징이 있는지를 고구해보고자 한다. 본 절에서 주로 활용할 자료는 세 가지다. 18세기에 편찬된 것으로 추정되는『科策』의 첫머리에 서문격으로 수록된「策文準的」3)의 12가지 항목과 과문의 형식을 설명한 서적인『科文規式』4), 그리고 아래 사진에 보이는 최근 발굴된 고문서 자료5)이다.

---

3) 이 자료를 처음 학계에 소개한 것은 최식의 연구였다.(최식,「策文의 특징과 글쓰기 -『策文準的』을 중심으로」,『東方漢文學』권39, 동방한문학회, 2009.) 최식은 '策文準的'을 書名으로 파악하고 있으나 이는 권두에 실려 책문 선집인『科策』의 서문역할을 하고 있다고 이해하는 편이 자연스럽다. 그래서 여기서는 表題인『科策』을 書名으로 삼았다. 이 자료는 이후에 試券관련 자료들에게서 발견되는 다른 策規와 더불어 조선후기 고착화되어버린 策規를 이해하는데 좋은 자료가 된다. 본 절에 인용된 '策文準的'의 12가지 항목에 대한 번역은 기존 연구를 참조하되, 일부 오류를 바로잡고 의미를 명확하게 하기 위해 수정 보완하였음을 밝혀둔다.

4) 科擧의 시험 과목에 대해 科題에 따라 그 답안 작성법을 各體別로 간단히 적은 책이다. 구분한 과목은 賦, 表(請題, 謝題), 進題, 賀題, 辭題, 乞題, 詔, 制, 策, 箴銘頌, 論, 詩 등이다. 編者와 편찬연대는 알 수 없다. (규장각 소장본, 청구기호 奎 9945)

5) 이 고문서 자료는 다른 과문에 대한 부분과 함께 언급된 자료로, 하단의 策規에 책문 작성 요령

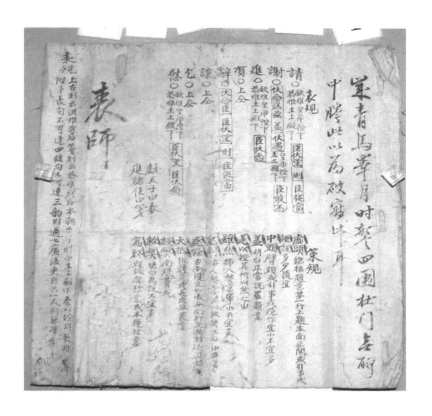

　세 자료는 특성이 각기 다르다. '策文準的'에 기록된 12항목을
살펴보면, 가장 많은 항목을 상세하게 설명하여 策文의 讀法처럼
對策의 작법이 세밀하게 나뉘어 있음을 알 수 있다. 『科文規式』의
경우는 논리구조에 해당하는 항목 7가지만을 기술하여 對策의 전
체적인 논리구조를 어떻게 구성했는지를 유추해볼 수 있다. 마지막
으로 고문서에 기록된 策規의 경우는 소실되어 잘 보이지 않는 글

　을 총 11개 항목으로 나누어 기술하고 있다. 이 자료는 경북대학교 한문학과 황위주 교수에게
제공받은 것이다.

자들이 있긴 하지만 앞선 두 자료와는 색다르게 '蓋'에 대한 설명이 추가되어 있다. 어떤 항목들이 수록되었는지 정리해보면 아래 표와 같다.

표6. 策規 용어 수록 자료

자료명	관련 용어	합계
策文準的	虛頭, 中頭, 是故, 雖然, 嗚呼, 然則, 大抵, 逐條, 當今, 設弊, 救弊, 篇終	12
科文規式	虛頭, 中頭, 逐條, 設弊, 原弊, 救弊, 篇終	7
고문서 (策規)	虛頭, 中頭, 蓋, 是以, 雖然, 然則, 逐條, 大抵, 設弊, 救弊, 篇終	11

다음 절에서는 기본적으로 논리구조의 형식을 정리한 『科文規式』의 항목을 중심으로 살펴보되, 원래 접속부사였다가 對策에서 특수한 의미로 규정되어 사용된 용어들은 따로 그 의미를 분석하고 對策에서 어떻게 사용되었는지에 대해 고구해보고자 한다.

2. 對策 程式의 분석

(1) 虛頭

원래 책문 용어로 사용되던 '虛頭'라는 용어는, 현대 국어에서 '글이나 말의 첫머리'라는 뜻으로 쓰인다. 현대 중국어에서도 비슷한 의미로 통용되는 것을 보면 이미 오래전부터 이 용어가 일반적으로 사용되었음을 짐작할 수 있다.

『科文規式』에는, "문제의 대지에 따라 서술한다.(以題中大旨敍之)"라고 간략하게 설명하고 있고, 고문서의 策規에서는 "문제의 의

미를 총괄하여 한 줄에 담고, 주제의 본면을 바로 열어 고사를 끌어
올지 증명하여 말하거나 뜻대로 한다. (總括題意, 第一行上, 題本面
正開, 或引事, 或證說, 多少隨意.)"라고 설명하고 있는데, 가장 상세
하게 풀어 쓴 「策文準的」의 설명을 살펴보면 다음과 같다.

> 虛頭는 핵심을 지적하여 몇 구절은 힘차게 시작하여, 반드시 절
> 실함을 힘쓰되 한 편의 글에서 전하려는 뜻을 모두 담고 있어야
> 하니, 고사를 인용하더라도 많아서는 안 된다. 이어나가면서 연역
> 하되 또한 세세하고 정밀한 것에 힘쓰고 내용이 많더라도 교묘하
> 게 전환하면 主司(답안지 채점자)는 지리함을 잊게 된다. 무릇 문
> 장을 짓는 데 정밀함에 힘쓰고 길게 쓰는 데 주력하지 않으며 진
> 실함에 힘쓰고 기괴한 것에 힘쓰지 않는다. 策文을 짓는 데 있어,
> 글의 첫머리에 말이 많거나 기괴한 것은 참으로 문장의 병폐이다.
> 하지만 科目에서 실정을 무시할 수는 없으니 時好(시대적 유행)를
> 완전히 저버려서는 안 된다.[6]

수많은 수험생의 답안을 모두 꼼꼼히 읽어주는 채점관은 없다.
때문에 虛頭에서 채점관의 주의를 끌 수 있는, 주목할 만한 무언가
를 만들어내야 하는 것이 수험생에게는 늘 고민거리였다. 예컨대,
임숙영(任叔英, 1576~1623)은 虛頭에서 차별화 전략을 들고 나왔
다. 虛頭에서부터 언제나 높이고 존숭해야 할 임금에게 도리어 비
난의 화살을 꽂는 것으로 글을 연다. 이례적인 파격이자, 주목해야
하는 虛頭인 셈이다. 내용을 살펴보자.

> 전하께서는 책문에서 스스로의 실책과 국가의 허물에 대해서는
> 거론하지 않았습니다. 하지만 임금님께서 말씀하지 않은 사안이라

---

6) "虛頭, 破頭喝起數句, 必務切實, 而含一篇大旨, 雖用古語, 不可多也. 繼而演繹, 亦務精切, 雖多而
巧轉, 則主司忘其支離, 凡爲文務精, 不務多, 務實, 不務奇, 作策者 頭辭多且奇 此固文之病也. 然
不能忘情於科目 則不可全背時好." (『科策』, 「策文準的」)

해도 그것이 참으로 이 시대의 절박한 문제에 관련된 것이라면, 무엇을 조심해야 하는지 모르는 어리석은 저이기에 곧바로 남김 없이 지적해 아뢰겠습니다.[7]

뒤이어 설명하게 될 본론의 첫 부분에 해당되는 中頭는 어느 때부터인가 형식적인 상투 어구만으로 점철된 '중요하지 않은' 부분으로 전락하고 말았다. 그래서 도리어 글의 시작에 해당하는 虛頭가 주목받기 시작하였다. 虛頭에 글쓴이가 주장하는 바의 핵심이 들어가게 되면서 試官들이 눈여겨 살펴보는 부분으로 자리매김 된 것이다. 조선후기 정조 연간에는 채점관들이 긴 답안을 모두 필사하기 어렵다는 핑계로 虛頭만을 옮겨 적어 심사하는 경우가 있어 문제가 된 적도 있었다.[8] 바꿔 말하면, 虛頭는 對策의 핵심 사안이고 앞에 놓인다는 점에서 중요성이 더욱 강조되었다.

그렇다면 어떤 식으로 자신의 주장을 몇 줄에 담아 첫머리에서 전체를 보일 수 있을까? 몇몇 사례를 통해 살펴보자.

> 신이 들으니, 제왕의 정사는 때에 따라 다르지만, 제왕의 다스림은 도로써 다스린다는 점에서 같다고 합니다. 때에 따라 다르기 때문에 덜고 더하는 것이 같지 않지만, 도로써 다스린다는 점에서 같기 때문에 모두 다스림에 돌아갑니다. 옛 것과 지금이 당연히 다르다는 것을 밝혀 그 덜고 더하는 도를 얻으면 나라를 다스리는 데 무슨 어려움이 있겠습니까?[9]

---

7) "至於君上之遺失, 國家之過闕. 雖聖策所未擧, 王言所未及, 苟切急於時事, 則臣愚不識忌諱, 竝直斥而備陳之." (任叔英,「辛亥殿試對策」,『疏菴集』卷之八, 한국문집총간 83집, 482면)

8) "左議政蔡濟恭啓言: "聞近來大科場屋考試之際. 以易書之爲難, 策文則只令謄納虛頭云. 此不特宿儒巨筆, 無以揀取, 以事面言之, 亦極未安. 今番則切無襲謬之意, 請申飭.""(『正祖實錄』正祖 14年 (1790 庚戌 7月 25日(癸卯)기사)

9) "臣聞, 帝王之政, 隨時而異, 帝王之治, 以道而同. 隨時而異, 故損益不同, 以道而同, 故皆歸于治. 明乎古今之異宜, 而得其損益之道, 則於爲國乎何有."(河緯地,「戊午庭對策」,『丹溪遺稿』, 한국문집총간 8집, 543면)

하위지(河緯地, 1412~1456)는 이 몇 줄의 虛頭에서 시대에 구애받지 않는 '道'를 글의 요지로 삼을 것을 제시하였다. 이렇듯 虛頭는 주로 글 전체를 총괄할 수 있는 핵심개념을 넣어 입론으로 제시하는 경우가 많은데, 다음 成三問의 對策도 비슷한 양상을 볼 수 있다.

> 신이 들으니, 마음은 정치의 근본이고, 법은 정치에 필요한 도구라 합니다. 만 가지 변화가 마음이 아니면 일어나지 않고, 여러 정치가 마음이 아니면 행해지지 않습니다. 그러므로 윗사람이 된 자가 마음을 보존하고 법을 들어 정치를 한다면 어떤 어려움이 있겠습니까? 옛날 현명한 임금은 천하 국가를 다스리는 데 이와 같이 했을 뿐이었습니다.[10]

성삼문은 '마음(心)'이라는 중심개념을 虛頭에서 제시함으로써 짧은 몇 줄에 자신의 논지 전개 방향을 밝히고 있다.

한편, 책문에서는 상투 어구가 필수적으로 쓰임을 확인할 수 있다. 對策의 시작은 항상 '臣對(신은 다음과 같이 답합니다)'라는 상투 어구를 붙인다. 虛頭의 단락 끝에는 본론에 들어가기 위해 열어주는 문장을 넣는다. 예컨대, '此臣所願陳者, 敢不罄竭卑懷, 以塞淸問之萬一.'(이것은 신들이 아뢰기를 원하는 바이니, 감히 비천한 견해를 다하여 밝게 하문하신 것에 만 분의 일이라도 답해야 하지 않겠습니까?)[11]나 '愚請以平日所聞於先覺者, 以復明問之萬一.'(어리석은 저는 평소 선각자들에게 들은 것으로써 밝으신 물음에 만의

---

10) "臣聞, 心爲出治之本, 法乃爲治之用. 萬化非此心則不興, 庶政非此心則不行. 爲人上者, 存此心而擧此法, 則於爲治乎何有. 古先哲王之爲天下國家, 如斯而已."(成三問,「重試對策」,『成謹甫集』卷之二, 한국문집총간 10집, 202면)

11) 趙光祖,『靜菴集』卷2,「謁聖試策」.

하나라도 답하고자 합니다.)[12] 등으로 문단을 마치는 경우이다. 그렇기 때문에 虛頭는 중요한 핵심 내용을 담아 확연히 주목을 끌거나, 그저 빤한 내용으로 글을 여는 경우로 양극화된 양상을 보였다. 특히, 참신한 글이 매번 나올 수 없다는 점에서 후자가 많은 부분을 차지했기 때문에 상투 어구의 기계적 배치와 활용은 왕이나 학자들에게 策規로 인한 폐해의 원인으로 비판받았다.

(2) 中頭

中頭의 사전적 의미는 '中間에서 論旨를 한 번 바꾸어 다른 말을 敍述하는 方式으로 된, 科擧볼 때 짓는 詩文의 한 種類인 策問의 文體'이다. 『科文規式』의 "주제의 요지로 서술한다.(以題中要旨敍之)"라는 설명과 같다. 고문서의 策規에는 "앞에서 고사를 인용하거나 꾸며서 만드는데 적어야 하며 많아서는 안 된다.(臂頭, 或引事, 或造作, 宜小不宜多.)"라고 설명하고 있다. 「策文準的」에서는 어떻게 설명하고 있는지 살펴보자.

> 中頭는 '窈謂'에서 대강과 요령을 총체적으로 논한다. 대개 '窈謂'의 내용을 통해 이 일이 중요한 까닭과 긴요한 대목을 논한다.[13]

「策文準的」에서 말한 '대강과 요령'이란, 문제의 핵심을 종합적으로 정리한다는 것을 의미한다. 질문의 핵심을 제대로 파악해서 제시해야 한다. 대개 '가만히 생각건대(窈謂)'라는 단어로 시작하여

---

12) 李珥, 『栗谷全書』卷14, 「天道策」.

13) "中頭, 窈謂總論大綱要領. 盖因窈謂之意, 論是事之所以重及其緊要處."(『科策』, 「策文準的」)

虛頭의 바로 뒤에 이어 나오고 본격적인 逐條에 들어가기 전에 전체의 대강을 정리해주는 역할을 한다.

「策文準的」에 나온 설명처럼 中頭를 시작할 때는 일반적으로 '竊謂(가만히 생각건대)'라는 단어를 많이 사용하여 虛頭에서 中頭로 넘어가는 구분을 명확히 한다. "恭惟(삼가 공경히 생각하던대)"라는 표현도 그와 같은 의미로 사용된다. '竊謂'와 비슷한 의미이긴 하지만 형식적인 구분을 두는 단어가 있다. '臣竊(신이 생각건대)'라고 하여 자기 생각을 이제부터 이야기하겠다는 상투 어구가 그것이다. 이는 비슷한 의미이기는 하지만 中頭를 시작하는 형식을 갖추는 것에는 사용하지 않는다. 특히, '臣竊'을 사용하는 경우는 뒤에 '~以謂'나 '~以爲'가 붙어 '저는 이렇게 생각합니다.'라는 겸사로 사용하여 '竊謂'로 시작하는 형식과는 형태상 확연히 구분을 짓는다.

中頭에서는 다루는 주제의 폐단에 대해서는 총체적으로 정리하고 이야기하지만, 그 폐단에 대한 구체적인 대안 제시까지는 들어가지 않는다고 규정하고 있다.

앞서 인용한 虛頭가 들어간 같은 책문에서 몇 가지 용례를 살펴보자.

> 삼가 주상전하께서 신들을 대궐 뜰에 나오게 하시어, 노비, 과전의 한계를 정하는 것과 의창, 사창에 대한 법을 문제로 내시고, 적절히 덜고 더하는 방법을 진술케 하셨습니다. 신이 비록 초야의 보잘 것 없는 선비지만 밝은 세상에 중요한 정책을 아뢸 수 있게 되었으니, 전하께서 지금 중론을 널리 받아들이는 아름다움과 아직 혼란하지 않은 때 미리 다스리려는 뜻은 실로 하은주 삼대 이래 없었던 성스러움입니다.[14]

다른 부분은 모두 상투 어구에 해당하고 밑줄 친 부분이 策問 내용의 핵심만 요약한 것이다. 이처럼 문제에 대한 핵심과 요지를 정확하게 파악하는 것은, 답안 작성을 위한 가장 기본적이면서도 중요한 작업이라는 점에서 中頭에 의미를 부여한다.

그렇다면 일반적인 中頭의 구성을 성삼문의 글을 통해 좀 더 세밀하게 들여다보자.

① 삼가 생각건대, 주상 전하께서는 성군으로서 훌륭하신 선대의 임금을 계승하여 온 정성을 다해 다스리길 도모하시니 정치의 근본이 이미 섰고, 정치에 필요한 도구도 잘 시행되어 시사에 대해 잘못되었다고 할 만한 것이 없습니다.

② 그런데도 오히려 법을 만들면 폐단이 생기고 폐단이 생기면 구제하기 어려운 것을 염려하시어 과장에 신들을 나오게 하셨습니다.

③ 그리고 사병을 설치하는 것·대신을 예로 대하는 것·정권을 나누는 것·정방을 다시 세우는 것 이 네 가지를 질문의 조목으로 삼아 먼저 역대 정치의 득실을 말씀하시고, 다음으로 대신이 헌의한 것의 가부를 물으시어 지당하게 하나로 귀결되는 의논을 듣고자 하셨습니다.

④ 이것은 신들이 말씀드리고 싶었던 것이니, 감히 비천한 뜻을 다하여 고결한 물음에 만 분의 일이나마 답해야 하지 않겠습니까?[15)

위 인용문은 성삼문이 작성한 對策의 中頭를 의미 분석을 위해 편의상 네 부분으로 나눈 것이다. 이 의미는 실제로 策問의 질문내

---

14) "恭惟主上殿下進臣等于庭, 策之以奴婢科田之限與夫義倉社倉之法, 使陳損益之宜. 雖以草芽賤士, 得進大對於明時, 其廣延衆論之美, 制治未亂之意, 誠三代以來未有之聖也."(河緯地, 위의 글)

15) "恭惟主上殿下以聖繼神, 勵精圖理, 出治之本旣立, 而爲治之用亦張, 其於時事, 似無可言者, 猶慮法立而弊生, 弊生而難救, 進臣等于庭. 以置私兵禮大臣分政權復政房四者, 發爲問目, 而先言歷代爲治之得失, 次及大臣獻議之可否, 而欲聞至當歸一之論. 此臣所欲陳者也, 敢不罄竭卑懷, 以塞淸問之萬一." (成三問, 위의 글)

용에 따라 나눈 것인데 실제 대책에서는 이렇게 나누는 내용의 구분을 형식적으로 나누어 기술하는 방식을 逐條라는 용어로 설명한다.16) ①은 전형적인 상투 어구로, 임금이 이제까지 특별히 잘못했다고 할 만한 것은 없다는 식으로 현재 왕의 정치를 칭찬하는 부분이다. ②에서는 策問의 핵심에 해당하는 내용을 끄집어내면서 ③에서 策問을 요약한다. 네 가지 세부 질문을 정리하고 그 조목에 대해 전반부에서는 역대 정치의 득실을, 후반부에서는 해당 조목에 대한 대신들의 헌의 내용에 대해 수험자의 견해를 밝히라는 본래의 의도를 깔끔하게 정리했다. 이러한 정리 작업은 뒤에 이어지는 逐條의 구성을 미리 보여주는 역할을 한다. 그러고 나서 ④에서 다시 상투 어구로 마무리하는 전형적인 中頭의 모습을 보여준다.

그렇다고 모든 中頭에서 성삼문의 대책처럼 '꼼꼼하고 세밀하게 요약해야 한다.'는 식의 정해놓은 규칙은 없다. 같은 策問에서 다른 형태의 답안을 제시한 신숙주(申叔舟, 1417~1475)의 경우를 살펴보자.

> 삼가 공경히 생각건대, 주상 전하께서는 개국 창업 이래 잘 지키고 계승하시어 정사에 힘써 잘 다스리는 데 뜻을 두시고, 널리 뛰어난 인물을 구하려고 궁전 뜰에서 책문을 내시어 역대의 득실 자취를 헤아린 뒤 오늘의 폐단을 없애는 방법을 듣고자 하시니, 신이 비록 우매하나 생각을 말씀드려 임금님 책문에 만 분의 일이나마 답할까 합니다.17)

---

16) 축조에 대한 설명은 바로 뒤에 상술한다.

17) "恭惟我主上殿下持盈守成, 勵政圖治, 旁求俊彦, 發策殿庭, 揣摩歷代得失之跡, 而欲聞當今救弊之術, 臣雖愚昧, 請陳其略, 以對揚聖問之萬一."(申叔舟,「置私兵禮大臣分政權復政房」,『保閑齋集』卷第十三, 한국문집총간10집, 103면)

글쓴이가 다르니 같은 策問에 답한 對策이라도 구성이나 논지 전개가 다른 것은 당연하다. 그런데 상투 어구를 사용하면서 요약하는 中頭에서 전혀 다른 모습을 보이는 것은 다소 생소하다. 성삼문의 경우에서 보이는 策問 내용의 요약은 보이지 않는다. 신숙주는 쓸데없는 虛頭를 쓰느니 빼버리는 것이 낫다고 생각했는지 생략했고, 中頭에서도 짧게 형식만 갖추는 쪽을 택했다. 신숙주가 성삼문과 글쓰기 성향이 얼마나 다른지 미루어 짐작케 한다. 虛頭도 생략하고 바로 본론에 들어가는 간결하고 빠른 성향의 글쓰기를 하는 이가 中頭에서 성삼문과 같이 꼼꼼한 요약을 했을 리 만무하다는 점을 재확인한 셈이다.

한편, 中頭를 본론으로 판단하는 경우가 있는데, 中頭가 虛頭 이후 篇終 이전까지 전체를 가리키는 용어라는 점에는 재고의 여지가 있다. 『科文規式』의 논리구조 항목에서만 보더라도 中頭 이후 篇終 이전까지의 항목인 逐條, 設弊, 原弊, 救弊 등이 모두 中頭에 포함된다고 이해하기에는 무리가 따르기 때문이다. 이 네 가지 항목 역시 中頭와 같은 위상에서 기능하고 있다고 보는 것이 타당하다.

(3) 逐條

'逐條'의 사전적 의미는 '해석이나 검토 따위에서, 한 조목 한 조목 차례로 좇음'이라고 정의되어 있다. 앞서 살펴본 바와 같이 策問도 對策 못지않은 程式을 갖추고 있다. 어찌 보면 對策의 程式은 策問에 조응하기 위한 방편으로 만들어졌다고 할 수 있을 것이다. 策問에서 여러 가지 사항을 조목조목 나누어 묻는 질문에 대해 해당 조목에 조응하여 문단별 답안을 작성하는 것이 기본이다. 策問에서는 한 가지 사항을 묻더라도 그 역사적 배경과 개인적 의견을 구분하여 묻는다. 그렇기 때문에 수험생의 내용 파악 능력에 따라 문단을 나누는 지점이 달라질 수 있다. 내용을 파악하고 문단을 나누는 것에서 對策의 수준이 판가름 나게 된다. 다시 말해 對策에서 문단을 어떻게 나누고 문제를 어떻게 구분했는가만 보더라도 수험생의 문제 해석 능력과 지적 수준을 파악할 수 있다는 뜻이다. 여기서 설명하려는 '逐條'가 바로 그 부분에 해당된다.

『科文規式』에서는 "문제에서 물은 말을 하나하나 진술한다.(歷陳題中所問之言)"라고 구성상의 특징을 설명하고, 고문서의 策規에는 끝에 몇 글자가 보이지는 않지만 "古尙雙文如表, 今尙行文無妨ㅁㅁ"이라고 설명하였다. 축조의 기능상 특징보다는 축조에서 쓰이는 대우법에 대한 것이 표에서 기인되었지만 최근에는 사용되지 않는다는 의미를 설명하였다. 대우를 사용한 것이 당시 만연했던 사실은 「策文準的」에서도 언급하고 있어 주목된다.

> 逐條는 글자를 써서 구절을 짓는데 평범해서는 안 되며, 옳고 그름에 대하여 칭찬하고 폄하하는 내용이 하나하나 모두 救弊策의 내용에 맞아 떨어져야 한다. 문장을 짓는데 대우에 맞춰 문자를 사용하는 것은 참으로 세속의 누습이기는 하지만, '逐條'에서는 사용하지 않을 수 없다.[18]

통상 對策에서 문단을 나누는 기준은, 執事가 아닌 임금이 내린 策問의 경우, 답하는 對策에서는 '엎드려 성책을 읽어보니(伏讀聖

---

[18] "逐條, 下字作句, 不可凡庸 是非予奪, 一一皆應救弊之意. 行文用對耦文字, 固俗伎陋習, 至於逐條, 不可不用也."(『科策』, 「策文準的」)

策曰)'라는 상투 어구로 시작하여 策問 내용을 그대로 간접 인용한다. 문제의 내용이 길 경우, 전체를 인용하지 않고 중간생략을 의미하는 '止'자를 넣지만 간접인용을 누락시키는 경우는 없다. 쓸모없어 보이는 상투 어구인 듯 보이지만 '逐條'는 바로 이 문제별 문단 나누기로 수험생의 이해능력을 드러내는 항목이기도 했던 셈이다.

逐條의 대표적인 예는 강위(姜瑋, 1820~1884)가 지은 「擬三政捄弊策」이라는 對策에 아주 잘 기술되어 있다.[19] 이 對策에서 姜瑋는, 三政의 폐해에 대한 해결책에 대해 본문에 직접 軍政, 田政, 還政라고 표제어를 달아 항목화하여 구체적으로 그 문제점과 해결방안에 대한 의견을 제시하고 있음을 확인할 수 있다.[20]

(4) 設弊

'設弊'는 폐단을 서술하는 방식을 뜻하는 용어이다. 실제로 폐단의 내용을 묶어 구체화하기 때문에, 엄밀하게 말하면 글에 사용되는 단어가 아니라 논지 전개의 순서를 지칭하는 용어로 보는 것이 옳다. 폐단을 설정한다고는 하지만 문제를 어떤 식으로 나누어 단락을 구분할 것인지를 의미하는 것이다. 앞서 설명한 축조와 비슷해 보일 수 있는데, 逐條가 策問의 질문에 조응하는 대안의 항목을 구성하는 방식이라면, 設弊는 그 이전에 폐단의 원인이나 그 배경에 대한 부분을 좀 더 상사하게 구분하여 분석하기 위해 안배되었다는 점이 다르다.

---

19) 姜瑋, 「擬三政捄弊策」, 『古歡堂收艸文稿』卷之四, 한국문집총간 318집, 525면.

20) 그 내용은 다음 절 '程式 적용의 전개 양상'에 자세히 소개하기로 한다.

『科文規式』에서는 "言其弊端"이라고 아주 간략하게 정리되어 있는데, 고문서인 策規에는, "尙雙貫, 或ㅁㅁ"라고 하여 어떻게 구성하는지에 대한 설명이 있다. 비슷한 내용으로 추정되는 설명이 「策文準的」에 다음과 같이 적혀있다.

> 設弊는 치밀하게 안배하길, 여섯 가지 폐단을 물었을 경우, 폐단을 두 가지씩 묶어 배치하여 문장의 길이를 대우를 맞추듯이 한다.[21]

對策에서 발견되는 변려문의 특징이 주로 축조나 設弊의 구성방식에서 드러나고 있음을 반증하는 것이기도 하다. 하지만 이후 이러한 정형화는 비판의 대상이 되었고, 내용보다 규식을 강조한다는 지적을 피하기 어려웠다. 어느 정도로 심각한 상황이었는지 좀 더 명확히 이해하기 위해 정약용의 언급을 살펴보자.

> 策問의 규칙에는 原弊와 時弊가 있고 設弊와 救弊가 있다. 이른바 設弊는 제목의 뜻만을 기록할 뿐이고, 이른바 救弊는 모두 묵은 말만 욀 뿐이다. 이런 폐단을 바로잡으려면 어떤 방법이 있겠는가.[22]

위 글은 정약용이 과거의 폐단에 대한 내용을 策題로 하여 직접 출제한 策問의 일부이다. 정약용은 策規의 폐해를 지적하면서 폐단에 대한 용어 네 가지를 언급하고 있다. 여기서 原弊[23]는 근원적인

---

21) "設弊, 密密安排, 如問六弊, 每設二弊, 文字長短, 若對耦然." (『科策』, 「策文準的」)

22) "策問之規, 有原弊時弊, 有設弊救弊, 而所謂設弊, 只述題意, 所謂救弊, 皆誦陳談. 欲救此弊, 其有何術歟." (丁若鏞, 「弊策」, 『與猶堂全書』九卷, 한국문집총간 281집, 182면)

23) 『科文規式』에서는 原弊를 "言其救弊之本"이라고 설명하고 있다.

문제로 策問에 제시된 역사적 사실에 근거한 '드러난' 폐단을 말하고, 時弊는 뒤에 설명할 當今의 기능을 갖춘, 현재 조선에서 일어나고 있는 폐단을 말한다. 이 글에서는 設弊와 救弊가 규식화되어 가고 있음을 한탄한 지적에 주목할 필요가 있다. 設弊가 策題의 뜻만 기록하였다는 비판은 策問에서 지적하는 문제점을 정리할 뿐이라는 것이다. 다시 말해 이것은, 원래 設弊의 기능이 앞에서 지적한 폐단을 정리하여 항목화하는 것만이 아님을 의미한다. 오히려 폐단의 원인이나 과정 등을 논리에 맞게 재정리하는 것이라는 본연의 기능에 주목할 필요가 있다. 救弊가 묵은 말을 욀 뿐이라고 한 지적 또한 행간을 읽을 필요가 있다. 행간의 의미에는 우수한 성적을 받은 對策을 정리한 선집이나 예상 모범답안에서 외워둔 빤한 문구들을 애매모호한 원론적인 이야기로 채워 넣었다는 비판을 내포하는 것이다.

정약용이 策問에서 지적한 바에서 알 수 있듯 設弊는 逐條의 구성방식과 유사한 듯 보이지만 확연히 다른 개념으로 이해해야 할 것으로 판단된다. 즉, 내용적인 측면, 단락의 성향을 규정짓는 용어라는 점에서 논리 전개의 형식상 구분을 나누는 逐條와 구분된다. 設弊가 폐단에 대한 인과관계를 설명하고 왜 그것이 폐단인지에 대해 설명한다는 점에서 逐條는 設弊보다는 오히려 뒤에 나오는 救弊와 밀접한 연관을 맺는다. 결과적으로 보면, 逐條는 設弊의 항목화 방식에 救弊를 논리적으로 제시하는 부분을 모두 갖추고 있다고 볼 수 있다.

그렇다면 실제 對策에서는 어떻게 사용되고 있는지 살펴보자.

아아! 혼인의 예가 이처럼 중요할진대, 지금 사람들은 군자의 덕이 부부 사이에서 시작된다는 것을 어찌 생각하지 않고, 재산 유무만 따지십니까. 다들 수레와 말을 호화롭게 꾸미고 기구와 의복을 사치스럽게 갖추는 것을 일신의 영화로 생각하고 있습니다. 그러니 어찌 그들에게 뜻을 성실히 하고 마음을 바르게 해서 자신을 닦고 집안을 다스리며 한 집안에 모범이 되기를 바랄 수 있겠습니까? 참으로 집사선생께서 '참람되게 분에 넘친다.'고 하신 말씀과 같습니다.[24]

위 글은 羅世纘이 작성한 對策에서 設弊에 해당하는 부분이다. 策問 내용은 다섯 가지 항목(혼례, 상·장례, 궁실치장, 의복, 음식)에 대해 지나친 사치의 폐단을 분석하라는 것이었다. 인용문에서는 첫 번째 항목인 혼례에 대한 것만 적었는데, 생략된 나머지 네 가지 항목에 대해서도 동일한 구조로 통일성을 유지하며 서술하고 있다. 여기서는 폐단의 대안을 제시하기 전에, 원인을 정확하게 분석하고 그것이 策問에서 제시한 문구와 정확하게 조응하고 있음을 보여준다. 이런 구조이기 때문에 자칫 형식적으로 내용을 갖추려 하면 앞서 정약용의 지적처럼 策問에 나온 제목만을 반복한다는 비난을 받을 여지가 큰 것이다.

(5) 救弊

救弊는 對策의 핵심에 해당하는 부분이다. 무엇보다 策問에서 지적한 폐단의 해결책을 제시하는 부분이라는 점에서 내용은 물론 해결방안을 어떻게 서술하는가에 대한 문장 기술 능력도 함께 평

---

24) "嗚呼. 婚姻之禮如此其重也, 而奈何今世之人, 罔念君子之造端乎夫婦, 而但論其財之有無, 至於車馬之富, 器服之侈, 每以出人之右, 自以爲一身之榮. 則况望其誠正修齊, 而爲律一家之本平. 誠如執事之所謂僭踰無禁者也."(羅世纘, 「變奢爲儉之道」, 『松齋遺稿』卷之二, 한국문집총간 28집, 81면)

가되는 긴요한 부분이라 하겠다.

『科文規式』에서는 "言救弊之策"이라고 간단명료하게 정의내리고
있고, 고문서인 策規에서도 "명백하게 설명하되 많이 말해서는 안
된다.(明白爲說, 不爲多)"라고 하여 장황하게 기술하지 말 것을 강
조하고 있다. 「策文準的」에서는 특이하게 對策에서 사용되는 기타
특수용법들과 어떻게 연계되어야 하는지를 설명하고 있는데, 구체
적인 사례까지 들고 있어 주목된다.

> 救弊는 '中頭'의 내용에 의거해서만 문장을 변화시키되 중첩되
> 어서는 안 된다. '大抵'에서 시험관의 의중이 '當今'에 이르면 반
> 드시 '設弊'를 속히 보고자 할 것이고, '設弊'에 미치면 반드시 '救
> 弊'를 빨리 보고 싶어 할 것이다. '當今'과 '設弊'가 지루하지 않아
> 서 '設弊'한 뒤에야 비로소 '原弊'하면서 이르기를, "폐단이 생겨
> 남이 이미 이러이러한 것들에 기인한 것입니다. 신이 ▢▢으로 폐
> 단을 해결할 對策으로 삼은 것입니다."라고 하는 것이다. 그리고
> 반복해서 이와 같이 救弊해야 한다는 뜻을 거듭 말하고, 말미에서
> 또 간략하게 '救弊'의 효험을 보인다.[25]

바로 앞의 항목에서 살펴보았던 設弊와는 폐단을 전제하고 그
대안을 제시한다는 점에서 불가분의 관계에 있다고 할 수 있을 것이
다. 좀 더 쉬운 이해를 돕기 위해 앞서 분석했던 나세찬의 對策
을 통해 救弊의 용례를 파악해보자.

전술한 바와 같이, 逐條는 구성방식을 의미한다. 그것은 逐條라
는 구성 자체가 設弊와 救弊를 모두 담고 있는 구조라는 설명이
가능하다는 말이다. 그렇다면 나세찬은 원인분석에 맞는 어떤 대안

---

25) "救弊, 只據中頭意思, 變換文字, 勿令重疊. 大抵主司之意, 旣及當今, 必欲速見設弊, 旣及設弊,
必欲速見救弊, 當今設弊, 不須支離, 旣設弊之後, 始爲原弊, 曰弊之生旣由如此如此. 愚所以以某
事爲救弊之策也. 又反復申言不可如是救弊之意, 末又畧致效驗." (『科策』, 「策文準的」)

을 내놓고 있는가?

① 혼례를 삼가지 못하면, 그 원인을 깊이 생각하여, 힘쓰기를 주 문왕 때의 관저, 작소의 교화처럼 하면, 장차 혼인이 지극히 올바르게 되어 분수에 넘쳐 참람해지는 실수가 저절로 없어지게 될 것입니다.

② 상제가 정성껏 행해지지 않으면 그 원인을 깊이 생각하여, 선왕께서 조상을 추모하며 제사 지낼 때 혼령이 오르내리며 뜰에 계신 듯이 힘써 행하면, 상제가 지극히 정성껏 행해져 모독하고 난잡해지는 폐단이 저절로 없어지게 될 것입니다.

③④ 궁실과 의복 제도에서 사치하고 참람한 실수를 범하게 된 원인을 더욱 생각하여, 힘쓰기를 하나라 우왕이 검소하고 질박한 집에 살며 거친 옷을 입던 것처럼 하면, 궁실제도가 옛날에 제도가 있었던 것처럼 지금 또한 그 제도가 있게 될 것이고, 의복의 규정이 옛날에 규정이 있었던 것처럼 지금 또한 규정이 있게 될 것입니다.

⑤ 음식에서 그 한계를 잃어버리는 원인을 더욱 생각하여, 힘쓰기를 『대학』에 실린 것처럼 '생산하는 자가 많고 쓰는 자가 적도록'하면, 음식 예절에서 옛날에 절검하였던 것처럼 지금 또한 절검할 것입니다.[26]

救弊의 서술 방식은 일반적으로는 '設弊에서 분석한 폐단을 없애기 위해서는 이러이러하게 해야 합니다.'라고 작성하되 조목별로 나누어 設弊와 조응하게 한다. 위 글에서 나세찬은 '대안으로 이렇

---

[26] "至於婚姻之不謹. 則深思其所以不謹之由, 而務如周文關雎鵲巢之化, 則將見婚姻極其正, 而自無踰僭之失矣. 若於喪制之不誠, 則深思其所以不誠之由, 而務如先王奉先思孝, 陟降庭止之思, 則喪制極其誠, 而自無瀆亂之弊矣. 於宮室衣服之制, 益思其所以奢僭之失, 而務如夏禹卑宮惡衣之儉, 則宮室之制, 古有其制, 而今亦有其制矣. 衣服之章, 古有其章, 而今亦有其章矣. 於飮食之節, 益思其所以失度之端, 而務如大學生衆用寡之道, 則飮食之節, 古有其節, 而今亦有其節矣."(羅世纘, 「變奢爲儉之道」, 『松齋遺稿』卷之二, 한국문집총간 28집, 81면.)

게만 하면 그 폐단은 저절로 없어질 것입니다.'라는 전형적인 조건 부형 구조를 취하고 있음을 확인할 수 있다.

(6) 篇終

'篇終'이라는 용어는 수험생들이 策問의 마지막 부분을 지칭할 때 사용했던 것이 對策에서 고유명사로 굳어진 것으로 보인다. 『科文規式』에서는 "以餘意仰對"이라고 하여 본론에서 미처 다 진술하지 못한 점을 기술하는 것이라는 부분을 부각하였다.[27] 策規에서도 "구폐의 남은 뜻이거나 본론의 남은 뜻(或救弊餘意 或本題餘意)"이라고 하여 救弊에서 너무 명료하게 하느라 다하지 못한 부분이 있거나 본론에서 말하고 싶었지만 넣지 못한 부분을 언급함을 설명하고 있다. 현대 글쓰기에서 결론이 내용정리를 우선으로 하는 것과는 다른 양상임을 알 수 있다. 그렇다고 '내용정리'의 기능이 없다는 것은 아니다. 이 부분에 대해 「策文準的」에서는 두 가지 모두의 역할을 하되 자칫 잘못 기술하는 것의 부작용에 대해 다음과 같이 설명하고 있다.

> 篇終에서는 '救弊'의 내용을 이어 한 편 가운데 말끝에 함축된 속뜻을 수습하여 글을 맺되, 간혹 다른 내용을 진술해도 된다. 너무 방만하면 끝이 크게 벌려지기만 해서 수습하기 어렵고, 너무 간략하면 군색한 추태를 보이게 된다.[28]

---

27) 이 부분은 앞 장에서 살펴본 董仲舒의 『天人三策』에서 漢武帝가 篇終에 제시했던 내용과 부합하는 부분이기도 하다.

28) "篇終, 承救弊之意, 而收拾一篇中餘意以結之, 或別意亦可, 太漫則尾長不掉, 太略則看作窘拙."(『科策』, 「策文準的」)

위의 설명처럼, 篇終에서는, 자신이 앞서 中頭에 주장한 내용을 마무리하는 것과 策問의 내용 외에 별도로 자신의 의견을 개진할 수 있는 것의 두 가지 기능을 함께할 수 있도록 딱딱한 형식 속에서 어느 정도의 자유가 주어졌다. 자칫 策問과 무관한 이야기를 글 말미에 꺼내는 것이 논리에서 벗어난다고 주저할 수도 있겠으나, 그것은 수험생의 재량에 달린 문제였다. 더욱이 정해진 질문에 답하는 것 외에 평소 자신의 생각이나 주목할 만한 政見을 앞에서 논의한 것과 연계하여 확장시키는 기술은 채점관에게 높은 점수를 얻을 수 있는 마지막 기회일 수 있기 때문이었다. 그러한 예를 박승임(朴承任, 1517~1586)의 對策에서 확인해보자.

> 어리석은 저는 '이치'라는 한 글자로 집사선생의 질문에 답하였습니다. <u>이 글을 마치면서 誠이 이치에 다다르고 功을 이루는 방법이라는 것을 밝혀도 괜찮겠습니까?</u> 이치가 하늘이 되고, 땅이 되며, 사람이 되는 것은 성에서 벗어나지 않습니다. 천지의 도를 구하고자 한다면 마땅히 이치에서 구해야 하고, 이치의 요원하고 오묘한 것을 구하고자 한다면 마땅히 성을 근본으로 삼아, 잠시도 어그러짐이 없고 터럭만 한 사사로운 욕심일지라도 모두 없애야 합니다. 그러면 천지가 제자리를 잡고 만물을 화육하는 데 참여해 돕는 공이 있게 되고, 지극한 이치가 유행하는 실상이 있게 될 것이니, 천지인의 도에 거의 통달하게 될 것입니다. 어리석은 저는 이것으로 삼가 답합니다.[29]

그런데 이제까지의 자기주장을 정리하고 강조하거나 약간의 부가 내용을 넣는 것만으로는 자칫 글의 말미가 심심하고 상투적인

---

29) "愚旣以理之一字, 復執事之問. 而於篇終, <u>又以誠爲格理用功之地可乎</u>. 夫理之所以天, 所以地, 所以人者, 不出乎誠. 欲求天地之道, 當求諸理, 欲求理之遠且幽者, 則當以誠爲之本, 而無一息間斷之差, 無一毫人欲之私. 而有叅贊位育之功, 有至理流行之實, 則其於天地人之道, 庶乎其盡之矣. 愚見如是, 謹對." (朴承任, 「天道地理人事」, 『嘯皐集』卷之四, 한국문집총간 36집, 364면)

어구로 점철되기 십상이다. 그래서 그렇게 되는 것을 피하기 위해 篇終에서는 인용이나 비유를 사용하는 방식을 활용하여 참신함을 모색하기도 하였다. 이것은 시간이 흐르면서 일종의 형식처럼 굳어 져버리는 결과를 낳기도 하였다. 그 사례를 살펴보자.

> 그러나 어리석은 제가 일찍이 세상살이를 미루어 <u>오늘날의 풍 속을 보건대, 병은 거의 고치기 어렵고 썩어서 어찌할 수 없는 상 태입니다.</u> 윗사람이 시간을 아끼고 주의를 기울이며 힘써 배우는 것에 마음을 밝히지 않고, 다만 구구한 법령으로 바로잡고자 한다 면 명령 하는 데 간사함이 싹트고, 법을 정하는 데 사특함이 일어 나게 됩니다. 그것은 곧 <u>땔나무를 안고 불을 끄고, 끓인 물을 넣어 서 끓는 것을 그치게 하는 것과 같아</u> 전혀 도움이 되지 않을 것입 니다.
> <u>양웅이 "정나라와 위나라의 악조를 기로 하여금 연주하게 한 다 해도 소소가 될 수는 없다."고 했습니다.</u> 우리나라의 좋은 법과 아름다운 정사는 연산군의 퇴폐한 정치를 거치는 동안 진나라, 수 나라의 형제가 되었습니다. 그러므로 중요한 것은 국가가 고쳐 변 화하고, 개혁하여 이행하는 데 있습니다. <u>옛날에 무왕은 매방이 주 왕의 악에 물든 것을 간절히 타이르고 경계하여 제대로 다스리지 못할까 염려했는데, 하물며 우리나라는 삥 둘러 사방이 하나의 매 방이 되었으니, 주상의 간절한 마음이 무왕보다 아래에 있어서는 어찌 술의 화를 바로잡을 수 있겠습니까?</u>[30]

밑줄 친 부분을 살펴보면, 첫 번째 단락에서 두 번의 비유를, 두 번째 단락에서는 名句의 인용과 비유를 연달아 사용했음이 확인된 다. 이렇게 한 단락에서 다양한 수사법을 구사하는 것은 篇終 외의

---

30) "然愚嘗由今之世, 觀今之俗, 病幾於痼, 朽不可雕. 苟非上之人愛日而加之意, 務學而明諸心, 顧欲 區區之法令以正之, 則令出而奸生, 法下而詐起, 猶抱薪救火, 揚湯止沸, 甚無益矣. 揚雄氏有言曰: "衛之調, 俾夔因之, 亦不可以致簫韶矣." 我朝良法美政, 自經廢朝之頹弊, 轉作晉隋之兄弟. 要在 國家更而化之, 改而行之耳. 昔, 武王以一妹邦染於紂惡, 尙惓惓告諭之懲艾之, 猶恐不及, 況今國 家環四方而爲一妹邦也, 則主上之惓懇, 豈居周武之下而能之哉. "(金綏, 「酒禍」, 『自菴集』卷之二, 한국문집총간 24집, 265면)

부분에서는 쉽게 찾아보기 어렵다.

策問 내용을 정리하며 인용과 수사법을 연달아 사용한 李滉의 對策에는 그러한 특징이 잘 드러나 있다.

집사선생께서 글 말미에 또, "여러 유생이 옛날로 거슬러 올라가 벗을 삼아 높이 평가하는 자는 어떤 사람인가?"라고 하셨습니다. 더욱 어리석은 저희에게 감흥을 일으키게 합니다. 저희는 경학을 연구하는 여가에 잠시 시의 문호를 엿볼 뿐이어서 오히려 그 깊은 뜻을 미처 보지 못하였습니다. 어찌 감히 선현의 높고 낮음을 의논 하여 취사선택할 수 있겠습니까?

그렇기는 하지만 일찍이 회암은 "시를 배우는 데는 모름지기 도 연명과 유종원의 문중을 따라야 한다."고 하였으니 참으로 도연명 의 시를 공부하지 않을 수 없습니다. 그러나 시를 배우는 법은 오히 려 학문의 도와 같습니다. 맹자께서 학문을 논할 때 백이, 이윤으로 서 자처하지 않고 말씀하시길, '원하는 것은 공자를 공부하는 것이 다.'라고 하였습니다. 그러므로 여러 유생이 마땅히 법으로 삼고 본 받아 스승으로 우러러 봐야 할 것은 詩壇의 성인이 아니고 누구이 겠습니다. 만약 인품과 절의가 뛰어나 시의 근본으로 삼은 자라면 저희는 세 번 목욕재계하고 세 번 향을 쏘이기에 겨를이 없을 것입 니다. 어찌 두 사람 간에 선후를 매기겠습니까? 삼가 답합니다.[31]

---

31) "執事於篇終又敎之曰: "諸生所友而主者, 何人歟." 尤以起愚生之感也. 愚也窮經之暇亦嘗窺覦乎 詩之門戶, 而猶未覩其堂奧也. 何敢議先賢之高下, 而有所去取哉. 雖然嘗聞晦菴之言曰: "學詩須 從陶柳門中來. 則陶詩之不可不學也. 固矣." 然學詩之法, 其猶學問之道也. 昔者, 孟子之論學, 不 以伯夷' 伊尹自處而曰: "乃所願則學孔子也." 然則諸生之所當效法而師仰者, 舍詩壇之聖奚以哉. 若乃風聲節義之聳慕而爲詩之本者, 愚當三浴三熏之不暇矣. 何有先後於二子之間哉. 謹對." (李滉, 「古今詩家」, 『退溪全書』卷之七)

항상 對策의 마지막은 '臣謹對(신이 삼가 답합니다)', 혹은 '謹對'(삼가 답합니다)라는 용어로 끝을 맺는 것이 규칙이었다. 마무리하기 직전에 상투 어구로 '臣干冒天威, 不勝激切之至, 謹昧死以對.(신의 말이 지극히 격렬하고 절실한 마음을 금할 수 없어 하늘의 위엄을 범할지라도 삼가 죽음을 무릅쓰고 답합니다)'나 '願執事以芻蕘之一得, 上達天聰, 則韋布書生, 庶無遺恨於簞門圭竇之下矣.(바라옵건대, 집사선생께서 천박하고 보잘 것 없는 제 글을 상감께 아뢰어 주신다면, 빈천한 서생이 가난한 집에 살아도 여한이 없을 것입니다.)' 등 저마다 개성적으로 보이기 위한 약간의 변용이 있기도 하였다.

(7) 對策에 사용되는 특수한 용어

이제까지 살펴본 여섯 가지 항목은 논리구조에 해당하는 것이었다. 그런데 책문이 시험으로 조선시대 전반에 걸쳐 시행되면서 조선전기에는 보이지 않던 여러 가지 對策 용어가 등장하기 시작한다. 그것들은 위에서 살펴본 구성에 해당하는 항목과 용어 외에도, 본래 접속부사였던 용어들이 對策에 사용되면서 특수한 의미를 부여받고 기능하는 경우도 포함된다. 구성이나 논리구조에는 해당되지 않지만 對策의 規式化 과정에서 생겨난 용어와 그 용법에 대해서 살펴보자.

① 是故

「策文準的」에서는 '是故'에 대해 다음과 같이 설명하고 있다.

是故는 이렇게 하면 나라가 다스려져 편안하고 이렇게 하면 나라가 어지러워 망함을 논하여 '逐條'에서 논할 치란의 사적과 조응시키되 너무 드러내서는 안 된다.[32]

논리구조에 해당되는 항목을 설명할 경우에도 그랬지만 기타 접속부사의 기능을 설명할 때 「策文準的」에서는 논리구조와 관련된 항목에서 해당 용어가 어떻게 구사되어야 하는지를 상세하게 설명하고 있다. 이것은 「策文準的」이 『科策』이라는 책문 선집의 서문격에 해당하는 부분으로 주로 수험서의 기능적인 측면, 즉 對策을 쓰는 방법을 제시하기 위해 서술된 책이기 때문으로 추정된다.

그렇다면 '是故'의 전범이 되는 예를 『薛公瓚傳』의 작가로 유명한 채수(蔡壽, 1449~1515)의 對策을 통해 살펴보자.

이런 까닭으로 강함과 부드러움을 모두 갖추어 사용하면 천하가 안정되고, 강함과 부드러움을 모두 갖추어 사용하지 않으면 천하가 혼란스러워집니다. 부드러움만으로 다스리면 형벌과 정치가 쇠약해지고, 강함만을 사용하면 백성들이 쇠잔해집니다. 비록 천하가 생긴 지 이미 오래 되었고 치란의 자취가 모두 다르지만, 그 말미암은 바를 깊이 연구해 보면 이것에서 벗어나지 않습니다.[33]

'왕도에 있어서 강함과 부드러움을 어떻게 활용할 것인가?'라는 策問에 답한 對策이다. 강할 때는 강해야 하며 부드러울 때는 부드러워야 한다는 논리를 바탕으로 글을 전개했다. 여기서 채수는 본격적인 입론에 앞서, 그것을 잘하게 되면 어떻게 되고 잘못할 경우

---

32) "是故, 論如是者治安, 如是者亂亡, 照應逐條中治亂事跡, 而不可太露." (『科策』, 「策文準的」)

33) "是故, 強柔俱用則天下治, 強柔俱無則天下亂. 專用柔則刑政衰, 專用強則人民殘. 雖其天下之生已久, 治亂之迹不一, 而究厥所由, 不外是矣."(蔡壽, 「強柔之道」, 『懶齋集』卷之一, 한국문집총간 15집, 383면)

에는 어떻게 되는지를 설명하며 '是故'라는 용어를 사용하고 있다. 바로 뒤이어 策問에서 제시한 역사적 得失을 비교하므로 그에 앞서 구체적인 근거의 결과가 어떻게 될 지를 먼저 명확하게 보여주는 데 사용하고 있다. 뒤에 나올 '逐條'에서 항목화해서 논지를 전개할 대상에 대해 간략한 표제어처럼 구상하여 미리 세워둔 것으로 보면 된다.

그러면 是故와 조합을 이루는 雖然에 대해 좀 더 자세히 살펴보겠다.

② 雖然

'雖然'은 '是故'에서 이야기하는 것의 반대되는 상황이나 예외적으로 일어날 수 있는 경우를 보여준다. 그렇게 함으로써 논리의 명백함이 모순으로 치닫거나 다른 예외적인 변수에 대한 지적이나 비판마저 원천봉쇄할 수 있는 것이다. 실제로 시험에서 首位를 차지한 對策들을 살펴보면, 폐단의 해결책과 대안에 대한 구체적인 내용을 이러한 방식으로 보여주는 것을 쉽게 확인할 수 있다.

고문서인 策規에서는 "폐단의 의미를 삽입하되 짧게 하고 길어져서는 안 된다.(揷入弊意 寧小不宜多)"라고 하여 폐단에 대한 부분을 이 단락에서 사용한다고 설명하고 있다. 마치 그 내용에 대해 보충설명 하듯 「策文準的」에서 다음과 같이 설명한다.

> 雖然에서는 문제의 뜻을 이 일로 단정 지어 일원화할 수 없다면 (雖然으로 시작하는)이 대문을 사용하여 에둘러 말을 뒤집고 말미에 은근하게 '救弊'의 내용을 덧붙인다.[34]

폐단을 지적하고, 가능하다면 救弊의 내용도 '雖然'은 줄여서 '然'이라는 한 글자만을 사용하여 나타내는 경우도 흔히 보인다. 수연은 원래 접두어로서의 역할도 그렇지만, 책문 용어로 사용될 경우는 필수적인 내용을 강조하는 역할로만 활용한다. 위에서 설명한 '말미에 은근하게 救弊의 내용을 덧붙인다.'는 말은 바로 그러한 경우를 설명한 것이다.

다음 예를 살펴보면 그것이 어떤 의미로 말한 것인지 이해하는 데 도움이 된다.

> 비록 그러하나, 정치란 것은 다스리는 데 쓰는 도구요, 도라는 것은 다스림을 내는 근본입니다. 임금의 한 마음 또한 도에서 말미암아 나오는 것입니다. 도의 큰 근원은 하늘에 근본하고, 도의 큰 쓰임은 다스림에서 드러납니다. 임금은 하늘과 인간의 사이에 위치하여 능히 그 도를 편하게 할 책임을 맡아야 합니다. 예악과 형정이 잘되고 못되는 것과 문장과 제도를 덜고 더함은 모두 한 마음을 보존하는가 안 하는가에 달려 있습니다.[35]

위 인용문에서도 '篇終'의 직전에 '수연'을 사용하여 글의 말미에서 대안으로 삼고 있는 '한 마음을 보존하는 것'이라는 핵심 주장에 강조점을 두고 있음을 확인할 수 있다. '是故'가 전체적인 맥락을 보여주기 위해 전반부에 위치한다면 '雖然'은 의미적 특성상 對策의 후반부에 위치하는 경우가 많다.

한편, 對策의 정식에 해당하는 특수용어인 是故, 雖然, 嗚呼는 하

---

34) "雖然, 若題意不可一以是事斷之, 則用此大文, 斡旋翻說, 末則微附救弊之意." (『科策』, 「策文準的」)

35) "雖然, 政者爲治之具也, 道者出治之本也. 而人主之一心, 又道之所由出也. 道之大原本於天, 道之大用著於政. 人君位天人之間, 而任克綏厥猷之責. 禮樂刑政之得失, 文章制度之損益, 皆係於一心之存不存."(河緯地, 「戊午庭對策」, 『丹溪遺稿』, 한국문집총간 8집, 543면)

나의 논지전개 맥락으로 묶여서 다뤄야만 의미를 명확히 파악할 수 있다. 특히, 是故는 어떤 효과를 거둘 수 있는지에 대한 효험을 제시해준다는 점에서 결과를 먼저 보여 설득력을 높이기 위한 방법으로 사용되고 있음을 알 수 있다. 이러한 내용에 대해 是故와 雖然이 연이어 활용된 예를 통해 확인해보자.

> **그러므로(是故)** 인재가 융성하면 楨幹의 아름다움이 있어 나라를 창성하게 하며, 인재가 쇠하면 미륜이 갖추어지지 않아 나라를 공허하게 하니, 인재가 국가에 관련된 것이 어찌 중대하지 않겠습니까?
> **그러나(雖然)** 인재의 흥기는 폐하의 振作이 있어야만 합니다. 이 때문에 제왕은 인재의 중요함을 알고 이를 진작시키는 데 방법을 다해야 하며, 하늘의 뜻을 이어 근본 법칙을 세워 가르쳐 인도하는 도를 닦아야 합니다. 또, 中正과 규범을 세워 목표에 맞게 인솔하는 방책에 힘써야 합니다.
> 맏아들을 가르치는데 때에 강직하되 온화하고, 관대하되 엄격한 명령을 사랑으로 내리시고, 그 도를 따르는 뜻을 이어 다스리는 때에 더욱 간절히 하십시오. 인재를 배양하는 방책을 상·서·교에서 볼 수 있으니 참으로 이보다 더 나을 수는 없을 것입니다.[36]

인재를 흥기하는 도리에 답한 홍성민(洪聖民, 1536~1594)의 對策이다. '是故'에서 먼저 인재가 융성하게 되면 어떻게 되고, 쇠하게 되면 어떻게 되는지를 말하고 나서 '雖然'에서 그 문제 해결에 대한 전제조건을 제시한다. 그것은 문제의 핵심이자 대안, 즉 '救弊'의 예고에 해당한다. 왕이 문제의식과 문제해결 의지가 확고해

---

36) "是故, 人才盛則有楨幹之美, 而升其國於明昌. 人才衰則無彌綸之具, 而置其國於空虛. 人才之有關於人國家, 豈不重且大哉. 雖然, 人才之興, 必待在上之振作. 是以, 帝王知人才之重, 而盡作人之方. 繼天立極, 而修訓迪之道. 建中建極, 而懋標率之方. 直溫寬栗之命, 眷眷於敎胄之日. 克綏厥猷之志, 懇懇於疇乂之際. 所以培養之方, 其於曰庠曰序曰校, 可見矣, 信乎不可尚已者也." (洪聖民, 「殿策」, 『拙翁集』卷之六, 한국문집총간 46집, 518면)

야 개선할 수 있다는 것이다. 구체적인 해결방법에 대해서는 방향 제시만 할 뿐, 구체적인 대안을 보여주지는 않는다.

이러한 기능 때문인지 是故와 雖然의 조합은 對策의 전반부에 사용되는 경우가 많다. 그 이유는 앞서 살펴 본 「策文準的」에서 설명한 내용대로 역사적 사실의 득실을 언급하며 조목조목 따져나가는 부분에서 논지가 중첩되는 문제가 발생하기 때문인 것으로 보인다.

③ 嗚呼

이제까지의 설명처럼 긍정적 의견을 이끄는 것이 '是故'의 역할이고, 부정적 의견을 이끄는 것이 '雖然'의 역할이라면, '嗚呼'는 양 측면을 모두 고려하여 변증법적 효과를 노리면서 양 주장을 정리하고 종합하는 성향을 띤다고 정의할 수 있다. 주의해야 할 점은, 결론을 내린다는 느낌보다는 서로 상반된 사항에 대해 통합 정리하는 성향이 강하다는 것이다. 「策文準的」에서는 '嗚呼'에 대하여 다음과 같이 설명하고 있다.

> 嗚呼에서는 '是故'와 '雖然'의 내용을 종합해서 정리한다. 해결책의 효과를 간략하게 보여주고 반복해서 탄식하며 조금씩 고조시켜 나간다.[37]

정철(鄭澈, 1536~1593)의 對策을 통해 是以[38], 雖然, 嗚呼로 이

---

37) "嗚呼, 因是故雖然之意, 合而論之, 略示工夫效驗, 反覆嗟歎, 一節高一節." (『科策』, 「策文準的」)
38) 고문서의 策規에서는 是故와 달리 是以에 대해서 "그렇게 된 이유에 대해서 증명한다.(證其所以然之由)"라고 설명하고 있음을 확인할 수 있다.

어지는 논지 전개를 한눈에 살펴보자.

　　그렇기 때문에(是以) 사습에 겸양하는 성대함이 있고, 인심에
충후한 아름다움이 있다 고하는 것입니다. 집집마다 벼슬할 만한
사람이 있으니, 풍속이 자연히 돈후하고, 예의를 지켜 겸손함으로
서로 대우하여 염치가 자연히 행해집니다. 서두르지 않아도 자연
스레 빨라지고 억지로 하지 않아도 자연스레 변화하였으니, 백성
을 가르치고 풍속을 이룬 도는 본디 있는 성품을 발휘하도록 한
것에 지나지 않습니다.
　　비록 그러하나(雖然) 훌륭하게 변화된 것은 밝은 덕에 근본하였
고, 훌륭하게 끝맺음하는 시초는 나라의 규범을 세운 데서 나왔습
니다. 오로지 정신을 통일하여 성실한 마음으로 중정(中正)의 도
리를 지키라는 가르침이 만세의 바른 정치를 하는 근본이 되었던
것입니다. 이러하니 3대의 다스림 또한 어찌 원인이 없이 그렇게
된 것이겠습니까?
　　아아!(嗚呼) 삼대는 이미 멀어져버려 다스리는 도는 날로 쇠퇴
하여, 마음을 바르게 하고 자기를 수양하는 설은 세상에 밝혀지지
않았고, 눈앞의 편한 것만 좇으며 으슥한 방에서 건들거리며 날을
보낸다면 사습과 인심이 예전 같지 않고, 풍속이 날로 무너지고
염치가 날로 없어지는 것이 무엇이 이상하겠습니까? 실제로 그럴
만한 이유가 있는 것입니다.[39]

　　士習과 人心이 자연스럽게 본래 성품을 발휘한 道로 이루어져야
하는데 그 도는 결국 다스림과 가르침에서 오는 것이라는 논리적
수순을 설명하였다. 그리고 나서 '嗚呼'를 통해, 현재는 두 가지 모
두 갖춰지지 않았으니 지금 같은 폐단이 발생한 것이 이상할 것이
없다고 정리한다. 이렇게 문제의 원인 분석까지 하고 나니 뒤이어

---

39) "是以, 言士習而有濟濟揖遜之盛. 言人心而有藹藹忠厚之美. 比屋可封而風俗自厚, 禮讓相接而廉
恥自行. 不疾而自速, 不强而自化, 則其敎民成俗之道. 亦不過若有常之性也. 雖然, 於變之化, 本
於明德, 克終之始, 出於立極. 精一執中之傳, 又足以基萬世出治之本, 則三代之治, 亦豈無所自而
然歟. 嗚呼. 三代已遠, 治道日降, 正心修己之說, 不明於世, 趨便目前, 架漏度日, 則何怪乎士習人
心之不古, 而風俗之日壞, 廉恥之日喪. 實有所自矣."(鄭澈, 「策問」, 『松江集』卷之一, 한국문집총
간 46집, 253면)

나올 그 대안이 궁금해지지 않을 수 없다.

그렇게 나온 대안은 다시 '嗚呼'로 정리되면서 결말을 맺기도 하는데, 결말에 해당하는 篇終으로 자연스럽게 이어지게 하는 경우를 살펴보자.

> 아아! 신의 천박한 학문으로 썰렁한 과거시험장에서 짧은 시간에 하나만 말하고 만 가지를 빠뜨리니, 진실로 우러러 성상의 귀를 만의 하나를 더럽히기에도 신은 부족합니다. 그러나 비록 옷감이나 곡식은 기묘하고 귀한 물건이 아니므로, 사람들이 그것을 보고 놀라거나 신기해 쳐다보지는 않지만 우리 생활에 없어서는 안 될 것입니다.
> '정일주경'이란 말은 항상 듣는 말이라서 사람들이 솔깃하게 듣도록 하지는 못하지만, 실로 큰 도움이 되는 말입니다. 성인께서도 통속적인 말을 살피셨고, 『詩經』「周雅」에도 땔나무꾼에게 물어보라는 말이 있습니다.[40]

이 글에서 변계량(卞季良, 1369~1430)은 자신이 전반부에서 강조했던 '精一'의 개념에 '敬'이라는 개념을 보완한다. 그리고 바로 '嗚呼'로 시작하는 이 단락에서 바로 '篇終'으로 이끌며 글을 마친다. 글 전체를 놓고 보면, 마지막에 '敬'이라는 개념을 해결방안의 핵심어로 제시하여 논지는 유지하면서 약간 더 나아간다는 느낌을 준다. 이미 中頭에서 '中'이라는 화두를 가지고 출발하여 자신이 주장하는 '精一'이 핵심임은 강조한 바 있다. 그런데 마지막에 가서 그 방법론으로 '敬'을 따로 제시한 것이다. 어떻게 보면 앞의 두 개념을 통합하는 방법론으로 제시되었으니 '敬'을 언급한 문단

---

40) "嗚呼. 以臣淺學, 風簷寸晷, 掛一漏萬, 誠不足以仰瀆聖聽之萬一. 雖然, 布帛菽粟之爲物, 固非奇貨, 不足以使人之駭觀, 而實有無 ■ 之用矣. 精一主敬之爲言, 固爲陳說, 不足以得人之竦聽, 而實有莫大之益矣. 且夫邇言見察於聖人, 蕘言可詢於「周雅」."(卞季良,「存心出治之道立法定制之宜」, 『春亭集』卷之八, 한국문집총간 8집, 107면)

에 '嗚呼'가 사용되어야 할 것 같은데 그 내용을 정리하며 마무리하는 謙辭로 응용하여 구사한 것이다. 그래서 내용상 진짜 '篇終'이라고 할 부분은 '精一主敬'이라는 말로 마무리하되, 상투적 수순으로 경전(여기서는 『詩經』)을 인용하는 방식으로 끝을 맺고 있음을 알 수 있다.

④ 然則

고문서인 策規에서는 "揷入弊意者, 以救弊大略, 小亦當ㅁㅁ"라고 하여 雖然의 설명과 비슷한 듯하지만 救弊에 대한 구체적인 내용이 조금 더 언급되고 있음을 구별하여 설명하고 있다. 「策文準的」에서 그 부분을 좀 더 명확하게 서술하고 있는데, 그 내용을 살펴보자.

> 然則에서는 제목의 내용을 수습하고 救弊策을 단언하되, 몇 구절로 글을 맺고 절대 방만하게 말해서는 안 된다. 그러나 '시고'에서 이미 효험을 보여 반복하여 논하였고 '雖然'에서 救弊의 내용을 단언하여 말미에 긴절한 고어로 글을 맺었다면 비록 이 두 제목(嗚呼, 연즉)은 없어도 무방하다.[41]

이 설명으로 보건대 雖然과 然則의 기능이 어느 정도 겹치는 부분이 있음을 알 수 있다. '然則'은 단락에 대한 결론에서 글 전체의 결론을 이끌어내기까지 다양한 방식으로 활용된다. 여러 가지 질문이 항목화된 경우도 예외는 아니다.

---

41) "然則, 收拾題中之意, 斷言救弊之策, 以數句結之, 切勿蔓說. 然是故中, 已示效驗, 而反復論之, 雖然中斷言救弊之意, 而末以緊切古語結之, 則雖此兩題目, 亦無妨." (『科策』, 「策文準的」)

그러므로 전조의 권한이 막중하다고는 할 수 없으니 어찌 정방을 다시 설치할 필요가 있겠습니까? **아아!** 국가는 한 사람으로 주인(임금)을 삼고, 임금은 한 마음으로 주인을 삼습니다. 한 사람으로서 국가를 보면 국가는 지극히 크고 한 사람은 지극히 작아, 작은 것으로 큰 것을 통제할 수 없을 것 같지만, 한 마음으로서 국가를 보면 국가가 비록 크지만 임금의 마음이 오히려 크므로, 큰 것으로 큰 것을 움직이는 것이 어렵지 않습니다. 이러하니 천하와 국가라는 큰 것을 가진 사람이 그 마음을 크게 하는 바를 생각하지 않을 수 있겠습니까?[42]

성삼문은 策問의 항목화된 질문에 단락을 나누어 논하고 자신의 입장을 명확히 결론지어 말하는 逐條에서 '然則'을 활용하고 있다. 특히 위 인용문에서는 然則을 통해 자신이 앞서 주장했던 내용을 명확하게 정리하고 다시 嗚呼를 활용하여 강조하는 방식을 취하고 있음을 확인할 수 있다.

한편, 김구(金絿, 1488~1534)도 약간 독특한 策問 주제인 '술의 폐해'(酒禍)에 대한 대안을 제시하면서 주장에 대한 문장의 단락을 매듭지을 때 '然則'을 다음과 같이 사용하고 있다.

그러므로(**然則**) 성인은 술을 쓰지 않을 수 없음을 알고, 술을 금할 수 없음도 알기에, 술그릇에조차 조심하라는 뜻을 새겨놓았습니다.[43]

그렇게 하면(**然則**) 백성들은 술 대신 선을 숭상하게 될 것이고, 술 대신 의를 좋아하게 될 것입니다.[44]

---

42) "**然則**銓曹政權亦不可謂之大重矣. 何必政房之復設也. **嗚呼.** 國家以一人爲主, 人君以一心爲主. 以一人而視國家, 國家至大也, 一人至寡也, 寡似不可以御大也, 以一心而視國家, 國家雖大, 君心猶大也, 大不難以運大也. **然則**有天下國家之大者, 可不思所以大其心乎." (成三問, 위의 글)

43) "**然則**聖人固知酒之不可不用, 又知酒之不可不禁, 故雖器用之間, 莫不寓其禁焉."(金絿, 「酒禍」, 『自菴集』卷之二, 한국문집총간 24집, 265면)

44) "**然則**下之崇飮, 將變爲崇善. 下之好飮, 將變爲好義."(위의 글)

미묘하지만 같은 용어임에도 차이가 있음을 알 수 있다. 첫 번째 인용문에서는 앞선 설명과 자기주장을 결론짓는 의미로 사용되었는데 뒤이어 성삼문의 대책에서 보았던 것과 같이 嗚呼를 연이어 사용하여 강조하고 있다. 두 번째 인용문에서는 '그렇게 한다면'이라는 효과를 제시하는 의미로 사용하고 있음을 알 수 있다. 하지만 길게 부연하지 않고 간략하게 자신의 주장을 강조하는 경우에 사용하고 있다는 점에서는 공통된 양상을 보여준다.

⑤ 大抵

'大抵'는 주로 '中頭'에서 부연설명을 할 경우 사용되는데, 策問의 순서에 맞게 '逐條'로 설정된 사안과 별개로 논의를 덧붙이고 싶은 경우 사용된다.

고문서의 策規에는 "문제의 뜻에 따라 길거나 짧게 뜻대로 한다.(依題意 或長或短 隨意.)"라고 다소 일반론적인 설명을 하여 정확히 어떤 의미인지 애매하게 기술되어 있는데, 「策文準的」에서는 中頭에서 주로 사용된다는 점과 그 사용방법에 대한 상세한 설명을 다음과 같이 하고 있다.

> 大抵는 中頭에서 파제의 내용을 끌고 나와서 부연설명을 하고 논란에 대해 반복하되 각각 순서를 갖추어 어지러워져서는 안 된다. 또 '窃謂'로 시작하는 구절에서부터는 폐단의 해결책과 일의 발단이 되는 근원이 이미 있으니 한 편의 내용 중에서 中頭의 내용을 제일 긴요하게 하는 것이 가장 좋다. 다른 곳은 작은 실수가 있더라도 큰 해가 될 것이 없지만, 中頭에 이르러서는 단 한 마디 말이나 몇 글자라도 쓸모없는 말을 해서는 안 된다.[45]

---

45) "**大抵**, 中頭因破頭意思引出來, 敷衍開說, 反復論難, 各有次序, 不可紊矣. 且自窃謂起句, 已有

그렇다면 구체적인 용례를 통해 그 의미를 자세히 파악해보도록 하자.

> 이치의 궁구(窮理)가 본성 실현으로 이어지지 않는 까닭에 대해 말씀드립니다. 저는 이렇게 생각합니다. 세상의 군주 가운데 누군들 나라를 편안하게 다스리기를 원하지 않으며, 난리와 패망을 싫어하지 않겠습니까? 또한 누군들 반드시 군자를 쓰기를 바라지 않겠고, 소인을 제거하기를 바라지 않겠습니까?
>
> **그러나(然)** 정치를 하고 인재를 쓰는 과정에서 늘 거짓과 올바름이 뒤섞이고, 옳고 그름이 뒤바뀝니다. 군자는 쓰이지 않을 뿐만 아니라 항상 배척과 모욕을 당하며, 소인은 제거되지 않을 뿐만 아니라 항상 세상을 어지럽히고 잘못을 저지릅니다. 원하는 것은 늘 얻을 수 없는데, 싫어하는 것은 늘 일어나니, 탄식을 금할 수 없습니다. 그러나 이런 일이 생기는 까닭을 잘 따져보면, 학문을 강론하지 않고 진리를 추구하지 않는 데 있습니다. …중략…
>
> **무릇(大抵)** 군자와 소인을 구분하는 것은 참으로 어려운 일입니다. 군자는 소인을 소인으로 판단하지만, 소인 또한 반드시 군자를 소인으로 평가합니다. 그래서 옳고 그름을 어지럽혀, 판단하기 어렵게 만듭니다. 또한 흑백을 뒤섞어 천 갈래 만 갈래로 갈라, 제 목적을 달성한 뒤에야 그만둡니다. 대개 근엄하고 조심스러운 태도는 친하기 어렵지만, 아첨하는 태도는 쉽게 마음에 듭니다. 또 바르고 따끔한 충고는 받아들이기 어렵지만, 부드럽고 유순한 말은 귀에 쉽게 들어오는 법입니다. 그러므로 반드시 세심하고 정확하게 살피지 않으면, 군자를 등용할 수 없고, 소인의 꾀에 빠지지 않을 수 없습니다.46)

救弊張本, 最好一篇中中頭最緊. 他處雖有小疵, 無大害. 至於中頭, 雖片言隻字, 不可用剩語也." (『科策』, 「策文準的」)

46) "臣伏讀聖策曰: 目古人君止窮理不至於盡性歟. 臣竊念, 時君世主, 孰不願治安而惡亂亡哉. 亦豈不欲君子之必用小人之必去哉. 然而政事之間, 用舍之際, 邪正混殽, 是非顚倒. 君子非特不能用也, 而必見擯辱焉. 小人非特不去也, 而必爲其惑誤焉. 所願者恒不必得, 而所惡者常至焉. 可勝歎哉. 然求其所以致此之由, 則在於學之不講, 理之未窮耳. …중략… **大抵**君子小人之分, 至難辨也. 君子固未常不以小人爲小人, 而小人亦必以君子爲小人. 故於眩亂是非, 雜糅白黑. 千岐萬轍, 必得其勝而後已也. 況儼恪之容難親, 諂諛之態易悅. 藥石之言難合, 而巽順之辭易入. 苟不辨之必審, 察之必精, 則孰不以君子爲不可用, 而終於小人之所陷乎.(盧禛, 「殿策」, 『玉溪集』卷之三, 한국문집총간 37집, 379면)

1546년 명종 1년 증광시에 급제한 노진(盧禛, 1518~1578)의 對策이다. 策題는 '나라를 망치지 않으려면 군주의 입장에서 어떻게 해야 하는지, 특히, 군자와 소인을 구별하기 어려운 까닭을 밝히라.'는 내용이다.

  노진은 對策의 대안으로 '窮理'와 '소인을 가려내는 것', 두 가지를 핵심 사안으로 내세웠다. 인용문을 세 단락으로 나눈 근거는 각 단락의 역할이 확연히 구분되기 때문이다. 먼저 첫 번째 단락에서 군주의 당연한 바람에 대해 설명하였다. 그리고 두 번째 단락에서는, 그러한 바람에도 불구하고 문제는 발생한다고 설명하면서 그 근본적 원인을 분석하여 단락 끝부분에 밝혔다. 끝으로 세 번째 단락에서 '大抵'를 사용하여 군자와 소인을 구분하는 어려움에 대하여 본론의 흐름을 이끌어가고 있다. 실제로 세 번째 단락은 군자와 소인을 구분하는 일이 어렵다는 것을 말하고자 함이 아니라 그 어려운 일을 행하기 위해 '궁리'가 필요하다는 필수불가결한 연결고리를 만들기 위한 전략이 숨겨져 있다.

  다른 용어도 그렇지만 특히 '大抵'는 대책의 용어로 사용되는 경우, 고도의 글쓰기 전략이 전제되어야 함을 알 수 있다. 그것은 평소 사용하는 연결어가 對策이라는 특수한 글쓰기에 사용될 경우, 본래 의미를 살려내면서도 對策에서만의 특수한 기능을 할 수 있는가 하는 문제와도 무관하지 않다.

  이것과 비슷한 기능을 하는 용어로 본 절의 자료 중에서 유일하게 설명되지 않은 고문서의 策規에 들어있는 "蓋: 明白正當說罷題意"가 있어 미묘한 활용의 차이를 비교해 볼 수 있다.

⑥ 當今

'當今'에 대해 「策文準的」에서는 다음과 같이 설명하고 있다.

> 當今은 여러 가지로 임금을 도와 치적을 쌓는 것을 말하더라도 아직 '救弊'에서 주장하려는 사안들을 감춰두고서 "만약 덕을 닦아 救弊하고자 하신다면"이라고 말했다면 當今에서"성덕이 이미 닦였습니다."라고 말해서는 안 된다.[47]

'當今'은 設弊에 해당하는 부분 중에서도 '현재 상황'에서 구체적으로 무엇이 문제인지를 분명히 짚어 드러내는 부분이다. 내용은 크게 시대적인 부분과 지리적인 부분으로 나누어 살펴볼 수 있다.

시대적인 부분에는 전반부에 경전이나 역사서를 통해 중국의 역사적 사실에 관한 得失과 美惡을 논한다. 역사를 쭉 흘러내려오면서 그 분석의 마지막에 현재 상황을 설명하는데, 바로 이 '當今'을 과거 상황들에 대비하여 강조할 경우 사용한다. 요순시대부터 송나라까지 언급한 후 前朝인 고려까지 언급하고 조선에 대해 언급하거나 조선 역대 시대적 폐단에 대해 논한 후 현재의 문제점을 이야기하는 것이 대표적인 용례이다.

지리적인 부분에서는 중국 역사의 득실을 논하고 난 뒤, 조선의 상황에 대해 언급한다. 대개 이 부분에서는 先王들과의 관계를 생각하여 신랄한 비판을 가하지는 않는다. 초점은 문제의 원인 분석과 정확한 현상 파악에 있다. 때문에 왕과 조정에 대한 비판보다는 풍속이나 전체 사회의 문제점 등을 지적하되 그것을 왕이 심히

---

47) "當今, 雖多般贊揚, 姑隱救弊工夫. 又曰若以修德爲救弊, 則當今, 勿云聖德之已修也." (『科策』, 「策文準的」)

걱정하여 이와 같은 策問을 출제했다고 포장하는 것이 일반적이다. 그렇기 때문에 이 단락에서는 어떻게 하면 그 문제를 해결할 수 있는지에 대해서는 언급하지 않는다. 그것은 '救弊'의 과제로 넘긴다.

策問에서도 그렇지만 '當今'이라는 단어를 그대로 노출시켜 사용하는 경우는 보기 어렵다. 그렇다면 실제로 對策에서 어떻게 적용되고 있는지 몇 가지 용례를 살펴보자.

> 신이 말씀드리건대, 무릇 이 일들은 모두 오늘에도 행할 수 있는 일이오나 저축은 지금 더욱 시급히 힘써야 할 일입니다. 오늘날 공사의 저축은 참으로 가히 한심스럽습니다.[48]

위 인용문에서 확인할 수 있는 것처럼, '當今'은 해결해야 할 문제 중에서도 가장 급선무에 해당하는 폐단에 대해 지적한다. 이 부분은 하위지가 대책의 편종에서 자신이 오늘날의 급선무라고 판단한 부분을 지적하는 형태로 활용되었다.

> 우리나라는 중앙에는 성균관과 四學을 세워 모범의 터전으로 삼고, 외방에는 향교를 설치해 빈흥의 선비를 격려하고 있는데도 오히려 부족하게 여기시고, 충신과 효자를 세상에 널리 드러내어 풍속을 교화시키고, 간사하고 아부하는 무리를 찾아 벌하여 선행을 권장하셨습니다. 따라서 배양하는 방책과 격려의 도를 갖추었다고 할 수 있는데, 어찌하여 사기와 풍조가 구차하고 게으른데 빠져 떨치지 못하는 것이 이 지경에 이르렀습니까?[49]

---

48) "臣謂凡此數者皆今日可行之事, 而蓄積尤當今之急務也. 方今公私之蓄, 誠可寒心." (河緯地, 위의 글)

49) "我國家, 內立成均四學, 以立首善之地, 外設州縣鄕校, 以屬賓興之士, 猶以爲未足, 表忠旌孝, 以樹風化, 搜奸伐佞, 以勸爲善. 其所以培養之方, 激厲之道, 可謂備矣, 奈之何士氣國尙, 委靡偸惰, 滔滔而不振, 乃至此乎."(楊士彦, 「殿策」, 『蓬萊詩集』卷之三, 한국문집총간 36집, 443면)

이 인용문에서는 이 글 앞에서 선비들의 기상에 대한 역사적 사실에 대해 중국의 실상을 언급하고 난 뒤, 오늘날 우리나라의 선비 기상이 얼마나 심각한 상황에 처해있는가를 지적하고 있는 부분으로 당금의 문제를 제시하고 있다.

그런데, 실제 많은 對策에서는, 반드시 기술하기보다는 '오늘날의 문제'정도로 상징적인 언급만을 하고 넘어가는 양상을 볼 수 있다. 그 이유는 원래대로라면 당대 상황에 대한 비판과 분석이 이루어져야 한다는 전제에서 오는 부담에 기인한다. 즉, 전반부에 언급한 중국의 역사적 사실에 대한 득실을 논하는 것만으로도 원론적인 폐단의 설명이 충분한데 굳이 현 조정에 대한 비판까지 기술하여 불편한 상황을 만들고 싶지 않다는 현실적 고민이 드러난 것이다.

지금까지 책문 관련 서적에서 확인되는 對策 용어들을 중심으로 조선시대 對策의 程式에 대해 고찰해보았다. 주지했던 바와 같이 여기서 언급한 항목과 용어 외에도 규식화된 용어들은 적잖이 발견된다. 하지만, 대개 본 절에서 언급된 항목과 용어들이 조선시대 정식을 파악하는 기본적인 골격을 이루고 있다는 점에서 이들 세부 용어에 대한 이해는 필수적임을 알 수 있었다. 특히, 일반적 글쓰기에서 사용되는 접속부사라 할지라도 對策에 쓰일 경우 전혀 새로운 형태로 단락의 성격을 규정하는 특수한 의미로 사용된다는 점도 확인할 수 있었다. 아울러 對策에서 사용하는 상투 어구와 그 용도에 대해 구체적으로 파악할 수 있었다.

3. 程式 적용의 전개 양상

앞에서 살펴본 바와 같이 對策의 程式은 제도 시행 초기에는 규식화된 형태를 갖추지 못하였을 것으로 추정된다. 그러다가 점차 시험이 거듭되면서 세월이 흘러 조선후기 18세기 즈음에는 완성된 程式과 對策 용어를 갖추게 되었을 것으로 추정된다. 그렇기 때문에 처음에 對策이 중국 전범의 영향을 받은 형태에서 출발하여 규식화로 진행되는 과정을 고구하는 것은 策題의 변모 양상을 파악하는 중요한 試料가 될 것으로 기대된다.

그런데, 여기서 한 가지 유의해야 할 사실이 있다. 策文이 科文의 한 장르라는 점이다. 과문은 형식적 제약이 상당히 엄격한 장르이다. 형식적 제약이 엄격한 장르일수록 텍스트만으로 그 시기를 특정 짓기가 쉽지 않다. 정해진 형식이 변모하지 않는 경우는 더욱 그러하다. 對策의 경우, 각 시기의 對策이 보여주는 문체적 특징의 변모 양상을 살펴보는 작업은 더욱 의미가 있다. 미세하게 발견되는 해당 시기의 문체적 특징을 고증해낼 수 없다면 결국 전 시기에 걸쳐 對策의 정식은 큰 변화 없이 모두 비슷비슷한 형태의 것이었다고 결론내릴 수밖에 없기 때문이다.

하지만, 모든 문학이 시대의 흐름에 따라 변화했던 것처럼 문체 역시 고정불변의 것이 아니다. 시대에 따라 그 양상과 범위의 차이가 있을 뿐, 어떤 식으로든 변화하기 마련이다. 과문의 경우 변화의 범위가 넓지 않다는 점을 감안하더라도 자세히 분석하면 미묘하게 시기별 문체적 특징이 간취된다는 사실을 알 수 있다.

본 절에서 살펴보게 될 문체 전개 양상의 기준은 앞 절에서 분석의 기준 중 하나로 삼았던 「策文準的」의 12가지 항목으로 한다. 다만 여기서 주의해야 할 부분은 전술한 바와 같이 12가지 항목의 위상이 동일하지 않다는 점이다. 이들 항목은 크게 네 가지 층위로 나누어 분석할 수 있는데, 정리해보면 다음과 같다.

첫 번째, 虛頭, 中頭, 篇終은 전체적 구성에 해당하는 것으로, 현대 논술에 견주어 보면 서론, 본론, 결론 정도에 해당한다. 두 번째, 是故, 雖然, 嗚呼, 然則, 大抵의 다섯 가지 접속부사는 본래 일반적 글쓰기에서 통용되던 것들인데, 對策에 사용되기 시작하면서 해당 단락의 성향을 결정짓는 특정 용법으로 자리 잡게 된 것이다. 세 번째, 設弊와 救弊는 폐단에 대한 대안을 내놓아야 한다는 對策의 장르적 성격상 설정된 것으로, 단락의 의미를 구분하기 위한 용어이다. 이는 논지 전개의 순서와 관련하여 먼저 폐단을 구성하고 그것에 대한 대안을 내놓는 단락이 따로 구성되어야 함을 의미한다. 네 번째, 逐條와 當今은 구성상 들어가야 하는 논리구성법에 해당하는 지침이라고 보는 것이 타당하겠다. '축조'는 문제의 대안이나 해당 사안을 몇 개의 단락을 항목화 할 것인가를 의미하고, 당금은 폐단과 관련하여 현재 직시하고 있는 현실적인 문제에 대해 논리 전개상 언급해 줘야한다는 것을 의미한다. 다시 말해 이 네 번째의 항목은 논리 전개의 구성에서 시간이 흐르면서 투식화된 대표적인 글쓰기 작법에 해당하는 것이다.

본 절에서는 이러한 사항들을 염두에 두고 조선시대 對策의 문체적 양상을 고찰해보고자 한다.

첫 번째로 확인되는 對策의 특성은, 사륙문의 특징이 명료하다는 점이다. 四六文은 駢文 혹은 騈儷文이라고도 한다.[50] 변려문의 주요한 특징을 정리하면 다음 다섯 가지 정도로 대별된다. 첫째, 대구를 존중한다. 둘째, 4자나 6자의 句를 많이 쓴다. 본래 한문 산문 글쓰기에서는 4자·6자로 된 구가 많지만, 변려문에는 의식적으로 이것을 구사한 것이 특징이다. 셋째, 平仄과 押韻을 존중한다. 넷째, 음조의 아름다움을 살린다. 다섯째, 典故 사용을 존중한다. 이렇게 해서 화려한 미문의식을 높이는 것이 변려문의 총체적인 특징이라 할 수 있다.51)

그렇다면 이 변려문의 특징이 어떻게 책문의 주요 특징이 되었는지 그 배경을 살펴보자. 騈儷文의 연원은 『書經』의 對偶에서 그 조짐이 보이며, 秦나라 李斯의 「諫逐客書」, 漢나라 賈誼의 「過秦論」과 같은 글에도 騈儷文의 형태가 보이기 시작하였다. 특히, 前漢 시대 王粲의 「聖主得賢臣頌」이나 「四子講德論」 같은 작품은 騈儷文에 근접한 것이었다. 後漢시대 班固의 「典引」, 崔駰의 「達旨」, 蔡邕의 「釋誨」와 같은 글은 六朝의 騈儷文과 아주 가까워졌다. 後漢代에는 散文에서 對偶를 사용하는 것이 유행하기도 하였다. 이것은 이 시대에 성행했던 賦의 영향으로 추정된다.

중국 문학사에서 변려문의 영향은 우리나라에도 그대로 전해지게 된다. 우리나라에는 일찍부터 『文選』이 작문의 모범서로 활용되었는데, 바로 이 『文選』이 騈儷文의 결정판이라는 점에 주목할 필

---

50) 騈儷文이라는 것은 對偶를 사용하는 특징 때문에 붙여진 이름이다. 騈이란 두 마리의 말이 나란히 마차를 끄는 것, 儷는 사람이 나란히 耕作한다는 데서 생긴 말로 짝, 夫婦라는 뜻으로 쓰인다. 또 對를 이루는 구절이 대개 四言과 六言으로 이루어져 있기 때문에 四六文이라고도 하는 것이다. 騈儷文은 구법의 변화가 平仄으로 조화되고 每 兩句가 一俳가 되어 4句가 一偶가 되는데, 騷도 아니고 賦도 아닌 一格을 이룬 것으로 이것은 賦에서 연원한 것으로 추정된다.

51) 변려문의 대표적인 예로는, 왕발(王勃, 649~676)의 「滕王閣序」를 꼽는다. 「滕王閣序」는 "南昌故郡, 洪都新府, 星分翼軫, 地接衡盧. 襟三江而帶五湖, 控蠻荊而引甌越……"과 같이 질서 정연한 대구와 글자 수가 정돈되어 있음을 확인할 수 있다.

요가 있다.52) 고려 중기까지의 駢儷文의 성행은 이러한 학습서로서의 『文選』의 영향을 미루어 짐작게 한다. 古文이 일반화되는 朝鮮中期까지 우리나라 문장의 대표적인 문체가 바로 이 駢儷文이었고, 朝鮮 中期 이후에도 館閣文字의 대부분이 이 문체로 지어졌다.

여기서 주목해야 할 부분은 변려문의 영향 범위이다. 고려 중기에 이르러 『文選』으로 대표되는 변려문 대신 고문이 숭상되기 시작하면서 文風이 바뀌게 된 것은 주지의 사실이다. 그렇게 된 이유로는 고려 중기에 오면서 당송문학을 배우게 되었다는 점이 가장 크게 작용하였다. 고려 문단에 그 영향을 끼친 인물로 한유·구양수·소식 등을 들 수 있는데, 이들은 바로 중국 고문운동의 주역이었다. 그러나 고려 중기 이후 고문이 숭상되었다고 해서 변려문이 자취를 감춘 것은 아니었다. 여전히 科擧의 문장이나 외교문서·奏疏類·詔令類 같은 문장은 文風의 영향과 관계없이 의례적으로 변려문을 사용했기 때문이다. 고문으로 전환된 장르들은 論辯類·書牘類·序跋類·贈序類·雜記類·稗說類와 같은 文藝文에 한정된 것이었다. 그렇기 때문에 조선의 對策도 고문의 영향에도 불구하고 변려문의 특징이 바뀌거나 제거되지 않은 채 그대로 형식적인 특징을 구사하게 된 것이다.

그렇다면 對策에 변려문의 형태적 특징이 어느 정도 지켜지고 있는지 일례를 살펴보자.

---

52) 駢儷文의 총집이라고 지칭할 수 있는 蕭統의 『文選』은 문체를 39류로 편집하고 있는데, 그 가운데 賦, 詩, 騷, 七은 운문이라 제외하고, 나머지 34체 모두가 駢文에 속하는 것이다. 이 밖에도 문체별로 분류한 文選集을 보면 秦疏, 詔令, 私牘, 傳誌 등에 駢文의 例가 많으며 특히 頌, 銘, 箴, 등은 대부분 駢儷文의 형태를 취하고 있다.

臣聞, 心爲出治之本, 法乃爲治之用.// 萬化非此心則不興, 庶政非
此心則不行.// 爲人上者, 存此心而擧此法, 則於爲治乎何有.// 古先
哲王之爲天下國家, 如斯而已. 恭惟主上殿下以聖繼神, 勵精圖理,//
出治之本旣立, 而爲治之用亦張, 其於時事, 似無可言者. 猶慮法立而
弊生, 弊生而難救, 進臣等于庭. 以置私兵´ 禮大臣´ 分政權´ 復政
房四者, 發爲問目, 而先言歷代爲治之得失, 次及大臣獻議之可否, 而
欲聞至當歸一之論. 此臣所欲陳者也, 敢不罄竭卑懷, 以塞淸問之萬
一.53)

위 인용문은 1447년(세종 29)에 치른 文科重試의 策問에 성삼문
이 답한 對策이다. 의도적 자구의 조절을 확인하기 위해 앞부분에
'//'표기를 넣었다. 자구의 수를 맞추는 것도 상당히 고심한 것으로
보이지만 대우를 맞추는 데 얼마나 공을 들였는지 알 수 있는 글
이다.

　　조선시대 對策의 첫 번째 특징으로 변려문의 대구와 대우의 특
징을 상당 부분 계승하고 있다는 점은 확인하였다. 그렇다면 이 외
에 다른 형태적 특징은 어떤 것이 있을까? 위에 출제된 對策은 세
종이 친람한 殿試에서 8명의 우등이 나온 것으로 유명하다.54) 우등
을 차지한 8인의 인물 중에서 성삼문, 신숙주, 이석형의 對策이 자
료로 남아 있어 그 세 편을 중심으로 조선전기 對策의 문체적 특
징에 대해 좀 더 면밀히 비교·분석해보고자 한다.55)

　　조선시대의 對策이 보여주는 두 번째 특징은, 聖策(왕의 策問)에

53) 成三問, 「重試對策」, 『成謹甫集』卷之二, 한국문집총간 10집, 202면.

54) 최종시험에서 8명의 우등이 나오자 세종이 기뻐하며 재시험을 치렀는데, 그 결과 成三問이 箋
으로 장원을 차지하고, 申叔舟는 賦를 지어 4위를, 李石亨은 律詩로 7위를 차지하였다. 이날
재시험에 대한 기록은 『世宗實錄』29년 8월 18일 기사조에 상세하게 기록되어 있다.

55) 현전하는 자료 중에서 동점을 이루었던 인물 8인 중에서 金淡의 策文도 그의 문집에 전하지만
형식이나 내용면에서 3인의 것과 다른 변별점을 대조하는 것이 큰 의미가 없어 이 책에서는
다루지 않았다.

대한 내용을 착실하게 기록하고 있다는 점이다. 조선전기의 경우, 남아 있는 자료를 살펴보면 初試나 覆試보다 殿試의 策問이 많다. 때문에 격식 면에서 初試나 覆試의 형식보다 좀 더 엄중하게 지켜지는 부분이 있었던 것도 고려되어야겠으나,[56] 조선후기에 비해 거의 모든 책문의 내용을 對策의 逐條 부분에서 기록하고 그것을 통해 단락을 구분한다는 점은 명확하다. 즉, 策問의 내용을 단순히 옮겨 적기 위한 것뿐만 아니라 그 형식을 활용하여 단락을 구분짓는 표식으로 삼고 있다는 것이다.

예컨대, 성삼문의 對策에서 '신이 엎드려 성책을 읽어보니(臣伏讀聖策曰)'라고 하면서, 策問의 내용을 모두 적지 않고 중간에 '止'라는 글을 넣어 생략한 것이 그것이다. 성삼문은 이 상투 어구를 총 3번으로 나누어 전반부의 역사적 득실에 대한 부분과 후반부의 현실적 문제에 대한 부분, 그리고 마지막으로 策問에서 '그대들이 아는 바를 상세하게 말하라'라고 한 대목을 끊었는데, 여기에서는 새롭게 뭔가를 주장하는 것을 피하고 전반부와 후반부를, '지난일과 오늘의 폐단(往昔之事, 耳或妄有所聞. 當今之弊, 目或妄有所見.)'이라고 마무리하여 구성을 구분함을 확인할 수 있다.

세 번째 특징은, 對策의 화두로 삼는 대전제를 '虛頭'에서 설정하고 있다는 점이다. 성삼문의 경우, 對策의 핵심어를 '마음가짐(心)'이라고 확실하게 밝히고 나서 글을 전개하고 있다. 그래서 첫머리부터 "마음이 근본이고 법은 정치에 필요한 도구에 불과하다(心爲出治之本, 法乃爲治之用.)"라는 대전제를 확실하게 밝혀놓고

---

56) 실제로 초시나 복시에 집사가 출제한 策問의 경우에는 책문의 내용을 반복하여 쓰는 격식이 거의 발견되지 않기 때문에 이 부분은 구분하여 이해할 필요가 있다.

논지를 전개하고 있다. 이는 策問의 대전제를 구성하는 방식에 조응하는 형태라는 점에서 주목할 필요가 있다.

신숙주의 경우, 虛頭에서 이러한 명제를 제시하지 않아 그러한 형태가 명확히 보이지 않는 듯하지만 글 마지막 부분에서 '올바른 인재 등용'만이 문제의 해결이라고 설정한 것으로 보면 頭括式이 아닌 尾括式 구성으로 변형을 꾀하였다. 이러한 변용형태를 보인 이유는 앞에 드러내는 상투적인 구조를 피하기 위한 것으로 보인다.

여기서 또 한 가지 주목해야 할 사실은, 「策文準的」의 항목 중 '中頭'의 설명부분에서 나오는 '竊謂(가만히 생각건대)'라는 상투어구의 용법이다. 「策文準的」에서는 이 용어를 中頭에서 핵심적으로 자기 생각을 풀어놓기 시작할 때 사용한다고 설명하였는데, 이 격식은 이 시기를 전후하여 정착한 것으로 추정된다. 신숙주의 對策에서는 '臣竊以謂'와 '臣竊以爲'라는 단어가 혼용되었는데 의미와 용도는 같다. 어떻게 활용되고 있는지 살펴보자.

> **臣竊以謂**, 王莽篡奪, 法令煩苛, 搖手觸禁, 幷起爲盜賊, 況復人心思漢, 豈獨是外重之罪乎.
> **臣竊以謂**, 賈誼告之以不使施刑, 可也, 不可開自裁之端, 太宗之不使同引, 可也, 何不使別弓乎.
> **臣竊以爲**, 任大臣以信, 古今之通義也. 豈可使三公備位, 而臺閣反執人主之柄哉.
> **臣竊以謂**, 源四者之弊, 必有所自, 救四者之弊, <u>在於任人</u>.[57]

앞의 내용을 정리하면서 자신의 주장을 여는 단락의 시작에 이 용어를 사용했음을 확인할 수 있다. 인용문의 마지막 줄에, "인재

---

57) 申叔舟, 「置私兵禮大臣分政權復政房」, 『保閑齋集』卷第十三, 한국문집총간 10집, 103면

를 임용하는 데 달려있습니다.(在於任人)"라고 한 부분이 신숙주가 제시하는 문제해결의 대안이다. 이석형의 경우, 성책을 인용하고 나서 자신의 의견을 시작하는 부분에서 상투 어구로 '臣謂'를 반드시 사용하여 내용을 구분하고 있다.

한편, 「策文準的」에 언급된 다른 접속부사는 도드라지게 사용되지 않는 것과는 다르게 '嗚呼'의 활용은 빈번하며 그 용도가 명확해짐을 확인할 수 있다. 성삼문의 對策에서는 '嗚呼'가 中頭의 끝에서 자신의 주장을 다시 한번 강조하기 위해 두 번 잇달아 사용되고 있음을 확인할 수 있다. 성삼문의 對策에서 그 활용 형태를 확인하자.

> 嗚呼. 國家以一人爲主, 人君以一心爲主. …생략…
> 嗚呼. 操則存, 捨則亡, 有心不可以不存養, 誠其意, 致其知, 有心
> 不可以不省察.58)

여기서 두 번의 '嗚呼'가 활용된 형태는 용법상 역할이 동일하다. 中頭의 마지막 부분에서 자신이 주장하려는 마음가짐(心)에 대하여, 하나는 설명으로, 다른 하나는 경전 인용으로 강조하고 있다. 같은 용법을 되풀이하여 통일성을 노리면서도 문장 운용 방법을 달리하여 중복되는 것을 피하고 있다. 이 '嗚呼'의 활용은 조선후기에 가면 좀 더 강하고 확대된 형태로 변형된다는 점에서 조선전기의 양상과 대조적이다.

마지막으로 살펴볼 특징은 경전의 활용이다. 앞서 중국 對策의 전범을 살피면서 董仲舒의 『春秋』 활용 양상을 확인한 바 있다. 조선시대 對策에 인용된 서적을 살펴보면, 간혹 『春秋』가 인용되는 것

---

58) 成三問, 「重試對策」, 『成謹甫集』卷之二, 한국문집총간 10집, 202면.

외에 대개 '四書'에 집중되는 것을 확인할 수 있다. 경전이 어떤 방식으로 활용되는지 살피기에 앞서 경학이 배제되고 제술이 등장하게 된 과거제도의 당시 논란에 대해 숙지할 필요가 있다.

경전공부의 필요성을 강조하는 양상은, 강경제술 논쟁에서 강경론자나 제술론자[59]가 모두 합의하고 있던 지점이 경학이라는 점에서 더욱 뚜렷하게 부각된다. 경전 내용과 경전의 문장을 중심으로 한 모범문 중심의 학습은 과문 학습의 기본이었다. 조선전기에는 기본 경전 외에 『三場文選』, 『源流至論』 등의 科擧시험 준비서[60]가 권장되었다. 여러 경전 중에서도 특히 과거 시험에서 전범으로 강조되던 것은 四書였다.

四書에 대한 관심은 세종 연간에 大全類의 서적들이 명나라에서 수입되면서 확산되기 시작했다. 그중에서도 명의 영락제 때 정리된 『四書大全』은 세종 연간에 수입된 주요 서적 중 하나였다. 四書를 국가적 차원에서 권장했던 것을 알 수 있는데, 세종 9년 4월 1일에는 經義보다 四書義를 가볍게 여기지 않게 하고자 예조에서 채점 분수를 조정하기도 하였다. 또한 24년 8월 親試 과목으로는 사서의만이 채택되기도 하였다. 이는 세종 연간에는 五經에 대한 강조보다는 성리학의 기본서인 四書의 학습을 강조하는 경향이 다분했음을 방증한다. 이처럼 정책적으로 四書를 중시했던 경향은 유학의 철학적인 측면을 유교 본래의 身, 家, 國의 질서와 연결시켜 하나

---

59) 세종조 黃喜, 許稠, 尹淮, 權採, 李光齊, 權踶 등은 강경론자로, 卞季良, 權軫, 安純 등은 제술론자로 분류할 수 있다. (차미희, 『朝鮮時代 文科制度研究』, 국학자료원, 1999, 67-90면 참조)

60) 『三場文選』은 원나라의 劉仁初가 1341년 원나라 때의 과거 급제가의 답안지를 시험별로 모은 것으로 총 72권이 되는 방대한 분량의 선집이다. 『源流至論』은 전후집 20권, 속집 10권, 별집 10권으로 구성된 송나라 때 林駉이 찬한 것으로 경사의 이동과 문물제도의 연혁을 기록한 책이다. (김성룡, 「정도전을 통해 본 문학교육 불가론」, 『고전산문교육의 이론』, 집문당, 2000, 56면)

의 사유 체계로 구성하였다는 점에서 의미가 있다.61)

이처럼 국가가 四書를 권장한 점을 고려하면 과거의 평가 기준이 四書에 기반하였을 가능성은 매우 높다. 즉, 주자가 집주한 四書의 내용은 당시 지배적이었다고 할 수 있다. 그러나 국가 정책적 차원에서 四書가 강조되었다 할지라도 수험생들 사이에서 四書 학습의 유행으로 이어지지는 않았던 것으로 보인다. 당시의 상황을 파악할 수 있는 자료를 살펴보자.

> 또 다음과 같이 말하였다.
> "經書과 史書는 體와 用이 서로 필요하여 어느 한쪽을 소홀히 할 수 없는 것이다. 그러나 지금 학자들은 경서 연구에 끌려서 역사서를 읽지 않거나, 경서를 배우는 자는 諸家의 주석에만 힘써, 본문과 朱子가 輯註한 것을 연구하지 않는다. 주자의 집주는 지극히 상세하게 갖추어졌으므로 한때 사람들은 너무 상세하다고 하였다. 『大全』과 諸家의 集解 같은 것은 교훈하는 博士가 보고서 가르치는 것이 옳을 것이다."
> 이에, 시강관 安止가 다음과 같이 대답하였다.
> "經書는 體이고, 史書는 用이 되므로 진실로 어느 한쪽을 소홀히 할 수 없습니다. 그러나 여러 가지 일을 시행하는 데는 史書가 절실히 필요합니다."62)

국가에서는 주자가 집주한 사서를 정책적으로 권장했지만, 실제 학자들 사이에서도 주자의 집주가 완전히 받아들여지지는 않았던 것으로 보인다. 수험생과 학자의 수준이, 국가가 기대하는 만큼 주자 집주의 사서로 대표되는 지배력에 포섭된 상태라고는 보기 어

---

61) 정재훈, 『조선전기 유교정치사상 연구』, 서울대학교 박사학위논문, 2001, 41면.

62) 又曰: "經與史, 體用相須, 不可偏廢. 然今學者或有牽於窮經而不讀史學, 其學經書者, 或驚於諸家輯釋, 而不究本文與朱子輯註. 朱子輯註, 至爲詳備, 一時之人以爲過於詳也. 若大全諸家集解, 敎訓博士則見而訓之可也." 侍講官安止對曰: "經則體, 史則用, 固不可偏廢, 而至於施諸事業則史爲切要也." (『世宗實錄』83卷, 20年(1438 戊午) 12月 15日(乙丑) 1번째 기사조)

렵다고 판단된다. 때문에 조선전기에는 주자의 의견이 필두에 선 것이 아닌 원시유학 본연의 형태로 활용되고 있음을 간과해서는 안 된다. 이러한 경향은 조선후기에 보이는 四書의 인용이 철저하게 주자집주에 근거한 것이라는 점에서 차이를 보이기 때문이다.

17세기를 넘어서면서 책문 선집이 발간되기 시작하고 점차 文風과 동조하는 경향을 보이면서 문체면에서도 변화를 보이기 시작한다. 그 변화는 양극단의 움직임으로 확대된다. 한 가지는 중국 전범의 규격화된 형태에서 벗어나려는 움직임이고, 다른 한 가지는 전범의 형태를 만들어 그것을 규식화하려는 움직임이다. 이 양극단의 두 움직임은 서로 조금씩 완성된 형태를 갖춰가기 시작하면서 조선 책문의 특징을 구축하게 된다.

두 가지 서로 다른 움직임이 구체적으로 어떤 전개 양상을 보이는지 살펴보자. 먼저 전형적인 책문의 형태를 갖추지 않고 새로운 형태를 모색하기 위해 실험적으로 쓰인 것으로 추정되는 예를 尹善道의 對策에서 살펴보자.

對. 易曰; "大哉乾元, 萬物資始, 乃統天."
說者曰; "元者善之長也, 於人爲仁, 於時爲春." 愚嘗讀此, 而知春之體一元而始萬物也.
書曰; "天工人其代之." 中庸; "致中和, 天地位萬物育." 愚嘗讀此, 而知裁成輔相之道在於人也.
蔡沈曰; "天人之際, 未易言也, 失得之機, 應感之微, 非知道者, 孰能識之哉." 愚嘗讀此, 而知天道之不可與俗士論也. 目今世方好仁, 時方行春, 而執事欲聞體元順時之道, 特擧春之一字, 發爲問目, 大哉問也. 此所謂時然後言, 而非所謂不急之察也. 愚敢以手不知灑掃之節而口談天理爲解, 而黙黙已乎. 謹撤梁甫之吟, 略吐陽春之說, 以質於春風座上也.[63]

윤선도가 '봄(春)'에 대한 策問을 받고 작성한 對策의 虛頭이다. 虛頭에 대전제가 되는 인용이나 어구를 넣는 것은 對策의 전형적 특징 중 하나였다. 그런데 윤선도는 이 虛頭에서 경전과 어구의 인용을 연쇄적으로 활용하여 虛頭 전체를 인용만으로 구성하고 있다. 기존 책문의 전범이 보여준 형식에 비해 상당히 파격적인 구성임을 알 수 있다. 이러한 실험적 형태의 허두가 나왔다는 점에서 두 가지 사실을 유추할 수 있다. 하나는 파격을 통해 試官의 눈에 들기 위한 노력이 시작된다는 것이고, 또 하나는 이러한 낯설게 하기 방식의 파격이 시관들을 비롯한 당시 문인들에게 수긍할 만한 분위기를 형성하기 시작했다는 것이다. 시험은 시대적인 흐름이 자신의 참신한 시도를 받쳐주지 않으면 시관이 뽑아주지 않아 늘 시험에서 낙방하게 될 것이다. 때문에 이러한 실험적 양상이 현존 자료에서 많이 뛴다는 것 자체가 이 시기의 변형에 대한 욕구와 그러한 창작욕구가 수용되는 文風의 양상이 반영된 것이라 하겠다.

다른 하나의 양상인 '정격을 이루려는 움직임'은 향후 많은 선비들에게 비난받은 부분이기도 하다. 앞서 살펴본 것처럼 시간이 흐르면서 對策의 형식이 고착화되었고 그 형식에 대한 용어마저 나와서 심각한 규식화를 이루게 되었다.

이러한 규식화양상은 對策이 점차 천편일률화되는 병폐를 낳았다. 그런데, 「策文準的」이 수록되어 있는 『科策』을 보면 그 안에 수록된 對策조차 어느 정도 규식에서 벗어나 있음을 확인할 수 있다. 우선 『科策』에 수록된 28편의 對策에서 간취되는 문체적 특징들을 분석해보자..

---

63) 尹善道, 「對春策」, 『孤山遺稿』卷之六, 한국문집총간 91집, 482면.

먼저 『科策』의 두 가지 특징을 확인해둘 필요가 있다. 첫 번째 특징은, 殿試의 對策이 단 한편도 실리지 않았다는 점이다. 다시 말해, 『科策』에는 초시와 복시에 제출된 對策만이 실려 있다는 것이다. 이것은 앞에서 언급한 바와 같이 책문 선집의 수요층에 대한 저변 확대의 결과라 할 수 있다. 이것은 책문의 형식에서 집사가 낸 문제에 대해 어떤 형식으로 답하는가의 程式과 상투 어구를 살펴보는 좋은 자료가 된다는 점을 의미하는 것이기도 하다. 또 하나의 특징은 선집의 편집 과정에서 의미상 문단을 구분했다는 점이다. 이는 내용상의 학습은 물론 「策文準的」에서 설명하고 있는 정식이 어느 부분에 해당하는지를 파악하여 학습에 편의를 돕고자 한 것으로 보인다. 유사한 시기에 보이는 목판본이 단락을 나누지 않고 일반 문집의 편집 형태처럼 단락구분이 없는 것에 비해, 『科策』이 단락을 구분한 것은 학습서라는 역할이 반영된 것으로 추정된다.

『科策』에 수록된 對策의 문체적 특징을 정리하면 다음과 같다.

첫째, '嗚呼'의 활용이 눈에 띄게 많아졌고, 활용형태가 다양해진 점이다. 18세기 이전의 '嗚呼'는 본래 가지고 있는 감탄사의 의미가 희석되지 않았다는 점에서 虛頭의 처음부터 나온다거나[64] 篇終을 嗚呼로 시작하는 파격[65]은 쉽게 보이지 않았다. 하지만 『科策』에 수록된 對策에는 오히려 익숙해져있음을 확인할 수 있다. 그리고 이전까지는 '嗚呼'를 한 편의 對策에서 3번 이상 사용하면 오히려 그 효과를 감퇴시킬 수 있다는 판단에서 사용이 한정된 경향을

---

64) 嗚呼가 虛頭의 처음부터 사용된 작품은 총 여덟 작품이나 된다. 해당 작품과 작가들은 다음과 같다. 林泳, 「感應」; 尹之翊, 「言語容貌」; 姜世龜, 「同異」; 李休徵, 「知行」; 李東標, 「振作」; 朴奎世, 「閨」; 沈齊賢, 「氣郞」; 李濟, 「安危治亂」.

65) 尹弘离, 「小中華」 ; 金馹, 「同異」.

보이는데, 오히려 이 시기에는 그러한 우려와 상관없이 4번이상도 사용한 경우가 있다.[66] 다만 그 특징적인 부분에서 한 단락에 2회 이상 사용하여 리듬감을 준다든가,[67] 단락의 위상을 동일하게 맞추기 위해 사용한다든가 하는 것이다.

그래서 '嗚呼'는 다른 유사어휘로 바뀌어 사용되는 경우도 적지 않음을 확인할 수 있다. 그중 대표적인 것으로 '於戲'가 있는데, 이 것은 중국에는 없는 단어로, 우리의 발음대로 '嗚呼'를 변용한 것이다. 용례는 '嗚呼'와 크게 다르지 않지만 18세기 후반으로 오면서 우리 것에 대한 자각이 일어난 점과 무관하지 않아 보인다. 또, 변화를 위해 '吁'나 '噫'를 가끔씩 사용하기도 하였다.

둘째, 虛頭, 中頭, 篇終의 의미상 삼단구조를 명확하게 구분하는 경향이 강해졌다. 虛頭는 눈에 띄는 확실한 형태를 갖춰 시선을 사로잡을 의도가 아니라면 몰라도 그저 虛頭의 형태만을 갖추는 경향은 현저히 줄어들었다. 가장 확실하게 형태상 구분 짓기 시작한 부분은 篇終이다. 굳이 구분하자면 현대 논술의 결론에 해당한다고 볼 수도 있겠으나 對策에서는 篇終의 직전, 中頭의 마지막 단락(이 것은 구성상 救弊에 해당한다)에 말하고자 하는 本旨를 담아낸다는 점에서 篇終의 기능을 결론과 구분하여 이해할 필요가 있다. 「策文準的」에서 설명한 篇終의 본래 기능은, '救弊의 내용을 이어 한 편 가운데 말끝에 함축되어 있는 속뜻을 수습하여 글을 맺되, 간혹 다른 내용을 진술해도 된다.'라고 되어 있다. 내용을 정리는 하되 여기서 '결론'을 내리는 것이 아니라는 뜻이다.

---

66) 한 편의 對策에 嗚呼를 총 4회나 사용한 작품은 네 작품이나 된다. 徐宗泰, 「經書註解」; 尹之翊, 「言語容貌」; 작자미상, 「知行」; 李東標, 「振作」.

67) 鄭重元, 「幾」; 李震殷, 「素位而行」; 李濟, 「安危治亂」.

이러한 내용에도 불구하고 이 시기의 對策은 篇終을 각종 상투어구를 사용하여 명확하게 표기하고 있다. 예컨대, 篇終 대신 '篇尾'라는 용어를 고유명사처럼 사용하거나, '篇之終矣'나 '執事於篇尾'라는 어구를 사용하여 篇終이 시작되는 단락임을 명확하게 밝힌다. 대신 사용된 어구들도 대개는 비슷한 의미로, '復以未盡之意申告于終曰'[68]이나 '請以小說復贅篇尾'[69] 등을 사용하여 중복되는 인상을 주지 않으려고 애쓴 흔적이 보인다. 더욱 인상적인 篇終을 위해 '嗚呼'로 시작하여 눈에 띄는 작법을 구사하기 위해 부단히 노력했음을 짐작할 수 있다.

셋째, 嗚呼를 제외한 是故, 雖然, 然則, 大抵 등의 접속부사가 전체 단락의 성향을 결정하던 정형에서 일탈하는 양상을 보여주기 시작했다는 점이다. 예컨대, 中頭를 '窃謂'로 시작하던 형태에서 '乃言曰'로 시작하는 형태를 보인다든가, 어구를 인용할 때 사람 이름이나 書名을 언급하지 않고 '請因'이라는 용어를 사용하는 것이 그러한 경우다. 이는 조선전기에는 아직 자리 잡지 않았던 부분들이 16세기를 지나 17세기의 다양한 실험적 단계를 거쳐 18세기로 가면서는 어느 정도 조선만의 형태로 정착하면서 사용된 것으로 보인다. 그래서 오히려 18세기 후반으로 갈수록 단락의 성격을 규정짓기보다는, 단락 내에서 문장의 인과관계를 설명하는 정도로 역할이 축소되거나 좀 더 세부적인 형태로 변모하게 된다. 그 근거로, 대책 용어로 대별되는 접속부사들이 눈에 띄게 줄어든 점을 들 수 있다. 大抵 대신 盖, 夫, 大率 등의 형태로 바꾸어 사용하거나

---

68) 李震殷, 「素位而行」.

69) 朴奎世, 「閏」. 여기서는 위 문구를 쓰고 나서 다시 주의를 환기시키기 위해 '噫'로 시작하는 유형을 보여준다.

한 편에 한 가지 정도의 접속부사만을 사용하는 경우가 대부분이라는 점이 그러한 사실을 방증한다.

『科策』에 수록된 28편 對策의 분석을 통해 17세기 후반에서 18세기 초반까지 조선시대 對策의 특징을 파악할 수 있었다. 중요한 것은 규식화가 진행되는 가운데에도 그 규식을 이루는 방편이나 용어들이 계속 변모하고 형태를 바꿔갔다는 점이다.

18세기에 편찬된 『科策』에 언급된 「策文準的」의 12가지 항목이 완전한 형태의 규식은 아니다. 17세기의 규식화가 『科文規式』에서 어느 정도 이루어졌다면 18세기의 對策들은 대개 그 정식을 따랐거나 완성된 정식에서 크게 벗어나지 않아야 한다. 하지만 실상은 그렇지 않았다. 18세기는 앞서 살펴본 바와 같이 조선시대에서 가장 많은 변화가 발생한 시기임에도 변화를 통제하려는 정조가 策問 출제자로 완강하게 버티고 있었던 시기였기 때문이다.

새로운 형태를 모색하는 노력은 18세기에도 지속되었다. 예컨대, 虛頭를 감탄사로 시작하는 경우는 이제 더 이상 새로운 형태라고 보기 어려울 정도가 되었다. 이 시기 朴齊家가 작성한 對策의 虛頭를 살펴보자.

> 신이 삼가 답합니다,
> 아아! 선비를 시험한다 함은 어떤 선비를 시험하는 것입니까? 도덕을 닦은 선비가 있고, 문학을 갖춘 선비가 있으며, 기예를 지닌 선비가 있습니다. 이제 유생의 관을 쓰고 유생의 옷을 입은 채 어슬렁어슬렁 책이나 끼고 다니는 자들이 과연 이 몇 가지 재주를 겸비하고 있다고 보아 시험하는 것입니까? 아니면 각각 그 가운데 한 가지만이라도 구하려고 시험하는 것입니까? 도덕과 문장과 기예를 갖춘 선비는 천리 밖에서나 만날 수 있고, 백세가 지나서야 뒤따르곤 합니다. 옛날의 선비는 이처럼 어려운 것이었습니다. 그

런데 어찌하여 오늘날 유생의 관을 쓰고 유생의 옷을 입은 채 과
장에 가득하고 나라에 두루 퍼져 잇는 자들 치고 선비 아닌 자가
없단 말입니까? 그들을 시험함에 과연 그 방법을 다 했는데도 그
러한 것입니까? 재주가 과연 그 시험에 합당하여 그러한 것입니
까? 어찌하여 옛날에는 선비의 수가 적었어도 반드시 전해졌고,
지금은 선비의 수가 많은데도 들리지 않는 것입니까?[70]

위 인용문도 17세기 對策의 특징에서 살펴보았던 감탄사 '於戲'
로 시작한다. 그저 감탄사로 시작하는 것에서 그치는 것이 아니라
虛頭의 문장 끝을 의도적으로 감탄형이나 의문형으로 만들어 감정
이 계속 고조되어 질문을 던지는 형태를 유도하고 있음을 알 수 있
다. 對策의 虛頭를 의도적으로 이렇게 한 것은 시관의 눈에 들기 위
해서이다. 이러한 양상은 이제 虛頭가 형식적인 틀에서 벗어나 읽는
이의 시선을 사로잡기 위한 역할을 하기 시작했음을 의미한다.

이것은 정해진 형식을 무너뜨린다는 점에서 또 다른 의미가 있
다. 17세기 후반까지만 해도 篇終의 구분을 명확하게 지키기 위해
'篇尾'나 다른 상투 어구를 사용하여 구분 짓던 용어들이 차츰 사
라져가고 있음을 확인할 수 있다.

신이 아직 펴지 못한 뜻을 미루어 간략히 『팔자백선』외의 취지
에 대해 말해도 좋겠습니까? 문장의 폐단은 요즘 극에 달했습니
다. 경전의 글만 말하는 데 빠져 있는 사람들은 고문을 화두로 삼
아야 한다고 생각하며, 공령문에 심취해 있는 자들은 변려문만을
법도로 받들고 있습니다. 어떤 이는 아무것도 모르면서 억지로 고
증하고, 어떤 이는 두루 섭렵하였으되 체재에는 어둡습니다. 서로

---

70) "對. 於戲. 試士云者, 何士之試也. 有道德之士焉, 有文學之士焉, 有技藝之士焉. 夫今之冠儒冠衣
儒衣, 于于而挾策者, 果能兼此數者之才而試之歟. 抑或各求其一而試之歟. 夫道德文學技藝之士,
或千里而比肩, 或百世而隨踵. 則古之士, 若是其難也. 何今之冠儒冠衣儒衣, 盈于庭而遍乎國者,
無非士也. 則試之果皆盡其方而然歟. 才之果能合其試而然歟. 何古之士雖少而必傳, 今之士雖多而
無聞也." (朴齊家, 「試士策」, 『貞蕤閣集』卷之二, 한국문집총간 261집, 624면)

어두워 몽매함에 빠지게 되었습니다. 성상께서 이것을 통탄하여
시서예악에 표준을 세우셨습니다.[71]

위 인용문의 밑줄 친 부분은 이 단락이 篇終임을 알 수 있는 상
투 어구에 해당한다. 그 내용은 앞서 살펴본 『科文規式』의 篇終에
대한 설명과 같다. 조선전기에는 본래 中頭에서 다하지 못한 의미
를 서술하는 방식으로 사용되다가 18세기를 전후하여 그러한 의미
는 오히려 퇴색하여 篇終은 마무리하는 양상이 강하게 보였다. 그
런데 이제 또 다른 형태를 모색하고 있는 것이다.

'또 다른 형태'라고 표현한 것은 그 용도가 달라졌음을 의미한
다. '앞에서 펼치지 않은 뜻'이라고 언급하고 다른 이야기를 꺼내
는 것이 아니라 策問에서 구체적인 언급은 없었지만 策題가 가리
키는 궁극적인 취지를 설명하는 데 篇終을 할애한다. 박제가는 정
조의 명으로 성대중과 함께 실제로 『御定八子百選』을 監印하였다.
그렇기 때문에 이 對策에서 정조의 『八子百選』의 취지를 누구보다
잘 알고 있다고 자부하였을 것이다. 정조가 문체를 바로 세우기 위
해 그 책을 편찬한 의도를 읽고, 왜 그런 문제가 발생하였고 그 문
제에 대해 이 책이 어떤 역할을 할지를 정리한 글이다. 실제 對策
의 본론에서는 구체적인 작품에 대한 비평과 사전적 지식을 열거
했기 때문에 어떤 의미에서 자신의 의견이 들어있지 않은 경우가
많다고 여겼을 수 있다. 그렇기 때문에 이와 같은 형태가 나오게
된 것이다.

---

71) "臣請推餘意, 略及選外之旨可乎. 文章之弊, 至于近日而極矣. 浸淫於說經者, 或認話頭爲古文, 浮
沈于功令者, 第奉騈儷爲關石. 或空疎而强爲考證, 或涉獵而昧於體裁. 反覆纏綿, 載胥而溺. 惟聖
上慨然於斯, 建皇極於詩書禮樂之林." (朴齊家, 「八子百選策」, 『貞蕤閣集』卷之二, 한국문집총간
261집, 633면)

이것은 對策에서 자생적으로 일어난 변화라기보다는 策問, 특히 정조가 초계문신을 대상으로 출제했던 策問에서 두드러지게 발견되는 양상이다. 하지만 이러한 책문의 특징이 對策을 작성하는 이들에게 영향을 미치게 된 것은 당연한 결과였다. 예컨대, 中頭의 마지막에 배치하던 救弊보다는 연속된 축조의 형태로 각 항목에 답변하는 구조가 많이 보인다. 아울러 편폭이 늘어나는 양상을 확인할 수 있다.

> 신은 이에 백배하고 엄숙히 칭송합니다. 우리 성상의 다스림이 곡진히 이루어졌으니 표준으로 인도해 주신 성대한 덕을 우러르나이다. 천하의 지극히 정밀한 사람이 아니라면 어느 누가 이러한 일을 할 수 있겠습니까? 성상의 책문으로 인하여 격식을 버려둔 채 진언하여도 괜찮겠습니까? …중략… 증공의 두 序는 왕안석의 두 가지 選보다 못하고, 왕안석의 두 書는 구양수와 소철의 두 書보다 뒤떨어집니다. 구양수의 「石曼卿墓表」와 왕안석의 「태주해릉현주부허군묘지명」, 증공의 「襄州宜城縣長渠記」와 「廣德湖記」는 간관 중에서도 쟁신이 됩니다. 소식의 「凌虛臺記」와 소철의 「武昌九曲亭記」는 서로 마주 선 산봉우리와 같습니다. 소품으로는 소순의 「名二子說」과 왕안석의 「讀孟嘗君傳」이 있고, 거편으로는 증공의 「救災議」와 소식의 「代張方平諫用兵書」를 들 수 있습니다.[72]

밑줄 친 부분에서는 아예 격식을 버려둔 채 진언하겠다고 언급하고, 열거식으로 逐條의 형태를 변용하고 있다. 책의 체계를 순서대로 언급하는 듯하면서 선집에 언급된 작가와 작품을 품평하는 형태는 기존 대책에서 폐단을 지적하고 대안을 세우던 것과는 사

---

72) "臣於此百拜莊誦. 有以仰我聖上彌綸曲成, 提領挈綱之盛德大業也. 非天下之至精, 其孰能與於此. 請因聖問, 破格而陳之可乎. …중략… 曾之兩序, 絀於王之二選, 王之兩書, 絀於歐穎二書. 以至石卿許君之志, 西山鄞縣之遊, 爭臣之於諫官. 凌虛九曲之對峙, 小而名二子讀孟嘗, 大而救災議用兵書." (朴齊家, 위의 글)

뭇 비교된다.

　사전적 지식을 단답형 열거 방식으로 묻는 경향이 많아진 이유가 정조의 책문에 조응한 결과라는 점을 감안하더라도, 이즈음에는 逐條의 방식을 취하여 문제를 항목화하고 그것에 대해 개별적으로 답하며 그것을 하나의 독립된 형태로 분리하는 경향을 자주 보인다. 이러한 특징은 『여유당전서』에 수록된 다산 정약용의 문집 편찬 방식에서도 확인할 수 있다. 『여유당전서』에는 작성된 對策을 통째로 싣지 않고 策問의 질문은 의미단락으로 나누어 질문을 하나하나 쪼개고 그 사이사이에 해당 답안을 넣는 식으로 의미를 구분하고 있다. 「地理策」, 「十三經策」, 「中庸策」, 「孟子策」, 「文體策」, 「人才策」 등의 체계에서 보이는 이러한 방식은 다산의 글쓰기의 성향을 보여주는 것임과 동시에 18세기의 對策이 형식단락에서 의미단락으로 그 구분이 바뀌었음을 보여준다.

　앞서도 말한 바이지만, 책문은 18세기 정조 연간 이후 급격히 감소한다. 특정 사건을 계기로 뭔가 문제가 되어 책문이 과거에서 자취를 감춘 것은 아니었다. 이전만큼 활성화되지는 못하였지만 간혹 출제된 사실도 발견된다. 문제의 출제 경향을 살펴보면 사회혼란을 야기한 제도나 경제구조의 문제를 지적하는 경우가 많다. 이는 사회 변동과도 유관한데, 이러한 출제 경향은 문제의 성향에도 상당한 영향을 끼치게 된다. 예컨대, 18세기에는 사회적 문제나 폐단을 지적하고 대안을 제시하는 책문이 줄어든 것에 비해, 19세기에 보이는 策問은 대개가 제도적 폐단을 지적하거나 사회 문제의 개선을 촉구하는 것이 대부분이다. 초기에 보였던 對策의 형태로 돌아가고 있다는 것이다.

또 한 가지 이 시기에 보이는 특징은, 책문이 과거제도에서 자취를 감추면서 오히려 연습 삼아 쓰거나 실제 시험응시용으로 작성되지 않은 對策이 개인문집에서 적잖이 발견된다는 점이다. 이는 18세기까지 정점을 치닫던 책문의 출제와 학습경향이 하루아침에 사그라지지 않았음을 반증하는 것이기도 하다.

18세기 이후 책문이 조선시대에서 사라지기 이전의 문체적 특징에 대해 姜瑋가 지은「擬三政捄弊策」이라는 對策을 통해 살펴보겠다. 이 글은 姜瑋가 철종 13년(1862) 43세의 나이에 친구인 判書 정건조(鄭健朝, 1823~1882)의 권유에 의해 올리려고 지은 時務策이다. 하지만 내용이 너무 현실적이라고 느낀 鄭健朝가 이 글을 조정에 올리는 데 난색을 표하자, 끝내 올리지 않고 강위가 불태워버렸다고 전하는 對策이다. 강위의 문집을 교정한 이건창(李建昌, 1852~1898)은「古歡堂詩文集序」에서 강위의「擬三政捄弊策」를 宋나라 蘇洵이 조정에 올렸던「權衡論策」에 비견할만한 작품이라고 높게 평가하였다.

이 對策을 19세기의 대표적인 책문으로 분석하게 된 이유는 크게 두 가지이다.

첫째, 현재 문집총간(속집 포함)에 수록된 800여 편의 策文을 분석한 결과, 策文의 규범에 맞춰 평점비평의 방식으로「策文準的」에 언급된 용어를 문집에 직접 표기한 글로는 이 對策이 유일하다는 점 때문이고, 둘째, 策規의 단어와 표기를 넣어 분석하고 이 글의 교정까지 맡아 해제를 작성한 인물이 바로 당대 문장의 대가 李建昌이라는 점 때문이다.

이 對策은 강위가 시험에 응시하여 제출한 科文이 아니어서 對

策 사이에 형식상 넣어야 하는 '聖策'이나 '伏讀'이라는 상투어구가 보이지 않는다. 철종의 어제가 남아 있는 것으로 보면, 철종의 策問에 응한 것처럼 작성되었지만 강위가 그 시험에 응하여 쓴 對策이 아니기 때문에 강위가 자신의 글에 策問을 언급해야 하는 격식을 생략한 것으로 보인다.73) 실제 科文을 목적으로 작성한 것이 아닌 점은 제목 앞에 달린 '擬(모의 삼아 짓다)'라는 뜻에서도 알 수 있다. 그럼에도 강위는 이 策文에 상당한 공력을 들인 것으로 보인다. 그의 문집에는 이 책문 외에도 세 편의 글74)이 함께 실려 있다.

주된 내용은 제목에서 알 수 있듯이 三政 폐해에 대한 해결 방안을 논한 글이다. 본문에서 그 구조를 살펴보자.

對策의 시작은 규칙화되어버린 상투어구인 '臣對(신은 다음과 같이 답합니다)'를 그대로 사용하고 있다. 이 글의 시작 부분 상단에는 앞서 말한 바와 같이 편집자의 표기로 보이는 【虛頭】라는 표식이 보인다. 이상하게도 이전까지 보이던 嗚呼 등으로 시작하던 파격이 보이지 않는다. 오히려 책문의 초기에 보이는 전범적 양식으로 돌아간 듯한 양상을 보이는 것이 이채롭다.

다음으로 【中頭】라는 표기가 보인다. 이 對策에서는 中頭가 '雖然'으로 시작되는데, 18세기까지 '臣竊(신이 생각건대)'이나 '竊謂'로 시작된 것을 감안하면 오히려 유연한 변화라고 이해할 수 있다.

---

73) 원래 '伏讀'이라는 상투 어구가 '임금이 내리신 策問을 받아보니 그 내용이 이러이러 합니다.'라고 간접 인용하는 경우에 사용되기 때문에 그 부분이 강위의 책문에 없는 이유가 책문의 형태를 갖추긴 하였으나 직접 문제를 받은 것이 아니기 때문이라는 추정이 가능한 것이다. 이는 스타일의 문제가 아니라 제대로 갖춰 쓰지 못하면 격식이 논란이 될 수 있기 때문이다.(자세한 내용은 졸고, 「책문으로 본 조선시대 과거사의 이면」, 『대동한문학』38, 대동한문학회, 2013 참조)

74) 「擬三政捄弊策自序」, 「三政策御題」, 「古懽居士擬策跋」

뒤이어 '臣愚死罪'라는 어구는 결국 '窃謂'를 대신하는 전형적인 상투 어구이기 때문이다. 그리고 나서 바로 『詩經』과 『孟子』를 인용하고 있는데, 中頭에 포함되는 逐條에서 '臣聞'이라는 문구로 시작한다는 점에서 단락의 구분을 명확히 하려는 의도가 엿보인다.

다음으로 【逐條】라는 용어가 보인다. 대책의 정식에서 살펴보았던 바와 같이 축조는 中頭에 포함되는 부분이기 때문에 中頭가 축소된 것은 아니다. 이건창이 이 표기 옆에 '說採(대안에 대해 논지를 펼친다)'라고 부연한 것은, 그 점을 강조한 것으로 추정된다. 이 글에서 강위는, 三政 폐해의 해결책에 대해 본문에 軍政, 田政, 還政라고 표제어를 달아 항목화하여 구체적으로 그 문제점과 해결 방안에 대한 의견을 제시하고 있다. 해당 항목마다 '臣聞'이라는 상투 어구로 시작하고 있는데 그 시작 부분만을 인용하면 다음과 같다.

> 【逐條】 ○說採
> 軍政
> 臣聞人主者, 人之主也, 人主之作, 以治人爲職, 不周知人數, 又烏能治人乎.… 생략
>
> 田政
> 臣聞聖王之德, 以治人爲大, 而治人之政, 以田民爲本. 故曰王政, 必自經界始, 田民安則國安, 田民不安, 則國不安. … 생략
>
> 還政
> 臣聞一治一亂, 天下之大數也. 故國事不能常泰而有否, 年事不能常實而有損, 所以古之聖王, 有振荒禦侮之備, 此積儲之不可無, 而糶糴之所由興也.… 생략

다음 단락으로 【破題】라는 부분이 보이는데, '破堤'는 虛頭에서 문제의 의미를 해제하는 정도에서 언급하는 것이 일반적이다. 이 글에서 강위는 '三政의 폐해'에 대한 실상을 적나라하게 적고 있다. 이것을 이건창은 【破題】라고 표기하였다. 다시 말해, 책문에서의 【破題】는 策題가 무엇을 묻고 있는지를 명확하게 분석하는 것이라고 할 수 있으며, 오히려 이것은 古文의 작법에서 보여주는 전형적인 형태를 보여준다.

이어서 【大抵】라는 표기가 보이는데, 여기서는 파제의 내용을 끌고 나와서 부연설명 하고 있다. 「策文準的」에서는, 中頭에서도 가장 핵심적인 주장을 논리적으로 서술해야 할 때 이 용어를 사용한다고 설명한 바 있다. 파제의 내용을 끌고 나와서 부연설명 하는 용어라고도 설명하였다. 앞에 나온 논지에 대해 해설하고 본론의 주장을 간결하지만 강하게 정리하고 있다. 그 정리를 위해 '然則'이 두 번 사용되었다. 앞의 내용을 부연한다는 점에서 중언부언할 위험이 있기 때문에 「策文準的」의 설명에서 주의를 요한다는 지적을 잘 따르고 있다. 파제의 바로 뒤에 나온 것과 그 내용을 부연설명하고 있다는 점에서 이 구조는 오히려 「策文準的」의 규식에 부합하고 있음을 알 수 있다.

다음으로 【當今】이라는 표기가 보이는데, 이 단락에서는 현재 어떤 문제를 어떻게 인식하고 있는지 설명한다. 그래서인지 '今'이라는 용어가 눈에 띄게 많이 사용되고 있음을 확인할 수 있다.

이어서 【主意】라고 적힌 용어가 보인다. 이것은 「策文準的」의 12가지 항목에 들어있지 않은 용어이다. 中頭의 마지막에 핵심적인 자신의 주장을 넣는다는 전통적인 형식을 '主意'라는 용어로 규정

한 것으로 추정된다. 폐단의 해결책으로 자신의 주장을 강조하여
개진한 부분을 의미한다. 이건창이 이 부분에 대한 해설을 붙여둔
것이 있어 姜瑋가 쓴 의미를 고구하는 데 참고가 된다.

> 이 책에 쓴 大事功, 大規制, 大方畧, 大議論이라는 것을 논한 것
> 이다. 장법을 쓸 때는 멋대로 쓰는 것을 금함을 문학의 기염으로
> 여기고 다채롭게 쓰면서 통변함을 신이한 경지로 여긴다.
> 　論說所本, 以大事功大規制大方畧大議論作章法, 以禁暴止亂爲焰
> 應, 以運機通變爲神趣.

인용문의 앞부분은 姜瑋 문집에 수록된 「自序」에 언급된 '以大
事功大規制大方畧大議論'의 내용이 이 부분에서 구현되었다고 평
한 것이고, 뒷부분은 章法과 관련된 내용으로, 이 부분에서 자신의
주장을 피력하는 章法의 수준이 높은 경지에 이르렀음을 칭찬한
것으로 보인다.

마지막으로 【篇終】을 살펴보자.

> 臣拜手稽首, 臣因節制之說而有激於裏者, 願進而畢其說. 중략 臣
> 愚死罪, 若夫陳善美之論, 煦和平之福. 致君民於萬世太平, 是乃卿士
> 大夫之事, 公孤之職, 非艸野之臣所能言也. 臣拜手稽首.

'臣拜手稽首'라는 상투 어구로 시작하고 있다. 이건창이 그 위에
'另陳己見(별도로 자기 의견을 진술한 것이다)'라고 해설을 적은 것
이 보이는데, 「策文準的」에서 보았던 설명과 같이, 본래의 질문이나
취지와는 별개로 자신의 정견을 펼 여지가 있는 부분이라 하겠다.

분석 과정에서 살펴보았지만 강위의 對策은 이전에 보였던 다기
한 변화보다는 「策文準的」에서 언급된 12가지 항목들이 대부분 들

어 있어 전형적인 형식을 갖춘 對策의 형태를 보여준다. 또, 조선 전기에 규범적으로 지켜졌던 중국 책문의 전범적인 요소나 상투 어구들이 그대로 사용되는 점도 확인할 수 있다.

이것은 정조 연간 이후 古文으로 돌아간 19세기의 文風을 반영 한다. 한문 산문이 더 이상 보편타당한 장르로서 영향을 미치지 못 하게 되면서 策文은 차츰 科文에서 그 자취를 감추게 된다. 이는 근대적 장르로 변용되지 못하고 철저하게 古文의 형태로 돌아선 원인이 된다.

제5부

策問의 주제

策文은 당 시대에 대두된 문제를 해결하기 위한 대안을 묻고 답한다는 점에서 다분히 정치적 성향을 가진다. 하지만 策問의 내용이 모두 정치적인 주제를 담고 있는가에 대한 문제는 이와는 별개의 사항이다. 애초에는 政見을 듣기 위한 방안의 일환이었을지 모르겠으나, 策文은 시대를 거쳐 가면서 그 시대에 가장 중요시되는 다양한 문제들을 다루었기 때문이다.

따라서, 조선시대 전반에 걸쳐 시행되었던 策問 자료를 살펴보게 되면 시대마다 주요 관심사가 무엇이었는지를 파악할 수 있을 것으로 기대된다. 특히 구체적인 문제의 내용이 상세하게 기술된 策問이 있다는 점에서 다른 科文 가운데, 출제의도를 파악하는 데는 상대적으로 수월한 장르라 할 것이다. 혹여 策問이 누락되어 구체적 내용을 살필 수 없더라도 策題만으로도 출제의도를 어느 정도 추정할 수 있으며, 策問이 있는 경우는 출제 의도와 당시 위정자의 정치 운영 방향을 읽어내는 데 아주 좋은 근거를 제공한다.

이러한 자료적 특수성에 근거하여 본 장에서는 조선시대 策問의 주제를 개괄적으로 검토하고 조선시대 책문의 주제 중에서 대표적인 항목 15가지를 분석하여 어떤 분야의 策題에 어떤 내용들이 출제되었는지를 확인하고 아울러 당시 위정자가 의도하고 있는 文敎

的 의미는 무엇이었는지를 고구해보고자 한다.

1. 策問 주제의 개괄적 검토

이 책에서 검토 대상으로 삼는 917편의 책문 자료들을 분석해 보면, 조선시대 전반에 걸쳐 출제되었던 策問의 주제들이 당시의 시대상과 고민을 그대로 드러내고 있다는 사실을 알게 된다. 그런데 전체 자료를 열거해놓고 그 변모된 양상이나 같은 주제라도 어떤 식의 세부적인 문제가 있었는가를 들여다보면 같은 제목이라 할지라도 똑같은 문제라고 할 수 있는 내용들도 있다.

책문이 기본적으로 정치적 견해를 묻는다는 취지에서 보면, 策問의 주제는 정책에 대한 질문이 주를 이룬다고 볼 수 있다. 이러한 특성에도 불구하고 정치적 색채가 조선전기에 비해 조선후기에 들어 대폭 축소되는 듯한 양상을 파악할 수 있다. 이것은 조선전기에는 왕이 갖춰야 할 덕목에 대해 원론적인 유가적 가르침을 받고자 하는 제왕학에 대한 관심이 컸던 것에 반해, 조선후기는 당대 時務에 대한 해결점을 찾는 것에 문제가 집중되었기 때문이다. 이는 전란으로 인한 외부의 위협과 사화와 당쟁으로 인한 내부의 불안감에서 왕이 자신의 세력을 옹고하게 다지기 위한 방편을 제시하고자 했다고도 볼 수 있다.

이와 같은 사실을 감안한다면 조선시대 책문 주제의 전개 양상을 이해하기 위해서는 그렇게 된 사회적 배경이나 시대적 흐름을 읽어내지 않고서는 이해할 수 없는 부분이 적잖이 발생하게 될 수 있다는 점을 간과해서는 안 된다. 그렇기 때문에 똑같은 주제를 다루는 것 같아도 어떤 문제에 초점을 두고 있는지, 혹은 어떤 답안을 유도하고 있는지 등의 차이가 조선전기와 후기로 구분된다는 것을 알 수 있다.

전반적인 특징을 살펴보게 되면 조선후기는 조선전기보다 좀 더 다양한 분야로 폭넓게 범위를 확대하고 있는 양상을 보여준다. 예컨대, 특정 개념을 묻는 경우에도 조선전기의 형태가 경전에서 갖는 본래의 의미를 묻고 그것이 갖는 의미에 대해서 물었다면 조선후기에 와서는 본래 그 사물이나 개념이 가지고 있는 의미를 묻되 명확하게 그 개념을 가지고서 좀 더 큰 범주의 개념을 설명하거나 근거로 사용하게 하는 성향을 보인다. 이것은 철학적 개념에 대한 의미에도 시대적 변화가 적용되고 있음을 의미한다. 어느 한 세부 분류에 집중되어 있지 않다는 점에서 조선후기 策問의 유형은 상당히 다양한 주변의 변화를 반영하고 있는 것으로 보인다. 경전의 해석을 중심으로 한 가지 개념에 대해 다양한 학설을 제시한 학자들의 이견을 자신의 의견대로 정리하는 방식에서 서적이 가지고 있는 본의에 대해서 여러 학자의 의견과 주석을 참고로 의견을 개진하는 것에 이르기까지 상당히 다양한 모습을 고루 갖추고 있음을 확인할 수 있다.

또, 그 범위도 확대되어 문자학이나 언어학 혹은 경학에 이르기까지 다양한 학문에 퍼진 철학과 관련된 책문을 던지기도 한다. 물론 조선후기의 理氣에 대한 논의도 그즈음에 빠질 수 없는 책제[1]로 등장하여 시대의 흐름과 무관하지 않음을 보여준다.

---

1) 鄭重元, 「理氣之說」, 『科策』.

제도 정비나 개선에 대한 문제점을 지적함에 있어서도 조선전기는 동일 주제가 집중된 시기가 없고, 전체적인 수도 얼마 되지 않아 國初 제도에 대한 부분은 그다지 언급되지 않았음을 유추해 볼 수 있다. 몇 가지 공통적으로 나온 것들도 제도적인 개선의 원론적인 방향을 지정하는 것으로 이루어져 있어 사회제도의 모순이나 백성들의 구휼에 직접적인 논의까지 이루어지지는 않았음을 확인할 수 있다. 그에 비해 조선후기는 조선전기에도 보였던 법이나 제도 정비와 관련된 부분을 책제에서 보여주고 있으면서도 그 구체적인 내용을 살펴보면 三政의 문란이나 과거제도의 개선 등 좀 더 구체적인 사회문제들에 대해 특정시기에 집중적으로 책제가 출제되었음을 확인할 수 있다.

또 질문의 방식도 양상이 변화되고 있음을 확인할 수 있는데, 조선전기의 질문방식이 좀 더 포괄적이고 전체를 관통하는 하나의 형이상학적 논의를 완성시키는 데 주안점을 두고 있다면 조선후기로 오면서는 구체적이고 명확하면서 개별적인 논의를 좀 더 중시하고 있다는 것을 확인할 수 있다. 이것은 중국 학문에 대한 영향이나 사회적 배경 등 다양한 복합적인 원인들이 작용하면서 발생한 차이라고 보이는데, 策文이 본래 가지고 있는 특징을 변질시키지 않는 범위 내에서 그 당시의 학문이나 文風의 흐름이 어떻게 달라졌는지를 가늠하는 확인할 수도 있다는 점에서 시사하는 바가 크다고 하겠다.

그렇다면 이러한 개괄적 검토를 토대로 917편의 책문 자료들을 분석하여, 조선시대 전반에 걸쳐 출제되었던 策問의 주제 중에서 대표적인 열다섯 분야의 주제로 추려 어떤 문제들이 출제되었는지를 분석해보고자 한다. 그 항목들은 다음과 같다.

(1) 道學의 正統, (2) 제왕의 덕목, (3) 인재의 등용, (4) 文風의 개선, (5) 신하역할 및 선비기상, (6) 역사적 사실고증, (7) 경학의 개념 정의, (8) 자연현상의 해석, (9) 출처관, (10) 심성론과 성정론, (11) 三政의 문란, (12) 화폐제도의 개선, (13) 과거제도의 개선, (14) 군사 및 외교, (15) 풍속의 개선

2. 策問 주제의 분석

(1) 道學의 正統

조선이 건국한 이래, 역대 왕들은 국가의 정통성을 확보하기 위해 다양한 노력을 기울여왔다. 특히, 조정 운영에 참여한 대신 가운데 이전 왕조였던 고려시대의 문인들이 다수 포함되어 있었기에 국왕은, 조선이 고려왕조와 명확하게 색깔이 구분되기를 원했을 것으로 짐작된다. 그러한 성향은 새로운 것을 만들어내는 制定과 기존왕조에서 이어온 것에 대한 再編이라는 방법론적 선택으로 이어졌다.

왕조의 정통성을 강조하기 위해 유교의 가르침을 바탕으로 삼아 올바른 선대의 정치 모범을 그대로 계승하였다고 주장하는 策問[2]은 이 문제 유형에서 가장 기본적인 형태를 보여준다. 위정자가 중국 상고시대 聖君들의 善政을 본받아 정치를 바르게 행해야 한다는 유교의 가르침은 자연스레 유교적 도학 정통성의 흐름으로 이어졌다. 이러한 경향은 정치를 어떻게 할 것인가에 대한 문제를 묻는 것이 기본취지였던 策問에서 시대와 관계없이 등장하는 주제이

---

2) 河崙, 「策問」, 『浩亭集』 卷之三, 한국문집총간 6집, 470면.

기도 했다. 이러한 경향은 다른 유형의 주제에도 기본적 소양처럼
자리 잡고 그 영향력을 발휘하였다. 특히 하·은·주 三代로 대표
되는 상고시대의 善政으로 돌아가야 한다는 옛것에 대한 지향이
도드라진 것이 이 분야의 성향이 보여주는 특색이기도 하다.3) 그
와 같은 유형의 책문은 정리해보면 대략 다음의 표7과 같다.

표7. 道學의 正統을 주제로 한 策問

출생	사망	호	성명	문집	策問	對策	策題
1347	1416	浩亭	河崙	浩亭集	o	x	治道
1352	1409	陽村	權近	陽村集	o	x	中,極
1488	1534	自菴	金絿	自菴集	o	o	酒禍
1526	1584	玉洞	文益成	玉洞集	x	o	文道
1564	1635	月沙	李廷龜	月沙集	o	x	道學
1566	1630	凌虛	朴敏	凌虛集	o	o	繼述
1577	1658	雙峯	鄭克後	雙峯集	o	x	道統之傳
1633	1688	西河	李敏敍	西河集	o	x	法古
1633	1687	瑞石	金萬基	瑞石集	o	x	聖賢之學
1634	1684	息庵	金錫胄	息庵遺稿	x	o	師古
1636	1684	息庵	金錫胄	息庵遺稿	o	x	心學
1640	1697	恬軒	任相元	恬軒集	o	x	索隱行怪
1680	1748	癡軒	金德五	癡軒集	o	x	道學之傳
1693	1737	洞谿	趙龜命	東溪集	x	o	道學
1819	1891	重菴	金平默	重菴集	o	x	異端
1842	1915	毅庵	柳麟錫	毅菴集	o	o	攻異端

이 주제의 기본적인 논조는 본받아야 할 대상을 제시하는 형태에
서부터 출발한다. 그래서 도학의 정통성을 강조하는 유형4)에서부터

---

3) 李敏敍, 「殿試問」, 『西河集』卷之十三, 한국문집총간 144집, 225면.
4) 李浚慶, 「策題」, 『東皐遺稿』卷之五, 한국문집총간 28집, 350면.

災異에 대한 언급을 통해 도학의 정통성을 지향해야 한다고 제시하거나[5] 도학을 전하는 방식이 어떻게 되어야 하는지[6], 전범으로 삼으라고 하는 성현의 학문은 어떤 것이었는지[7]에 이르기까지 다양한 형태로 그 형태와 주제의 변형을 꾀하고 있음을 확인할 수 있다. 이 중에는 이단과의 변별을 강조하는 책문도 적잖이 눈에 띈다.[8]

(2) 제왕의 덕목

도학의 정통성을 강조하는 유형은 기본적으로 위정자, 즉 정치를 왕이 이끈다는 중세적 사고방식이 강하게 깔려 있다. 때문에 선정을 해달라고 바라며 왕에게 권계하는 방식은 다양한 유형으로 분파될 수밖에 없었다. 그중에서도 위정자가 갖춰야 할 덕목을 강조하고 그 덕목에 대한 구체적인 설명을 제시하는 분야가 바로 제왕학이다.

큰 범주에서 보면, 유가에서 형이상적 개념으로 보는 '道'에 대해 제왕학에서 갖추어야할 道[9], 성현 군자들이 추구했던 道에 대한 지향을 제시한 策問이 건국 초기에 많이 보인다. 앞서 살펴보았던 것처럼 건국초기 군주가 갖춰야 할 덕목이나 정치적으로 필요한 사안들에 대한 조언을 구하는 것은 제왕학에서 기본적으로 갖춰야 할 품성이고 덕목이었다. 사실 策問은 신하들에게 내는 질문인 탓에 왕은 자신이 제왕으로서 어떤 덕목을 갖추고 어떤 모범을

5) 洪彥弼, 「殿試策題」, 『默齋集』卷之五, 한국문집총간 19집, 275면.
6) 鄭克後, 「策問」, 『雙峯集』卷之三, 한국문집총간 18집, 551면.
7) 金萬基, 「壬子別試初試策問」, 『瑞石集』卷六, 한국문집총간 144집, 444면.
8) 楊熙止, 「闢異端」, 『大峯集』卷之二, 한국문집총간 15집, 29면.
9) 金正國, 「敬天勤民」, 『思齋集』, 한국문집총간 23집, 56면. 동일한 책문이 『殿策精粹』(上)에도 수록되었다.

따라야 할지에 대해 신하들에게 묻는 방식을 취한 것이었다. 왕이 갖추어야 할 제왕으로서의 덕목이 강조되면서 아울러 그 덕목을 제시하는 경우, 성현의 가르침이 전범이나 근거로 제시되기 마련이었다. 그래서 성현들의 철학적 개념들에 대해 명확하게 인지하고 그것을 어떻게 구현할 것인가에 대한 신하로서의 觀이 뚜렷한지에 대해 묻는 질문이 많았다.

표8. 제왕의 덕목을 주제로 한 策問

출생	사망	호	성명	문집	策問	對策	策題
1464	1498	濯纓	金馹孫	濯纓集	o	o	治道
1485	1541	思齋	金正國	思齋集	o	o	敬天勤民
1498	1551	松齋	羅世纘	松齋遺稿	x	o	欲守先王之治者必守先王之法
1564	1635	月沙	李廷龜	月沙集	o	x	安危治亂
1577	1658	雙峯	鄭克後	雙峯集	o	x	興邦之道
1585	1647	澤堂	李植	澤堂集	o	x	帝王之學
1585	1647	澤堂	李植	澤堂集	o	x	文治
1585	1647	澤堂	李植	澤堂集	o	x	治體
1585	1647	澤堂	李植	澤堂集	o	x	人主使臣
1585	1657	白江	李敬興	白江集	o	x	帝王之德
1585	1651	白石	柳楫	白石遺稿	o	o	陰陽和順之道
1585	1651	白石	柳楫	白石遺稿	o	o	天地位萬物育
1585	1647	澤堂	李植	澤堂集	o	x	辨奸
1595	1671	白軒	李景奭	白軒集	o	x	皇王執一以爲平天下
1599	1660	湖洲	蔡裕後	湖洲集	o	o	行王道則王行伯道則伯
1604	1656	漫浪	黃■	漫浪集	o	x	帝王之學
1604	1656	漫浪	黃■	漫浪集	o	x	帝王之治
1612	1693	八松	鄭必達	八松集	x	x	人君之德
1612	1671	久堂	朴長遠	久堂集	o	x	聽言用人
1612	1671	久堂	朴長遠	久堂集	o	x	法三代
1612	1671	久堂	朴長遠	久堂集	o	x	治之本末
1612	1671	久堂	朴長遠	久堂集	o	x	治體
1614	1684	存養齋	宋挺濂	存養齋集	x	o	鑑戒
1614	1690	楸潭	兪瑒	秋潭集	o	x	得君之難
1619	1678	東里	李殷相	東里集	o	x	勤政納諫
1619	1658	春沼	申最	春沼子集	o	o	論仁
1633	1687	瑞石	金萬基	瑞石集	o	x	帝王之道
1634	1684	息庵	金錫胄	息庵遺稿	x	o	讒毀
1641	1698	博泉	李沃	博泉集	o	x	諸侯之三寶
1651	1692	鳳谷	宋疇錫	鳳谷集	x	o	爲國之道
1652	1708	農巖	金昌協	策文準的	o	x	規模
1692	1742	菊圃	姜樸	菊圃集	o	x	文王世子篇

그래서 하늘과 유관하여 하늘의 뜻을 받들어 백성들을 편안하게 해야 하는 제왕의 덕목을 묻는 것에서부터 바로 제왕의 학문과 덕목에 대해 언급한 것[10]에 이르기까지 그 유형도 다양했다. 특히, 이식(李植, 1584~1647)은 제왕학과 관련된 덕목을 강조하는 策問을 많이 출제하였는데 이러한 경향에서 볼 때, 인조 연간 당시의 상황이나 文風과 무관하지 않다고 할 것이다. 그 근거로 비슷한 시기의 유집(柳楫, 1585~1651)의 문집인 『白石遺稿』의 對策類에는 당시 유집이 작성한 對策들 중에서도 도학의 관점을 바탕으로 한 제왕학과 관련된 다양한 자료들이 집중적으로 수록되어 있어 제왕학에 대한 부분이 책제에서 주요 관심사로 떠올랐음을 확인시켜준다.

(3) 인재의 등용

조선전기의 策問 주제로 많이 등장한 주제 중에는 '인재 등용'에 대한 분야를 빼놓을 수 없다. 이 주제는 새로운 왕조의 건립으로 인해, 이전 왕조와의 구별을 위해 새로운 인재의 등용이 필수적이었다는 역사적 필요성을 배경으로 하고 있다 물론, 조선전기에만 이 주제가 성행했던 것은 아니다. 시기별로 보면 같은 주제임에도 시간의 흐름에 따라 그 구체적인 질문의 내용이 달라지는 변모양상이 감지된다.

예컨대, 건국초기에는 어떻게 하면 효과적으로 인재를 뽑아 국가체계를 확립할 수 있는가 하는 형태의 책문이 주류를 이룬다.[11] 하

---

10) 李植,「帝王之學」,『澤堂集』卷之十三, 한국문집총간 88집, 507면.
11) 李穆,「人才得失」,『李評事集』卷二, 한국문집총간 18집, 176면.

지만 시간이 흘러가면서 차차 인재 등용을 어떻게 할 것인지에 대한 부분[12]이나, 등용된 선비들의 出處에 대한 문제[13]가 새로운 고민거리로 등장하게 된다. 조선 전후기를 구분하는 사화와 당쟁의 사회 혼란 국면 속에서, 등용되었을 때와 물러날 때를 어떻게 판단할 것인가 하는 문제는 신하입장의 개인적인 처세에도 해당했지만, 왕의 입장에서도 신하의 처세와 관련하여 그 사람을 쓸 것인지 또 새로운 인재를 어떤 방식으로 선발해야 할 것인지에 대한 문제는 늘 고민거리였고 해결해야 할 문제였음을 策問을 통해 확인할 수 있다.

그래서 이 분야는 정비해야 할 것들이 많은 건국 초기의 모습을 여과 없이 반영하는 試料라고도 할 수 있다. 새롭게 마련해야 할 제도의 문제에서 새롭게 뽑아야할 인재들, 또 이전 왕조에서 그대로 이어져온 신하들과 새롭게 발탁된 신하들 간의 알력과 그 의견의 절충을 어떻게 해야 할 것인지에 대한 고민들이 그대로 담겨 있기 때문이다.

전란 이후 자연주의적 성향이 유행하면서 策問에도 그러한 영향이 반영되는 양상도 확인된다. 특히, 정치와 아무런 상관이 없을 것 같은 자연을 인재 등의 개념에 연결시켜 논의를 전개하는 독특한 양상의 策問도 눈에 띈다.[14] 한편, 조선전기에는 왕이 갖춰야 할 덕목에 대해 원론적인 유가적 가르침을 받고자 하는 제왕학의 성향이 컸던 것에 반해, 조선후기는 당대 時務에 대한 해결점을 찾

---

12) 金安國, 「用人之路」, 『慕齋集』卷之十, 한국문집총간 20집, 187면.

13) 洪履祥, 「殿策庭試」, 『慕堂集下』, 한국문집총간 6집, 440면,

14) 金鎭圭, 「壬午別試殿試策問」, 『竹泉集』卷之八, 한국문집총간 174집, 115면. ; 林象德, 「人材物産之盛衰」, 『老村集』卷之六, 한국문집총간 206집, 133면.

는 것에 관심이 집중되었음을 확인할 수 있다. 이는 전란으로 인한 외부의 위협과 사화와 당쟁으로 인한 내부의 불안감으로 인해 왕이 자신의 세력을 옹고하게 다지기 위한 방편으로 제시하고자 했던 것에서 기인한다.

예컨대, 일반론적인 제왕학을 철학적 원론 수준에서 말했던 조선 전기의 형태와 달리 우언 형태의 책문을 출제한다든지[15], 왕이 위정자로서 어떻게 할 것을 일러주기에 앞서 백성들을 순수하게 하여 성현의 시기로 돌리는 것이 중요하다고 강조하는 형태로 바뀌었다는 사실을 알 수 있다. 인재 등용의 주제가 수록된 策題를 정리하면 다음의 표와 같다.

---

15) 李沃, 「諸侯之三寶」, 『博泉集』卷之一, 한국문집총간 44집, 308면.

표9. 인재 등용을 주제로 한 策問

출생	사망	호	성명	문집	策問	對策	策題
1369	1430	春亭	卞季良	春亭集	o	x	作成人才
1438	1498	靑坡	李陸	靑坡集	o	o	得賢用人之術
1516	1571	龜村	柳景深	龜村集	o	x	用人黜陟
1524	1609	晚軒	丁焰	晚軒集	o	o	用人之道
1542	1607	西厓	柳成龍	西厓集	o	x	經義
1542	1607	西厓	柳成龍	西厓集	o	x	儒者의 필요성
1545	1609	芝山	曹好益	芝山集	o	x	君子之出處
1553	1634	五峯	李好閔	五峯集	o	x	進退之合禮
1554	1611	感樹齋	朴汝樑	感樹齋集	x	o	守令之職
1556	1622	海月軒	黃汝一	海月集	x	o	政在得人
1570	1622	晚悔	權得己	晚悔集	o	o	設官與得人
1570	1622	晚悔	權得己	晚悔集	o	o	進賢退邪
1622	1680	歸巖	李元禎	歸巖集	x	o	培養人才
1631	1690	南岳	趙宗著	南岳集	x	o	人材盛衰
1631	1698	林湖	朴守儉	林湖集	o	o	人材
1683	1719	老村	林象德	老村集	o	x	人材物産之盛衰
1752	1800	弘齋	正祖	弘齋全書	o	x	人才
1762	1836	茶山	丁若鏞	與猶堂全書	x	o	人才
1762	1836	茶山	丁若鏞	與猶堂全書	o	o	人才
1764	1801	碩齋	尹行恁	碩齋稿	o	o	用人

(4) 文風의 개선

표10. 文風의 改善을 주제로 한 策問

출생	사망	호	성명	문집	策問	對策	策題
1507	1581	楸坡	宋麒壽	秋坡集	o	o	古今詩家
1539	1617	晦谷	權春蘭	晦谷集	x	o	文體平道
1564	1635	月沙	李廷龜	月沙集	o	x	書籍
1570	1622	晚悔	權得己	晚悔集	o	o	頌
1582	1650	畸庵	鄭弘溟	畸庵集	o	x	文體
1585	1651	白石	柳楫	白石遺稿	o	o	士學歸正文體近道化成天下
1614	1690	楸潭	兪瑒	秋潭集	o	x	江山之助
1614	1690	楸潭	兪瑒	秋潭集	o	x	言語
1622	1680	歸巖	李元禎	歸巖集	o	x	文與質
1631	1690	南岳	趙宗著	南岳集	x	o	騈儷
1659	1716	竹泉	金鎭圭	竹泉集	o	x	文章與世運
1669	1722	昌舍	孫命來	昌舍集	o	x	文義
1669	1722	昌舍	孫命來	昌舍集	o	x	諺文
1682	1715	恕菴	申靖夏	恕菴集	o	x	碑誌之文
1692	1742	菊圃	姜樸	菊圃集	o	x	昌黎集
1749	1807	泠齋	柳得恭	泠齋集	o	o	六書
1750	1805	楚亭	朴齊家	貞㽔閣集	o	o	六書
1741	1826	無名子	尹愭	無名子集	o	x	時體
1759	1825	惕齋	李書九	惕齋集	o	o	文體
1762	1836	茶山	丁若鏞	與猶堂全書	x	o	文體
1762	1836	茶山	丁若鏞	與猶堂全書	x	o	文體
1764	1801	碩齋	尹行恁	碩齋稿	o	o	八子百選

위의 표에서 보는 바와 같이, 실제로 문학과 관련된 책문 자료는 그리 많지 않다는 사실을 확인할 수 있다. 많지 않은 문학과 관련된 논의들을 자세히 분석해보면, 조선전기와 후기의 策問이 상당히 다른 양상을 보여주고 있다는 사실을 다시금 확인하게 된다.

조선전기는 도학론에 대한 강조가 문장을 포함하여 학문 전반에
퍼져있어, 학문론과 분리되지 않은 하나의 이론으로 총칭되고 있음
을 알 수 있다. 예컨대, 이첨(李詹, 1345~1405)이 策問의 虛頭 첫
머리부터, "문은 관도지기이니 반드시 그 도에 깊숙해야하고 그런
연후에야 (도에) 이를 수 있는 것이다."16)라고 표방한 것이 그 대
표적인 예이다.

여기서 文以貫道는 文以載道와 큰 차이가 없이 사용된 용어이다.
그렇다면 文以載道는 무슨 의미인가? 말 그대로 '문장은 도를 담아
야 한다.'는 논지로, 문학의 사회·교육적 의의를 강조하는 개념이
다. 孔子 이래 유가 이념이 정치운영 전반의 잣대가 된 조선에서
갖는 의의는 개인보다는 집단과 사회에 대한 기여를 중시하고 있
다는 점이다. 직접적인 원인으로 작용한 송나라 때의 文以載道論이
갖는 특성은 조선전기에도 그대로 활용된다. 그것은 이른바 문인
관료들이 고려시대에 보였던 개인적 文人型 지식인의 성향과 달리,
사회를 올바르게 운영해 나가야 할 책임 의식을 가져야만 한다는
대의명분으로 작용하는 역할을 했던 것이다. 그런 까닭에 그들은
문장을 짓는 데 있어서도 자신들의 개인적인 정서를 노래하기보다
는 사회적인 책임 의식을 강조하는 내용을 담고자 주력하였다. 그
러한 경향은 당시의 策問에도 고스란히 녹아들어가 있다.

묻는다. 시는 『詩經』의 삼백편이 있은 이후에 역대의 명가가 무려
천백에 이른다. 인간의 타고난 본성과 임금에게 충성하고 나라를 사

---

16) "問. 文者貫道之器也, 必深於斯道, 然後爲能至矣." (李詹,「歷代有文者之來歷」,『雙梅堂篋藏集』
卷二十二, 한국문집총간 6집, 357면)

랑하는 마음을 표현하여 그 근본을 잃지 않았던 자로는 진나라에 도연명이 있었고, 당나라에 두자미가 있었다. 그들의 심사와 출처는 다른 듯한 데도 사람들은 그들의 시를 일컬어 임금에게 충성하고 나라를 사랑하는 마음에서 발현되었다고 하는 것은 무엇 때문인가?[17]

'古今詩歌'에 대해서 묻겠다고 표방한 策問의 첫머리에서부터 『詩經』을 인용하여 시의 궁극적인 본의가 '임금에게 충성하고 나라를 사랑하는 마음에서 발현된 것'이라고 천명하는 것만 보더라도 당시 출제의 문교적 의도가 명확하게 드러난다.

조선 건국 초기의 위정자는 '문은 도를 싣는 것이다(文所以載道也)', 또는 '문장은 도의 枝葉일 뿐이다.'라며 『大學』에서 언명한 '修身齊家治國平天下'의 점층적 치세관을 피력했다. 도학가의 재도관은 '도'의 내용을 유교적 덕목에 제한하고 문학 활동에 앞서 修身을 전제로 삼는다. 그렇기 때문에 문학을 도학에 종속시키기 쉽다. 그래서 그 둘은 더 이상 둘이 아닌 하나였고, 문장(혹은 문학)은 그 도를 떠받들기 위한 수단이고, 도구였던 것이다. 이러한 문이재도론에 의거한 도문합일의 문학론은 건국부터 조선전기에 걸쳐 단단히 입지를 다지게 된다.

한편, 조선후기의 경향은 어떠했을까? 조선전기는 서적에 대한 주제가 경전의 철학적 개념에 대한 것으로 구분되었던 것에 반해, 조선후기는 청대 고증학과 훈고학의 영향으로 문학과 문자학 분야로 경도된 양상을 보여준다. 특정 서적에 대한 의미를 묻거나 해당

---

17) "問. 詩自三百篇之後, 歷代名家者無慮千百. 其發於性情忠愛而不失其宗者, 於晉得陶淵明, 於唐得杜子美. 其出處心事似異, 而同謂之忠愛, 何歟." (宋麒秀, 「古今詩家」, 『秋坡集』卷2, 한국문집총간 32집, 456면)

경전에서 철학적 개념을 묻던 조선전기의 형태가 조선후기로 오면서 다양하게 변화하는 것을 알 수 있는데, 문체나 서적의 구체적인 내용을 언급하는 내용도 이 시기에 많아졌음을 확인할 수 있다. 또, 文風을 시대적 개념과 함께 인식하기 시작하여 문장이 시대의 흐름과 무관하지 않다는 주제를 직접 策題에 출제한다든가[18) 이미 대중화되어 한문과 구별 지었던 한글에 대한 관심을 보여 문제로 출제하는[19) 등 주제에서 서술방식, 시각에 이르기까지 훨씬 다양하고 폭넓어졌음을 확인할 수 있다. 또, 『詩經』의 본뜻을 전면에 표방하여 시에 대한 본연의 의미를 묻는 책문[20)이나 策題에 아예 한유의 문집인 『창려집』을 지목하여 문집에 대한 의견을 묻는 책문[21)이 눈에 띈다.

특히, 주목할 것은 '文體'를 策題로 삼은 책문이다. 조선전기에서부터 10여 년을 간격으로 보이는 이 주제의 策問을 살펴보게 되면, 같은 주제를 두고서도 시대별로 文風의 흐름이 어떻게 변모하였으며 문체를 어떻게 인식하고 있었는지를 알 수 있는 자료를 제공해 준다. 그러나 조선후기로 오면서 문체에 대한 논의는 좀 더 세밀하고 치밀한 논의를 요구한다. 특히, 각 학설에 대한 검증이나 字意에 대한 부분에 이르기까지 사전적 지식에 달하는 수준을 요구하고 있음을 알 수 있다.

문자학과 관련된 책문의 대표적인 예로는, 1792년(정조16년)에

---

18) 金鎭圭,「文章與世運」, 『竹泉集』卷之八, 한국문집총간 174집, 114면. 尹愭,「文體與世道」, 『無名子集』冊九, 한국문집총간 256집, 376면.

19) 孫命來,「諺文問」, 『昌舍集』卷之四, 한국문집총간 54집, 552면.

20) 蔡彭胤,「詩經旨義」, 『希菴集』卷之二十九, 한국문집총간 182집, 522면.

21) 姜樸,「問昌黎集」, 『菊圃集』卷之十二, 한국문집총간 70집, 232면.

『奎章全韻』이 완성된 기념으로 정조가 여러 신하에게 이 책의 교정을 명하면서 출제한 策問이 있는데22), 이는 정조 연간의 문자학의 논의수준과 학적 동향을 파악할 수 있는 단서를 제공한다.

(5) 신하역할과 선비기상

표11. 신하역할과 선비기상을 주제로 한 策問

출생	사망	호	성명	문집	策問	對策	策題
1409	1474	太虛亭	崔恒	太虛亭集	o	o	救輪對婚禮士風臺諫風聞之幣
1424	1483	私淑齋	姜希孟	私淑齋集	o	o	育才辨才用才之道
1492	1521	陽德	奇遵	德陽遺稿	o	o	立師道
1518	1578	玉溪	盧禛	玉溪集	o	x	師生傳授之流弊
1542	1615	宜觀	尹安性	冥觀遺稿集	o	o	學問與文章
1544	1592	重峯	趙憲	重峰集	x	o	學校
1567	1618	睡隱	姜沆	睡隱集	o	o	讖緯之說
1585	1647	澤堂	李植	澤堂集	o	x	士論
1673	1717	北軒	金春澤	北軒集	o	x	聖賢資稟氣像之優劣
1734	1797	修山	李種徽	修山集	x	o	養士氣
1752	1800	弘齋	正祖	弘齋全書	o	x	士習
1752	1800	弘齋	正祖	弘齋全書	o	x	儒
1752	1800	弘齋	正祖	弘齋全書	o	x	語黙
1754	1816	竹石	徐榮輔	竹石館遺集	o	x	使价之爲任重矣
1791	1849	成齋	趙秉鉉	成齋集	o	x	學校
1814	1888	橘山	李裕元	嘉梧藁略	o	x	士之處世有二道
1819	1891	重菴	金平黙	重菴集	o	x	朋黨之說
1842	1915	毅庵	柳麟錫	毅菴集	o	o	學之所貴在乎志

22) 正祖,「文字」,「弘齋全書」卷五十一, 한국문집총간 263집, 287면,

이 분야는 신하로서 왕이 제대로 善政을 실현할 수 있도록 돕기 위해 어떤 도움을 주어야 하는가에 대한 유형23)과 신하 및 나라를 이끌어나갈 선비들에 대한 기상을 길러야 한다는 유형24)으로 나눠 볼 수 있다.

먼저 신하들이 어떻게 왕을 보좌할 것인가에 대한 신하의 역할에 대한 유형을 살펴보면, 건국 초기 왕이 신하의 대우를 어떻게 할 것인가25)에서부터 신하들이 왕에게 어떻게 자신의 의견을 반영하도록 간언해야하는가에 이르기까지 그 형태가 다양하다. 건국 초기 고려왕조에서 일정한 위치에 있던 신하들에 대한 대우 문제에 대해 衆論을 들어보기 위한 의도에서 신하가 어느 선까지 왕에게 간언하고 자신의 의견을 주장해야하는가에 대한 세부적 방법론에 이르기까지 당시 고민했던 부분이 녹아들어가 있음을 알 수 있다.

이러한 유형은 자연스럽게 시간이 흐르면서 선비들의 기상을 길러야 한다는 것으로 옮겨가게 된다. 이 유형은 조정에서 자연스레 권력으로 인한 파벌이 생기고 당파가 생기면서 신하로서 선비들이 제대로 양성되어야 함을 강조하면서 선비들이 제대로 양성되어야 한다는 교육의 측면도 강조하는 것으로 다양하게 확대된다.

사실 건국초기부터 조선전기 전반에는 유교적 바탕을 기반으로 한, 예절을 바로세우는 것 등의 원론적인 것에 집중하고자 했음을 확인할 수 있다.26) 조선후기에 들어와서는 오히려 풍속을 어떻게

---

23) 河崙, 「策問」, 『浩亭集』卷之三, 한국문집총간 6집, 472면.
24) 許伯琦, 「習尙」, 『殿策精粹(下)』; 尹安性, 「正士習」, 『冥觀遺稿集』, 한국문집총간 5집, 248면.
25) 成三問, 「重試對策」, 『成謹甫集』卷之二, 한국문집총간 10집, 202면.
26) 李種徽, 「養士氣」, 『修山集』卷之六, 한국문집총간 247집. 416면.

교화할 것인지에 대한 부분으로 교화대상의 층위가 점차 확대되기 시작한다. 그래서 선비들에 대한 사회적 위치나 역할이 위정자의 보조역할이라기 보다는 직접적으로 백성들에게 왕의 올바른 정치를 전달하는 입장으로 모두가 정치를 행하는 것이라는 인식으로 전환됨을 알 수 있다.

그런데, 선비의 역할이나 기상에 대한 유형의 책문을 출제한 위정자의 의도를 분석해보면, 다분히 이론적이고 제왕학적인 상위에 한정된 형이상학적 논의로 편향되어 있었음을 알 수 있다. 구체적으로 세부 분야를 살펴보더라도 법이나 제도에 대한 부분을 백성들에게 어떻게 하면 제대로 알리고 가르칠 것인가에 대한 보완점만 보일 뿐, 폐단에 대한 지적은 쉽게 찾아볼 수 없다. 그래서 건국 초기를 벗어나면서 정치를 바로잡는 것에 대한 책임이 위정자에게 있는 것만이 아니라는 분위기가 형성된다. 즉, 왕을 도와 보조해줄 신하의 역할에 대한 부분과 그 책임을 강조하는 주제들이 왕의 정치적 책임에 대한 부담을 덜기 위해 양산되기 시작한 것이다.

(6) 역사적 사실고증

표12. 역사적 사실고증의 형태를 한 策問

출생	사망	호	성명	문집	策問	對策	策題
1287	1348	謹齋	安軸	謹齋集	o	o	書, 權
1439	1504	大峯	楊熙止	大峯集	o	o	帝王符瑞
1448	1492	顏樂堂	金訢	顏樂堂集	o	x	治亂
1448	1492	顏樂堂	金訢	顏樂堂集	x	o	帝王之爲治
1449	1515	懶齋	蔡壽	懶齋集	o	o	强柔之道

1449	1515	懶齋	蔡壽	懶齋集	o	o	養民均賦弭盜
1471	1498	寒齋	李穆	李評事集	o	o	治亂興亡
1478	1548	冲齋	權橃	冲齋集	o	o	善始善終
1478	1543	慕齋	金安國	慕齋集	o	x	國朝制度倣擬中國而損益不同
1486	1521	松齋	韓忠	松齋集	x	o	歷代懲亂備禍之由
1487	1544	雲巖	金緣	雲巖逸稿	x	o	禮讓
1488	1534	自菴	金絿	自菴集	o	o	聖賢之憂懼
1498	1551	松齋	羅世纘	松齋遺稿	o	o	慮創業之艱難思守成之不易
1504	1585	忍齋	洪暹	忍齋集	o	o	三代輔養之道
1509	1570	久庵	金就文	久庵集	o	o	治道
1516	1571	龜村	柳景深	龜村集	x	o	仁明武三者之道
1517	1563	錦溪	黃俊良	錦溪集	x	o	史才得失純駁
1518	1578	玉溪	盧禛	玉溪集	o	o	治之制■革損益
1527	1572	高峯	奇大升	高峯集	x	o	古人隱見志業之異
1540	1617	竹牖	吳澐	竹牖集	o	x	古人之於憂樂
1549	1607	知退堂	李廷馨	知退堂集	o	o	經筵之得失
1567	1618	睡隱	姜沆	睡隱集	o	o	歷代之京邑
1572	1630	潛窩	李命俊	潛窩遺稿	o	x	作史之法
1579	1655	浦渚	趙翼	浦渚集	o	x	法古
1585	1651	白石	柳楫	白石遺稿	o	o	敎化行倫紀明以致三代之盛之道
1585	1651	白石	柳楫	白石遺稿	o	o	王霸之別
1603	1681	雪峰	姜栢年	雪峯遺稿	o	x	書法
1604	1672	炭翁	權諰	炭翁集	o	x	楚却齊請東地兵
1639	1697	恬軒	任相元	恬軒集	o	x	先秦古書
1670	1731	希菴	蔡彭胤	希菴集	o	x	五伯
1686	1728	老隱	任適	老隱集	o	o	禹貢
1688	1728	老隱	任適	老隱集	o	o	三代治道
1724	1787	雲溪	金鍾正	雲溪漫稿	o	x	春秋綱目
1741	1805	燕巖	朴趾源	燕巖集	o	o	公孫鞅入秦
1741	1826	無名子	尹愭	無名子集	o	x	周禮
1741	1826	無名子	尹愭	無名子集	o	x	四勿
1741	1826	無名子	尹愭	無名子集	o	x	聖希天賢希聖士希賢

1741	1826	無名子	尹愭	無名子集	o	x	道義功利辨
1741	1826	無名子	尹愭	無名子集	o	x	進銳退速

이 분야는 엄밀하게 말해 주제라기보다는 형식적 유형에 가깝다. 策問 가운데 시대와 상관없이 유행을 타지 않고 그 안의 주제나 내용만이 바뀔 뿐 형태는 유지되는 대표적인 유형의 하나이기 때문이다.

앞서 策問의 전범에서도 살펴보았지만, 역사적 사실에 대한 득실을 논하는 것은 이미 중국의 전통적 策問에서부터 어느 정도 정형화된 특징으로 자리 잡은 한 부분이다. 때문에 역사적인 사실을 묻는 것이 정치적인 문제와 관련해서 策問의 전면에 드러나는 것은 그 사실과 연결되는 정치적 문제를 좀 더 현실적으로 부각시키기 위한 의도가 크다는 것을 의미한다. 몇 백 년이나 이전의 중국에서 있었던 일을 두고 전범으로 본받고 싶은 마음은 있지만 시대적 거리로 인한 괴리감 때문에 과연 현실에 어떻게 적용할 것인가에 대한 부분이 언제나 숙제거리였던 것이다. 특히 대의명분이 있어야 결단을 내릴 수 있는 조선전기의 유교적 분위기에서는, 근거나 전범으로 삼을 역사적인 사실이나 경전을 통해 제시할만한 객관적인 사례가 필수적이었다.

그러한 배경에서 나온 문제들이 역사적 고증을 내세워 구체적인 논증을 요구하는 문제의 형태로 자리 잡게 되었다. 예컨대 '師道'에 대한 문제27)라던가 '變災異致祥瑞之道'에 대한 문제28)가 그것에 해당한다. '紀綱'29)이나 '治亂'30)에 대한 문제도 상당수 출제되

---

27) 奇遵, 「立師道」, 『德陽遺稿』, 한국문집총간 25집, 336면. (1514년 별시문과 출제)
28) 柳景深, 「變災異致祥瑞之道」, 『龜村集』卷之二, 한국문집총간 3집, 42면.

었던 사실을 고려해보건대 사회적으로 왕도의 강화나 유교적 名論의 구축이 활발하게 진행된 시기였음을 증명해주고 있다.

이 부분은 다양한 변형 형태로 출제 되었는데, 기본적으로 언급한 부분의 시대상과 그 시대의 인물에 대한 구체적인 논술을 요구한다는 취지는 크게 변하지 않았다. 策問에서 역사적인 사실을 근거로 삼는 경우는 좋은 예를 본받는다는 모범적인 예보다는 아무래도 反面教師의 측면에서 어떤 점을 개선할 것인지에 대한 부분을 언급하는 경향이 많았다. 다만 역사적 고증의 문제는 단지 고증하는 것이 책문 자체를 대신하는 내용이 될 수는 없기 때문에 궁극적으로 묻고자 하는 문제와 매우 밀접한 연관 질문 혹은 사전 질문의 형태로 대전제가 되는 명제가 분명히 제시되는 경우가 일반적이었다.

그 형태를 파악하기 위해 대표적 사례로, 세종 29년(1447)년의 文科重試에 출제된 策問[31]을 살펴보자. 이 策問은 문제로 제시한 네 가지 조목에 대한 것을 전반과 후반의 두 부분으로 나누어 세부적인 부분까지 논리적인 구조에 신경을 쓰고 있음을 확인할 수 있다. 네 가지 조목을 살펴보면, '사병을 설치하는 것·대신을 예로 대하는 것·정권을 나누는 것·정방을 다시 세우는 것(置私兵, 禮大臣, 分政權, 復政房)'이라고 명시하고 있다.

책문은, 네 가지 조목에 대하여 전반부에서 역사적인 사실관계를 통해 검증하라는 부분과 후반부에서 고려 때와 비교하여 현재 조선에서 시행한 대안과 대신들의 안건을 비교하여 논하라는 부분으로 나뉘어 있다. 구체적인 내용을 다시 재구성하여 표로 정리하면

---

29) 趙光祖, 「紀綱’ 法度」, 『殿策精粹(下)』

30) 金訢, 「策題」, 『顔樂堂集』卷之二, 한국문집총간 15집, 257면.

31) 成三問, 「重試對策」, 『成謹甫集』卷2, 한국문집총간 10집, 202면.

다음과 같다.

표13. 策問 전반부의 내용분석

置私兵		
시대/인물	後漢	宋/太祖
폐단	都試하는 날에 모반이 생김	당 말기에 藩鎭이 강해짐
개혁	郡國의 都尉를 삭감車騎의 材官을 혁파	병사 하나, 재물 하나에 이르기까지 모두 조정이 직접 관리
문제점	병력이 중앙에 집중되어 외방 약함	적국을 막지 못할 정도로 전력이 허약
禮大臣		
시대/인물	漢/文帝	唐/太宗
개선	賈誼의 말을 받아들여 대신을 예우하고 형벌을 가하지 않음	신하를 염치로 대하여 삼품 이상은 다른 죄수들과 함께 불러들이지 않음.
폐단	모함을 당해도 하소연할 수 없음.	귀한 신하들이 아예 불려오지 않음.
分政權		
시대/인물	前漢 / 光武鑑	
폐단	前漢 여러 세대 동안 정권을 잃은 것을 거울삼아야 한다	
혁파	삼공에게 아무 실권을 주지 않고 모든 정권을 대각에 집중시켰다.	
復政房		
핵심문제	인재 등용 및 인사권을 누가 관리할 것인가?	
대상	宰相과 銓曹	

표14. 策問 후반부의 내용분석

置私兵	
개선	고려의 사병을 경계하여 모두 혁파하자.
안건	사병의 이로움이 있으니 허가하자.
禮大臣	
폐단	고려에서 대신을 욕보인 것
개선	비록 죄가 있다 해도 죄를 직접 캐묻지 않고 여러 증거로 죄를 정함
안건	죄 없이 모함에 빠지는 사람이 있을 것이다.
分政權	
폐단	대신이 정권을 쥐고 흔든 것
개선	모든 안건을 임금에게 재결 받도록 하여 의정부가 마음대로 결단하지 못함
안건	승정원이 가진 권한이 지나치게 크다.
復政房	
폐단	정방이 외람되게 인사권을 행사한 것
개선	이조와 병조에게 분담하여 관할케 함
안건	권한이 너무 크니 정방을 재설치하고 제조를 임시로 낙점하자.

策問에서는 크게 전반부와 후반부로 나누고 기본이 되는 네 가지 조목에 대해 역사적 사실을 언급하며 명확하게 문제와 유관한 부분만을 제시하고 있다. 이 역사적 고증들은 후반부의 우리나라의 폐단을 어떻게 해결할 것인지에 대한 부분으로 긴밀하게 조응을 이루고 있음을 확인할 수 있다.

역사적 사실에 대한 고증을 요구하는 유형은 크게 두 가지 의미가 있다. 하나는 경학이나 역사서에 대한 지식을 묻고자 했던 방식으로 사전적 지식을 확인할 수 있다는 것이고, 또 하나는 직접적으로 현재 대신들의 의견과 얽힌 부분을 언급하기 껄끄러울 것을 감안하여 전반부의 역사비평을 근거로 자신의 논지를 허심탄회하게 논할 수 있는 구조를 마련해준다는 점이다.

이러한 특징은 본래 중국 策問에서는 과거의 역사사실을 묻던 형태가, 조선의 策問에 와서는 중국의 역사적 사실에 기반하여 우리나라의 현재 상황과 비교하는 조선 策問만의 특징으로 자리 잡게 된다.

(7) 경학의 개념 정의

앞서 살펴보았던 역사적 사실에 대한 고증 유형은 경학으로 시험을 보는 講經의 부분이 製述에 비해 상대적으로 줄어들면서 그 부분을 보완하는 역할도 수행했음을 확인하였다. 그런데, 역사적인 사실은 아무래도 현재 조선의 폐단을 언급하기 위한 의도적 장치의 의미가 강하기 때문에 전문화된 경학적 지식을 묻는 것이 중심이 될 수는 없었다. 그래서 策問은 제술시험임에도 불구하고 제술의 형태로 충족하지 못하는 부분까지 해결하기 위해 자연스럽게 새로운 유형까지 범위를 확대하게 된다.

그와 같은 배경에서 나온 유형이 바로 경전에 언급된 개념들에 대한 정의와 그 배경지식을 전제로 하여 묻는 유형이다. 이 유형은 경전의 해석을 중심으로 한 가지 개념에 대해 다양한 학설을 제시한 학자들의 이견을 비평적 관점에서 정리하는 방식에서 그 개념이 언급된 서적이 가지고 있는 本義에 대해서 여러 학자의 의견과 주석을 참고로 자기 의견을 개진하는 것에 이르기까지 다양한 형태로 세분화된다. 예컨대 『近思錄』을 구체적으로 지목하면서 내용에 대한 부분을 구체적으로 묻는다든가[32] 그 내용이 구체적으로 『心經』과 어떤 연관을 맺고 있는지를 묻는 策問[33]등을 들 수 있다.

---

32) 姜栢年,「辛丑增廣一所策題」,『雪峯遺稿』卷之二十四, 한국문집총간 103집, 263면.

33) 林象德,「近思錄與心經」,『老村集』卷之六, 한국문집총간 206집, 135면.

또, 철학의 범주도 지평이 확대되어 문자학이나 언어학 혹은 경학에 이르기까지 다양한 학문과 담겨있는 철학과 관련된 책문을 던지기도 한다. 물론 조선후기의 理氣에 대한 논의도 그즈음에 빠질 수 없는 策題[34]로 등장하여 시대의 흐름과 무관하지 않음을 보여준다. 이러한 경향은 단순히 경학적 개념을 묻던 방식이, 형이상학적 철학 개념을 경학에 근거하여 풀어낼 수 있는가에 대한 고차원적인 문제로 확대되면서 변화하게 된 것으로 추정된다.

그런데, 조선 전반의 과거시험에서 출제 경향이 역사에 비중을 두는가, 경학에 비중을 더 두는가를 분석해 보면 철학 분야가 더 큰 비중을 차지하고 있음을 알 수 있다. 역사는 따로 독립적으로 현실적인 문제로 확장할 수 있는 범위가 그리 용이하지 않았지만, 철학은 개념의 확장과 그 개념을 통한 역사적인 사실에 언제든 접근할 수 있는 용이성을 띠고 있기 때문이다.

특히, 조선전기에는 전통 원시 유학의 흐름에 맞게 사서삼경을 기반으로 유교경전에 대한 충실한 면모를 보여준다.[35] 이는 성인들의 저술과 생각을 읽고 전범으로 삼아 그것을 따르려는 것이지, 그것에 대한 새로운 해석을 부가하고자 함이 아니다.

그렇다고 해서 조선후기로 갈수록 역사에 대한 비중이 경학에 비해 작거나 중요하게 여기지 않게 된 것은 당연히 아니다. 策問의 특성상 역사적 사실은 전체적 배경으로 언급하지 않을 수 없는 것이다. 하지만 논의의 주제로 역사적 사실을 전면에 내세우거나 그것을 판단하는 문제가 전면에 출제되는 경우가 흔치 않았다. 반면,

---

34) 鄭重元, 「理氣之說」, 『科策』.

35) 이러한 경향은 金安國이 출제한 여러 편의 策問에서 확인할 수 있다.(金安國, 「雜著ㅇ策題」, 『慕齋集』卷之十, 한국문집총간 20집)

경학은 단편적으로 개념을 묻거나 그 사실을 활용하는 것에서 하나의 學說을 설명하고 논박하는 것으로 한 편의 策問을 이룰 수 있다는 논의의 풍부함에서 이와 같은 현상이 발생하게 된 것이다. 다만 이것은 조선후기에 사상사적인 여러 논의가 다양하게 배태되는 것과에 대비하여 조선전기에는 그와 같이 다양한 양상까지 보여주지 못했다는 점에서 시기상 구별된다.

특이한 策題의 몇 가지 예를 살펴보면, 노장이나 묵자에 대한 부분 등에 대해 공식적인 策題로 출제하며 유교적인 사고의 규제를 받지 않으며 자유롭게 언급하고 있는 策問36)이나 아예 특정 개념을 전면에 내세운 책문들이 있다. 그 몇 가지를 제시하면 다음의 표와 같다.

표15. 경학의 개념 정의를 주제로 한 策問

출생	사망	호	성명	문집	策問	對策	策題
1168	1241	白雲居士	李奎報	東國李相國集	o	x	文武
1287	1340	拙翁	崔瀣	拙藁千百	o	x	從於異端之由
1298	1351	稼亭	李穀	稼亭集	o	x	法制
1298	1351	稼亭	李穀	稼亭集	o	o	皇帝王覇之道
1345	1405	雙梅堂	李詹	雙梅堂篋藏集	o	x	帝王之道聖賢之學
1373	1455	別洞	尹祥	別洞集	o	x	異端之說
1373	1455	別洞	尹祥	別洞集	o	x	天生烝民有物有則
1409	1474	太虛亭	崔恒	太虛亭集	o	o	扶斯道闢異端
1439	1504	大峯	楊熙止	大峯集	o	o	闢異端
1469	미상	虛庵	鄭希良	虛庵遺集	o	o	不可以孔子之事事有若
1471	1498	寒齋	李穆	李評事集	o	x	天人
1476	1549	黙齋	洪彦弼	黙齋集	o	x	變災
1478	1543	慕齋	金安國	慕齋集	o	x	五百年王者興

---

36) 李民成, 「策問」, 『敬亭集』卷之十三, 한국문집총간 76집, 403면.

1478	1543	慕齋	金安國	慕齋集	o	x	經傳史記古聖人之事多有可疑
1478	1543	慕齋	金安國	慕齋集	o	x	聖賢述作
1485	1541	思齋	金正國	思齋集	o	x	扶植綱常
1494	1558	倻溪散翁	宋希奎	倻溪集	o	o	政
1495	1547	潛庵	金義貞	潛庵逸稿	o	o	好惡是非
1498	1551	松齋	羅世纘	松齋遺稿	o	o	習俗之變於人心
1499	1572	東皐	李浚慶	東皐遺稿	o	x	道學之傳
1514	1558	松坡	朴全	松坡逸稿	x	o	忠孝
1516	1571	龜村	柳景深	龜村集	o	o	變災異致祥瑞之道
1516	1571	龜村	柳景深	龜村集	x	o	霜露鬼神
1517	1586	嘯皐	朴承任	嘯皐集	o	o	天道地理人事
1519	1581	松川	梁應鼎	松川遺集	o	x	有志者事竟成
1521	1574	德溪	吳健	德溪集	o	x	爲學之道
1539	1612	簡易	崔岦	簡易集	o	x	誠意, 正心
1545	1609	芝山	曹好益	芝山集	o	x	天地之理
1545	1609	芝山	曹好益	芝山集	o	x	人物之生有偏全不同
1552	1590	松巢	權宇	松巢集	o	o	大學
1552	1592	鑑湖	呂大老	鑑湖集	x	o	太極道
1553	1634	五峯	李好閔	五峯集	o	x	死生輪回
1553	1634	五峯	李好閔	五峯集	o	x	治平之道
1556	1622	海月軒	黃汝一	海月集	o	x	幾
1556	1609	琴易堂	裴龍吉	琴易堂集	x	o	體用
1563	1642	沙西	全湜	沙西集	o	x	忍
1564	1627	希菴	玄德升	希菴遺稿	o	o	倫紀策

(8) 자연현상의 해석

策問은 文科試驗이다. 그렇기 때문에 자연현상에 대한 주제는 굳이 별도의 분야로 구분하여 책문으로 시험을 치르지 않더라도 기존의 '雜科'라는 시험 과목에 편입시키면 그만인 분야였다. 하지만 의외로 잡술에 해당하는 占術이라던가 天文, 地理, 風水 등의 주제들이 策問의 주제로 출제되었던 사실이 확인된다. 이는 雜科에 해

당하는 주제들이 策問에 꾸준히 출제되었다는 점과 잡과의 기술과
목과 구분지어 문과의 책문주제로 새롭게 다루어졌다는 점에서 주
목할 필요가 있다.

　이러한 사실은 두 가지 시대적 배경과 관련지어 분석이 가능하
다. 첫 번째는 문과에 급제하여 政事를 원활하게 수행하기 위해서
는 잡과에 대한 지식을 갖추고 있어야 한다는 당시 정치운영에 대
한 인식을 반영하고 있다는 점이다. 특히, 天文에 대한 분야[37]는
철학적인 부분과 연계되어 자연과학 측면에서의 관찰과 철학적 입
장에서의 현상분석을 중시하는 복합적인 성향을 보여준다. 두 번째
는 자연이나 자연물에 대한 사유나 논리를 철학적인 것과 관련시
키는 자연철학의 양상이 반영된 부분이다.

　예컨대, 앞서 董仲舒의 對策에서 살펴보았던 재이론에 대한 부분
도 자연현상을 정치적 현상으로 끌어와 의미를 부여한 것이 바로
그러한 유형인 셈이다. 결국 대책에서 등장하는 자연물이나 자연현
상은 그것 자체만으로의 의미나 서술을 요하는 것이 아닌 그것에
서 연상되는 혹은 개발되는 부분을 철학적 담론으로 확장하려는
의도가 다분히 담겨 있다는 것을 간과해서는 안된다. 이 분야의 策
題들을 정리해보면 대략의 다음과 같다.

---

37) 全湜,「策問」,『沙西集』卷之四, 한국문집총간 67집. 80면.

표16. 자연현상을 주제로 한 策問

출생	사망	호	성명	문집	策問	對策	策題
1598	1668	麒峰	李時省	騏峯集	o	o	雪
1598	1668	麒峰	李時省	騏峯集	o	o	梅
1606	미상	晚洲	鄭昌冑	晚洲集	o	x	霜
1608	1670	晦谷	曹漢英	晦谷集	o	x	海之爲物
1610	1656	滄洲	金益熙	滄洲遺稿	o	x	弭災之策
1612	1684	存養齋	宋挺濂	存養齋集	x	o	災變
1619	1658	春沼	申最	春沼子集	o	o	象數
1619	1658	春沼	申最	春沼子集	x	o	鳳鳥
1619	1672	存齋	李徽逸	存齋集	o	x	靈草
1620	1672	存齋	李徽逸	存齋集	o	x	醫藥
1620	1672	存齋	李徽逸	存齋集	o	x	曆
1622	1680	歸巖	李元禎	歸巖集	x	o	星變
1629	1687	汾厓	申晸	汾厓遺稿	o	x	氣數
1633	1688	西河	李敏敍	西河集	o	x	災異
1633	1709	松谷	李瑞雨	松坡集	o	x	氣化
1649	미상	(士章)	朴奎世	策文準的	o	o	閏
1725	1802	耳溪	洪良浩	耳溪集	o	x	海
1741	1826	無名子	尹愭	無名子集	o	x	霜
1749	1826	無名子	尹愭	無名子集	o	x	鳴
1749	1807	泠齋	柳得恭	泠齋集	o	o	橘
1749	1824	明皐	徐瀅修	明皐全集	o	x	聲
1752	1800	弘齋	正祖	弘齋全書	o	x	春
1752	1800	弘齋	正祖	弘齋全書	o	x	橘
1752	1800	弘齋	正祖	弘齋全書	o	x	南靈草
1752	1800	弘齋	正祖	弘齋全書	o	x	皇極
1752	1800	弘齋	正祖	弘齋全書	o	x	學
1762	1836	茶山	丁若鏞	與猶堂全書	o	x	鹽

위 표에서 알 수 있듯이 이 분야 역시 조선후기에 중국으로부터 유입된 다양하게 서적과 사상의 영향으로 좀 더 풍부한 소재로 논의가 전개되었다. 특히 자연현상이나 잡술에 해당하는 소재에서 일

반적으로 볼 수 있는 특정 사물에 철학적 개념을 가미하여 질문하고 그것에서 논의를 풀어내도록 하는 策題로 그 범위가 확대된 것을 알 수 있다.[38] 아울러 답안을 어떻게 써야 하는가에 대한 부분을 제시하는 방향성에서도 정조 연간의 策問은 청대 고증학의 영향으로 박물학이나 문자학을 전면 활용하여 철학적인 담론 쪽보다는 구체적인 지식을 제시하는 방향으로 策問의 양상이 변모해가는 것도 확인할 수 있다.

(9) 출처관

인재 등용 분야에서 언급한 바 있지만, 인재를 등용하는 입장과는 별개로 건국 이후 시간이 흐르면서 신하들이 출처는 선비의 처세와 관련하여 중요한 문제로 부각하기 시작한다. 천거나 과거를 통해 정치에 참여하게 되는 것은 어찌 보면 시작점이기 때문에 왜 정치에 투신하려고 하는가에 대한 부분에 대한 질문이 거의 보이지 않는 것에 비해, "중용되면 나아가되 그렇지 못하면 은거한다."[39]는 전통적인 유교의 가르침에 따라 쓰여지게 된 이후에 처신을 어떻게 해야 하는가에 대한 부분은 상당히 중요한 문제였다.

하지만 중용되게 된다고 해서 그것으로 끝이 아니기 때문에 문제는 심각했다. 시간이 흐르면서 당파나 파벌의 싸움으로 정계에서 물러나는 일이 생겨났고, 물러난 이후 그저 은거하는 것이 아니라 다시 쓰여질 재기의 기회를 노리는 일도 자연스레 많아졌다. 무엇보다 한번 정계에서 물러난 이후 다시 세력을 도모하여 돌아오는

---

38) 正祖, 「橘」, 『弘齋全書』卷四十九, 한국문집총간 263집, 254면.; 正祖, 「南靈草」, 『弘齋全書』卷五十二, 한국문집총간 263집, 315면. 정조의 이러한 영향 때문인지 다산 역시 자신이 출제하는 책문에 「春」이라든지 「海」등의 策題를 출제한 바 있다.

39) 用之則行, 舍之則藏 『논어』, 「술이」

데 있어서는 대의명분이 필요했다. 그리고 은거하는 동안 자신의
마음을 어떻게 수양하는가에 대한 문제도 작지 않은 고민이었다.
그것은 신하들의 의견을 듣고 신하들의 거취를 결정하던 왕에게
있어서도 작은 고민이라고 할 수 없었다. 때문에 이 부분은 앞서
살펴보았던 인재 등용에 대한 문제와 신하역할과 선비기상에 이르
기까지 여러 분야와의 복합적인 성향을 띠게 된다.

특히 조선전기보다는 전란 이후 당파의 파벌 싸움이 본격화되기
시작하는 시기에 이와 관련한 책제들이 많이 나온 것은 정계진출
과 귀양을 반복하는 시기의 선비들과 그것을 조절하기 위한 왕의
서로 다른 입장에서의 고민이 어떻게 반영되고 있는지를 살펴볼
수 있는 자료를 제공한다는 점에서 의의가 있다고 하겠다.

표17. 出處觀을 주제로 한 策問

출생	사망	호	성명	문집	策問	對策	策題
1485	1541	思齋	金正國	思齋集	o	x	士之立身行道
1516	1571	龜村	柳景深	龜村集	o	x	修進之方
1549	1615	慕堂	洪履祥	慕堂集	o	o	進退
1567	1618	睡隱	姜沆	睡隱集	o	o	讖緯之說
1631	1690	南岳	趙宗著	南岳集	x	o	致仕
1741	1826	無名子	尹愭	無名子集	o	o	立志
1741	1826	無名子	尹愭	無名子集	o	o	愼獨
1752	1800	弘齋	正祖	弘齋全書	o	x	黜陟
1752	1800	弘齋	正祖	弘齋全書	o	x	握奇
1752	1800	弘齋	正祖	弘齋全書	o	x	立賢無方
1752	1800	弘齋	正祖	弘齋全書	o	x	名分
1752	1800	弘齋	正祖	弘齋全書	o	x	儒
1752	1800	弘齋	正祖	弘齋全書	o	x	時
1752	1800	弘齋	正祖	弘齋全書	o	x	語默
1851	1909	陽園	申箕善	陽園遺集	o	x	儒之名

(10) 심성론과 성정론

앞에서 살펴본 경학의 개념 정의를 묻는 부분은 경학부분이 시험 과목에 반영되지 못한 부분을 보충한다는 의미에서 제술인 策文시험에 반영되었다고 보았다. 그러한 경학의 개념과는 다른 의미에서 철학적 이론인 心性論40)과 性情論41)에 대한 부분42)에 논의가 집중되었던 시기도 있었다. 이 주제가 집중되었던 것은 건국한 지 얼마 되지 않은 시기로, 이것은 조선후기에 등장하는 인간의 품성과 연관되기 이전의 본래 공자와 맹자가 언급했던 하·은·주 삼대의 善政을 지향하는 전형적인 모습을 보여주고 있다.43)

성정론의 경우, 시의 창작에 대한 견해와 관련하여 이견을 보이는데 대표적인 예가 道學派와 詞章派 사이의 의견대립이었다. 남효온 등의 사장파가 "시를 지음으로써 성정 도야에 도움이 된다."는 견해를 내세운 데 반해, 정여창 등의 도학파들은 시보다는 성정 도야를 주목적으로 삼아야 되며, 시라는 것은 이런 상태에서 자연히 발생되는 것이어야 한다고 주장하였다. 이후 이러한 갈등은 문학의 본질을 추구하려는 노력으로 변화되어 도덕이나 윤리적인 차원을 떠나 문학작품에서 미의식을 찾으려는 경향으로 확장된다.44)

심성론은 조선 철학사의 중심에 있는 이기론과 많이 연관되어

---

40) 성리학에 있어서 心·性·情을 중심으로 인간 존재의 양상을 다룬 유학이론. 존재론인 理氣論 및 수양론인 居敬窮理說과 밀접한 관련이 있기도 하다.

41) 인간의 본성과 구체적 감정의 始源에 대한 해석과 양자의 관계 및 선악에 대한 이론을 말한다. 유학에 있어 성정에 관한 학설은 孟子에 의해 시작되었고, 이후 宋나라 때 철학적인 논설이 활발하였다.(한국문학평론가협회, 『문학비평용어사전』, 국학자료원, 2006 참조)

42) 河崙, 「策問[四]」, 『浩亭集』卷之三, 한국문집총간 6집, 471면. ; 卞季良, 「心與性」, 『春亭集』卷之八, 한국문집총간 8집, 110면.

43) 金義貞, 「好惡是非」, 『潛庵逸稿』, 한국문집총간 26집, 400면.

44) 이러한 경향의 문인으로는 김시습·허균·이수광, 三唐詩人이었던 최경창·백광훈·이달 등을 꼽을 수 있다.

논의되는데 이기론이 우주를 논한 것이라면 심성론은 인생에 관한 문제를 다룬 것이라고 볼 수 있다. 특히 心·性·情을 중심으로 하되 심성수양을 위해 개개인이 어떻게 마음을 다스릴 것인가에 대한 부분은 정치적인 出處나 왕을 보좌하여 정치를 하는데 있어서 어떻게 할 것인지에 대한 방법론적인 부분과 함께 논의되는 양상을 띠게 된다. 본래의 심성론이 사람의 마음을 다루어 어떻게 교화시킬 것인가에 대한 철학적 논의가 기반이 된 것이라는 전제에서 策問의 책제에서 다루고 있는 심성론은 다분히 정치를 하는 이의 마음가짐을 어떻게 다룰 것인가에 대한 정치철학의 의미를 부각시키고 있다는 점에서 그 시각을 달리한다.

이 분야에서 눈에 띄는 독특한 주제로는 술의 안 좋은 점(酒禍)에 대한 부분을 철학적인 부분과 연관시켜 출제한 策問45)이 보인다. 이 분야의 대표적인 책제를 정리하면 다음의 표와 같다.

---

45) 1513년 별시문과 병과

표18. 심성론과 성정론을 주제로 한 策問

출생	사망	호	성명	문집	策問	對策	策題
1585	1657	白江	李敬輿	白江集	o	x	心
1612	1671	久堂	朴長遠	久堂集	o	x	心術
1624	1680	歸巖	李元禎	歸巖集	o	x	心與事
1636	1684	息庵	金錫冑	息庵遺稿	o	x	心學
1654	1689	定齋	朴泰輔	定齋集	o	x	恒政, 恒心
1683	1719	老村	林象德	老村集	o	x	傳註之作
1683	1719	老村	林象德	老村集	o	x	類之相應相隨
1683	1719	老村	林象德	老村集	o	x	性氣說
1690	1757	梅山	鄭重器	梅山集	o	x	心經
1693	1737	洞谿	趙龜命	東溪集	x	o	心術
1722	1774	霅橋	安錫儆	霅橋集	x	o	人君之心
1741	1826	無名子	尹愭	無名子集	o	o	心
1752	1800	弘齋	正祖	弘齋全書	o	o	心
1791	1854	梧墅	朴永元	梧墅集	x	o	用心
1814	1888	橘山	李裕元	嘉梧藁略	o	x	心者一身之主宰

(11) 三政의 문란

조선후기 국가재정의 근간을 이루었던 田政・軍政・還政, 이 세
가지 수취의 경영문제는 조선후기 책문의 주제에서 확연히 늘어난
양상을 보이는 분야이다. 그 문제점은 조선전기부터 나타났으나 조
선후기에 접어들면서 더욱 심해졌으며, 이른바 세도정치기[46]에 들
어서면서 극심한 문란상을 보였다. 늘어난 것은 분량만이 아니다.
다루고 있는 소재면에서도 상당히 다양하고 폭넓게 세부 분야가
확대된 양상을 확인할 수 있다. 전란이후 조선후기의 三政이 문란
해진 상황에 대한 위기의식이 반영된 策題[47]가 상당수 늘어난 것

---

46) 순조-현종-철종의 60년간의 통치기간
47) 許傳,「三政策」,『性齋集』卷之九, 한국문집총간 308집, 187면.; 李震相,「應旨對三政策」,『寒洲

을 알 수 있다.

실제 삼정의 문란은 농업의 파탄과 농민들의 몰락을 가속화시켰으며 국가의 재정을 더욱 어렵게 만들어 봉건적 통치체제 자체를 위협했다. 姜瑋의 對策에서 살펴보았던 바와 같이 삼정문란이 극에 치달은 때가 바로 1862년 철종이 해당 책문을 출제했던 시기였다. 이것은 바로 이 시기가 삼정의 문란이 가장 심각한 사회문제였음을 방증하는 근거이기도 하다.[48]

이 시기의 對策들의 내용들은 삼정의 운영개선에서부터 토지제도의 근본적인 개혁에 이르기까지 다양한 내용들이 포함되었으나 최종 정책에 채택된 내용은 이 중에서 가장 온건한 것이었다.[49]

이 중에서 가장 획기적인 조치로 채택된 대안은 환곡에 대한 것으로 환곡 자체를 혁파하고 그 대신 토지 1결당 2냥씩 새 세금을 걷어 환곡에 충당하도록 한 것이다. 그러나 이러한 조치는 각 지방 지주층의 반발로 제대로 시행되지 못했고, 환곡 대신 새로운 세금을 걷었고, 게다가 기존 환곡 결손 분량은 분납으로라도 모두 거둬들이기로 함으로써 농민들의 분노를 일으키게 되고 말았다.

集』卷之四, 한국문집총간 317집, 102면.

48) 특히 남부의 전역에서 발생하자 조정에서 진주에 안핵사로 파견되었던 박규수(朴珪壽, 1807~1876)의 건의를 받아들여 "三政釐整廳"을 신설하고 여기서 관리들과 학자들로부터 광범위한 여론수렴을 거쳐 같은 해 8월, "三政釐整策" 을 발표하게 된다.(한국사사전편찬회, 『한국고중세사사전』, 가람기획, 2007 참조)

49) 전세의 경우는 국세 이외에 지방관 임의의 세목은 일체 폐지하고 군역세에 있어서는 불법 양반들을 색출하여 이들을 모두 양인으로 함으로써 군역세부담 인구를 늘려 1인당 부담액을 줄이기로 하는 안이 채택되었다.

표19. 三政의 문란을 주제로 한 策問

출생	사망	호	성명	문집	策問	對策	策題
1646	1687	是窩	韓泰東	是窩遺稿	o	o	田制
1658	1716	竹泉	金鎭圭	竹泉集	o	x	官兵田三制
1658	1724	損窩	崔錫恒	損窩遺稿	o	x	田制
1680	1755	弼雲翁	金令行	弼雲稿	x	o	三政
1685	1719	老村	林象德	老村集	o	x	氣數之命
1718	1767	晚慕	鄭基安	晚慕遺稿	o	x	蠲租之政
1752	1800	弘齋	正祖	弘齋全書	o	x	還餉
1754	1820	屐園	李晚秀	屐園遺稿	o	x	試取
1783	1873	經山	鄭元容	經山集	o	x	井田
1791	1849	成齋	趙秉鉉	成齋集	o	x	量田
1791	1849	成齋	趙秉鉉	成齋集	o	x	田制
1791	1849	成齋	趙秉鉉	成齋集	o	x	鄕貢
1797	1886	性齋	許傳	性齋集	o	o	三政
1798	1879	蘆沙	奇正鎭	蘆沙集	x	o	三政之弊
1801	1859	鳳棲	兪莘煥	鳳棲集	o	x	田政
1818	1886	寒洲	李震相	寒洲集	x	o	三政
1819	1891	重菴	金平黙	重菴集	o	x	取士之 ■
1819	1891	重菴	金平黙	重菴集	o	x	井田
1820	1884	秋琴	姜瑋	古歡堂收艸	o	o	三政捄弊
1832	1893	省齋	柳重敎	省齋集	o	o	三政
1842	1922	雲養	金允植	雲養集	x	o	三政

(12) 화폐제도의 개선

많은 편수가 보이는 것은 아니지만 화폐와 관련된 策題도 주목할 필요가 있다. 돈의 폐해와 관련되어 포괄적인 서술을 요하던 것에서 조선후기로 오면서 화폐제도의 폐단을 개선하라는 주제에 이르기까지 시대의 변화에 따라 그 형태가 변모하는 양상을 확인할 수 있는 분야의 주제이기도 하다.

조선은 고려왕조와의 차별성과 효율적인 개선을 위해 건국 이후 다양한 제도 정비를 시도해왔다. 그중에서 화폐제도의 개선문제는 조선 초기에는 큰 문제라고 여겨지지 않았던 것이 조선후기로 오면서 경제문제와 결부되어 국가 경제문제의 한 부분으로 자리 잡게 된다.

사실 조선시대 화폐의 사용은 태종 때에 발행한 楮貨의 부분적 사용을 시발점으로 하여, 세종 때에 朝鮮通寶, 세조 때에 화살로 겸용할 수 있는 八房通寶를 발행하여 유통하고자 하였으나, 상업활동의 부진과 화폐에 대한 이해부족으로 널리 통용되지 못하고 여전히 미곡과 포목으로써 물물교환식 거래가 계속되었다. 하지만 조선후기에 이르러 상공업이 발달하고 화폐에 대한 수요가 커지게 되자 인조 때에 '常平通寶'라는 동전을 처음으로 주조하였는데, 숙종 때에는 전국적으로 유통되기에 이르렀다.

策問의 주된 내용은 경제 제도 개혁을 통해 화폐 유통구조를 개선하는 데 주요목표를 두었다. 봉건 조선왕조는 동전의 품질과 체재를 엄격히 규제하고 동전의 주조 유통량을 철저하게 통제하는 한편, 그것의 불법 주조를 엄중히 다스렸다. 또한 중앙집권적 조선왕조가 전통적으로 강조한 화권재상의 정치 이념에 따라서 동전 주조 사업을 중앙에서 집중적으로 관리 운용하는 등 화폐 정책의 개선 내지 합리화를 시도하였다.

그리고 鐵錢·칭량 은화 및 각종의 고액전을 주조하여 동전과 병용하는 화폐제도의 개혁을 모색하였다. 동전과 원료를 달리하는 철전이나 칭량 은화 또는 각종 고액전을 주조 유통하려 한 것은 화폐 원료난이 중요한 원인이 되어 유통계에 일어난 화폐 유통량

부족현상, 즉 錢荒을 해소 극복하려는 데 주요 목적이 있었다. 화폐제도의 개선의 논의가 이 시기 策問에 집중된 것도 이러한 사회적 배경을 모태로 하고 있다.

화폐 경제 확대 발전기의 전반에 일반 유통계에 일어난 전황은 화폐 경제의 원활한 발전을 저해하고 또한 동전의 유통 보급으로 촉진된 봉건 사회의 해체를 가속시킨 중요한 원인이 되었다. 그리하여 이 시기의 화폐 정책이 동전 유통을 전제로 하고 화폐 유통 구조를 개선하는데 역점을 두고 있었다면 화폐 유통에 대한 반동기로부터 유통계에 나타나기 시작한 전황문제는 화폐 유통구조를 개선하는 데 있어서 극복되어야 할 선결과제였기 때문이다.

표20. 화폐제도의 개선을 주제로 한 策問

출생	사망	호	성명	문집	策問	對策	策題
1287	1340	拙翁	崔瀣	拙藁千百	o	x	經濟
1298	1351	稼亭	李穀	稼亭集	o	x	食貨
1298	1351	稼亭	李穀	稼亭集	o	o	財用盈虛戶口增減爲國者止深計
1345	1405	雙梅堂	李詹	雙梅堂篋藏集	o	x	備荒之策
1412	1456	丹溪	河緯地	丹溪遺稿	o	o	損益
1551	1612	獨石	黃赫	獨石集	o	o	財用
1559	1623	於于堂	柳夢寅	於于集	o	x	衣食
1570	1622	晚悔	權得己	晚悔集	o	x	錢幣
1572	1630	潛窩	李命俊	潛窩遺稿	o	x	理財之道
1580	1658	潛谷	金堉	潛谷遺稿	o	x	用車
1585	1657	白江	李敬輿	白江集	o	x	錢幣
1605	1687	南坡	洪宇遠	南坡集	o	x	馬政
1609	1637	秋潭	吳達濟	忠烈公遺稿	o	o	錢
1612	1671	久堂	朴長遠	久堂集	o	x	經費
1612	1671	久堂	朴長遠	久堂集	o	x	飢寒
1638	1707	茅庵	張瑱	茅庵集	o	x	量
1718	1767	晚慕	鄭基安	晚慕遺稿	o	x	蠲租之政
1719	1781	旅菴	申景濬	旅菴遺稿	o	o	車制
1762	1836	茶山	丁若鏞	與猶堂全書	o	x	律度量衡
1762	1836	茶山	丁若鏞	與猶堂全書	o	x	問錢幣

  17세기 이후로는 경제에 대한 개념이 확대되어 백성들의 경제생
활을 개선할 수 있는 농사나 토지제도 등의 문제로 전문화되어가
고 있음을 보여주고 있다. 특히 정약용이 출제한 「問錢幣」[50]는 당
시의 정황을 명확하게 분석하고 그 폐단을 지적하고 있어 당시의
문제점과 위정자의 인식을 파악하는 데 좋은 근거를 제공한다.

---

50) 丁若鏞, 『與猶堂全書』第九卷, 한국문집총간 281집, 189면.

(13) 과거제도의 개선

앞서 對策의 程式에서 언급한 바 있지만 策文을 포함한 科文은 조선시대 내내 선비들의 비판에 대상이었다. 특히, 임진왜란 이후 국가의 기강이 해이해지면서 과거의 운영도 공정하지 못하여 여러 가지 폐단이 불거지기 시작하였다. 예컨대, 이옥(李鈺, 1760~1815)의 「科策」이라는 對策에 보면,隨從의 폐단51), 무묘의 폐단52)등에 대한 핍진한 묘사가 풍자적으로 그려져 있는 것을 확인할 수 있다. 과거제도 시행과정에서 부정이 심해져 인재를 등용하는 문제에 대해 제도적 개선을 요구하는 對策53)이 등장한 사실만 보더라도 당시 과거제도의 부패정도가 얼마나 심각했는지를 짐작케 한다. 그 대안에 대해서도 구체적인 논의들이 다양하게 제시된 바 있는데, 특히, 조선후기의 실학자들 사이에서 그 개혁을 논하는 자들이 많이 나왔다. 그중 柳馨遠과 丁若鏞의 개혁론이 대표적이다.

유형원은 과거제도를 폐지하고 그 대신 貢擧制를 실시할 것을 주장하였다. 그것은 종래의 병립적이던 학제와 과거제를 통합, 일원화한 것으로서, 각급 학교의 우수한 학생을 누진적으로 천거하게 하고, 최고 학부인 太學이 천거하는 자를 관리로 등용한다는

---

51) 시험장에는 잡인의 접근을 엄금하고, 만약 함부로 들어오는 자가 있으면 붙잡아 水軍으로 복무시켰는데, 임진왜란 이후 시험장의 단속이 소홀해지자 서울의 권세 있는 양반자제들이 시험지를 베끼는 사람, 또는 서책을 가진 사람 등의 수종인을 데리고 들어갔다.

52) 응시자 수의 증가로 시관들이 시간에 쫓겨 허두 몇 줄만 읽거나 또는 일찍 낸 시험지만을 科次하는 폐단이 생겼다. 이것은 수험생들로 하여금 시험지를 서로 먼저 내려고 다투게 하는 악습을 불러일으켰다. 그래서, 혹 글 잘 짓는 사람 4, 5인을 데리고 들어가 상·하단을 나누어 제술하게 하여 합쳐서 빨리 냈고, 심지어는 수권소의 군졸을 매수하여 자기의 시험지를 빨리 낸 시험지책 속에 넣게 하는 폐단까지도 나타났다. 이에 영조 때는 수권관이 허락하기 전까지는 시험지를 내지 못하게 하였고, 정조 때는 제술의 시한을 시험 문제 출제 후 3시간까지로 정하는 등의 시정책을 강구하기도 하였다.

53) 柳得恭, 「科弊策」, 『泠齋集』卷之十五, 한국문집총간 260집, 142면.

것이다.54)

　정약용은 경과 명목으로 자주 실시되던 모든 부정기 과거시험을 일체 혁파하고 식년시 하나만을 보강하여 잔존시키되 이로 인한 인재 선발의 부족을 막기 위하여 蔭官의 薦用制를 병용할 것을 주장하였다. 그리고 과거와 공거를 함께 시행하여 양자의 미비점을 상호 보완할 것을 주장하였다.55)

　한편, 李瀷과 鄭尙驥는 과거제를 개편하여 보존시키되, 동시에 천거제를 따로 실시하자는 科薦併用論을 주장하였다. 사실 조선후기의 이러한 자세한 비판이외에도 과거제도 자체는 조선시대 전반에 걸쳐 선비들에게는 바뀌어야 할 폐단의 대명사로 인식되어져 왔던 것이 사실이다. 이 유형의 策問은 과거제도 자체의 개선에서 부터 그 대안책으로 어떤 인재선발 방식을 취해야 할 것인지, 科文의 폐단을 어떻게 개선할 것인가? 또 구체적으로 책문을 종장의 시험 과목으로 채택하는 것이 효율적인가에 대한 질문56)에 이르기까지 그 형태는 다양하였다. 과거제도의 개선에 대한 고민이 드러난 策題들을 정리해보면 대략 다음과 같다.

---

54) 문정숙, 「敎選之制에 나타난 유형원의 교육개혁론」, 한국교원대학교 석사학위논문, 2009.

55) 박우규, 「茶山 丁若鏞의 人事改革에 관한 硏究」, 전남대학교 석사학위논문, 2009.

56) 金萬基, 「癸丑式年會試策問」, 『瑞石集』卷六, 한국문집총간 144집, 444면.; 正祖, 「策規」, 『弘齋全書』卷四十九, 한국문집총간 263집, 252면.

표21. 과거제도 개선을 주제로 한 策問

출생	사망	호	성명	문집	策問	對策	策題
1478	1543	慕齋	金安國	慕齋集	o	x	科擧之規
1584	1639	苔川	金地粹	苔川集	o	x	聚財訓士
1633	1687	瑞石	金萬基	瑞石集	o	x	科目之設
1654	1724	損窩	崔錫恒	損窩遺稿	o	x	策士
1712	1767	晩慕	鄭基安	晩慕遺稿	o	x	設科取士
1731	1797	修山	李種徽	修山集	x	o	公選擧
1749	1807	泠齋	柳得恭	泠齋集	x	o	科弊
1750	1805	楚亭	朴齊家	貞㽔閣集	x	o	試士
1752	1800	弘齋	正祖	弘齋全書	o	x	科講
1752	1820	展園	李晩秀	展園遺稿	o	x	學制
1752	1800	弘齋	正祖	弘齋全書	o	x	薦擧
1752	1800	弘齋	正祖	弘齋全書	o	x	策規
1754	1820	展園	李晩秀	展園遺稿	o	x	試取
1754	1816	竹石	徐榮輔	竹石館遺集	o	x	國家於嶺南一路懷柔仁育
1819	1891	重菴	金平黙	重菴集	o	x	取士之 ■

(14) 군사 및 외교

국사나 국방의 문제는 사실 조선전기에서부터 다양한 형태로 적지 않게 비중을 차지했던 분야 중 하나였다. 물론 고려 때부터 있어왔던 국경 방비에 대한 문제와 변방지역의 수비 문제에 대한 논의를 조정대신들이 언급한 것도 있겠지만 무엇보다 중국과 접하고 있는 국경에 대한 방비와 변방 주민들의 관리 문제는 소홀히 할 만한 것이 아니었다.

그러나 왜란과 호란의 전란이후 상황은 좀 더 급변했다. 북쪽 오랑캐뿐만 아니라 남쪽의 왜구에 대한 부분도 소홀히 할 수 없는 문제로 등장하게 된 것이다. 조선전기에 북쪽 오랑캐에 대한 언급만이 나오던 것이 왜란 이후 왜구의 문제까지 확대된 것을 아래 표를 통해서도 확인할 수 있다.

이 분야에서는 주로 병법에 관련된 것이나 변방의 오랑캐나 남방의 왜구들을 어떻게 방비할 것인가에 대한 부분이 주류를 이룬다. 특히, 군사를 어떻게 운용할 것인가에 대한 병법과 관련된 분야도 정치적인 부분과 융합되면서[57] 단순히 병법에 대한 문제에서 벗어나 군대의 식량을 조달하는 문제[58] 등의 다양하고 구체적인 부분들까지 언급하고 있음을 알 수 있다. 특이할만한 점은 일반시험의 책제보다는 국경을 접하고 있는 지역의 別試(특별시험) 策題라던가 시기상으로 변방경계의 중요성을 강조할 필요가 있던 시기에 국부적으로 시행되었다는 점이다. 이 분야의 策題들을 정리해보면 대략 다음의 표와 같다.

표22. 군사 및 외교를 주제로 한 策問

출생	사망	호	성명	문집	策問	對策	策題
1345	1405	雙梅堂	李詹	雙梅堂文集	o	x	用兵之法
1381	1435	綿谷	魚變甲	殿策精粹(上)	o	o	待野人.備戰艦
1435	1477	寧海君	李瑋	殿策精粹(下)	o	o	夷狄之患
1449	1515	懶齋	蔡壽	懶齋集	x	o	保邦備邊
1471	1527	知足堂	南袞	殿策精粹(上)	o	o	戎患
1485	1541	思齋	金正國	思齋集	o	x	王者待夷狄
1491	1570	湖陰	鄭士龍	湖陰雜稿	o	x	訓鍊, 儲■, 器械, 將領, 城堡
1499	1572	東皐	李浚慶	東皐遺稿	x	o	禦夷狄方略
1501	1572	南冥	曹植	南冥集	o	x	禦倭之策

57) 李詹,「用兵之法」,『雙梅堂文集』卷之二十二, 한국문집총간 6집, 357면.
58) 呂大老,「兵食」,『鑑湖集』卷之二, 한국문집총간 7집, 457면.

1516	1571	龜村	柳景深	龜村集	o	o	軍旅之事
1552	1592	鑑湖	呂大老	鑑湖集	x	o	兵食
1559	1636	楸灘	吳允謙	秋灘集	x	o	用兵禦敵
1570	1622	晩悔	權得己	晩悔集	o	o	制治保邦
1570	1622	晩悔	權得己	晩悔集	x	o	備禦南北和戰難易
1573	1654	隱峰	安邦俊	隱峯全書	x	o	嶺湖備倭之策
1579	1655	浦渚	趙翼	浦渚集	o	x	待夷之道
1582	1646	秋山	朴弘中	秋山集	x	o	應變
1585	1647	澤堂	李植	澤堂集	o	x	避寇
1585	1651	白石	柳楫	白石遺稿	o	o	料敵之方應變之策
1585	1651	白石	柳楫	白石遺稿	o	o	兵食
1585	1657	白江	李敬輿	白江集	o	x	兵
1587	1638	谿谷	張維	谿谷集	o	x	城池
1587	1671	孤山	尹善道	孤山遺稿	o	o	兵家長技
1598	1668	麒峰	李時省	騏峯集	o	o	關防守禦之道
1601	1647	琴川	鄭時修	琴川集	x	o	山川險固
1628	1689	畏齋	李端夏	畏齋集	o	x	關防
1633	1688	西河	李敏敍	西河集	o	x	武備
1644	1698	博泉	李沃	博泉集	o	x	攻戰之道
1646	1707	絅庵	申琓	絅菴集	o	x	用兵之道
1661	1716	竹泉	金鎭圭	竹泉集	o	x	無敵國外患爲亡國之兆
1664	1722	昌舍	孫命來	昌舍集	x	o	日本
1693	1737	洞谿	趙龜命	東溪集	x	o	官方
1695	1757	鳴皐	鄭榦	鳴皐集	o	x	關防
1731	1797	修山	李種徽	修山集	x	o	固邊圉
1731	1797	修山	修山集	李種徽	x	o	取遼瀋
1752	1800	弘齋	弘齋全書	正祖	o	x	關東
1752	1800	弘齋	正祖	弘齋全書	o	x	關北
1752	1800	弘齋	正祖	弘齋全書	o	x	湖南
1762	1836	茶山	丁若鏞	與猶堂全書	o	x	戰船
1799	1877	澹人	申佐模	澹人集	o	x	전라남도 방비책
1801	1859	鳳棲	兪莘煥	鳳棲集	o	x	關防 安危

한편, 국사나 국방에 대한 문제와 별개로 볼 수 없는 분야로 외교

에 대한 부분이 있다. 조선시대에 대외무역이 아주 이루어지 않은 것은 아니지만 중국에 대한 사대 외교나 일본과의 교류 정도를 정식 외교라고 칭하고 크게 활성화되었다고 보기에는 다소 어려운 부분이 있다. 하지만 이 부분은 강경 일변도의 국방을 주제로 했던 策題와는 분명히 구분된다. 고려시대의 활발했던 외교정책에 비해 조선전기의 외교나 교역 활동에 대한 정치적 논의가 그다지 활성화되지 않았던 점도 국방에 관한 策題가 외교 분야의 策題보다 월등하게 많은 이유 중 하나였다. 이 분야에서 눈에 독특한 책제로 '使价'라고 하여, 외교에서 수행해야 할 사신의 역할이 어떤 부분을 수행해야 할지를 묻는 策問59)이 눈에 띈다. 그 외에도 사대교린에 대한 부분을 언급한 對策 등이 있어 策題를 유추해볼 수 있게 한다.60)

(15) 풍속의 개선

전통적 유교의 관점에서 보자면 풍속을 개선하는 문제는 위정자의 책무이자, 풍속은 곧 정치가 잘 되고 있는지를 가늠하는 척도에 다름 아니다. 반대로 풍속이 좋지 못하다는 이야기가 거론된다는 것 자체가 정치가 올바르지 못해 백성들의 교화가 제대로 이루어지지 않는다는 점을 지적하는 것이기도 했다.

그렇기 때문에 策問에서 풍속에 대한 부분이 언급된다는 것은 정치적인 배경과 유교적인 성현의 가르침, 그리고 위정자로서의 선정을 어떻게 펼쳐야 하는지의 방법론적 문제 등이 복합적으로 들

---

59) 金義貞, 「使价」, 『潛庵逸稿』, 한국문집총간 26집, 403면. 동일한 策問이 『東策精粹』(上)에도 수록되어 있다.

60) 林芸, 「王若曰云云, 事大, 交隣, 嫡庶, 度僧」, 『瞻慕堂集』卷之二, 한국문집총간 36집, 522면; 兪棨, 「交隣之道」, 『市南集』卷之十四, 한국문집총간 117집, 222면.

어간 책문의 주제로는 너무 일반화되어 딱 맞는 주제일 수밖에 없었다. 그 대략을 정리해보면 다음의 표와 같다.

표23. 풍속을 주제로 한 策問

출생	사망	호	성명	문집	策問	對策	策題
1483	1536	新齋	崔山斗	東策精粹(下)	o	o	冠婚喪祭
1493	미상	三松	許伯琦	殿策精粹(下)	o	o	習尙
1498	1551	松齋	羅世纘	松齋遺稿	o	o	爲治之道不可不崇禮讓善風俗而已
1498	1551	松齋	羅世纘	殿策精粹(下)	o	o	崇禮讓.善風俗
1564	1635	月沙	李廷龜	月沙集	o	x	在祀
1731	1797	修山	李種徽	修山集	x	o	革舊俗
1749	1807	泠齋	柳得恭	泠齋集	o	o	七夕
1750	1805	楚亭	朴齊家	貞蕤閣集	o	o	七七
1752	1800	弘齋	正祖	弘齋全書	o	x	人日
1752	1800	弘齋	正祖	弘齋全書	o	x	七七
1752	1800	弘齋	正祖	弘齋全書	o	x	耽羅
1752	1800	弘齋	正祖	弘齋全書	o	x	弊習
1752	1820	屐園	李晩秀	屐園遺稿	o	x	三百六旬二十四節
1752	1800	弘齋	正祖	弘齋全書	o	x	三日
1752	1800	弘齋	正祖	弘齋全書	o	x	休老勞農
1752	1820	屐園	李晩秀	屐園遺稿	o	o	墜勢
1762	1840	金陵	南公轍	金陵集	o	x	辟雍
1764	1845	楓石	徐有榘	楓石全集	o	o	擬上經界策[上]
1764	1845	楓石	徐有榘	楓石全集	o	o	擬上經界策[下]
1774	1842	淵泉	洪奭周	淵泉集	o	o	習俗
1791	1854	梧墅	朴永元	梧墅集	x	o	辟暑之方
1797	1886	性齋	許傳	性齋集	o	x	爲人作北道
1797	1886	性齋	許傳	性齋集	o	x	深衣喪服制度

본 절에서 살펴본 책문의 주제 15가지가 조선시대 책문의 주제를 총망라하여 다룬 것은 아니다. 하지만 대략 조선시대에 주로 출제되었던 책문의 주제로 조선시대 전반에 걸쳐 어떤 책문들이 어떤 형태로 출제되었는지를 개괄적으로 살펴보는 데는 큰 무리가 없을 것이라고 생각한다.

　다만 이제까지 분석한 바와 같이 복합적인 책문의 특성을 고려하면 어느 한 분야나 어느 한 형식으로 그 특성을 단정 짓기가 어렵다는 점이다. 정치적인 성향은 당연히 깔려 있는 것이고 그 속에 어떤 주제를 한 가지 다루더라도 그 한 가지 주제에 대한 것만을 현대의 분야를 나누듯이 딱 잘라 나눌 수 없다는 것을 분석과정을 통해 좀 더 명확히 확인할 수 있었다. 이러한 점은 조선시대 策文 연구가 문사철이 융합된 시대의 산물이라는 점을 다시금 상기하고 현대의 분류과목과 기준에 맞추어 분석하는 오류를 범하지 않으면서 당시의 기준과 시각을 적절히 객관적으로 분류해야 한다는 점을 일깨워주는 부분이기도 하다.

　특히, 策問의 주제를 고구하는데 있어 그 시대의 상황을 함께 고려하여 내용을 분석한다면 왜 그 시대에 그런 策問이 출제되었는지를 이해하는 데 있어 큰 도움이 될 것으로 기대된다. 전술한 바와 같이 策文연구는 문사철이 융합된 시대의 산물을 분석해야 한다는 특성 때문에라도 이러한 분석과정은 문학사나 사회사의 측면의 시각을 확보한다는 점에서 상당한 객관적 타당성을 마련해줄 수 있을 것으로 기대한다. 그러한 분석과정을 통해 策問 안에 담겨진 출제자의 의도를 파악함으로써 국정 의도나 문교적 의도가 어떤 것이었는지를 읽어낼 수 있고 시대의 흐름에 따라 文風이 변화하고 문교적 의도가 변모했음을 확인할 수 있기 때문이다.

제6부

'文體' 관련 策文

조선시대의 策文은 정치에 중심을 두면서도 다양한 분야에 걸친 시대적 관심사를 담고 있다. 앞에서 이미 책문의 주제는 물론이고 對策의 문체적 양상에서도 시대적 흐름에 따른 변모양상이 있음을 확인하였다.

본 장에서는 조선시대 전반에 걸친 책문의 주제 가운데 '文體'와 관련된 부분을 집중적으로 살펴보고자 한다. 각 시대를 대표하는 세 편의 策文을 중심으로 분석함으로써 그 시기의 文風 및 당시 문체에 대한 견해들을 점검하고자 한다.

본 장에서 분석의 대상으로 삼고 있는 세 편은, 첫째, 율곡 이이 (李珥, 1536~1584)의 「文策」[1], 둘째, 정홍명(鄭弘溟, 1592~1650)의 策問[2], 셋째, 조선후기를 대표하는 문체관련 책문인 정조(正祖, 1752~11800)의 두 번째 「文體策」[3]이다.

이이의 「文策」은 策問과 對策이 모두 갖춰져 있어 전체적인 분석을 진행하게 될 것이다. 정홍명이 출제했던 策問은 그에 응한 對策이 발견되지 않아 대책의 분석은 불가능하지만 150여 년 후에

---

1) 李珥, 「文策」, 『栗谷全書』拾遺 卷之六, 한국문집총간45집, 576면.

2) 鄭弘溟, 「文體」, 『畸庵集』卷之十, 한국문집총간 87집, 155면.

3) 正祖, 「文體」, 『弘齋全書』卷五十, 한국문집총간 263집, 272면.

정조가 첫 번째 「文體策」4)에서 정홍명의 입론을 그대로 가지고 와서 개작했음에 주목하여, 두 시대별로 어떤 내용과 형식적 차이가 개작 과정에서 이루어졌는지를 통해 정홍명의 시대를 좀 더 명확하게 읽어내고자 한다. 마지막으로 조선시대 중에서도 가장 다양한 형태의 策文 자료가 관찰되는 정조 연간을 대표하는 문체관련 策問으로 정조의 두 번째 「文體策」에 대해 그에 대응한 다섯 명의 閣臣들의 對策과 조응하여 살펴보고자 한다.

1. 李珥의 「文策」

(1) 시대적 배경

16세기는 사상적으로 성리학이 주류로 완전히 자리 잡은 시기였다. 그러한 배경으로 인해 시대를 대표하는 지성들의 탁월한 담론의 교류와 논쟁이 넘쳐났던 시기이기도 했다. 退溪 이황(李滉, 1501~1570)과 高峯 기대승(奇大升, 1527~1572)의 '四端七情論'을 비롯하여 河西 김인후(金麟厚, 1510~1560), 南冥 조식(曺植, 1501~1572), 花潭 서경덕(徐敬德, 1489~1546) 등의 인물들이 저마다의 자기 학문을 기반으로 다양한 담론을 내놓았다.

그러한 인물들 가운데 율곡 이이의 활동은 눈에 띄게 도드라졌다. 사림에게 지대한 영향을 끼친 이이의 문학론은 성리 철학을 기본으로 하는 16세기 사림파의 문학을 대변한다고 해도 과언이 아니다.5)

---

4) 正祖, 「文體」, 『弘齋全書』卷四十九, 한국문집총간 263집, 256면.

이이는 다른 문인들과 비교하여 적지 않은 분량의 對策자료를 남긴 인물이다. 그 정황을 살펴보면, 「天道策」, 「易數策」6), 「貢路策」, 「文武策」, 「死生鬼神策」, 「軍政策」7), 「神仙策」, 「祈禱策」, 「節序策」, 「壽夭策」, 「時弊七條策」8), 「醫藥策」, 「天道人事策」, 「誠策」, 「化策」, 「文策」, 「盜賊策」9) 등 현재 확인되는 對策만도 17편이나 되며, 출제자의 입장에서 작성한 策問도 6편10)이나 전한다.

아홉 번이나 장원을 차지했다는 기록에서 알 수 있듯이11) 이이는 다른 문인들보다 과거 응시회수도 많았고, 그때마다 탁월한 평가를 받았다. 당시 조정에는 賜暇讀書制, 즉, 관리들에게 연구할 수 있도록 휴가를 주고 그 성과를 확인하는 제도가 있었다. 그래서 讀書堂, 湖堂 등에서 개인적인 공부로 시간을 보내거나 틈틈이 對策을 지어 과제로 제출하는 경우가 있었는데, 이이의 경우도 이 같은 賜暇讀書制를 활용하여 그 기간에 작성한 對策이 대다수인 것으로 추정된다.12)

그런데, 특이한 것은 이이의 문집인 『율곡전서』에 실린 對策은 「天道策」, 「易數策」 2편과 策問 4편뿐이고, 나머지 對策과 策問 2편

5) 임형택, 『한국문학사의 시각』, 창작과비평사, 1995, 32면.

6) 이 2편은 『栗谷全書』卷之十四, 「雜著」에 수록되어 있음.

7) 이 4편은 『栗谷全書』拾遺 卷之四, 「雜著」에 수록되어 있음.

8) 이 5편은 『栗谷全書』拾遺 卷之五, 「雜著」에 수록되어 있음.

9) 이 6편은 『栗谷全書』拾遺 卷之六, 「雜著」에 수록되어 있음.

10) 策問 6편 중 4편은 『栗谷全書』卷之十四, 「策問」(한국문집총간 44집, 304면)에 수록되어 있는데 그 주제는 다음과 같다. 첫째, 三代之治와 儒者之道, 둘째, 天運循環과 至治, 셋째, 讀書, 넷째, 歷代相承이다. 나머지 2편은 『栗谷全書』拾遺 卷之六, 「策問」(한국문집총간45집, 535면)에 수록되어 있는데, 그 주제는 다음과 같다. 첫째, 經濟之策(爲國之道), 둘째, 致用之策(足食・足兵・民信之)이다.

11) 李裕元, 『林下筆記』卷二十三, 「文獻指掌編」, 45면; 『栗谷全書』卷之三十三, 「年譜上」, 한국문집총간 45집, 281면.

12) 곽신환, 「李栗谷의 策文 研究」, 『유교사상문화연구』7, 한국유교학회, 1994, 282면.

은 모두 『拾遺』에 수록되어 있다는 점이다. 『拾遺』는 모두 6권으로 原集의 순차에 따라 편차되었는데, 原集에 수록된 작품들에 비해 중요도가 떨어지는 習作이나 科文이 다수 포함되어 있다. 이렇게 편집이 나뉘게 된 이유는 처음 『율곡전서』를 편집할 때부터 유명한 두 편 이외의 科文이 율곡사상을 대표하는 작품이라고 평가되지 못하였다는 판단이 작용했기 때문으로 추정된다. 실제로 그런 이유에서인지 이제까지의 연구 성과를 살펴보면 「天道策」, 「易數策」을 제외한 이이의 對策은 학계의 주목을 제대로 받지 못한 것이 사실이다.

하지만, 앞서 살펴본 바와 같이 이이의 策文들은 이이 개인의 사상뿐만 아니라 책문이 私的 글쓰기가 아닌 公的 글쓰기라는 점에서 그 당시의 文風과 관심사 등 학풍을 이해함에 있어서 매우 중요한 자료임에 틀림없다.

이이가 직접 출제한 策問 6편을 제외하면, 그가 작성한 對策의 策題들은 당시 학계의 전반적 관심사를 객관적으로 파악할 수 있을 자료로서의 의미가 있다. 『율곡전서』본집과 『습유』에 수록된 17편의 對策 가운데 11편은 성리학적 자연관과 깊이 관련된 주제들이다. 이 같은 주제가 시험관에 의하여 국가 경영의 인재를 선발하는 시험 또는 賜暇讀書의 課題로 부과되었다는 사실은 주목할 필요가 있다. 그 策文의 내용들이 곧 그 시대 지식인과 관료들의 학문적 관심사와 분위기를 가늠케 해 줄 수 있다는 점 때문이다. 즉, 이이가 성리철학적인 주제의 글을 많이 쓴 배경에는 그의 개인적 성향 이전에 이와 같은 시대적 조류와 文風이 작용하고 있었다는 사실을 방증해준다는 것이다.

그렇다면 九度壯元의 탁월한 문장가이자 사상가였던 이이가 작

성한「文策」을 통해 그 시기 문체에 관한 인식과 문학관을 분석해
보기로 하자.

(2) 策問의 분석

「文策」은 앞서 살펴본 바와 같이 정식 과거시험을 위한 策問으
로 출제된 것에 대한 對策이 아니다. 賜暇讀書制의 과제로 제시된
것이기 때문에 殿試 策問에서 보이는 전형적인 특징을 보이지 않
는다. 예컨대, '王若曰'로 시작하고 있지 않다는 점 등이 그러한 판
단의 증거가 된다. 대책이 작성된 시기도 건국 이후 策文이 과거과
목으로 시행된 지 일정 시간이 지났기 때문에 조금씩 조선만의 특
징이 간취되는 시기라고 할 수 있을 것이다.

그렇다면 이이의 對策을 분석하기에 앞서 策問의 내용이 어떤
내용을 담고 있는지에 대해 면밀히 분석해보자.

> 文이란 道를 나타낸 것이다. 문으로서 도에 벗어난다면 문이라
> 고 할 수 없다. 그러므로 성현의 문은 한결같이 도에서 나왔으니,
> 육경에 실려 있는 글에서 환히 볼 수 있다. 다만 孔門에서는 四科
> 를 세워 子游와 子夏를 문학으로 칭송하였으니, 이것은 마치 도를
> 떠나서 문을 말한 것 같다. 子游와 子夏의 문은 역시 문장만을 일
> 삼은 문이 아니었던가.[13]

책문의 첫머리는 조선전기의 도문일치 문학관을 간단명료하게
정리하는 내용으로 화두를 삼고 있다. 그런데 특이한 것은 도문일
치 문학관을 확인하고 난 뒤, 바로『論語』「先進」을 예로 들어 문

---

13) "問. 文者, 道之著. 文而外道, 非文也. 故聖賢之文, 一出於道, 其載在六經者, 粲然可見. 但孔門
立四科之目, 游 夏以文學稱, 是則疑若外道而言文也. 抑游 夏之文, 亦非徒文而已者耶."(李
珥,「文策」,『栗谷全書』拾遺 卷之六, 한국문집총간45집, 576면)

학만을 칭송한 것이 아닌가하는 의문을 던진다. 명확히 질문을 하는 것도 아닌 반문의 형태로 출제자의 의견을 표출하는 방식이 이채롭다.

도문일치 문학관에서 가장 우선시하는 성현의 말씀에 의문을 제시하고 그것을 어떻게 해석해야 하는지를 묻고 난 뒤에는 세부론으로 들어가 시대와 인물을 언급하며 크게 두 가지 형태의 질문을 던진다. 첫 번째 질문을 살펴보자.

> 秦漢이후로는 선비들이 도를 강론하지 않으므로 문과 도가 드디어 나누어져 두 가지가 되고 보니, 비록 간혹 문으로 세상에 떨친 사람이 있기는 했으나 모두가 浮華하고 駁雜한 것만 숭상하고 다시는 도를 숭상하는 실상이 없게 되었다. 그중에 그나마 도에 가까운 漢나라의 董仲舒, 揚雄과 唐나라의 韓愈와 宋나라의 歐陽脩같은 이에 대해서는 先正들이 도에 가깝다고 인정하여 다른 儒者의 미칠 바가 아니라고 하였다. 그러나 그들이 평생 말하고 행한 실상을 상고해보면 병통이 없지 않다. 그들이 도에 가까우면서도 병통이 없지 않은 것은 무슨 까닭인가?[14]

도가 제대로 전해지지 않은 시기를 秦漢 이후로 보고 文이 도와 분리되기 시작하면서 문은 浮華하고 駁雜하게 되었고 도를 숭상하지 않게 되었다고 분석한다. 이 부분은 이 시기의 문단이 도학 정통에 대한 어떤 인식을 가지고 있었는지 여실히 보여준다. 그리고 구체적인 질문에 들어가서, 도에 가깝다고 했던 漢나라의 董仲舒, 揚雄과 唐나라의 韓愈와 宋나라의 歐陽脩가 도에 가깝기는 하지만

---

14) "秦´漢以降, 士不講道, 文與道遂裂而爲二物, 雖或有以文鳴者, 皆浮華駁雜之爲尙, 而無復明道之實矣. 其間庶幾於道者, 如漢之董仲舒, 揚雄, 唐之韓愈, 宋之歐陽脩, 先正許以近似, 而謂非諸儒可及. 然考其平生立言行事之實, 則未嘗無病焉. 其所以能近道而亦不能無病者, 何歟."(李珥, 위의 글)

온전히 도를 숭상하였다고 볼 수 없다고 본다면 과연 그들이 어떤 문제점을 가지고 있는지를 묻고 있다. 이미 출제자의 의도를 다분히 반영한 상태에서 출제자가 생각하고 있는 초점에 맞춰 그 이유를 서술하라는 방식이다. 문제의 핵심은, 제시된 인물들 역시 완전한 도문일치를 이루지 못하였는데 어떤 부분이 부족한 것인지를 찾아낼 수 있는지에 대해 묻는 것이다. 이어지는 두 번째 질문을 살펴보자.

> 선정을 논하자면 고정(朱熹)선생은 도의에 沈潛하면서도 문장에 뛰어났고, 서산(眞德秀)선생은 문장이 광대하면서도 도의에 흠뻑 젖었다. 두 선생이 서로 들어간 곳은 같지 않으나 마침내 일치하게 된 것은 어째서인가.[15]

두 인물 주희(朱熹, 1130~1200)와 진덕수(眞德秀, 1178~1235)를 비교하면서 성향이 완전히 다른 듯하지만, 결국 그 둘이 성취에서는 일치하게 된 이유를 묻고 있다. 이 질문 역시, 두 사람의 일치된 부분이 궁극적으로 도문일치를 이루는 핵심이라는 출제자의 의도를 다분히 드러내면서 그 핵심에 대해 기술하라는 질문이다.

이렇게 전체를 통합하는 질문과 세부적인 질문까지 모두 세 가지 질문을 하고 난 뒤, 이 전체를 아우르는 현재 조선의 상황을 묻는 질문으로 策問은 귀결된다. 마지막 부분을 살펴보자.

> 지금 세상을 보면 文弊가 극에 달했다. 과거의 문이 있고 사장의 문이 있어 두 가지가 같이 병통이 되어 문이 문답지 못하게 되

---

15) "就先正論之, <u>考亭先生</u>, 沈潛于道義而發越乎文章, <u>西山先生</u>, 汪洋乎文章而浸淫乎道義. 二先生所入不同, 而終歸於一致者, 何歟."(李珥, 위의 글)

었다. 文弊가 이와 같으니 세도가 어떠하겠는가. 이 폐단을 구하려면 무슨 방도가 있겠는가. 자네들은 문을 배우고서 반드시 이것을 많이 강론했을 것이니 말들을 해보아라.[16]

앞의 질문들이 중국의 역사적 사실에 기초했던 것이라면 이 마무리는 '지금(今)'이라는 표현으로 조선의 당대 현실을 자각케 한다. 文에 있어 가장 큰 폐단으로 지적하고 있는 것이 科擧의 文과 詞章의 文, 두 가지이다. 이 두 가지 때문에 문이 문답지 못하게 되었으니 그 해결방안을 제시하라는 것이다. 주의해야 할 것은 이 부분이 策問의 마무리이자 전체 의미를 총괄하는 역할을 수행하고 있는 단락이라는 점이다. 이 질문은 앞선 세 가지 질문의 근거를 토대로 현재 조선의 폐단을 해결할 수 있는 방향을 제시하는 질문에 다름 아니다.

그렇다면 이 질문들에 대해 이이가 어떤 답안을 내놓고 있는지 살펴보자.

(3) 對策의 분석

앞의 對策의 程式에서 살펴본 바와 같이 율곡의 「文策」도 16세기에 작성된 對策의 특성을 아주 잘 보여주는 자료이다. 殿策의 경우와 그렇지 않은 경우에 따라 그 형태가 조금 달라지기는 하지만 이 시기까지만 하더라도 일반적으로 對策의 虛頭에 독특한 입론을 제시하는 경우는 흔히 발견되지 않는다.

---

16) "觀乎今之世, 文弊極矣. 有科擧之文, 有詞章之文, 二者迭爲之病而文不文矣. 文弊若玆, 世道何如. 欲救之弊, 將有術歟. 二三子學文之餘, 其必熟講于是, 試言之." (李珥, 위의 글)

어리석은 저는 일찍이 理學이 강론되지 않아서 문과 도가 둘로 갈라진 것을 개탄하여 서재에서 책을 덮고 긴 한숨을 쉬며 탄식해 온 지 오래입니다. 그런데 이제 國子先生(성균관 대사성)이 이 文을 가지고 承學(계승하여 학문을 전함)들에게 하문하시어 이 폐단을 구할 계책을 듣고자 하시니, 소생이 비록 불초하지만 감히 마음을 다하여 대답하지 않겠습니까?17)

간략하게 策問의 취지만을 정리하고 나서, 中頭에서 입론을 시작으로 자신의 견해를 보여주는데 그 내용을 자세히 살펴보자.

삼가 아뢰건대, 도가 나타난 것이 문이니 도는 문의 근본이오, 문은 도의 말단입니다. 근본을 얻음으로써 말단이 그 곳에 들어있는 것은 성현의 문이오, 그 말단만 일삼고 근본은 일삼지 않는 것은 俗儒의 문입니다.

옛적의 학자들은 반드시 먼저 도를 밝혔으니, 진실로 도를 밝혀 마음에 얻어진 것이 있으면 행동에 나타나며, 말에 나타난 것은 모두 다 도의 나타남입니다. 그러므로 그 문은 말이 간략하여도 이치가 타당하고 말은 알아듣기 쉬우며 뜻은 깊어 마침내 도덕과 인의를 윤택하게 하여 빛내게 되는 것이니, 이것이 성현의 문입니다.

후세의 학자들은 實理를 구하지 않고 실속 없는 꾸밈새만을 숭상하여 마음에 얻어진 것도 없이 한갓 겉으로 꾸미는 말만 하여 남의 호감이나 사고 세상에 자기 재주나 자랑합니다. 그러므로 그 글들을 솜씨 있게 짓기는 하나 도의에는 벗어나고, 말만 많을 뿐 이치에는 저촉되며, 말은 막히지 않아도 뜻이 막히니 이것이 곧 속유의 문입니다. 진실로 그 本末을 궁구하여 먼저하고 뒤에 할 것을 안다면 바로 더불어 문을 이야기할 만한 것입니다.18)

---

17) "對. 愚嘗慨然於理學不講, 文與道歧而爲二, 螢窓之下, 掩卷長嘆者, 爲日久矣. 今國子先生, 特擧斯文, 下詢承學, 欲聞救弊之策, 愚雖無似, 敢不悉心以對." (李珥, 위의 글)

18) "竊謂道之顯者, 謂之文, 道者, 文之本也, 文者, 道之末也. 得其本而末在其中者, 聖賢之文也. 事其末而不業乎本者, 俗儒之文也. 古之學者, 必先明道, 苟能明道而有得於心, 則見乎威儀, 發乎言辭者, 莫非道之著者也. 是故, 其爲文也, 辭約而理當, 言近而指遠, 卒澤於道德仁義, 炳如也, 此則聖賢之文也. 後之學者, 不求實理, 而徒尙浮藻, 心無所得, 而外爲巧言, 取悅於人而衒玉於世. 是故, 其爲文也, 工於撰述, 而外於道義, 辭繁而理礙, 語固而意滯, 此則俗儒之文也. 苟能窮其本末, 知所先後, 則可以與議於斯文矣." (李珥, 위의 글)

인용문의 문단을 구분한 것은 내용상 구분을 용이하게 하기 위해서이다. 이이는 입론에서 도와 문의 관계에 대해 '道本文末'이라 명확하게 표명하고 있다.[19] 이어 그 두 가지 대표적인 예로 聖賢의 文과 俗儒의 文라는 두 개념을 두고 상세한 설명을 시작하고 있다. 그 기준은 도의 유무이며 형식면에서는 인위적인 조작 유무로 구별된다. 성현의 문장은 수식하지 않은 문장으로 자연스러운 아름다움 속에 깊은 뜻을 담고 있으며, 속유의 문장은 교묘하여 말은 번잡하고 매끄러우나 결과적으로는 도의에 벗어나고 이치는 막혀 모순을 면하지 못한다. 때문에 이이는 억지로 꾸미고 부화한 문체를 반대한다. 두 개념에 대해 설명하고 난 뒤 마지막 문단에 '本末'이라는 표현으로 도와 문을 환치하여 무엇이 우선인지에 대해 명확한 인식을 해야만 더불어 문을 논할 수 있다고 역설한다.

策問의 질문내용에 바로 답하지 않고 전체적인 자신의 입장을 中頭의 첫머리에 입론하는 방식은 이 시기 對策의 형식이 어떻게 이루어지고 있는지를 잘 보여주는 예이다. 이이는 책문에서 묻고 있는 세 가지 질문에 대해 순차적으로 조응하는 방식으로 글을 전개해나가고 있다. 첫 번째 질문에 대한 답변을 살펴보자.

> 우러러 생각건대, 우리 夫子(孔子)께서는 여러 성인의 가르침을 취하여 절충해서 육경에 실어놓았으니, 이것은 기왕 더 논할 것도 없거니와, 그 문인 가운데 四科(덕행, 문학, 정사, 언어)를 설립하여 子游와 子夏를 문학으로 칭한 것은 마치 도를 벗어나 문을 말한 것 같기는 하지만 삼대의 학문이 모두가 인륜을 밝힌 것이었으니, 고인들의 이른바 문학이란 것을 알 수가 있습니다. 어찌 후세 사람처럼 조충전각이나 하는 것이 없겠습니까.

---

19) 이러한 그의 인식은 그의 또 다른 對策인 「文武策」에서도 그대로 원용되고 있다.

漢으로부터 이후로는 위로는 올바른 정치가 없고 아래로는 진
　정한 선비가 없어 도술이 날로 무너지고 衆流가 어지럽게 나와 세
　상에 儒者로 일컬어진 사람도 문이 있음만 알고 도가 있음은 몰라
　부화한 것만 숭상하고 駁雜한 것만 주장하니 斯文의 폐단이 극에
　달했습니다.[20)]

　고인의 문학이 도와 분리된 것이 아님을 설명하면서 그 핵심은
'인륜을 밝히는 것'에 있다는 점을 강조하고 있다. 漢 나라 이후로
文弊가 생기게 된 원인에 대해 '도와 문이 분리되기 시작하면서 그
렇게 되었다.'는 策問의 설명에 대해, 위로는 올바른 정치가 없고
아래로 진정한 선비가 없었기 때문이라고 풀어서 기술한 점은 이
이의 글쓰기가 갖는 특징을 잘 보여준다. 기존의 내용을 반복하거
나 인용하지 않고 자기 나름의 재해석으로 내용을 첨가하는 방식
이다.

　그리고 나서 두 번째 질문에서는, 策問에서 열거한 道에 가깝다
는 인물들이 후대에 그렇게 평가받게 된 장점을 먼저 기술하고, 뒤
이어 그들의 왜 도에 가깝기만 하고 도에 이르지 못했는지에 대한
단점을 기술하고 있다.

　　그 사이에 조금 孔孟을 높이고 異端을 억누를 줄 안 사람은 몇
　사람에 지나지 않습니다. 董仲舒의 '그 誼를 바르게 하고 그 利를
　꾀하지 않는다.'는 말과 揚雄의 '먼저 자신을 다스린 뒤에 남을 다
　스린다.'는 말과 韓愈의 문이 팔대 동안 쇠퇴한 문장을 다시 일으
　킨 것과 歐陽脩의 문이 五季의 폐단을 고쳤던 것이 그것입니다.
　　그러나 董仲舒는 성인의 법은 터득했으나 그 실수는 우활해짐

---

20) "仰惟吾夫子, 取羣聖之敎而折衷之, 載在六經者是己, 尙矣哉, 無復議爲也. 及其門人設四科之目,
　而子游　子夏, 以文學稱焉, 則離若外道言文. 然而三代之學, 皆所以明人倫, 則古人之所謂文學者,
　可知己. 豈若後世之雕蟲篆刻者哉. 自漢以來, 上無善治, 下無眞儒, 道術日壞, 衆流雜出, 世之儒
　名者, 徒知有文, 而不知有道, 浮華爲尙, 駁雜爲宗, 斯文之弊, 極矣." (李珥, 위의 글)

이었고, 한유는 자신을 굳게 지키지 못하여 굶주림과 곤궁함을 이기지 못해 남에게 호소를 했고, 구양수는 문장과 행실이 비록 도에 가깝기는 하였으나 도학으로 보자면 결국 濂洛(周敦頤·程顥·程頤)에 비하여 부끄러운 수준이었으니 하물며 王莽의 대부 노릇을 한 揚雄가 어찌 비할 것이 있겠습니까?21)

策問에서는 언급되어 있지 않았지만 周敦頤·程顥·程頤라는 도에 이르렀던 인물들의 대표적인 예를 들어 董仲舒, 한유, 구양수, 양웅 등과 대조하여 이해를 높이는 설명방식을 채택하고 있다. 문장의 측면보다 수양의 측면이 강조된다는 것을 다시 한번 재확인한 셈이다.

여기서 인용문의 두 번째 문단에서 '그러나(然)'의 역접 용법에 주목할 필요가 있다. 이이의 對策에서 보이는 특징 중 하나로, 자신이 중점적으로 말하고자 하는 것을 역접으로 구분하여 강조하는 방식을 보여준다.

두 번째 질문에 답하고 나서 이이는 자신이 中頭의 입론에서 보여준 道本文末을 기저로 한 성현의 문과 속유의 문을 토대로 두가지 질문의 핵심으로 좀 더 심화된 논의를 전개하는데 그 구체적인 내용을 살펴보자.

대저 도가 밝아지지 못한 것은 그 말단만 알고 근본을 모르기 때문이요, 도가 행해지지 못한 것은 그 뒤에 할 것을 먼저하고 먼저 할 것을 뒤에 하기 때문입니다. 아는 것이 무엇인지 모르는 사람이 없으나 도를 아는 사람은 적고, 도를 모르는 사람은 없지만

---

21) "其間稍知尊孔孟而抑異端者, 不過數人而已. 董生之正其誼不謀其利, 揚雄之先自治而後治人, 退之之文, 能起八代之衰, 永叔之文, 能革五季之弊者是已. 然而董生得聖人之經, 而其失也流而爲迂, 退之自守不固, 飢寒困窮之不勝而號於人, 永叔文行, 雖若庶幾, 而道學終愧於濂洛, 而況莽大夫楊雄, 焉能爲有, 焉能爲無哉." (李珥, 위의 글)

도를 행하는 사람은 적습니다.

　자유와 자하의 학문은 아는 것과 행하는 것을 겸했기 때문에 자하는 '어진 사람 좋아하기를 마치 여색을 좋아하듯 하라.'고 하였고 자유는 무성을 예악으로 감화시킨 일이 있었으니 그들이 문장만을 일삼지 않았다는 것을 알 수 있습니다. 사과의 명목은 특히 그 소장일 뿐이오, 여기에만 치우친 것은 아닙니다. 그렇지 않다면 성인의 체를 다 갖춘 안연이 어찌 정사하는 재주가 모자랐겠으며, 영리한 자공이 어찌 문학의 재주가 없었겠습니까? 董仲舒 같은 무리는 아는 것이 지극하지 못하고 행실도 독실하지 못했으므로 혹은 취향이 올바름에도 그 정수를 얻지 못했거나, 혹은 선택을 정하게 하지 못하고 말을 상세하게 하지 못하였으며, 혹은 식량은 높으나 행실이 뒤따르지 못하고, 혹은 사업은 많았으나 도의 요점을 듣지 못하였으니 이것이 바로 도에 가까운 듯하면서도 끝내 병통이 없지 못한 까닭입니다.22)

　단락을 '夫(대저)'로 시작한 것은 앞에 서술한 내용에 대해 자신의 견해를 정리하겠다는 표식으로 사용한 것이다. '道本文末'이 知(인지)의 문제라면 실행되지 않고서는 결코 완전을 이룰 수 없다는 것이다. 즉, 도를 알기만하고 행하지 않는다면 아는 것만으로는 아무런 의미가 없다며 行(실행)을 촉구한다. 그래서 그 두 가지가 따로 전개될 수 없는 것임을, 道와 文의 형태에 빗대어 설명한 것이다.

　무엇보다 이이의 對策 글쓰기가 탁월하다고 평가되는 부분은, 이러한 설명을 策問의 질문과 유기적으로 연계시키는 기술적인 점에 있다. 이이는 첫 번째 질문에서 출제자가 의문형으로 남겨두었던

---

22) "夫道之所以不明者, 知其末而不知其本故也, 道之所以不行者, 先其所後, 後其所先故也. 孰不有知, 知道者鮮矣, 孰不知道, 行道者鮮矣. 游 夏之學, 兼知兼行, 故子夏有賢賢易色之論, 子游有武城禮樂之化, 其不爲徒文, 可知已. 四科之目, 特其所長耳, 非其所偏也. 不然則具體之顔淵, 豈乏政事之才, 穎悟之子貢, 寧無文學之藝哉. 若董生之輩, 其知不至, 其行不篤, 故或所趣雖正, 而未得其宗, 或擇焉不精, 而語焉不詳, 或識量雖高, 而行不能掩, 或事業雖優, 而未聞道要, 此所以雖若近道, 而終不能無病者也." (李珥, 위의 글)

부분을 이 논리를 통해 명확하게 설명해낸다. 성현(공자)이 문장으로 子游와 子夏, 두 사람을 칭송한 것은 바로 知와 行을 겸비했기 때문에 가능했다는 것이다. 그리고 바로 두 번째 질문에 열거된 인물들이 知와 行을 겸비하지 못하였기 때문이라는 점을 들어 도의 요점을 '知行一致'로 결론짓는다. 이로서 「文策」에서 이이가 정의하는 도의 요점은 '道本文末 知行一致'라는 여덟 자로 정리된다.

세 번째 질문까지 모두 답하고 난 뒤, 전체를 정리하는 것이 아니라 두 번째까지만 답하고 정리한 것이 조금 성급한 것이 아닌가 하는 의문이 생긴다. 그렇다면 이이가 어떤 의도에서 이와 같은 구조를 취하게 되었는지를 파악해 보도록 하자.

저 고정(朱熹)의 학문은 내려온 연원이 있고 道統을 이었는데 그의 학문은 이치를 궁구하며 문으로써 넓히고 항상 敬을 몸에 지녀 예로써 다잡으며 몸소 행하고 마음으로 터득함으로써 속에 쌓인 것이 밖으로 나타남이니, 문장이 뛰어난 것은 실로 덕이 쌓여 얼굴엔 윤이 나고 등에도 넘치는 경우의 나머지인 것입니다.

서산(眞德秀)의 학문은 많이 배워서 많이 알아 크고 작은 것을 빼놓지 않고 당우시대 이후 책 속에 담긴 것으로서 경전의 정미한 것과 수많은 서사와 제자의 문과 백가의 설에 대해 모조리 그 귀취를 알아서 사정을 밝혔으니 그 도에 흠뻑 젖은 것은 실로 마음을 가라앉혀 자세하게 연구한데서 얻은 것입니다.

두 선생이 서로 들어간 곳은 비록 같지 않았으나 모두 도를 밝히는 데 힘썼으니 마침 일치가 된 것이 어찌 이상할 것 있겠습니까?

그러나(雖然) 모든 사물의 이치는 반드시 근본이 있고나서 말단이 있는 것이요, 먼저 바탕이 있고나서 꾸밈이 있는 것입니다. 고정의 학문이 이미 도의를 근본으로 삼았다면 서산의 학문이라고 어찌 근본이 없겠습니까? 문장을 앞세우고 도의를 뒤로하는 것은 선정이 취한 바가 아닙니다.

그래서(是故) 나는 고정의 문장을 책을 읽은 소치라 하지 않고

도의가 밖으로 발한 것이라고 하며, 서산의 도의를 문장의 소치라 하지 않고 힘써 행함이 마음속에 뿌리박은 때문이라고 말합니다. **그렇다면(然則)** 두 선생의 들어간 곳이 어찌 같지 않다고 하겠습니까?23)

이 부분은 크게 두 부분으로 나눌 수 있는데, 앞부분의 세 문단은 주희와 진덕수의 도와 문이 어떻게 나온 것인지에 대한 부분을 각기 설명하는 부분이고, 뒷부분의 세 문단은 '雖然 - 是故 - 然則'으로 이어지는 책문 용어를 활용한 반전이자 이이의 의도가 확연히 드러나는 부분이다.

策問에서 이 부분에 해당하는 질문은 분명히, '주희와 진덕수가 서로 들어간 곳이 같지 않으나 마침내 일치하게 된 이유를 서술하라.'는 것이었다. 위 인용문의 첫 번째 부분에 해당하는 세 문단은 책문의 내용에 조응하여 그 두 사람의 차이점과 도의 요지에 어울리는 부분에 대해 명확하게 설명하고 있다. 그렇지만 정작 이이가 말하고자 준비한 내용은 策問에 그대로 조응할 뿐인 평범한 답변이 아니었다. 뒷부분의 세 문단은 각기 對策의 정식에서 살펴보았던 접속부사를 넣어 하나의 문단으로 그 역할을 톡톡히 해내고 있음을 보여준다. 결론부터 말하자면, 이이는 策問의 내용을 뒤집고 자신이 새롭게 재정비하는 형태를 취하는 양상을 보여주고 있다. 두 인물이 들어간 곳이 같지 않다고 했던 策問의 내용을 부정하되,

---

23) "若夫考亭之學, 淵源有自, 而道統有歸, 窮理而博之以文, 居敬而約之以禮, 躬行心得, 積中形外, 則其發越乎文章者, 乃睟面盎背之緒餘耳. 西山之學, 多而能識, 細大不遺, 唐虞以來編簡所存, 經傳之精微, 書史之浩瀚, 諸子之文, 百家之說, 莫不極其歸趣而戴其邪正, 則其浸淫乎道義者, 乃沈潛詳玩之所得耳. 二先生所入, 雖若不同, 皆以明道爲務, 則終歸於一致, 何足怪歟. 雖然, 凡物之理, 必先有本, 而後有末, 先有質, 而後有文矣. 考亭之學, 必先有本, 則西山之學, 豈無其本乎. 先文章而後道義, 非先正之所取也. 是故, 考亭之文章, 吾不曰讀書之所致, 而曰道義之發乎外者也, 西山之道義, 吾不曰文章之所致, 而曰力行之根乎中者也. 然則二先生之所入, 何嘗不同哉." (李珥, 위의 글)

앞서 제시한 자신의 입론에 근거하여 출제자의 의도를 더욱 보강해주면서 道에 대한 의미를 풍성하게 한 것이다.

雖然으로 시작하는 문단에서는 道本文末의 개념을, 是故로 시작하는 문단에서는 지행일치의 개념을 강조하여 然則으로 시작하는 문단에서 두 인물이 들어간 곳도 결국은 같은 것이라는 결론을 도출해내는 것이다. 이이의 글쓰기가 다른 이들의 그것과 어떤 점에서 다르고 탁월했는지를 여실히 보여주는 부분이라 하겠다.

이렇게 앞의 세 가지 문제를 '逐條'하여 답하고 나서 본격적인 현재 조선의 문제로 돌입하는데 이이는 내용의 환기를 위해 對策 용어인 '嗚呼'를 활용한다.

> 아! 程顥, 程頤 兄弟와 朱熹가 죽고 나자 도통이 끊어져 사람은 도를 알고자 하는 뜻이 없고 선비는 남의 이목만을 위한 학문으로만 달려감으로써 재주가 높다는 사람은 詞章만을 일삼고 재주가 부족한 사람은 科場에서 분주하여, 육경은 祿을 구하는 도구가 되어버리고, 仁義는 우활한 길이 되어버리며 문은 도를 꿰차는 그릇이 되지 못하고 도는 세상을 다스리는 데 쓰이지 못하게 되었습니다. 文弊가 이 지경에 이르렀으니 세도의 성쇠를 따라서 알 수 있습니다.[24]

程顥·程頤 兄弟와 朱熹의 죽음으로 도통의 맥이 끊어졌다고 단정하고, 策問에서 지적한 科擧의 文과 詞章의 文, 두 가지를 쓰는 사람들이 어떤 부류인지를 부연설명하면서 文弊가 곧 세도를 쇠하게 만들었다는 설명으로 문단을 맺는다. 이 마지막 문장은 그저 지

---

[24] "嗚呼, 程朱已歿, 道統逐絶, 人無聞道之志, 士趨爲人之學, 才高者專事乎詞章, 才短者奔走乎科場, 六經爲干祿之具, 仁義爲迂遠之路, 文不爲貫道之器, 道不爲經世之用. 文弊至此, 則世道之汚隆, 從可知矣."(李珥, 위의 글)

나칠 수 있는 일반론이기도 하지만 對策의 마무리를 위한 이이의
보이지 않는 치밀한 포석임을 염두에 두고 살펴보자.

그리고 李珥는, '모든 폐단에는 원인이 있다'고 규정한 뒤, 對策
의 程式에서 設弊에 해당하는 이 부분에서 科擧의 文에 대한 비판
에 좀 더 비중을 둔다. 현재 조선의 文弊가 일어난 원인을 크게 두
가지로 나누어 설명하고 있는데 그 내용을 살펴보자.

> 그 폐단이 생긴 데는 반드시 그 원인이 있습니다.
> 지금 인재를 뽑는 길은 다만 과거를 보는 길뿐입니다. 비록 천
> 하를 경륜할 재주와 재상이 될 만한 그릇이 있다 할지라도 이 길
> 을 거치지 않고서는 마침내 淸班에 참여할 수가 없으니, 저 담담
> 하게 도만을 즐기는 사람들이 어찌 고개를 숙이고 뜻을 굽혀 그
> 득실과 근심과 즐거움을 한 試官의 눈에 걸려고 하겠습니까? 이
> 때문에 진정한 선비는 나오지 않고 속된 선비만 날로 불어나는 것
> 입니다.
> 그 뿐만이 아닙니다. 이른바 과거의 문이란 것은 規矩가 있고
> 정도가 있어 비록 파란을 이룬 문장이나 이슬같은 글이라도 만약
> 규구와 정도에 맞지 않으면 곧 내쳐버리니, 저 명리에만 급급한 선
> 비들이 어찌 자신이 지키고 있던 절개를 버리고 남의 이목에 맞추
> 려고 하지 않겠습니까? 이 때문에 과거의 문이 더욱 성하면서 나
> 라를 빛낼 재주마저도 많이 얻을 수가 없게 된 것입니다. 나라를
> 빛낼 재주도 많이 얻지 못하거든, 하물며 성현의 글이겠습니까?
> 선비 중에서 상등인 자는 도덕에 뜻을 두고 그 다음은 정치에
> 뜻을 두고 그 다음은 문장에 뜻을 두고 최하는 부귀에만 뜻을 둡
> 니다. 그런데 과거에 뜻을 둔 사람은 곧 부귀에 뜻을 둔 사람입니
> 다. 이제 도덕에 뜻을 둔 사람을 얻으려 하면서 오히려 부귀에 뜻
> 을 둔 사람을 얻어서 선비대접을 하는 것은 나라가 어진 이를 구
> 하는 도리에 크게 어긋납니다. 이 문장의 폐단이 이미 그렇게 된
> 원인이 있으니 어찌 이것을 구하는 對策이 없겠습니까?[25]

---

25) "其所以爲弊者, 必有所自矣. 今之取人, 只有科擧一路而已. 縱有經綸之才, 廟堂之器, 苟不由是
    路, 則終不與於淸班, 彼囂囂樂道之流, 孰肯俛首屈志, 繫其得失憂樂於一夫之目哉. 此所以眞儒不
    出, 俗儒日滋者也. 不寧惟是, 所謂科擧之文者, 有規矩有程度, 縱有波瀾之文, 瓊玉之詞, 苟不合

첫 번째로 지적하는 것은 과거제도의 제도 자체의 문제점이다. 인재를 뽑는 방법에 과거제도 이외에 다른 인재선발제도가 없기 때문에 도를 추구하는 선비가 뜻을 굽혀 과거시험에 응시하려 들지 않는다는 점을 근원적인 문제로 지적한다.

두 번째는 科文이 갖는 規矩의 문제를 지적하고 있다. 이 부분은 조선후기에 보이는 심각한 과문의 규식화 현상과 비교하여 생각할 필요가 있는데, 이 시기는 아직 규식화를 문제 삼은 단계까지는 이르지 않았던 것으로 추정된다. 단지 科文의 특성상 갖춰야 할 기본적인 틀에 맞지 않는다고 해서 무조건 내치는 심사제도의 문제점을 지적하는 정도라고 보는 것이 타당해 보인다. 도를 추구하는 선비가 다른 사람의 이목에 들기 위해 형식을 갖추는 글을 쓰지 않는다는 점을 강조하고 있다.

그리고 마지막 문단에서는 선비를 도의 관점에서 네 단계로 구분하고 있다. 뜻을 두는 지향점에 따라 '도덕-정치-문장-부귀'순으로 선비의 등급을 나눌 수 있는데, 과거에 응시하려는 것이 곧 부귀의 등급이라고 단정 짓고 있다. 당시 문단의 분위기가 어떠했고 과거제도에 응시하려는 이들의 양상이 어떠했는지를 보여주는 대목이라 하겠다. 전반적으로 이이는 인재를 등용하는 방식으로 오로지 과거시험이라는 제도 한 가지만 의존한다는 점과 그 시험에 사용되는 科文이 文弊를 불러일으켰다고 점을 지적하고 있다. 그는 이러한 분석을 바탕으로 文弊를 개선할 방안이 있다고 호언하며

於規矩程度, 則輒斥去焉, 彼汲汲於名利者, 孰不改其所守, 而徇人之耳目哉. 此所以科擧之文益盛, 而華國之才, 亦不多得者也. 華國之才, 尙不多得, 況乎聖賢之文耶. 士之上者, 有志於道德, 其次, 志乎事業, 其次, 志乎文章, 最下者, 志乎富貴而已. 科擧之徒則志乎富貴者也. 今玆欲得志乎道德者, 而反以志乎富貴者待士, 則甚非國家所以求賢之意也. 斯文之弊, 旣有所自, 則豈無救之之策乎."(李珥, 위의 글)

救弊에서 구체적인 대안을 다음과 같이 제시하고 있다.

> 옛날 周室이 융성할 때에는 鄕中에서 세 가지로 만민을 가르쳐 賓禮로 추천하였는데, 첫째는 육덕(智·仁·聖·義·忠·和)이라 하고, 둘째는 육행(孝·友·睦·姻·任·恤)이라 하고, 셋째는 육예(禮·樂·射·御·書·數)라 하였으니 문장으로 인재를 뽑는다는 말은 들어보지 못하였습니다. 진실로 지금 세상에 <u>학행이 구비하여 사문에 조예가 있는 사람으로 하여금 權衡의 책임을 맡게 하여, 인재를 뽑을 적에 덕행을 우선으로 삼고 문예를 뒤로 하며, 학문을 강론할 적에 자기 충실을 기하는 학문을 높이고 남의 이목만을 위한 학문을 물리치며, 文을 고시할 적에 의리를 취하고 부화한 것을 버리게 한다면,</u> 반드시 사람들로 하여금 뜻을 가다듬고 날로 正學으로 나아가서 부화한 것을 물리치고 도덕을 돈독히 숭상하여 성현의 文으로 文을 삼게 할 수 있을 것이니 어찌 文弊가 고쳐지지 못함을 근심하겠습니까?[26]

문단의 첫머리에 성현의 시대를 강조하며, 그 시기에도 결코 문장의 우월함으로 인재를 등용하는 경우는 어디에도 없었다고 역설한다. 인용문의 밑줄 친 부분은 이이가 救弊로 제시하는 구체적인 방안들인데, 정리하면 크게 네 가지 부분에 대한 개선안으로 나눠 볼 수 있다. 첫째, 權衡의 책임을 맡는 사람이 모범이 될 만한 인물이어야 할 것, 둘째, 인재를 등용할 때 문장보다는 덕행을 우선으로 삼을 것, 셋째, 爲己之學을 위주로 할 것, 넷째, 문을 평가하는데 의리를 취하고 부화한 것을 배제할 것을 제안하고 있다. 인재를 뽑을 때, 덕행을 우선으로 삼은 것과 위기지학을 위주로 하라는 점에서, 그가 문장의 기본을 인성에 두고 있다는 사실을 확인할 수

---

26) "思昔周室之盛也, 以鄕三物, 敎萬民而賓興之, 一曰六德, 二曰六行, 三曰六藝, 不聞以文藻取人也. 誠使今之學行俱備, 得與於斯文者, 俾居權衡之任, 其取人也, 先德行而後文藝, 其講學也, 尊爲己而黜爲人, 其考文也, 取義理而捨浮華, 則必使人人勵志, 日趨正學, 屛去浮僞, 敎尙道德, 莫不以聖賢之文爲文, 何患乎文弊之未革乎."(李珥, 위의 글)

있다. 이는, 이이가 문학을 氣의 작용으로 보고 그 지향점을 四書
와 六經에서 찾았던 점과도 일맥상통한다.

篇終에 이르러 이이는 별도로 올리고 싶은 말이 있다면서 다음
과 같이 마무리하고 있다.

> 제가 이미 좁은 소견으로 밝으신 물음에 응대했습니다마는, 篇
> 終에 별도로 한 말씀 올리겠습니다.
> 공자가 말하기를 "군자의 덕은 바람이요, 소인의 덕은 풀이니
> 풀에 바람이 불면 반드시 쏠린다."하였고, 맹자는 말하기를 "위에
> 서 좋아하는 사람이 있으면 아래에는 반드시 더 좋아하는 자가 있
> 다."하였습니다. 그러므로 옛 성왕은 모두가 몸소 행하여 아랫사
> 람을 거느렸던 것입니다. 옛말에 이르기를 "성중에서 상투 높게
> 하기를 좋아하면 사방에서는 한 자나 되도록 높게 하고, 성중에서
> 소매 넓게 하기를 좋아하면 사방에서는 비단 한 필을 온전히 소매
> 하나로 만든다."하였습니다. 그러니 임금에 대하여 억조의 백성이
> 보고 느끼고 변화하는 것이 어찌 성중 사람 정도뿐이겠습니까?
> 위에 덕을 좋아하는 임금이 있으면 아래는 행실을 독실히 하는
> 선비가 많을 것이고, 위에 문을 좋아하는 임금이 있으면 아래는
> 경을 연구하는 선비가 많은 법이니 모두가 임금에게 달려있는 것
> 입니다. 임금이 만약 대학의 도를 자신의 책임으로 삼아 이치를
> 궁구하여 마음을 바르게 하고 몸을 닦아 사람을 다스린다면 군자
> 는 大道의 요점을 들을 수 있고, 백성은 至治의 은택을 입을 수
> 있으며, 正學은 날로 밝아지고 진정한 선비는 날로 성해질 것이니
> 『서경』에 이른바 '문명을 사해에 편다.'는 것과 『詩經』에 이른바
> '훌륭한 많은 선비가 이 왕국에 태어났다.'는 것이 저절로 이룩될
> 것입니다.
> 그러므로 文風의 성쇠는 이학의 성쇠에 달려있고 이학의 성쇠
> 는 임금의 한 마음에 달려 있는 것입니다. 바라건대 선생께서는
> 우활한 선비의 소견이 사리에 맞지 않다 여기지 마시고 주상께 아
> 뢰어 주시면 매우 다행이겠습니다. 삼가 응대합니다.27)

---

27) "愚旣以管見, 仰塞明問, 而於篇終, 別有說焉. 夫子曰: "君子之德風, 小人之德草, 草上之風, 必
偃." 孟子曰: "上有好者, 下必有甚焉者." 是故, 古之聖王, 莫不躬行以率下也. 古語有之: "城中好
高髻, 四方高一尺, 城中好廣袖, 四方全匹帛." 人主之於億兆, 其所以觀感而變化者, 豈特若城中而

篇終은 크게 세 부분으로 나누어 볼 수 있는데, 경전을 인용하는 방식을 중심으로 유심히 살필 필요가 있다. 앞서 중국 對策의 전범에서 살펴본 바와 같이 篇終에서 경전을 인용하여 자신의 주장에 권위를 싣는 방식은 새롭다고 할 만한 것이 아니다. 그렇기 때문에 기존의 범박한 인용 형태에서 벗어나 자신만의 형태를 구사하면서 의미상 어색하지 않고 유기적으로 자신의 주장을 뒷받침할 수 있는 것을 구사하는 것이 관건이었다.

이이는 먼저 첫 문단에서 『論語』, 『孟子』를 인용하고 한 마디의 의론과 『後漢書』를 인용하고, 마지막에 의론을 넣어 윗사람(임금)이 몸소 실천해 보여야 한다는 성현의 가르침을 넌지시 제시한다. 이어서 두 번째 문단에서는 그 부분의 의론을 좀 더 부연하여 설명하되 그렇게 하게 되면 그 功效가 선비와 온 백성에게 미칠 것이라고 그 성과를 제시하고, 근거로 『書經』과 『詩經』을 인용하였다.

마지막 문단에서는 전체 내용을 정리하면서, "文風의 성쇠가 곧 이학의 성쇠이고, 이학의 성쇠는 곧 임금의 한 마음에 달려 있다."는 연쇄법을 사용하여 강조하면서 마무리를 짓는다. 앞서 設弊에서 포석으로 전제했던 일반론으로 보였던 한 문장(文弊至此, 則世道之汚隆, 從可知矣.)은 바로 이 마지막 문장을 위한 안배였던 것이다. 중국 策文의 전범에서 보았던 기본적인 형식을 갖추면서 자신만의 형태로 변용하는 양상을 엿볼 수 있다.

已哉. 上有好德之主, 則下多篤行之士, 上有好文之主, 則下多窮經之士, 莫不由人主而致 之也. 人主苟能以大學之道爲己任, 窮理正心, 修己治人, 則君子得聞大道之要, 小人得蒙至治之澤, 正學日明, 眞儒日盛, 書所謂文命敷于四海, 詩所謂思皇多士, 生此王國者, 不期然而然矣. 是故, 文風之盛衰, 繫於理學之隆替, 理學之隆替, 繫於人主之一心. 願先生勿以迂儒所見疏闊, 而轉以上聞, 幸甚. 謹對."(李珥, 위의 글)

2. 鄭弘溟의 策問

(1) 시대적 배경

정홍명(鄭弘溟, 1582～1650)은 당대 일류 문사였고 좌의정에 추증되었던 인물이었음에도 불구하고 그리 널리 알려지지 못한 인물이다.[28] 그의 아버지는 서인의 영수이자 우의정을 지낸 송강 정철(鄭澈, 1536～1593)이었다. 정홍명의 행적이 잘 드러나지 않은 이유는 바로 서인의 영수로서 철저한 강경노선을 취했던 부친의 정치적 행로로 인해 숨어 지낼 수밖에 없었던 사정에서 비롯되었다고 볼 수 있다.

정홍명이 활동했던 시기의 조선 문단에는, 전후칠자의 복고이론을 수용하여 明나라 문인들의 문집을 열독하는 것이 유행처럼 퍼져 있었다. 王世貞의 『藝苑巵言』이나 胡應麟의 『詩藪』가 시를 짓는다고 하는 이들에게서 교과서처럼 인식되던 시대였다. 이는 조선 문단의 내적 요구에 복고이론이라는 외적 자극이 가해져 증폭된 것이라고도 할 수 있다. 우선 윤근수(尹根壽, 1537～1616)가 명 전후칠자의 복고이론을 적극적으로 수용하였고, 그 이후 조선 문단에도 古文辭派가 형성된다. 그러나 이른바 "文必秦漢, 詩必盛唐"의 기치아래 전개된 전후칠자의 復古이론이 조선에 수용되는 과정에서 조선 문단만의 특징으로 인해 조금씩 수정이 가해지기도 하였다.

정홍명은 바로 이러한 古文辭派의 영수였던 윤근수의 문하에서

---

28) 정홍명의 생애는 박세채가 쓴 묘지명 등에 자세히 기술되어 있음을 확인할 수 있다.(朴世采, 「司憲府大司憲畸庵鄭公墓誌銘」, 『畸庵集』附錄, 한국문집총간 87집, 201면)

수학하여, 명나라 전후칠자의 이론에 대해서는 이미 상당한 공부가 축적되어 있었다. 강명관은 윤근수, 정홍명, 김상헌으로 이어지는 사승관계가 조선시대 진한고문파의 성립이라고 보았다.[29]

김은정은 정홍명의 생애와 시문학 세계를 분석하며 그를 17세기 조선 문단의 새로운 흐름, 즉 명나라 전후칠자에 의해 창도된 복고주의 사조를 대변하는 작가라고 분석한 바 있는데,[30] 그 근거로 윤근수가 그의 스승이었으며, 대표적인 學明派의 시인들이 그와 교유했다는 점을 들고 있다. 그는 詩에서는 盛唐의 이백과 두보를 이상으로 삼았다. 특히 시에서 민간정서를 노래하여 악부풍을 띠는데, 이는 『詩經』과 『楚辭』를 이상으로 삼은 복고주의 작가가 착목할 만한 소재였다. 이러한 점에서 보면 정홍명의 글은 17세기 조선 문단의 변화양상과 명나라의 복고이론이 조선 문단에 미친 영향을 살필 수 있는 자료라 하겠다.

이제까지 정홍명에 대한 연구는 한시에 편중되어 진행된 것이 약간 있을 뿐, 그의 산문이나 문학 전체에 대한 연구는 미미한 실정이다.[31] 게다가 본 절에서 다루고자 하는 정홍명의 策問은 그에 응한 對策도 아직 발견되지 않았다. 그럼에도 불구하고 17세기를 대표하는 策問으로 그의 策問을 선택한 데는 다음 절에 다루게 될 정조의 「文體策」과 긴밀한 연관이 있기 때문이다. 정조의 첫 번째 「文體策」[32]은

---

29) 강명관, 「16세기말 17세기 초 의고문파의 수용과 진한고문파의 성립」, 『한국한문학연구』18, 1995.

30) 김은정, 「鄭弘溟의 생애와 시문학 세계」, 『국문학연구』Vol.10, 국문학회, 2003.

31) 최경환, 「鄭弘溟의 「田家四時詞」詩와 連作詩의 構成原理」, 『牛岩斯黎』Vol.8, 부산외대국문학과, 1997; 김은정, 「鄭弘溟의 생애와 시문학 세계」, 『국문학연구』Vol.10, 국문학회, 2003; 박수천, 「畸庵 정홍명의 시세계」, 『한국한시작가연구』Vol.9, 한국한시학회, 2005.

32) 正祖, 「文體」, 『弘齋全書』卷四十九, 한국문집총간 263집, 256면.

1784년에 출제되었고, 두 번째 「文體策」33)이 1789년에 출제되었다. 그중에서 다음 절에서 다루게 될 文體策은 두 번째 「文體策」이다. 정조의 첫 번째 「文體策」이 바로 정홍명의 「文體」라는 策問34)을 원형으로 하여 개작된 것으로 추정된다.

정홍명의 문집인 『畸庵集』에는 정홍명이 출제한 策問이 총 4편 수록되어 있다.35) 4편 모두 對策은 수록된 것이 없고, 策問만 수록된 점으로 볼 때, 정홍명이 직접 출제한 것으로 추정된다. 만약 정조가 정홍명의 책문을 원형으로 삼아 개작하는 과정을 거쳤다면, 정홍명의 활동 시기를 감안해보건대 최소한 150여 년의 시간차를 두고 같은 주제를 다룬 策問이 탄생했다는 것을 의미한다.

분석의 대상으로 삼은 917편의 책문 자료 중에는 아직 이러한 형태의 개작 과정을 보이는 책문이 이 두 편 이외에는 보이지 않기 때문에 두 책문의 비교 분석은 책문 연구에 있어 큰 의미가 있다 할 수 있을 것이다. 같은 주제와 입론을 가지고 어떻게 달리 제시하였는지를 비교·분석하는 과정을 통해, 상대적으로 자료가 풍부한 정조 연간의 문체관련 策問과 대비하여 17세기의 文風과 정황이 어떠했는지를 짐작해볼 수 있기 때문이다.

본 절에서는 두 策問을 비교하고 대조하는 방식으로 분석을 진행하겠으나 엄밀하게 보자면 본 절의 목적이 17세기 문체 관련 책문의 양상을 파악하는 것이므로, 정조의 첫 번째 「文體策」은 대조의 자료로 활용하되 주된 분석의 중심은 정홍명의 책문임을 다시한번 밝혀두는 바이다.

---

33) 正祖, 「文體」, 『弘齋全書』卷五十, 한국문집총간 263집, 272면.

34) 鄭弘溟, 「文體」, 『畸庵集』卷之十, 한국문집총간 87집, 155면.

35) 네 편의 策題는 각기 「聖賢氣象」, 「著書與傳道」, 「文體」, 「時與勢」이다.

정홍명의 策問에는 「文體」라고 策題가 명기되어 있는데, 전체 편폭이 그다지 길지 않고 '王若曰'이 아닌 '問'으로 시작하는 것으로 보건대, 殿試가 아닌 초시나 복시의 시험에 출제되었던 策問으로 추정된다. 앞서 중국 策問의 전범인 漢武帝의 策問에서 살펴보았지만, 策問에도 일정한 형식은 요구된다. 하지만 형식적인 부분을 감안하더라도 글을 작성하는 이에 따라 그 만의 개성이 보여 지는 것도 사실이다.

본 절에서는 정홍명의 책문을 통해 읽어낼 수 있는 17세기 조선 문단의 文風과 문체에 대한 인식과 주된 관심사를 분석하고 출제자의 문교적 의도를 파악해보고자 한다.

(2) 策問의 분석

虛頭의 첫 구절은 策問 전체를 장악하면서 本旨를 대변하는 입론을 세우는 전형적인 면모를 보여준다. 그 입론의 내용은 다음과 같다.

> 묻는다. 문체는 한 가지가 아니지만, (그 핵심은) 어렵고 쉬움이 있을 뿐이다. 말이 어려운 것은 기이하고 말이 쉬운 것은 평순한데 어떤 것을 버리고 어떤 것을 취해야 하는가?[36]

문체를 한 가지로 단정 지을 수는 없지만, 그 핵심을 구분하자면 어려움과 쉬움으로 나눌 수 있다는 것이다. 그런데 어려운 것은 문체가 기이하고 쉬운 것은 문체가 평순하다. 이 양극단의 현상 중에

---

36) "問. 文體不一, 艱與易而已. 辭艱者奇, 辭易者順, 何所取捨歟." (鄭弘溟, 「文體」, 『畸庵集』 卷之 十, 한국문집총간 87집, 155면)

서 글을 쓰는 문인이 선택해야 할 것은 무엇인가를 묻는 것으로 글을 시작하고 있다. 어려움과 쉬움을 나타내는데 기이함과 평순함 중에서 어떤 것을 택해야 할지를 대전제로 삼고 있다.

그렇다면 구체적으로 그 어려움과 쉬움, 기이함과 평순함이 어떤 의미인지 세부적인 질문 과정을 통해 그 의미를 살펴보자.

> 『周易』보다 기이한 것이 없고 『春秋』보다 간략한 것은 없으며, 『詩經』의 단정함과 『書經』의 난해함은 그 문체가 절로 다른데 쉽고 어려움을 논할 수 있겠는가? 37)

시대적으로 가장 앞서 있는 전범인 六經 중에서 각기 특성을 가지고 있는 네 가지의 예를 들어 앞에서 전제했던 어려움과 쉬움에 대한 기준으로 설명해보라고 제시한다. 『易』과 『春秋』는 직접 서명을 언급하고, 『詩經』과 『書經』은 편명을 언급함으로서 형태적 변화를 모색하는 동시에 구체적인 부분을 명시하고 있다.

여기서 六經을 제시한 것은 당시 전범이 되는 기준이기 때문인 것으로 추정된다. 성현의 글이 갖추고 있는 다양한 문체를 어려움과 쉬움의 두 가지 구분으로 분석해볼 수 있는가에 대한 질문을 먼저 묻고 뒤이어 구체적으로 범위를 좁혀가는 방식을 구사하고 있다. 다음으로 이어지는 세부 질문의 내용을 살펴보자.

> 「檀弓」, 「考工記」는 기이하고 어려워 연구하기 어렵고 『論語』, 『孟子』, 『中庸』, 『大學』은 명백하여 보기가 쉽다. 성현의 문체에도 상이함이 있는가?38)

---

37) "莫奇於 『易』, 莫簡於 『春秋』, 「風雅」之正葩, 盤誥之詰屈, 其體自別, 抑有艱易之可論歟." (鄭弘溟, 「文體」)

앞서 설명과 함께 「檀弓」, 「考工記」를 예로 들어 『禮記』와 『周禮』를 四書와 대비시키고 있다. 구분의 기준은 읽는 이가 어렵다고 느끼는지의 여부이다. 그리고 나서 성현이 지었음에도 불구하고 왜 이렇게 문체의 상이함이 드러나는지를 묻는다. 앞서 六經을 제시한 단락이 다양함을 대표하는 전범의 예였다면, 이 단락에서는 성현의 수준에서 작성된 문체에서 왜 상이함이 발생하는지에 대한 근원적인 문제를 대비적으로 설명하라는 세부질문에 해당한다.

> 『左史』와 『國語』는 기이하고 어렵다. 혹자는 그 들뜨고 과장된 문체를 비난하고 혹자는 쇠한 세상의 문장으로 여기기도 하니 후세의 글 짓는 자가 끝내 옛 성인의 법도를 잃어서 그런 것이 아니겠는가?[39)]

策問은 일반적으로 출제자의 의도나 의견이 전면에 도드라지게 드러나지 않는다. 그러나, 策問을 출제하는 이도 문인학자라는 점을 감안하면 어떤 형태로든 글에 자신의 색깔이 들어가지 않을 수는 없다. 이 단락에서는 밑줄 친 부분에서 반어를 통해 출제자의 의도가 드러나지 않고 있다. 시대별로 六經에서 시작해서 『左史』와 『國語』까지 언급하고 난 뒤, 후대로 오면서 성현의 문체가 빛을 바랬다고 여기는 이들에 대한 명확한 반대의견과 해설을 가미하고 있다. 후대에 작성된 글이라고 해서 성현의 문체에서 벗어났다고는 할 수 없다는 강한 의견을 표명한 것이다.

또, 이 단락에서 문체가 기이하고 어려운 것을 세간에서 허망한

---

38) "「檀弓」, 「考工記」, 艱奇難究, 『語』『孟』『庸』『學』, 明暢易見, 聖賢文體, 亦有異同歟. '(鄭弘溟, 「文體」)

39) "『左史』『國語』, 奇且艱矣. 或譏其浮誇, 或以爲衰世之文, 豈以後之作者, 終失古聖之體法歟. '(鄭弘溟, 「文體」)

문체가 쇄한 세상의 문장이라고 여긴다는 분석도 함께 하고 있음을 주목할 필요가 있다. 앞서 대전제에서부터 이 단락 이전까지는 출제자의 의견이 가미되지 않은 채 대등하게 보고 있던 어려움과 쉬움, 혹은 기이함과 평순함이 이 단락에 와서는 어려움과 기이함을 부정적으로 보는 견해가 있음을 지적하고 있는 셈이다. 출제의도가 그러한 편향성을 극복하자는 것인지 아니면 더 깊은 의미가 있는 것인지 다음 글에서 확인해보도록 하자.

> 한나라 때의 문장은 司馬遷과 班固에 이르러 성하였다. 다른 제자들이 문체가 각기 달랐으니 일일이 열거하여 말할 수 있겠는가?
> 당나라의 韓愈가 진부한 말을 제거하기에 힘썼고 송나라 歐陽脩는 험궤한 것을 없애고자 노력하였던 것을 보자면 두 사람이 취한 것이 같지 않음은 어째서인가?
> 명나라의 십대가가 그 문이 뛰어남이 요즈음보다 더 훌륭함에도 불구하고 그 사이에 李夢陽을 주장하는 자가 기이함을 숭상함이 많고 王守仁을 주장하는 자가 평순함에 힘쓰는 것이 많은데, 그 책이 모두 갖춰져 있으니, 지금 토론해볼 수 있겠는가?[40]

이 부분은 중국의 역사적 사실에 대한 고증에 해당되는데, 분석의 편의상 인용문을 세 부분으로 나누었다. 조선전기 策問에서 이 부분이 역사적 사실에 대한 고증여부만을 묻는 형태였다면, 이 단락은 단순히 사실관계만을 묻는 형태에서 약간 변형되었음을 알 수 있다.

첫 번째 문단에서 한나라 시기의 문체가 각기 어떻게 달랐는지에 대해 논하라는 질문이, 전형적인 역사적 사실을 고증하는 유형

---

40) "漢時文字, 至子長, 孟堅而盛矣. 其他諸子, 文體各異, 可歷指而言歟. 至如唐之退之務去陳言, 宋之永叔力黜險怪, 二公所取不同, 何歟. 皇朝十大家, 其文度越輓近, 而其間主北地者多尙奇, 主陽明者多務順, 其書具在, 今可揚摧歟." (鄭弘溟, 「文體」)

의 문제였다면 두 번째 문단에서 당나라 한유와 송나라 구양수를 비교하며, 목적은 같았음에도 불구하고 제거하고자 한 바가 어떻게 달랐는지를 논하라는 질문은, 그 시대의 병폐가 어떤 것이었는지를 구체적으로 논하라는 좀 더 진보된 방식의 질문형태라 할 수 있을 것이다. 세 번째 문단에서는 현재 명나라의 사정을 자세히 언급하면서 고문에 대해 이몽양이나 양명학이 어떤 영향을 미쳤는지에 대해 그 내용을 언급한 서적에 근거를 두고 구체적으로 언급해보라고 제시하고 있다.

여기까지가 策問에서 중국의 역사적 사실을 육경에서부터 명나라까지의 사실을 언급하며 세부적으로 물은 부분이다. 이어지는 단락에서는 이러한 정황에 조선시대는 어떠했는지를 묻는 부분이다. 정홍명은 당시 조선의 문장을 어떻게 평가하고 있는지 살펴보자.

> 우리나라의 문체는 수백 년 전부터 모두 쉬운 바를 따랐으나 후대에 점점 옛 체로 돌아와 한번 힘없이 나약한 문체를 일소하여 기이하다고 말할 수 있다. 과연 글쓰기에서 그 체제를 갖추었다고 하는 이가 몇 사람이 있겠는가? 전후 득실에 대해 말할 수 있겠는가?[41]

우리나라의 문체가 처음에는 쉬운 것을 따랐다가 최근에서야 옛 고문의 형태로 돌아가 다시 힘없고 나약한 문체를 씻어내 현재는 기이하다고 말할 수 있다고 평가하고 있다. 그리고 나서 과연 그 복고의 체제를 갖추고 있는 문인이 누가 있는지 서술하라고 말하고 있다. 이것은 진한고문파였던 정홍명의 입장에서 당시 복고를

---

41) "我東文體, 數百年前, 率皆順易, 後來稍稍復古, 一洗 ■敝, 可謂奇矣. 其果得作者之體者, 有幾人歟. 前後得失, 亦可言歟." (鄭弘溟, 「文體」)

주장하고 고문을 주창한 자신들의 이론이 당대에 어떻게 이해되고 있는지를 묻는 질문이기도 하다. 즉, 진한고문파로 대두되는 당시 학파의 주장에 대한 정황을 상세히 알고 있는지 묻고 있는 것이다.

이 策問에서는 당대의 폐단에 대해서 구체적으로 지적하는 부분이 명확하게 보이지 않는다. 이것은 현재 조선의 문제나 폐단을 지적하는 형태가 아닌 구체적인 정황에 대해 묻는 형태를 취한 것에서 기인한 것이다. 다시 말해, 정홍명의 策問은 현재 진한고문파의 입장에서 복고를 따르지 않는 문학의 문제점 등에 대해서 그리 절실한 요구를 담고 있지 않다. 마지막 부분을 보게 되면 이러한 성향에 대해 보다 정확히 파악할 수 있다.

> 무릇 문사란 기이한 것은 어렵고 막힘에 빠지기 쉽고, 순한 것은 너무 솔직하게 평이한 쪽으로 흘러가는 경향이 다분하니 요컨대 두 가지 모두가 고체에서 벗어난 것이다. 고인이 말하기를, '문은 쉽고 어려움이 없고 그 정확한 의미전달만이 있을 뿐이다.'라고 하였으니 어찌 믿지 않을 수 있겠는가? 저 글쓰기를 업으로 하는 자가 두 가지 병이 없어지고, 쌓는 것을 많이 하되 글은 조금만 쓰고, 한 가지 능한 것을 오로지 하지 않고 끝내 글자를 각 기능에 맞게 쓰려면 어떻게 하면 그럴 수 있는지를 말하여 보라.[42]

앞 단락에서 정홍명은 이미 고체가 문사가 지향해야 할 바임을 명백히 밝힌 바 있다. 策問의 마지막 단락에서 그는 다시 한번 대전제로 삼았던 어려움과 쉬움, 기이함과 평순함을 끌고 와서 어떤 것이 필요한 것인지 제시한다. 마무리에서 해답을 제시하는 것은

---

42) "夫文辭, 奇者易溺於艱滯, 順者多流於率易, 要之均失於古體耳. 古人云, 文無難易, 惟其是耳, 豈不信哉, 伊欲業文者, 無二者之病, 多積薄發, 不專一能, 終至於各識其職, 其道何由." (鄭弘溟,「文體」)

어떤 것을 지향할지에 대한 것을 묻기 위함이 아니기 때문이다. 그것은 출제자가 설정한 지향점에 제대로 도달하기 위해서는 어떻게 해야 하는지에 대한 방법을 묻기 위한 것이기 때문에 그런 형태를 취하게 된 것이다.

여기서 17세기 책문의 변모된 양상이 보인다. 다분히 출제자 혹은 위정자의 문교적 의도가 반영된다는 점이 그 대표적인 현상이다. 策問에 출제자의 의도를 충분히 반영하여 이미 지향해야 할 바를 지정해두고 그 목표를 달성하기 위해 어떤 노력을 취할 것인지를 묻는 방식이다. 이것은 질문임과 동시에 문교적 측면이 훨씬 강화된 형태임을 의미한다. 문제점을 제시하고 그 문제를 어떻게 해결할 것인가를 묻던 책문의 일반적인 형태에서, 의도하고자 하는 바를 설정하고 그것을 어떻게 할 것인가를 묻는 형태로 변화한 것은 출제자가 의도하는 방향으로 끌고 가려는 전략의 산물에 다름 아니다.

인용하고 있는 구절이, 고문의 정통 계승자인 한유의 말인 것은 그가 굳이 긴 설명을 하지 않고서 자신의 의지를 투영하고 있다고 보아도 무방할 것이다. 어렵고 쉬움의 문제보다는 글이 기본적으로 갖춰야 할 의미전달을 명확하게 해야 한다는 이론은 진한고문파가 당시 주장했던 목표의식과 크게 다르지 않다는 것을 확인할 수 있다. 인용 어구를 사용하기는 했지만 결국 출제자의 의견을 대변할 만한 가장 적확한 어구를 찾아서 활용한 셈이다.

이제까지 분석한 바와 같이 정홍명의 책문은 17세기의 고문사파, 특히 진한고문파로 대표되는 이들의 주장이 어느 정도 문단에서 세력을 얻고 있었는지를 보여주는 자료이다.

그렇다면 150여 년이 흘러 文風이 변화된 시기에 정조는 왜 정홍명의 策問을 개작하게 되었고, 정조 연간의 분위기와는 어떤 점이 달라졌는지에 대한 비교·분석을 통해, 정홍명의 策問이 갖는 의미에 대해 좀 더 명확하게 접근해보도록 하겠다.

(3) 정조의 改作과 비교 분석

정조가 정홍명의 책문을 직접 참고했다거나 개작한 것이라는 언급은 어느 자료에서도 발견되지 않는다. 하지만 정조의 첫 번째 文體策의 첫 구절을 살펴보면 그 내용이 유사한 정도가 아니라 입론 자체가 똑같다는 것을 확인할 수 있다. 정조의 첫 번째 「文體策」은 다음과 같이 시작하고 있다.

> 왕은 말하노라. 문체는 한 가지가 아니지만, (그 핵심은) 어렵고 쉬움이 있을 뿐이다. 말이 어려운 것은 기이하고 말이 쉬운 것은 평순한데 어떤 것을 버리고 어떤 것을 취해야 하는가?
> 王若曰. 文體不一, 而艱與易而已. 辭艱者奇, 辭易者順. 何所取捨歟.(正祖, 「文體」, 『弘齋全書』卷四十九, 한국문집총간 263집, 256면.)

책문의 대전제로 삼고 있는 이 첫 문장은 '王若曰'로 시작하는 것을 제외하고는 정홍명의 것과 글자 하나 다르지 않고 똑같다. 대전제가 되는 문장이 똑같다는 점에서 두 策問의 主旨 역시 같다고 추정할 수 있을 것이다.

그렇다면 좀 더 상세히 어느 부분이 같고 다른지를 분석해보도록 하자.

> 문장은 『尚書』보다 좋은 것은 없는데, 古文은 모두 쉽고 今文은

모두 어렵다. 심지어 誥諭하는 글은 마땅히 평순해야만 하는데도, 오히려 기이하다. 그 까닭은 무엇이냐?[43]

정홍명의 策問과 똑같은 대전제를 제외하면 같은 문구나 구조는 하나도 없다. 그런데 정홍명이 六經을 통해 성현의 글도 그 문체가 다름을 설명한 것에 비해, 정조의 질문은 처음부터 단순하게 읽히지 않는 부분이 있다. 『書經』이라 하지 않고 『尚書』라고 지칭하고 그것을 古文尚書[44]와 今文尚書[45]로 나누어 비교한 것도 의미심장하다. 글은 평순해야 한다는 것을 행간에 강조하고 있음은 고유하는 글이 평순해야하는데 기이한 것에 대한 이유를 묻는 것에서 찾을 수 있다.

정홍명의 策問에서 시대의 흐름을 육경에서부터 명나라까지 언급하고 있다면 정조는 개작하면서 그 시대를 대표하는 인물로 모두 바꾸었음을 확인할 수 있다. 또, 형태의 측면에서는 한 문장에서 두 사람을 비교하되 변려문의 형식적 특징을 변용하여 각기 두 문장이 대우를 하듯 형태의 대조를 이루는 방식을 취하고 있다.

周公의 문장은 어려워 쉽지 않고 孔子의 문장은 쉽고 어렵지 않다. 다 같은 성인인데 발표한 문장은 이처럼 기이하고 순함이 같지 않음은 무엇 때문이냐?
西京의 문장은 司馬遷을 최고로 꼽는데, 范雎·蔡澤·四君 등

---

43) "文莫尚於尚書, 而古文皆易, 今文皆艱, 至於誥諭之文. 宜順而反奇者, 其故何歟."(正祖,「文體」)

44) 고문상서는 景帝 때에 魯 恭王이 공자의 옛 집을 헐다가 벽 속에서 『禮記』, 『論語』, 『孝經』 등과 함께 발견했다는 『尚書』의 古本을 말한다. 이 고본은 한의 문자체와는 다른 春秋시대의 문자체로 씌어 있었기 때문에 금문이라는 말과 대비하여 고문이라고 칭한다.

45) 상서가 분서갱유로 소실되자 漢 文帝 때 秦에서 박사를 지낸 伏生이 상서에 정통하다는 말을 듣고 한 왕실에서 유학을 진흥시키기 위해 晁錯를 보내 배워오게 했다. 복생은 조조에게 29편의 상서를 전해주었고 조조는 상서를 당시의 문자체, 즉 금문으로 받아썼는데, 이것이 바로 금문상서이다.

의 열전은 주로 순탄하게 하였고, 酷吏・貨殖 등의 전기는 기이함을 위주로 하였다. 한 사람에게서 나왔는데 어렵고 쉬움이 같지 아니함이 이 같은 것은 또한 어째서이냐?[46]

첫 번째 문단은, 앞서 정홍명이 「檀弓」, 「考工記」를 예로 들어 『禮記』와 『周禮』를 사서와 대비시킨 것과 운용의 이치가 같다. 근거로 제시하는 예시만 달라졌을 뿐 질문하는 내용이 똑같기 때문이다. 두 번째 문단에서는, 사마천의 예를 들어 한 사람이 지은 글임에도 어렵고 쉬움이 다른 이유를 묻고 있다. 정홍명이 한나라를 언급할 때 사마천을 예시한 것에 착안하여 새로운 형태로 변형한 것임을 알 수 있다.

이 두 문단은 같은 성인이 써도 다른 문체가 나오고, 한 사람이 써도 다른 문체가 나온다는 것을 설명하는 대우의 구조를 취하고 있다.

揚雄의 『法言』의 문장은 오로지 다듬기를 힘썼는데, 후인의 항아리 뚜껑으로나 덮어야겠다는 핀잔을 모면하지 못하였으며, 諸葛亮의 出師表는 조각한 것이 없는데 오히려 志士의 흉금을 적신다. 이에 따라 말한다면 평이한 것이 어려운 것보다 나은 것이냐?
樊宗師의 鉤章과 棘句는 韓愈가 크게 칭탄하였고, 白居易의 俚語와 街談은 杜牧之가 매우 배척하였다. 이것으로 말한다면 평순한 것이 기이한 것보다 못하다는 것이냐?[47]

첫 번째 문단은 揚雄의 겸사를 인용하면서 마치 객관적인 평가

---

46) "周公之文, 艱而不易. 孔子之文, 易而不艱. 均是聖人,而發爲文章者, 有此奇順之不同何歟. 西京文章, 最推馬遷, 而如范蔡四君等傳主乎順, 如酷吏貨殖等傳主乎奇奇出自一人, 而艱易之不同若是者, 抑何歟."(正祖, 위의 글)

47) "揚雄法語之文, 專務鍊琢而未免後人之覆瓿. 諸葛出師之表, 不事雕刻而尚致志士之霑襟. 由是而言, 易勝於艱歟. 樊宗師之鉤章棘句, 昌黎大加稱歟. 白居易之俚語街談, 小杜極其非斥. 由是而言, 順不如奇歟."(正祖, 위의 글)

가 그랬던 것처럼 사용하였는데, 다소 억지스럽기는 하지만 쉬움이 어려운 것보다 나은 것인지를 이를 통해 반문하고자 한 것으로 보인다. 두 번째 문단에서는 후대 학자의 평가를 기준으로 기이한 것이 평순한 것보다 더 나은 평가를 받은 예를 들어 어느 한쪽으로 편향될 수 없음을 반어적으로 설명하고 있다. 질문의 형태를 취하고는 있지만 이것은 정조의 문학관을 이미 반영하고 있는 것임을 알 수 있다.

> 班固의 連珠敍는 문장의 체제를 가장 잘 얻었다고 칭하고, 陸機의 華葉言은 혹은 대체를 보지 못하였다는 기롱이 있다. 그들이 숭상한 쉽고 어려운 바를 자세히 말하라.
> 永明의 詩體는 어느 사람에게서 시작되었으며, 기이한 것이냐 순한 것이냐? 徐均의 문체는 어느 시대에 행한 것이며, 쉬운 것이냐, 어려운 것이냐?
> 楊士奇의 詩文은 臺閣體라는 호칭이 있고, 黃平倩의 古文은 翰林體와는 다르다. 역시 어렵고 평이함을 거론할 것이 있느냐?
> 徐堅은 舍人의 양식과 같다는 평가가 있고 穆脩는 禮部의 격식에 따르는 것을 수치스럽게 여겼다. 여기에도 기이하고 순탄함의 동일하지 않음이 있느냐?[48]

이전까지 자신이 생각하던 문학에 대한 생각은 약간 형태를 바꾸었을 뿐 지속된다. 첫 번째 문단에서는, 정홍명의 策問에서 古文의 대표 인물로 등장했던 班固에 대비하여, 修辭에 중점을 두고 미사여구와 대구의 기교를 강조했던 陸機를 비판하면서 어떤 부분을 높게 평가하는지에 대한 분석을 요구하고 있다. 두 번째 문단에서는 구체

---

48) "班固連珠之叙, 獨稱最得其體, 陸機華葉之言, 或譏不見大體, 其所尚之艱易, 可以詳言歟. 永明之體, 俑自何人, 而奇歟順歟. 徐均之體, 行於何時, 而易歟艱歟. 楊士奇之詩文, 號稱臺閣體, 黃平倩之古文, 自異翰林體, 亦有艱易之可論歟. 徐堅見稱舍人 ■, 穆脩羞爲禮部格, 抑有奇順之不同歟." (正祖, 위의 글)

적인 인물과 시기에 대해 사전적 지식을 물음과 동시에 기이함과
평순함, 쉬움과 어려움의 기준을 규정하라고 묻고 있다. 세 번째 문
단에서는 특정 명칭으로 호칭되었던 문체에 대한 평가를, 네 번째
문단에서는 정해진 양식을 따르는 방식에 대한 부분을 묻고 있다.

상고시대부터 중국의 역사적 사실에 대해 고증하는 17세기 책문
의 방식이 18세기에 오면서 세부적인 사전적 지식을 묻는 방식으
로 전환되고 있음을 확인시켜주는 부분이다. 이러한 세부적인 질문
의 대우방식은 다음의 마지막 문단으로 끝을 맺고 있다.

> 歐陽脩가 한 차례 시험장을 담당하니 西崑의 험하고 괴이한 문
> 체가 대번에 변경되었고, 王世貞과 李攀龍이 다투어 騷壇을 주장
> 하며, 蘇東波의 평이한 문장을 깊이 꾸중하였다. 문인들이 서로
> 가볍게 여기는 것은 예로부터 이미 그러하였는데, 결국 그 득실은
> 과연 어떠한가?[49]

엄밀하게 보자면 마지막 질문의 내용으로 볼 때, 이 문단은 대전
제와 연결되지 않는다. 문인들이 서로 비난하는 것에 대한 부분의
서술이 굳이 문체의 어려움과 쉬움을 논하는데 연관성을 찾기 어
렵기 때문이다.

여기에서 정조가 연관성이 떨어지는 이 부분을 굳이 왜 삽입했
는지를 주목할 필요가 있다. 두 번째 文體策의 분석에서 상술하겠
으나 정조는 책문을 통해 자신의 문교적 의도를 신하들에게 교조
하려는 경향이 상당히 강했다. 정조는, 구양수가 시험장을 담당하
여 험괴한 문체가 단박에 변경되었다는 일화를 제시함으로서 이

---

49) "歐陽一掌試圍, 而亟變西崑險怪之體. 王 李競主詞壇, 而深詆東坡平易之文. 文人相輕, 自古已
然, 而畢竟得失, 果何居歟."(正祖, 위의 글)

策問을 통해 對策을 작성하는 이들이 자신이 어떤 부분을 말하고 싶어 하는지 자각하길 바랐던 것으로 보인다. 시험을 주관하는 이가 문제가 되는 문체를 한번에 일소시킬 수 있다는 바로 그 점을 강조하고 싶었던 것이다. 왕세정과 이반룡이 소동파에 대해 언급한 것은 그래서는 안 될 행동이었음을 지적한 것으로 추정된다. 소동파에 대해 함부로 비난한 왕세정과 이반룡의 언행을 에둘러 비판한 것에 다름 아닌 것이다.

이러한 정조의 특이한 책문활용방식은 다음 단락에도 드러난다. 책문의 전면에 공간을 할애하여 질문이 아닌, 자신의 의견을 풀어내기 시작한 것이다.

> 대저 문체란 세대에 따라 동일하지 않아서 한 세대 간에도 누차 변한다. 오직 시대의 유행일 뿐인데, 그 성쇠와 흥망이 일찍이 정치와 공통되지 아니함이 없었다. 도를 담는 문장이 가장 좋고, 비록 그 이하라도 반드시 학식이 속에 쌓여야 아름다움이 밖으로 드러나 순탄함을 구하지 않아도 자연히 순탄하며 기이함을 구하지 않아도 자연스레 기이해진다. 그 순탄한 것은 마치 장강이나 대하가 편안히 흐르는 것 같아 하루에 천 리를 가고, 그 기이한 것은 마치 노도가 암석에 부딪치는 것과 같아 갖가지 변화가 뜻밖에 생긴다. 그러한 다음에 비로소 성세의 문장이라 할 수 있고, 문장으로 선비를 선발하는 것도 그 바깥을 확인하지만 그 속에 쌓인 것이 드러나는 것이다.[50]

이것은 당시 조선 문단의 폐단을 지적하거나 제시하기에 앞서, 이미 앞에서 제시한 여러 가지 질문을 왜 하게 되었는지에 대한

---

50) "大抵文體隨世不同, 而一世之間, 亦或屢變. 惟時之所尙, 而其盛衰興替, 未嘗不與政通矣. 貫道之文尙矣, 雖其下者, 必也學識積於中, 而英華發於外, 不求順而自順, 不求奇而自奇. 其順者, 如江淮安流一日千里, 其奇者, 如怒濤激石變態橫生. 然後方可爲盛世之文, 而以文取士者, 亦可以叩其外而質其中之所蘊也."(正祖, 위의 글)

자신의 의도를 풀어서 설명하고 있는 부분에 다름 아니다. 실제로 이 문단의 첫 문장은 뒤이어 분석하게 될 정조의 두 번째 「文體策」의 대전제로 활용된다. 정홍명의 策問에서 착안하여 시작된 「文體策」은 1차의 모의 개작 과정을 거쳐 5년 뒤 제대로 자신이 처음부터 생각했던 「文體策」의 형태로, 다시 탄생하게 된 것이다. 그 고민이 바로 策問의 마지막 단락에서 드러난다.

> 우리나라는 문사들이 울창하여 앞뒤에 서로 바라보이는데, 선배의 큰 솜씨에 대해서는 누가 어렵고 누가 평이하며, 누가 순탄하고 누가 기이한지는 알 수 없으나, 역시 성대하다고 하지 않을 수 없다. 그런데 어쩐 일인지 근래에 들어서는 고요하여 들리는 것이 없고 유생들이 익히는 것은 과장의 문자에 불과할 뿐이다. 만일 평범한 것에 얽매여 있지 않으면 반드시 억지로 괴기하게 만드니, 그것은 문장의 체격에 있어서 어렵다거나 평이하다고는 원래 말할 것이 없고, 천박하고 난잡함이 갈수록 더욱 심해진다. 이것이 진실로 세속의 유행이 만든 것이냐, 아니면 배양을 잘못하여 그러한 것이냐? 어떻게 하면 문체를 혁신하여 순탄하게도 하고 기이하게도 하는 것을 각기 알맞게 하여 斯文을 확장하고 세상 도리를 빛나게 할 수 있겠느냐? 그대 제생은 반드시 속으로 강구한 것이 있을 것이니, 각기 모두 진달하라. 내 친히 열람하리라.[51]

정조가 정홍명의 책문에 착안했던 이유는, 결국 밑줄 친 부분의 문제를 해결하기 위한 것이었기 때문이라는 사실을 확인할 수 있다. 어떻게 하면 객관적인 서술을 통해 그 문제에 접근할까를 고민하다가 문서자료를 검색하던 정조의 눈에 정홍명의 策問이 눈에

---

51) "我朝文士蔚然相望, 前董鉅手, 未知其孰爲艱孰爲易孰爲順孰爲奇, 而亦不可不謂之盛矣. 夫何挽近以來, 寂然無聞, 儒生所習, 不過科日文字. 而如非泥於庸常, 亦必强作詭怪, 其於文章體格, 元無艱易之可言, 而膚淺淆雜, 愈往愈甚. 此固俗尙之使然歟, 抑亦培養之失宜歟. 何以則丕新文體, 或順或奇, 各得其宜, 俾有以張斯文而賁世道歟. 子諸生, 必有講究于中者, 須各悉陳之. 予將親覽焉.(尹愭, 앞의 글, 373면)

띠었을 것으로 추정된다.

그리고, 단순히 「문체」라는 策題 때문만이 아니라 진한고문파였던 정홍명의 고문학습에 대한 입장과 復古 및 古體로의 회귀 주장 등이 정조가 추구하는 문학관과 일치했기 때문에 정조는 그 방법의 일환을 모색하고자 했을 것으로 추정된다.

한편, 정홍명의 策問으로 살펴본 17세기 策問의 특징이 조선전기에 보였던 기본 형태에서 변화를 보였다는 점도 확인할 수 있었다. 특히 출제자의 의도를 반영하기 시작하면서 방법적 측면을 강구하라고 제시하는 문제의 제기 방식은 1세기 이후 정조가 책문을 통해 문교적 의도를 펼칠 수 있는 역사적 배경을 제공했다는 점도 확인할 수 있었다. 아울러 정홍명의 책문을 150여 년 만에 개작한 정조의 첫 번째 「文體策」과의 비교·분석을 통해 17세기 문단의 정황을 좀 더 명확하게 파악할 수 있었다. 정홍명의 책문에 대한 對策이 아직 발견되지 않은 것에 비해, 정조의 첫 번째 「文體策」에 대한 對策은 정약용[52]과 尹愭[53]의 것이 남아 있어 당시 문단의 정황을 파악하는 데 도움이 된다.

그렇다면 이제 정홍명의 策問을 개작하면서까지 문체개선에 지극한 관심을 보였던 정조의 두 번째 「文體策」에 대해 고구해보도록 하겠다.

---

[52] 丁若鏞, 「文體策」, 『與猶堂全書』九卷, 한국문집총간 281집, 172면.

[53] 尹愭, 「文體之艱易」, 『無名子集文稿』冊九, 한국문집총간 256집, 374-376면.

3. 正祖의 策問 및 臣僚들의 대응 양상

18세기가 되면서, 위정자로서의 모범적 전형을 갈구하던 왕은 夏, 殷, 周 3대의 이상적 군주상인 君師의 형태를 재발견하고 지향하게 된다. 그래서 이 이상을 실현하기 위해 당대의 정계는 물론이고 학계까지 주도하기 위해 노력하게 된다. 특히, 正祖는 다양한 방식을 통해 젊은 인재들을 직접 양성하며 이를 통해 국왕의 학문적 성향에 동조하도록 유도하였다. 국왕을 스승으로 하는 새로운 학자집단이 등장하게 된 것이다. 정조의 인재양성책은 규장각의 抄啓文臣이나 성균관의 유생, 지방 유생들을 대상으로 하였는데, 국왕이 문제를 출제하고 답안을 채점하여 성적 우수자를 관리로 선발하는 과정 일체를 직접 관리했다. 시험 과목은 문장력을 시험하는 製述과 학문적 지식을 시험하는 講經으로 구분되는데 그 내용에 있어서는 十三經을 비롯한 유교 경전을 대상으로 하는 경우가 많았다.54)

실제로 정조는 자신이 군주와 스승의 지위에 있다는 점을 자임하였고, 이러한 사실은 여러 곳에서 확인할 수 있다.

> 내가 군주와 스승의 지위에 있으면서 교육 방법에 대한 생각이 간절하여 멀리는 도덕 성명과 가까이는 名物, 字句를 반드시 실오라기나 모발까지 분석하여 남긴 문제가 없게 하려고 하나, 의리는 무궁하고 사람의 견해는 한계가 있어서 지금까지 그러한지 아닌지, 따라야 할 것인지 말아야 할 것인지를 결정하지 못하고 있는 것이 한두 가지가 아니다.55)

---

54) 김문식, 『정조의 제왕학』, 태학사, 2007. 참조

55) "予在君師之位, 念切敎育之方, 遠而道德性命, 近而名物字句, 必欲其縷析毫分, 靡有遺蘊, 而義理不窮, 人見有限, 尙今置於然疑從違之科者, 非止一端." (正祖, 「論語」, 『弘齋全書』卷五十, 한국문

앞서 자료적 양상에서 살펴본 바와 같이, 정조의 문집 『弘齋全書』에는 총 78종이나 되는 策問이 수록되어 있다. 그 策問이 내려진 대상은 중앙관리, 규장각 초계문신, 성균관 유생, 지방 유생 등 그 계층도 다양했다.56) 정식 과거시험도 아닌데 策問의 형태를 빌어 일정 시기에 왕이, 그것도 문교적 의도를 강화한 형태를 갖춰 직접 출제했다는 점에서 정조 연간 策問은 다른 시기의 책문과는 구분된다.

하지만, 18세기에 확인되는 策問 자료만을 토대로 정조가 의도했던 문학관이 당시 文風을 주도적으로 장악했다고 섣불리 판단할 수는 없다. 그 어느 시기보다 18세기는, 근대로 넘어가기 직전 중세의 마지막 양상으로 보이는 다양한 변화의 모색이 이루어진 시기이기 때문이다. 그것이 표면에 드러난 사건이 바로 '문체반정'이다. 정조의 의도대로 文風이 개혁되고 문학의 주도권을 정조가 잡았다면 굳이 '문체반정'과 같은 과격한 정책을 감행할 필요가 없었을 것이기 때문이다.

이에 본 절에서는 18세기 중에서도 가장 많은 변화가 간취되고, 새로운 것에 대한 욕구와 변화와 충돌이 만연했던 정조 연간의 문체관련 책문을 살펴보고자 한다. 정홍명의 책문에 착안하여 작성했던 첫 번째 「文體策」이 '模擬'에 해당했다면, 5년 뒤에 출제된 두 번째 「文體策」은 정조의 문체에 대한 생각이 오롯이 담겨진 산물이라 할 수 있다. 이 책문을 통해 위정자인 정조의 생각은 물론, 그에 응대한 각 臣僚들의 다양한 대응 양상을 통해 당시 文風의 일단을 읽어낼 수 있을 것으로 기대한다.

집총간 263집, 282면.)

56) 『弘齋全書』에 수록된 策問에 응시했던 대상자와 연도별 정리는 김문식, 「정조, 정약용, 서유구의 十三經 이해」, 『다산학』16, 다산학술문화재단, 2010 참조.

정조의 두 번째 「文體策」은 정조 13(1789)년 11월에 치른 抄啓文臣親試에서 출제된 策問이다. 이 「文體策」에 대해서는 정조의 문체반정과 관련하여 다양한 연구가 나온 바 있다. 먼저, 정약용의 對策에 대한 연구가 이루어졌고[57], 이어 정약용, 이서구, 심진현의 對策을 비교 검토한 연구가 있었다.[58] 또, 정약용과 이서구의 對策을 비교한 연구도 있었고[59], 이 「文體策」의 對策을 정리하여 보고한 연구도 있었다.[60] 하지만 기존 연구의 대부분은 정치적인 시각을 바탕으로 '문체반정'이라는 사건을 해석하기 위한 방편으로 사용했다는 편향된 한계를 갖는다.

이에 본 절에서는 책문 연구에 좀 더 집중하여 「文體策」의 책문에서부터 그 형식과 내용을 분석하고, 그에 조응한 다섯 인물, 정약용[61], 이가환(李家煥, 1742~1801)[62], 심진현(沈晋賢, 1747~1799)[63], 이만수(李晩秀, 1752~1820)[64], 이서구[65]의 對策을 비교·분석하여 그들이 어떤 정치적 입지 하에 어떤 문학적 주장으로 당시 문체 문제를 파악하였으며 어떤 대안을 제시하고 있었는지를 정조의 「文體策」에 근거하여 분석해보고자 한다.

---

57) 金相洪, 「茶山의 文體醇正論 硏究 : 「文體策」을 中心으로」, 『논문집』Vol.14, 단국대학교, 1980; 송재소, 『다산문학연구』, 서울대학교 대학원 박사학위논문, 1984

58) 정옥자, 『조선후기문화운동사』, 일조각, 1988.

59) 김명호, 『열하일기 연구』, 창작과 비평사, 1990.

60) 김윤조, 「「文體策」 연구」, 『한국한문학연구』Vol.18, 한국한문학회, 1995.

61) 丁若鏞, 「文體策」, 『茶山詩文集』八卷 한국문집총간 281집, 178면.

62) 李家煥, 『錦帶殿策』.

63) 『奎華名選』4책 癸卯選 1권 1.

64) 李晩秀, 「五經百篇答聖問」, 『屐園遺稿』卷之六, 한국문집총간 268집, 263면.

65) 李書九, 「文體」, 『惕齋集』卷之七, 한국문집총간 270집, 151면.

(1) 策問의 분석

정조의 두 번째 「文體策」은 앞서 살펴보았던 첫 번째 「文體策」의 마지막 부분을 입론부분에 그대로 머리글로 삼고 있다. 물론 5년의 세월이 지난 후 어느 정도 다시 고쳐진 부분이 있긴 하지만 정조가 첫 번째 「文體策」을 정홍명의 것에서 개작했을 때서부터 정조는 제대로 된 文體策을 언젠가 다시 작성할 것이라고 준비하고 있었음을 추정해 볼 수 있다. 「文體策」은 다음과 같은 입론으로 시작된다.

> 왕은 말하노라. <u>문장에는 한 시대의 체제가 있어서 세상의 도와 더불어 높아지기도 하고 낮아지기도 하므로, 그 문장을 읽어 보면 그 세상을 논할 수 있다.</u> 주나라의 도가 쇠퇴하자 策士들이 종횡설을 떠들어댔고, 한나라 왕업이 번창하자 西京의 학자들이 「爾雅」를 서술하였다. 무엇이 그렇게 되게끔 하는 것이냐?[66]

밑줄 친 부분은 이 책문 전체를 대변하는 대전제이다. 또한 정조의 기본적인 문학관이기도 하다. 정조는 문체가 바르게 되는 것이 곧 世道가 안정되는 것이라고 여겼다. 그렇기 때문에 집권 내내 순정한 문체에 대한 강한 집착을 보인 것이었다. 그러한 점에서 보면 '도문일치'를 표방하는 이 대전제는 정조 연간의 지향점이 어디에 있었는지를 아주 잘 보여주는 문장이기도 하다.

그런데 이렇게 전제된 첫 문단과는 달리 정조는 순탄한 전개를 개진하지 않는다.

---

66) "王若曰. 文有一代之體, 而與世道相汙隆. 讀其文, 可以論其世也. 周道降而策士縱橫, 漢業弘而西京『爾雅』之文之體. 孰使之然歟."(正祖, 「文體」, 『弘齋全書』卷五十, 한국문집총간 263집, 272면)

陸機와 陸雲의 아득히 비치는 것 같은 문사는 주옥이 흐르는 듯 구슬이 합치는 듯하였고 六朝의 비단처럼 고운 노래는 새가 지나는 듯 꽃잎이 나부끼는 듯하였다. 세상이 문란했던 것은 똑같음에도, 문체가 다른 것은 무엇 때문이냐?

長江의 가을 물이 천 리를 한길로 내달리는 것 같은 문장이었는데도, 이미 뒤집혀진 듯한 세상의 물결은 되돌리지 못하였고, 얇은 비단과 다듬은 깁이 겉만 꾸미기에도 군색한 문장이었는데도 밝은 시대의 宰相이 되기에는 손색이 없었다. 그렇다면 문체의 得失은 世道의 성쇠에는 관계가 없다는 것이냐?

浮華한 것을 혁신하기 위하여 大誥篇을 지었고, 써서 험난하고 괴이한 것[67]을 삭출함으로써 學體가 크게 달라졌다. 그렇다면 속된 것을 인도하는 방도가 본래 언어에 있는 것이 아니고 추향을 바르게 하는 요점은 取捨밖에 없는 것이냐?

속되게 하면 宮體니 俳體니 하는 기롱이 있고, 괴이하게 하면 時學이니 時文이니 하는 나무람이 따른다. 그렇다면 氣와 格은 사람을 따르기 때문에 교정할 수 없다는 것이냐? 아니면 장려하는 것이 마땅함을 잃어서 점차 습성으로 굳어진 탓이냐?[68]

이 단락역시 앞서 살펴보았던 정조의 책문에서와 같이 두 문단씩 대우의 방식으로 조응을 이루고 있음을 알 수 있다.

첫 번째 문단에서 세상이 문란했음에도 문체가 아름다웠던 예를 들며 반문하고 두 번째 문단에서 아름다운 문장이 있어도 세도를 바꾸지 못한 경우와 문체가 형편없었음에도 밝은 시대를 누렸던 경우를 대비하여 근거로 제시하며 결국 문체의 성쇠와 세도는 관련이 없는 것인가라는 대전제에 대한 반문을 던지고 있다. 그리고 다시 세 번째 문단에서 순정한 문체로 속된 것을 고치려고 하였으

---

67) 北宋 때 유행하던 소위 太學體.

68) "二陸逈暎之詞, 珠流璧合, 六朝綺麗之唱, 鳥過花飄, 世亂則同, 而文體之異, 何歟. 長江秋注, 千里一道, 而不能廻旣倒之瀾, 輕綃素練, 窘于邊幅, 而不害爲明時之輔, 抑亦文體之得失, 不關世道之盛衰歟. 欲革浮華而大誥是作, 黜去險怪而學體不變, 牖俗之方, 本不在於言語, 而正趨之要, 豈不外於取舍歟. 俚之而有宮體俳體之譏, 詭之而有時學時文之誚. 是將氣格之隨人而莫之可矯歟. 毋或 ■進之失宜, 而轉以成習歟."(正祖, 「文體」)

나 그렇게 되지 못한 상황을 제시하고 마지막 네 번째 문단에서 문체를 고칠 수 없는 이유가 사람의 천성이라서 고칠 수 없는 것인지 아니면 제대로 인도하지 못하여 버릇이 되어버린 것인지를 묻고 있다. 저마다 상황은 다르지만 모두, "문체가 세도와 함께 汗隆한다."는 대전제의 예외적인 상황이 될 만한 예를 들어 오히려 자신이 전제한 입론을 더욱 부각하고자 하는 의도가 엿보인다.

여기까지의 내용은 정조가 대전제를 내세우기 위해 극단적인 예외를 들어 질문이라고 할 만한 내용이 보이지 않는다. 질문의 형태를 갖추고는 있지만 그 극단의 예는 對策을 지을 신하들이 근거로 사용하도록 배치한 것에 지나지 않는다.

그렇다면 정조가 궁극적으로 묻고자 하는, 혹은 인지시키고자 하는 부분은 어떤 것인지에 대한 해답이 무엇이었는지는 다음 단락에 등장한다.

> 대개 문장은 세대가 내려옴에 따라 체제도 변하지 않을 수 없었다. 唐虞 시대에는 典謨의 체가 있었고, 商周시대에는 訓誥의 체가 있었다. 이것이 흘러와서 漢唐시대 문장의 正宗이 되고 宋明의 諸家가 되니, 비록 그 원기의 후박은 시대와 함께 사라지기도 하고 자라기도 하였으나, 거의 모두 궤범을 밟고 따라서 경전의 우익이 되어 한 시대의 융성함을 울리고 전아한 체제를 잃지 않았다.[69]

앞부분에서 들었던 극단적인 예에서 다시 글의 흐름을 바꿔 문장이 세대에 따라 체제가 변할 수밖에 없다는 이론을 제시한다. 이

---

69) "粲文以世降而體不得不變. 唐虞而有典謨之體, 商周而有訓誥之體. 流而爲漢唐正宗派, 而爲宋明諸家, 雖其元氣之厚薄, 與時消息, 類皆循蹈軌範, 羽翼經傳, 以鳴一代之盛° 而不失典雅之體矣." (正祖, 「文體」)

것은 대전제의 세부내용에 해당한다. 중요한 것은 그 다음에 전제하고 있는 전아한 체제의 전범으로 제시하고 있는 문체의 해설이다. 唐虞시대의 典謨와 商周시대의 訓誥가 전아한 체제의 전범으로 작용했기에 漢唐과 宋明시대에 기준이 될 수 있었다는 것이다. 사실 이러한 정조의 인식은 주자의 문학관에서 비롯된 것이다. 주자는 治世의 文을 육경으로, 쇠세의 문을 『국어』로, 난세의 문을 『戰國策』으로 정의내린바 있다.[70] 우리나라의 정황설명에 들어가기에 앞서 자신의 의견을 피력하는 공간을 마련하는 방식은 정조 연간의 策問만이 보여주는 특징이기도 하다.[71]

전범이 되는 부분을 우리나라의 정황 설명 바로 앞에 두는 것은 우리나라의 정황이 전범을 따르지 않았다는 의미이기도 하다. 그렇다면 정조가 그렇게 걱정했던 우리나라 문체의 문제점이 무엇이었는지에 대해 그의 설명을 들어보자.

> 우리나라는 文이 밝아 거장이 연이어 나왔다. 성인의 글이 아니면 읽기를 수치로 여기며 법이 아닌 말을 하는 것을 수치로 여겼다. 궁하면 후세에 전할 사업을 전공하고 현달하면 세상에 필요한 글을 공부하여 皇猷를 수놓고 아름다운 현상을 장식하니, 그 글을 한 번 보면 성세의 음향인 것을 알 수 있었다.
> 근래에는 文風이 점점 변하여 소위 붓을 잡은 선비는 시서육예의 문장에 근본을 두지 않고 머리를 싸매고 애쓰는 바가 도리어 稗家 소품의 책에 있다. 쓴다고 해도 시문이나 騈儷體를 지으면 붓이 종이 위에 닿기도 전에 기운이 이미 빠져 버린다. 비유하자면 마치 깊은 잠에 빠진 사람이 때때로 잠꼬대를 늘어놓듯이 지어놓고도, 스스로는 공교로움을 다했다느니 묘리를 터득했다고 한다.

---

70) 『朱子語類』권139,「作文」"有治世之文, 有衰世之文, 有亂世之文. 六經, 治世之文也. 如國語委靡繁絮, 眞衰世之文耳. 是時語言議論如此, 宜乎周之不能振起也. 至於亂世之文, 則戰國是也."

71) 이러한 방식은 앞 절에서 정조의 첫 번째「文體策」을 분석하면서도 확인한 바 있다.

옛 사람의 문장을 흉내 내는 것조차 하지 못하고 마치 숨바꼭질 놀이를 하는 것과 같아서 鄕黨에 사용하려고 하면 도리어 시골 훈장의 진부한 언사만도 못하고 조정에 쓰려 하면 크고 작은 詞命에도 적합하지 못하다. 이전 시대에 찾아보아도 이러한 체제는 없었고, 우리 동방에 상고하여 보아도 이러한 품격은 없었다. 이것이 과연 어디에서 나온 법이냐?72)

정조가 심각한 문제라고 지적한 부분은 바로 밑줄 친 부분이다. 이 부분의 설명에 대해 체감할 수 있도록 정조는 다양한 비유와 신랄한 비난화법을 서슴지 않고 한 단락 가득 풀어놓았다. 이러한 심각한 상황은 중국에서도 찾을 수 없을 것이고 역사적으로도 찾을 수 없었던 지경이라고 설명한다.

정조는 타락한 문체의 특징으로 난삽하고 기괴함(艱棘詭誕), 섬세하고 나약함(纖靡・委靡・嫩弱), 경박함(浮薄・輕薄), 비속함(卑靡・卑俚), 자질구레함(瑣碎・瑣瑣啁啾・傾巧破碎), 지나치게 날카로움(尖斜・尖薄), 성조가 급촉함(噍殺・促迫・促急) 등을 들고, 이 같은 문체의 글은 '治世之音'이 아닌 '亂世煩促之聲'이요, 임금과 어버이로부터 버림받은 '孤臣孼子'들의 문학이라 매도한 바 있다.73)

문체와 세도가 얼마나 밀접한 연관이 있는지를 역설하고 난 뒤, 현재 조선의 문체가 얼마나 심각하게 곪아있는지를 신랄하게 비판했던 것은, 결국 策問의 곳곳에 전범이라고 강조했던 六經의 가르침과 주자의 가르침을 강조하고 싶은 마음에서 비롯된 것이었음을

---

72) "我朝文明, 鴻匠接武. 恥讀非聖之書, 羞道非法之言. 窮則攻傳後之業, 達則治需世之文, 黼黻皇猷, 賁飾至象, 一見其書, 可知爲治世之音也. 近來文風漸變, 其所謂操觚之士, 不本乎詩書六藝之文, 埋頭用心, 反在於稗家小品之書, 發而爲詩文騈儷之作也, 筆未落紙, 氣已索然. 譬如昏睡之人, 時作譫囈, 自以爲極其巧透其妙. 而不成葫蘆之畫, 殆同迷藏之戲, 用之鄕黨, 而反不如學究陳 言; 用之朝廷, 而無以行大小詞命. 求之前代, 無此體段, 考之我東, 無此品格. 是果孰從而傳法之也." (正祖, 「文體」)

73) 이 부분에 대한 자료 분석은 김명호, 『열하일기 연구』, 창작과비평사, 1990, 264-265면 참조.

정조는 다음과 같이 설명한다.

> 내 이를 민망히 여겨 매번 경연에서 신하들을 대할 때마다 문체를 혁신해야 한다고 거듭 경계하라 한 것을 간절히 하였으나, 내 말 듣기를 아득히 하여 효력이 묘연하다. 만약 시끄럽게 지저권의 더러움을 한 번에 씻어내고 함께 순정한 곳으로 돌아가, 속에 품으면 경술이 되고 밖에 나타내면 문장을 이루어 한 시대의 문체를 융성하게 하여 팔방의 보고 듣는 것을 새롭게 하려면, 그 방도를 어떻게 해야 하겠느냐? 자대부는 이 책문으로부터 근래의 투식을 탈피하고 옛날의 문장 짓는 궤범을 만회하여 나로 하여금 빈말을 한 것이 되지 않도록 하라.74)

결국 밑줄 친 부분을 보면 자신의 생각에 대해 얼마나 논리정연하고 설득력 있게 신하이자 제자였던 초계문신들에게 피력할 것인가를 정조는 고민 했던 것이다.

그렇다면 정조의 이러한 생각에 閣臣들은 어떤 부분을 옹호했고 또 어떤 부분에서 다른 입장을 표명하고 새로운 의견을 제시하고 있는지 살펴보자.

(2) 긍정적 대응

전술했던 바와 같이 기존 연구들에서는 「文體策」의 臣僚들의 입장을 정치적인 입장에서 해석하였다. "문체가 세도와 함께 汗隆한다."는 책문의 입론에서 보자면 이 책문은 분명히 정치가 아닌, 문체에 대한 것이기 했지만 이 시기는 政見을 따로 떼어놓고 생각할 수 없는 시기였다. 때문에 기존 연구의 관점은 臣僚들의 對策을 좀

---

74) "予爲是問, 每對筵臣, 未嘗不以變文體之說, 反復申戒, 不翅懇懇, 而聽我藐藐, 成效漠然. 如欲一洗啁啾之陋, 咸歸醇正之域, 蘊之爲經術, 著之爲文章, 庸成一代之體, 俾新八方之觀, 則其道何由. 子大夫, 其自是策, 擺近臼挽古轍, 使予莫爲空言."(正祖, 「文體」)

더 명확히 이해하는데 좋은 정보를 제공한다. 하지만 '문체'를 논하는 책문임에는 분명하다는 점에서 정치적 입장은 부가정보로 활용될 수 있을 뿐이지 절대적 기준으로 볼 수는 없는 것이다. 그것은 글쓰기에서 보여주는 臣僚들의 방법론에서도 확인할 수 있다.

정약용(丁若鏞, 1762~1836)의 對策을 살펴보면, 정치적인 노선이나 문학적인 경향에서도 정조의 뜻을 지지하는 입장을 고수했다는 점을 알 수 있다. 현재『여유당전서』에 남아 있는 정약용의「文體策」은 정식으로 제출된 對策이 아니다. 글이 정리된 한 편의 대책으로서의 체계를 갖추지 못하고 있기 때문에 그렇게 추정할 수 있다. 이것은 단지 산삭되어서 단락이 생긴 것이 아님을 파악할 수 있는데, 정약용이 책을 저술하는 방식처럼 책문의 각 단락을 나누어 메모형식으로 정리한 원고가 그대로 편입되었음을 알 수 있다.75)

정약용은 정조가 이 策問을 통해 어떤 의도를 전달하고자 했는지를 정확하게 파악하고 있었다. 출제자가 어떤 답안을 원하는지 파악하는 것도 능력이겠지만, 출제자가 어떤 메시지를 전달하고자 했는지 그 의중을 파악할 수 있는 것은 그 이상의 능력을 필요로 하는 것이다.

> 패관 문학에서 수반되는 폐단과 대소의 사명에도 적합하지 못한 데 대하여는, 신이 평소에 혼자서 개탄하던 바이기에 이에 감히 숨기지 않겠습니다. 신은 彗星·孛星과 무지개·흙비를 일러 天災라 하고 한발·홍수로 무너지거나 고갈되는 것을 일러 地災라 한다면, 稗官雜說은 人災 중에서 가장 큰 것이라 생각합니다. 음탕하고 추한 어조가 사람의 心靈을 방탕하게 하며, 사특하고 요

---

75) 이것을 정약용이 對策을 쓰는 방식이라고 파악한 연구(김윤조, 앞의 글)도 있었는데, 對策의 정식이나 정약용의 저술방식에 대한 부분을 제대로 파악하지 못한 데서 온 오해로 보인다.

사스러운 내용이 사람의 지혜를 미혹에 빠뜨리며, 황당하고 괴이한 이야기가 사람의 교만한 기질을 고취시키며, 委靡하고 조잡한 글이 사람의 壯氣를 녹여냅니다. 子弟가 이것을 일삼으면 經史 공부를 울타리 밑의 쓰레기로 여기고, 재상이 이를 일삼으면 廟堂의 일은 弁髦(한 번 쓰고 나면 다시 쓰여 지지 않고 버려지는 물건)로 여기고, 부녀가 이를 일삼으면 길쌈하는 일을 끝내 폐지하게 될 것이니, 천지간에 어느 災害가 이보다 더 심하겠습니까. 신은 지금이라도 國內에 유행되는 것은 모두 모아 불사르고 燕京에서 사들여 오는 자는 중벌로 다스린다면, 거의 邪說들이 뜸해지고 문체가 한 번 진작될 것이라 생각합니다.[76]

앞부분의 밑줄 친 부분은, 정약용이 패관문학의 가장 심각한 폐해라고 문제 삼고 있는 부분이다. 정조가 지적하는 것과 크게 다르지 않다. 그런데 정약용은 이 글에서 소설의 문체나 단어가 사용되는 풍조에 대해서는 문제 삼지 않는다. 오히려 그 내용이 허황되고 사특하고 요사스런 내용으로 지혜롭게 판단하는 것을 방해하고, 교만한 기질을 더욱 고취시킨다고 비판한다. 현실에 있을 법하지 않은 것을 다루는 소설적 특징이 유교적 합리주의에 배치되는 것이라고 본 것이다. 이것은 정조가 이미 策問을 통해 충분하게 지적한 부분 이외에 정조가 놓치고 있는 부분까지 지적하는 주도면밀함을 보여준다.

뒷부분의 밑줄 친 부분은 정약용이 대안의 하나로 제시한 것이다. 중국에서 유입된 패관소품 서적들을 모두 불태우고 그것을 들여오는 이를 엄벌에 처하라는 과격한 발상은 그대로 실행될 것을

---

76) "稗家小品之弊, 大小詞命之作, 臣於平日, 竊有所慨然者, 玆不敢隱也. 臣以爲彗孛虹霓, 謂之天災, 旱潦崩渴, 謂之地災, 稗官雜書, 是人災之大者也. 淫詞醜話, 駘蕩人之心靈, 邪情魅跡, 迷惑人之智識, 荒誕怪詭之談, 以騙人之驕氣, 靡曼破碎之章, 以消人之壯氣. 子弟業此而笆籬經史之工, 宰相業此而弁髦廟堂之事, 婦女業此而織紝組紃之功遂廢矣, 天地間災害, 孰甚於此. 臣謂始自今, 國中所行, 悉聚而焚之, 燕市貿來者, 斷以重律, 則庶乎邪說少熄, 而文體一振矣." (丁若鏞, 「文體策」, 『茶山詩文集』八卷 한국문집총간 281집, 178면)

염두에 둔 것이 아니다. 정약용은 가장 극단적이고 과격한 방식을 제시하여 정조가 과단성 있는 개혁안을 펼칠 수 있는 여지를 문서로 미리 제공하는 포석을 진행한 것이다.

본래의 정약용이 보여주는 문체의 변화론은 위와 같이 과격한 성향의 것이 아닌 아래 인용문에서 제시하고 있는 유연한 모습이다.

> 신은 천지간에 큰 文章은 物態와 人情만한 것이 없으므로, 물태와 인정의 변화를 잘 관찰한다면 문체의 변화도 말할 수 있다고 생각합니다. 왜냐하면 신이 일찍이 물태를 관찰해 보았더니 껍데기 속에 있던 것은 터져 나오고 땅속에 蟄居하던 것은 꿈틀대며, 또아리를 틀었던 것은 쭉 펴고 움츠렸던 것은 날아오르는 등 천태만상이 있으나, 그 까닭을 따져 보면 모두가 冷과 暖 두 가지 氣候에 지나지 않습니다. 또 일찍이 인정을 관찰해 보았더니, 곧은 자가 완악해지고 차분하던 자가 욕심쟁이로 되며, 유약하던 자가 갑자기 사나워지고 담박하던 자가 펄펄 끓는 등 천태만상이 있으나, 그 까닭을 따져보면 모두가 利와 害 두 가지 문제에 지나지 않습니다. 物態에 근본하고 인정에 발로되니, 문체라고 어찌 그렇지 않겠습니까. 순수하던 것이 섞이고 질박하던 것이 꾸며지고 平易하던 것이 奇詭해지고 敦實하던 것이 천박해지고 典雅하던 자가 鄙俚해지고 느리던 자가 급박해지는 등 형형색색의 천변만화가 있으나, 까닭을 따져보면 得과 失 두 가지 테두리에서 벗어나지 않습니다. 대저 冷하면 만물이 따르지 않고 害하려 하면 사람들이 모이지 않으며, 失하면 문체를 변화시킬 수 있습니다.77)

같은 對策임에도 불구하고 앞서 살펴본 극단적 처방과 달리, 문체의 개선을 위해서는 사람을 바꾸면 된다는 주장을 유연하게 제

---

77) "臣以爲天地間大文章, 莫如物態人情, 善觀乎物態人情之變, 則文體之變, 可得而言也. 何則, 臣嘗觀物態矣, 甲者坼蟄者蠢, 蘊隆者舒散, 鬱伏者風揚, 芸芸濈濈, 千態萬狀, 而求其故則總不外冷煖二情, 臣嘗觀人情矣, 廉者頑, 恬者慾, 柔懦者鷙發, 淡泊者熱沸, 紛紛穰穰, 千態萬狀, 而求其故則總不外利害兩端. 資於物態, 發於人情, 顧文體奚獨不然. 醇者醨樸者斲, 平易者奇詭, 敦實者淺薄, 典雅者鄙俚, 舒緩者促急, 形形色色, 千變萬化, 而求其故則不出於得失二字. 夫冷焉則物不趨之, 害焉則人不嚮之, 失焉則文體可得而變也." (丁若鏞, 위의 글, 177면)

시하고 있다. 이 부분은 크게 두 가지 특징을 보이고 있는데, 한 가지는 문체와 직접적으로 상관이 없는 듯한 물태와 인정의 변화를 관찰한다는 형이상학적인 대안을 제시한 것이고, 다른 한 가지는 형이상학적인 부분의 설명(의론)과 형이학적인 부분에 대한 구체적인 묘사가 혼재된 방식을 취하고 있다는 점이다. 자연의 변화나 인간의 심성 변화가 같다는 성현의 가르침에서 출발하여 그 변화에 맞게 사람을 변화시키면 문체도 변화시킬 수 있다는 논지전개를 펼치고 있다. 단순한 비유를 넘어서 그렇게 되는 과정을 상세하게 순차적으로 묘사하는 것은 이 글을 읽는 이로 하여금 마치 실제로 그것이 눈앞에 있는 것인 양 상상하게 만들어 이해를 돕고자 하는 의도가 감춰져 있다.

정약용은 책문에서 정조가 극단적 방법의 일환으로 제시한 것이 '取捨'임을 눈치 채고 있다. 즉, 문장을 개선하는 것도 안 되고 사람을 바꾸는 것도 어렵다면, 인사권을 가지고 극단적인 방법을 택할 수밖에 없다는 위협을 간파한 것이다. 그래서 정약용은 '嗚呼'로 주의를 끈 뒤, '雖然'으로 핵심을 찌르는 방식으로 정조에게 다음과 같은 답변을 내놓는다.

> 아! 文風이 典雅하지 못하기로는 우리나라 같은 데가 없고, 문체가 날로 쓰러져가기로는 요즈음 같은 때가 없을 것입니다. 그러나 天運이 돌고 돌아서 전하께서 이를 惕然히 생각하고 두려워하여 한번 그 방법을 바꿔보려 하시니, 이는 바로 사곡된 길을 막고 바른 길을 여는 기회입니다. 과연 전하께서 이를 실현시키려 하신다면 어찌 문체가 혁신되지 않을 염려가 있겠습니까.
> 그러나(雖然) 임금이 世道를 주장하여 그것을 시행하는 것은 勸懲을 위한 것이요, 권징하는 요점은 오직 **取捨**의 權柄에 있습니다.[78]

정조의 과단성 있는 결단을 촉구하되, 결국 사람을 움직이는 것이 핵심이라고 설명하고 그 요점이 취사에 있다고 강조한 것은, 역시 인재 등용의 결정권이 요점이라는 사실이 동의를 표한 셈이다.

한편, 같은 남인인 이가환(李家煥, 1742~1801)의 對策은 어떠한가? 뒷부분이 결락되어 있어 전모를 파악할 수는 없으나 그가 어떤 부분에 주안점을 두었는지는 어느 정도 추정할 수 있다. 그의 對策은 다음과 같이 시작한다.

> 신은 삼가 對策을 올립니다.
> 신이 삼가 듣건대, 천하의 일은 참으로 그것을 되돌려서 만회하고자 할 경우, 그 기틀은 오직 임금에게 달려있다고 합니다. 위에서 잘 이끌면 璋과 같고 圭와 같으며, 취함과 같고 쥐어줌과 같아서, 크게 호응하면서 임금의 뜻을 따르지 않는 자가 없을 것입니다.
> 생각건대 文章에 관한 한 가지 일은, 성대해 짐에 있어서는 무엇 때문에 흥성해지는 것인지 그 이유를 알지 못하며, 쇠퇴함에 있어서도 무엇 때문에 무너지는지 그 이유를 알지 못합니다. 그리하여 그 권한이 마치 위에 있지 않은 것과 같은 점이 있습니다. 어째서 그렇게 말하겠습니까?79)

첫머리의 입론은 천하의 일을 만회하는 것은 임금에게 달려있다는 점을 강조하고 있다. 이것은 전통적인 對策에서 임금의 마음가짐이나 올바른 위정을 바란다는 결론에서 크게 벗어나지 않는다. 그런데 다음 문단에서 그는 정조의 전제에 반대한다. 문장이 세도와 연관된 것이 아니라 성쇠가 있는 것이 같을 뿐 위정자가 정치

---

78) "嗚呼! 文風之不雅, 莫我東若也, 文體之日衰, 莫近日若也. 天運循環, 無往不復, 乃殿下惕然思懼, 思所以一變其道, 此正杜邪逕啓正路之會也. 苟殿下欲之, 何患乎文體之不變也. 雖然君子主張世道, 所以行之者勸懲, 勸懲之要, 惟在取舍之權."(丁若鏞, 위의 글, 177면)

79) "臣對. 臣聞天下之事, 苟欲斡旋而挽回之, 則其機之在上也, 如璋如珪, 如取如攜, 無不不應徯志. 惟文章一事, 其盛也, 莫知其所由興, 其衰也, 莫知其所由壞, 其權有若不在於上者, 何以言之?" (李家煥, 『錦帶殿策』)

를 어떻게 해서 바꿀 수 있는 부분이 아니라는 입론을 펴고 있다. 그래서 그는 다음과 같은 중간결론을 내놓는다.

> 신은 매번 당대의 문장이 시들해져서 떨치지 못하며 공교로워서 마땅치 않은 것을 보고는 일찍이 그것을 위하여 크게 두려워하고 몹시 걱정하면서 탄식하지 않은 적이 없었습니다. 그런데 그 두려움은 문장에 대해서만 있는 것이 아니라, 사람에 대해서 있었으며, 사람에 대해서만 있는 것이 아니라, 세도에 대해서 있었습니다.[80]

그가 궁극적으로 지적하고 싶은 부분은 문장도 아니고, 사람도 아니다. 바로 '世道'라는 사실에 주목해야 할 필요가 있다.[81] 같은 남인이고, 정조가 의도하는 것을 파악하지 못할 정도의 인물이 아님에도 불구하고 이가환은 정조가 문체에 천착하는 것을 지긋이 권계하고 있다. 앞에서 문장의 성쇠가 무엇 때문에 변화하는지 알 수 없다고 전제한 것은 정조가 유도하는 데로 동의하지 않고 세도, 즉 임금이 바른 정치를 행하게 되면, 문장은 자연스럽게 그에 부응하는 것임을 강조한 것이다.

본격적인 자기주장이 시작되는 '雖然'부분에서 결락이 되어 있어 이후 구체적인 내용을 알 수 없지만, 虛頭의 대전제를 통해 핵심주장을 파악한다면 이가환은 문체에 천착하는 정조에게 새로운 자신의 견해를 피력하고자 했다는 것이 더 옳을 것이다.

이러한 추정이 가능한 것은 소론이었던 李晚秀의 對策에서도 확

---

80) "臣每於當世之文, 見其靡茶而不振, 尖巧而無當, 未嘗不爲之大懼, 隱憂而痛歎, 是懼也, 不在於文, 而在於其人, 不在於人, 而在於世道."(李家煥, 『錦帶殿策』)

81) 김윤조는 이 문단의 해석을 마치 궁극적인 문제로 '사람'을 지적한 것으로 해석하였는데 그것은 지나친 견강부회로 보인다.(김윤조, 앞의 논문, 351면 참조)

인되는데 이만수는 앞서 살펴보았던 '設弊'에서는 정약용과 '救弊' 부분에서는 이가환과 유사한 의견을 보여주고 있다. 그는 당시 문단의 폐단에 대하여 다음과 같이 묘사하고 있다.

> 유독 최근에 와서 風氣가 크게 변화하여, 술잔을 들고서 뭇 사람들에게 외치는 자가 말하기를 "육경은 본받을 만한 것이 없고, 사대는 보배로 삼을 만한 것이 없으며, 우리나라의 작가들은 배울 만한 것이 없다. 옛날의 케케묵은 말을 떨쳐버리고 우리의 새 학문을 추구하려 한다."라고 합니다. 그들이 부지런히 힘쓰는 것은 바로 명말청초의 패관소품을 취하여 주워 모아다가 모방하여 베끼고 자구를 화사하게 꾸미고 편장을 덜어내거나 바꾸는 일입니다. 風格과 生氣는 다른 이를 감동시키기에는 부족하고, 입론과 취재는 오로지 세속을 놀라게 하기만을 힘쓰면서도 스스로는 천고의 절창이라고 여깁니다. 이에 온 세상이 휩쓸려 동조하여서는 얼마나 많은 빼어난 인재들이 망가졌는지 알 수 없습니다. 또 傳奇와 艶異의 문체가 있어 그 사이에서 함께 유행하여 소머리를 한 귀신과 뱀의 몸을 한 귀신같은 것을 거의 구분할 수가 없습니다.
>   아아! 오늘날 같은 정치상황에 문체가 옛날 같지 못함이 이 지경에 이르러 극에 다다랐습니다.[82]

당시 선비라는 이들이 모여서 주창하는 것이 육경과 고문을 부정하고 명말청초의 패관소품에 탐닉하여 있다는 지적은 정약용이 신랄하게 비판했던 부분과 같다. 동일한 지적이 모든 대책에 보이는 것을 보면 이러한 경향이 문단의 전반에 걸쳐 퍼져있었던 사실은 부정할 수 없을 것으로 보인다. '牛鬼蛇神'[83]라는 표현을 사용

---

82) "獨怪夫近日以來, 風氣大變, 有掺觚而唱于衆者曰; "六經不足法也, 四代不足珍也, 我東作者, 不足蹈襲也. 將以祛古之陳言, 而求吾之新學也." 其所矻矻用力者, 乃取明末清初之稗官小品, 捃摭而摸寫之, 粉餙字句, 減換篇章. 風神生色, 不足動人, 立論取材, 惟務駭俗, 而自以爲千古絶唱. 於是焉一世靡然應之, 而不知壞了幾箇好秀才矣. 又有一種傳奇艶異之體, 幷行於其間, 而牛鬼蛇神, 殆不可辨. 噫. 以今日之治象, 文體之不古, 至此而極矣."(李晩秀,「五經百篇答聖問」,『屐園遺稿』卷之六, 한문문집총간 268집, 263면)

83) 원래 의미는 唐나라 시인 杜牧이 「李賀集序」에서 李賀의 시에 대해 평하면서, "큰 입을 벌리

한 것으로 보건대, 패관소품이외에도 傳奇小說이나 艷情小說 등에 대한 유행이 만연했다는 사실을 짐작할 수 있다.

여기서 주의해서 살펴보아야 할 부분은 '噫(아!)'로 시작되는 마지막 문단이다. 策問의 대전제("문체와 세도는 함께 汚隆한다.")에서와 같이 문단의 상황에 대해 당시의 정치적 상황과 비교하면서, 정치는 훌륭하게 행해졌음에도 불구하고 문체는 그다지 순정하지 못했다는 평가를 내리고 있다는 점이다. 이는 정조가 策問에서 미리 안배해두었던 '정치가 훌륭한 상황임에도 문체가 불순한 경우가 있다.'는 예외적 경우를 활용한 것이다. 등극하여 13년이 된 정조의 정치는 문제가 없다는 주장이다. 정치적 배경을 활용했던 기존 연구들에서 소론이 이 문제에 대해 미온적, 혹은 유보적 입장이었던 것과는 판이하게 다른 근거이다.

그렇다면 이러한 당대의 폐단을 어떻게 구제할 것인지에 대한 救弊의 내용을 살펴보자.

> **그렇다면(然則)** 문체의 피폐는 오늘날의 급선무가 아닙니다.…
> 중략…
> 올바른 마음을 받들어 밝혀 올바른 정치를 위하여 펼쳐 청명하고 순수한 기운이 사방에 이르러 정직하고 돈후한 풍습이 일세에 행해져서 저 세상의 선비 된 자들로 하여금 자연스럽게 육경의 글이 마치 굶주렸다가 먹는 음식과 목마를 때 마시는 물과 같다는 점과 패관잡기가 마치 음란한 말 꾸미는 얼굴과 같으며 음탕한 음악이 淸廟의 朱瑟로 쓰일 수가 없음을 알게 한다면, 이른바 "왕 노릇 하는 자는 다스리지 않음으로써 다스린다."는 것이 그러한

는 고래와 엄청난 속도로 뛰어오르는 자라, 소머리를 한 귀신과 뱀의 몸을 한 귀신 같은 것으로도 그의 시의 허황하고 환상적인 면을 형용하기에는 부족하다(鯨祛鼇擲, 牛鬼蛇神, 不足爲其虛荒幻誕也)"라고 하여 이하의 시가 다른 사람이 미치지 못하는 독특함을 지니고 있다고 칭찬하는 의미로 사용하였으나, 나중에는 내용이 허황된 문학작품 또는 용모가 추한 사람을 비유하는 말로도 사용되었다.

것 아니겠습니까? …중략…

　문체의 폐단은 다만 독서를 많이 하지 않은 것에 원인이 있습니다. 여름에는 예를, 겨울에는 시를 공부하는 아름다운 일을 신은 전하께 아룁니다.84)

　　먼저 첫 문단을 살펴보면, 그는 '然則'을 사용하여 文弊를 개선하는 것이 급선무가 아니라고 단언한다. 앞서 이가환의 입장과 동궤를 이룬다. 두 번째 문단에는 근본적인 원인의 해결을 정치적인 것으로 환치시켜 풀고 있다. 이것 역시 앞서 이가환의 방식과 크게 다르지 않다. 마지막 문단의 독서를 운운한 것은, 그가 '篇終'에서 부가적으로 제시한 부분으로 정치적인 부분이 해결되면 문체의 문제는 해결될 것이고, 자신이 보는 입장에서는 명말청초의 책을 읽는다는 것 자체가 문제가 되니 예와 시를 읽히게 된다면 그 문제는 사라질 것으로 본다는 것이다.

　　이제까지 살펴본 정약용, 이가환, 이만수의 對策에 보인 그들의 입장은 전면적으로 정조의 입장을 지지하거나 일정 부분 폐단에 대해서도 동조하는 부분이 많았다.

　　그렇다면 정조의 입장에 부정적인 입장을 보여주고 있는 이들의 對策도 살펴보자.

(3) 비판적 대응

　　沈晋賢에 대해서는 당색이 명확하게 기록되거나 언급된 자료는

---

84) "然則文體之弊, 猶非今日當務之急也. …중략… 推明是心° 發爲是治, 淸明純粹之氣, 達于四方, 而正直敦厚之風, 行乎一世, 使夫世之爲士者, 自然知六經之文, 如饑食渴飮, ■稗之記, 如淫聲美色, 桑間濮上之音, 不可爲淸廟朱瑟之用, 則所謂王者以不治治之者, 不其然歟.…중략…則文體之弊, 只坐讀書之不多. 夏禮冬詩之盛, 臣請爲殿下誦."(李晩秀, 「五經百篇答聖問」)

발견되지 않았지만 그의 모친 남씨가 남극관(南克寬, 1689~1714)의 딸이라는 점으로 미루어 볼 때, 소론일 가능성이 높다. 또, 정조 10년(1786)에 노론이었던 吳載純과 鄭存中을 탄핵하여 삭직시키고 尹悌東, 金宇鎭을 탄핵하였으므로 그 가능성은 더욱 높다.

특이한 점은, 對策이 개인 문집에 실려 있는 다른 인물들과 달리 그의 對策만이 개인문집이 아닌 『奎華名選』[85])에 게재되어 있다는 점이다. 「文體策」으로 치러졌던 초계문신 친시의 수석이 심진현이 었다는 점도 주목할 필요가 있다.

심진현은 정조가 제시한 대전제에 대해 적극적으로 동조하는 모습을 보인다. 특히 정조의 지향점인 육경과 삼대의 문장을 전범으로 삼는 것에 대해서는 다음과 같은 평가를 보이고 있다.

聖人이 그것을 쓰게 되면 精微之心法을 千載에 전하고, 匹夫가 사용하게 되면 委巷의 咤啐(여론)의 형용을 얻을 수 있은즉 진실로 사람으로 하여금 고무되게 하는 것으로 음악 이외에 그 글만한 것 은 없습니다.[86])

그는 정조가 제시한 전범에 대해서는 적극적 동의를 표하면서도 방법론에 있어서는 분명한 차별을 선언한다. 그는 '然則'을 사용하여, "그러므로 문장을 보는 방법이 어찌 理와 氣 이외의 것이 있겠

---

85) 규장각에 소속되어 재교육과정을 밟던 연소문신인 抄啓文臣의 御製 글들 가운데 각종 체의 잘된 것을 모아 수록한 책이다. 1781년 최초로 초계문신을 선발하여 교육시키기 시작한지 10여 년후인 정조 16년(1792)에 초계문신들을 격려하고 그 결실을 정리하여 볼 필요에서 『奎華名選』을 엮었다. 심진현의 對策이 수록된 「癸卯選」은 정조 7년(癸卯; 1783)에 초계문신으로 선발된 이들의 글이 실려 있기 때문에 그렇게 불리게 된 것이다.

86) "聖人用之, 而傳千載精微之心法, 匹夫用之, 而得委巷咤啐之形容, 則眞所謂使人鼓舞於絲竹之外者, 莫是文若也."(『奎華名選』4冊 「癸卯選」1卷 1)

는가?(**然則觀文之術 其不外乎理與氣乎**)"라고 하여 문장론의 기본으로 理와 氣를 제시한다. 이것은 엄밀하게 말해, 정조의 의견을 반대하는 입장이 아니다. 오히려 그는 정조가 미처 언급하지 못한, 원시유학에서 말하는 문장의 기본 중의 기본을 강조하는 것으로 정조의 마음을 흡족하게 하여 이 시험의 수석을 차지했을 가능성이 높다. 그가 "무릇 이른바 六經의 글은 다만 畵葫에 그치거나 집에 모셔두는 데 그치는 것이 아닙니다.(**夫所謂六經之文, 不獨畵葫而止耳, 不獨束閣而止耳.**)"라고 한 부분에서도 정조와 동일한 시각을 표출했음을 알 수 있다.

그렇다면 그는 당시 문단에 대해 어떻게 파악하고 있었는지 設弊 부분을 살펴보자.

> 挽近이래 文風이 점차 쇠퇴해 뭇 폐단이 모두 일어나 詩書禮樂의 글을 쓸모없는 것으로 치부한 지 이미 오래되었고, 패관기벽의 책이 침엄하여 바탕이 되니, 문장가가 천명 백명에 그치지 않는데, 글을 쓰는 체가 저마다 각기 달라서 사람의 얼굴이 같지 않은 것과 같아서 元氣로 말하자면 순수한 것과 잡박한 것, 두터운 것과 얄팍한 것이 분연히 함께 나오고 品格으로 논하자면 雅者, 俗者, 寄者, 詭者가 뒤섞여 모여서 지껄이게 되니 그것을 발하여 시문을 짓게 되면 변려문이 되어버리는 것입니다.[87]

정약용이 정조의 분석보다 조금 더 강한 논조로 개선을 요구한 입장이었다면, 심진현은 정조가 분석한 부분을 자신만의 용어로 다시 정확하게 진단하고 정리하였다. 무엇보다 정조가 늘 사용하는 용

---

87) "挽近以來, 文風漸衰, 衆弊具興, 詩書禮樂之文, 弁髦已久, 稗官奇僻之書, 沈淹有素, 操觚之士, 不特千百, 而爲文之體, 人人各異, 殆若人面之不同, 而若論以元氣, 則粹者駁者厚者薄者, 焚然而幷出, 若論以品格, 則雅者俗者寄者詭者, 雜然而群噪, 及其發以爲詩文, 騈儷之作也"(『奎華名選』4冊「癸卯選」1卷 1)

어나 사고방식의 틀에서 벗어나지 않고 논리정연하게 문제가 되는 부분을 명확하게 지적하고 있음을 알 수 있다. 이렇게 폐단의 원인을 분석하면서 그는 文風 타락의 원인이 偏邦이라서거나 독서를 하지 않아서였다거나 世道가 타락했기 때문이 아니라고 단정한다. 그저 단정하는 것에 그치는 것이 아니라 조선의 역사나 당대의 현실에 비추어 볼 때 설득력이 없다고 말하고 특히 정조의 노력이 부족한 것이 아니라는 점을 구체적인 근거를 통해 변호하고 있다.[88]

그리고 나서 그 문제의 원인이 신기한 것을 쫓는 청나라 선비들의 稗官奇書 때문에 시작된 것이라는 분석결과를 내놓는다.[89] 그런데 여기서 끝났다면 아마 그의 對策은 수석을 차지하기에는 무언가 부족한 부분이 있었을 것이다. 여기서 그치지 않고 심진현은 근본적인 원인은 그것을 받아들이는 사람에게 있다며 논의를 확대·반전시킨다.

> 의논하는 이가 이르기를 오늘날의 文弊를 바로 잡으려 하면 중국 서적들을 모두 불태우느니만 못하고 나아가 중국에서 책을 사들여 오는 행위를 금하느니만 못할 것이라고 합니다만 이러한 조치로는 아직 부족합니다. 지금 선비가 중국 서적에 혹하여 돌아오지 않는 것이 어찌 중국 서적의 죄이겠습니까? 특히 우리나라 사람들이 文章의 理를 밝힐 수 없고 文章의 氣를 분간할 수 없기 때문입니다.
> 무릇 문장이란 반드시 理가 있으니 理가 없다면 글이 되지 못

---

88) "況我聖上敎導之術 靡不容極 課程之法 燦然畢擧 文臣則有課試親試不倦之敎誨章甫則有月講旬題 陶甄之神化 文體之怪詭者 斥之黜之 文氣之萎蕱者 培之植之 又於筵臣之引接累講 變文體之道 懇懇愍惻之敎 每發於中朝 則草尙之風 必偃 理之常也 成效之邈然 又何故歟."(『奎華名選』4冊「癸卯選」1卷 1)

89) "夫今之爲士者 螢囊之下 所讀者何書 鳥聲之求 所講者何義 竊觀其室 則案前堆積摠是華人近體之文 席上講究 無非淸儒موォ奇之說 而至於六經之書 秦漢之文 槪不知爲何物也 蓋彼中華近體之文 則其氣像之萎靡 調格之啁啾 已無可言 而其所謂體不一…(중략)…而俱未免爲刻鵠類鶩者也…(중략)…然則今之文弊 卽淸儒誤之也 卽華書亂之也."(『奎華名選』4冊「癸卯選」1卷 1)

하며 문장에는 또한 반드시 氣가 있으니 기가 없으면 글이 성립되
지 못하는 법입니다.[90]

결국 외적인 어떤 영향이 있다고 하더라도 받아들이는 이가 확
실한 주관만 갖추고 있다면 아무런 문제가 되지 않는다는 것이다.
그리고 나서 그 귀결에 앞서 자신이 對策의 대전제로 내세웠던 理
와 氣의 문장론을 배치한다.

출제자인 정조의 입장에서 보면 정치적 입장이나 결행하는 방식
에는 정약용의 對策이 정확한 의중을 읽은 것이라고 할 수 있었겠
으나 도의를 중시하고 육경의 가르침으로 돌아가자고 하는 원론에
서는 심진현의 對策이 가장 세련된 형태를 구사하고 있었음을 인
정하지 않을 수 없었을 것으로 보인다. 무엇보다 이가환이나 이만
수가 제시한 사람의 문제, 즉 왕이 먼저 모범을 보여야 한다는 일
반론보다는, 문장의 기본인 理와 氣를 터득하여 스스로 미혹하지
않도록 자신의 수양에 힘쓰도록 가르치면 될 것이라는 설득[91]은
정조를 수긍하게 만들기에 충분했을 것으로 보인다.

그래서 심진현은 救弊에서 다음과 같은 대안을 내놓는다.

엎드려 바라옵건대 전하께서는 먼저 시험 채점관에게 당락을
결정할 때마다 반드시 理가 勝하고 氣가 도달한 글을 취하도록 하
고 툭툭 끊어지고 난만한 문장이나 끌어다가 붙인 문체들은 내쳐
버려서 시험을 치르는 이들에게 모두 六經만이 본받을 바라는 점
을 알게 하고 중국서적의 유해함을 알게 하면 문체의 조變은 날로

---

90) "議者曰:"欲抹今日之文弊, 則莫如盡焚華人之書, 更禁燕肆之購, 臣則曰此未也. 今夫士之惑華書
而不返者, 是豈華書之罪歟. 特東人不能明文章之理也, 東人不能辨文章之氣也. 夫文章必有理焉
無理則不成文矣. 文章必有氣焉 無氣則不成文矣."(『奎華名選』4冊「癸卯選」1卷 1)

91) "苟使今之人, 告知理與氣, 爲文體之至要, 則雖日撻而勤之, 決不讀華人一行文矣, 亦何煩於焚之
禁之乎.理與氣."(『奎華名選』4冊「癸卯選」1卷 1)

달로 헤아려 볼 수 있을 것입니다.92)

인재 등용의 문제를 대안으로 제시했던 정약용의 대안이 좀 더 세련되고 유연하게 가다듬어진 듯한 느낌이다. 정약용이나 심진현 정도의 높은 학문적 수준을 갖춘 문인이 생각하는 것이 크게 다르지 않다는 것을 알 수 있다. 정조가 원래 원한 답안이 무엇이었는지 꿰뚫고 있는 듯한 '篇終'은 그의 思考가 어느 정도 수준이었는지를 여실히 증명하고 있다.

> 臣이 일찍이 『醫經』의 말을 들건대, "문장이 너무 성한 것도 천지간의 병이니 이미 성하지 않았다고 해서 또 무엇이 병이 되겠는가? 허나 모란꽃도 꽃봉오리가 성한 것이고 난만하면 시들기 시작한 것이니 그렇다면 무릇 가르칠 때에 오직 浮華한 것을 자르고 근본을 기르는 것을 급선무로 삼아, 문체가 날로 순정한 것으로 되돌아가게 하여 화려한 문장을 구하지 말도록 해야 할 것이다. 그러고 난 후에 雄澤之味가 항상 여유 있어지고 나라의 운세가 오래감이 꽃피기 전 봄의 달과 같고, 달이 차기 전의 밤과 같을 것이니, 어찌 빛나지 않으며 어찌 성하지 않겠는가?"라고 하였습니다.93)

인용한 경전이 『醫經』이라는 것부터가 심상치 않다. 『醫經』은 병을 고치는 것이다. 심진현은, 문체를 순정하게 돌리고자 했던 정조의 조급한 마음을 읽고 있었던 것으로 보인다. 그렇기 때문에 '絶浮華培根本'이라는 말을 급선무로 하라고 했을 것이다. 그러나 여

---

92) "伏願殿下先飭主司之臣, 每於取舍之際, 必取理將氣到之文, 黜去斷爛牽合之體, 使士子咸知六經之可法, 而華書之流毒, 則文體之丕變, 可以日月計也."(『奎華名選』4冊 「癸卯選」 1卷 1)

93) "臣嘗聞醫經之言, 曰文章太盛, 亦是天地-病, 未既盛也, 又何爲病也, 蓋如牡丹以蓓蕾盛, 而以爛漫爲衰也, 然則凡於敎導之際, 惟以絶浮華培根本, 爲急先務, 使文體日返於淳, 而勿求爲煥爛之章, 然後雄渾之味, 常有餘, 而國家文明之運, 長如花未開之春月, 未圓之夜矣, 豈不休哉 豈不盛哉."(『奎華名選』4冊 「癸卯選」 1卷 1)

유있게 그 근본을 돌릴 것을 다시금 일깨워주고 있는 것이다.

정조의 의도를 모두 파악하고서 보다 더 큰 근본으로 돌아가라고 제시했던 심진현이 있었다면 정조의 「文體策」에 응한 초계문신 중에서 유일한 노론이었던 이서구(李書九, 1754～1825)의 對策은 앞서 살펴보았던 네 편의 대책과는 전혀 다른 양상을 보여주고 있어 주목된다.

> 신이 삼가 답합니다.
> 신이 듣건대, 옛사람은 글을 지을 때, 반드시 천하와 후세에 이익이 되는 것으로 하였으니 그 요체는 서술과 의론에 지나지 않습니다. 사실을 기록하는 것으로 서술하고 理를 밝히는 것으로 의론하였으니 의미를 정확하게 할 따름입니다. 언제고 고정불편의 문체가 있었던 적이 있습니까?
> 신이 어리석고 천박하며 배운 것이 적어 진실로 이 시대의 저작들에 대해 의론하기에는 부족합니다만 나름대로 요즘 글을 살펴보면 대개 걱정할 만한 것은 두 가지이고 걱정할 필요가 없는 것도 역시 두 가지입니다. 文氣가 쇠약한 것은 걱정할 필요가 없고 事實을 충분히 기록하지 못하는 것이 걱정할 일이요, 文風이 시들어짐을 걱정할 것이 아니라 義理가 밝혀지지 않는 것이 걱정해야 할 것입니다.[94]

虛頭부터 글의 기세가 힘있게 넘쳐나는 것이 이서구의 글쓰기가 보여주는 특징 중 하나이다. 의미전달만 정확하게 하면 된다는 말은 앞서 정홍명의 策問 마지막 부분에서 인용했던 한유의 말을 그대로 옮겨놓은 듯하다. 그런데 두 번째 문단인 中頭의 설정이 가리

---

94) "臣對. 臣聞古人爲文, 必須有益於天下後世, 而其要則不過曰叙述也議論也. 叙述以記事, 議論以明理, 辭達則已矣. 何嘗有一定不易之體也哉. 臣愚陋寡學, 誠不足與議於當世著作之林, 而窃嘗觀夫近日之文, 盖其可憂者二, 其不必憂者亦二. 文氣之衰弱不必憂, 而事實之無足記爲可憂也. 文風之委靡不必憂, 而義理之不能明爲可憂." (李書九, 「文體」, 『惕齋集』卷之七, 한국문집총간 270집, 151면)

키고 있는 바가 명확해서 그가 정조의 의견에 동의하지 않는다는 것을 확실히 하고 있다. 그런 의미에서 虛頭를 다시 살펴보면 일정하여 바뀌지 않는 순정한 문체가 있다고 전제한 정조의 의견을 아예 반박하고 나섰음을 확인할 수 있다.

김명호는 여기서 이서구가 언급하는 '의리'와 '사실'이란 곧 辛壬士禍로 죽은 노론계 지도자들의 명예 회복과 소론 일파에 대한 철저한 숙청 등을 통해 忠逆 是非를 분명히 함으로써 군신의 의리를 확립하라는 노론의 당론을 암시하고 있는 것으로 파악하였다.[95] 이러한 정치적인 입장만이 이서구의 對策에 전부라고 할 수는 없다. 이서구의 對策이 보여주는 주안점은 크게 두 가지로 나누어 볼 수 있는데, 하나는 노론의 당론을 내세워 정조에게 반대 입장이고, 다른 하나는 문학적인 측면에서 새로운 문체를 인정해야 한다고 하는 스승 박지원에 대한 변호와 주장이다.

對策文에서 이서구는 정조가 제시한 수많은 중국의 사례에 대해 그것은 그다지 중요하게 여길 만한 것이 아니라며 모두 배제하는 과감함을 보여준다. 그의 과감함은 다음 부분에서 극약처방에 해당할만한 발언을 서슴지 않는 것으로 대변된다.

> 하물며 오늘날의 인재가 力量을 갖추고 무릇 楊廷秀, 李攀龍 등을 대단하게 여기지 않고 특별한 길을 모방하고자 하여 異體를 創開함으로써 일시의 이목을 새롭게 한 즉, 이는 별이 대낮에 나타나고 오얏꽃이 겨울에 핀 것과 같아서 신기하고 기뻐할 일이 아니지 않은데도 이를 보는 자를 일컬어 재라 하고 상이라 하지 않으며 전하께서도 경연에 나아가 한탄하여 여러 번 경계하시면서 반드시 폐단을 고치고 더러운 것을 革去하려고 하십니다. 하지만, 신

---

95) 김명호, 『열하일기연구』, 창작과비평사, 1990, 267면 참조.

292 조선시대 책문 연구

<u>이 어리석게도 죽을 죄를 지었지만 전하께서는 當世의 선비를 나</u>
<u>무라시지 말고 스스로 돌이킬 방도를 생각하십시오.</u>96)

　‘異體(새로운 문체)’를 선보인 이를 칭찬하지는 못할망정 그것을 革袪하려는 왕의 행동에 대해 전면에 반기를 든 것이다. 마지막 밑줄 친 부분은 왕에게 감히 주장할 수 없는 정도의 수위를 넘어선 것이라고도 볼 수 있는 말이다. 결국 새로운 문체를 쓴 선비를 탓하지 말고 본인 스스로에게서 문제점을 찾아보라는 것이다.

　여기서 ‘異體(새로운 문체)’를 선보인 이는 다름아닌 스승 연암을 지칭한다. 연암의 『열하일기』가 문단에 일으킨 반향에 대해 탐탁하게 여지지 않았던 정조의 언사를 마음에 두고 있다가 언급한 것으로 보인다. 그래서 그는 섣불리 스승을 직접 언급하기 보다는 문체가 古文 하나만이 아니라는 점을 古文의 정통 계승자인 韓愈의 말을 통해 역설적으로 표현한 것이다. 그는 문체의 다양성을 다음과 같이 설명한다.

　　신이 들으니, 춥고 더운 節序가 바뀌면 時物이 절로 변하고, 산천이 지방을 달리하면 민속도 따라 다른데, 하물며 천하의 事變은 무궁하고 사람의 才智란 각기 다른 법인즉, 문체가 시대와 더불어 변하는 것은 다름 아닌 이치의 常道인 것입니다.97)

　위 글에서 알 수 있듯이, 이서구는 편향적이며 복고적인 고문 숭

---

96) “況以今世之人才具力量, 視諸楊・李諸人, 不啻黃鵠之於壤虫, 而乃欲依傍別蹊, 刱開異體, 以新
　　一時之耳目, 則是猶星辰之晝見, 桃李之冬華, 非不新奇可喜, 見之者謂之灾而不謂之祥, 此殿下
　　所以臨筵發歎, 屢勤勉戒, 必欲矯弊而革陋者也. 然臣愚死罪, 願殿下毋責於當世之士, 先思所以
　　自反之道也.”(李書九, 「文體」)

97) “臣聞寒暑易序, 時物自改, 山川異方, 民俗亦殊, 況乎天下之事變無窮, 人生之才智不同, 則文體之
　　與世迭降, 乃理之常也.” (李書九, 「文體」)

배에 대한 반대의사를 확실하게 하고 있다. 이는 시대와 환경의 차이에 따른 문체의 변화를 긍정하고 실천하고자 했던 스승 연암의 생각을 대변하고 있는 것이다. 또, 이서구는 정조가 고문의 전범으로 삼고자 했던 秦漢 시대 문학에 대해서도 三代 古經의 모방에 불과한 것이라고 혹평하면서, 모방은 결국 모방일 뿐, 시대에 맞는 글쓰기가 아니라고 혹독하게 비판하고 있다.

> 비유컨대 優孟이 孫叔敖를 흉내 내서 손뼉을 치며 이야기하는 것과 같아 비슷하기는 비슷하지만, 그를 재상자리에 앉혀 초나라를 다스리게 한다면, 목상 노릇을 할 따름입니다. 더욱이 그 소위 비슷하다는 것도 반드시 진짜로 비슷한 것임은 아닌 것입니다.[98]

이러한 표현은 이서구의 『綠天館集』에 붙인 서문이나 「嬰處稿序」 등에서 연암이 역설하고 강조한 바와 다르지 않다. 16세부터 연암에게서 글을 배웠던 이서구에게 연암의 문학관이 고스란히 배어 나온 것은 당연한 결과였다.

요컨대, 이서구는 정치적 기준으로는 노론의 당파적 입장을 견지하면서, 문학적 기준으로는 연암의 진보적 고문정신을 계승하고 있다. 그는 문체가 世道에 좌우됨은 사실이지만, 世道가 문체에 좌우되는 것만은 아니므로, 문체의 변화를 통제하기보다는 세도부터 바로잡아야 하며, 이러한 세도의 만회는 전적으로 군주의 노력에 달려 있다고 주장한다. 그래서 義理와 事實를 집 짓는 일에 비유하였다. 문장에서 집의 설계에 해당하는 것이 '理義'이고, 건축자재에 해당하는 것이 '事實'이라고 설명한다. 그는 이러한 문학적 비유를

---

98) "譬如優孟之學孫叔敖, 抵掌談語似則似矣, 使之居相位而治楚國, 則木偶而已矣. 況其所謂似者,未必是眞似者乎." (李書九, 「文體」)

통해[99] 정조의 정책 자체가 두 가지 모두 제대로 갖추지 못하였다고 비판하고 있다.

그런데, 그의 참신한 문장론과 정조의 문학론을 반박하면서 사용된 이례적인 발상 때문에 오히려 그의 救弊는 범박한 것이 되어버리고 말았다. 그는 救弊로 과문을 개혁하여 전문적인 시험제도를 시행하라고 건의하였는데,[100] 이는 한 사람이 六經이나 諸子에 통달할 수 없다는 지적을 근거로 제시되었다. 하지만 결과적으로 이러한 그의 건의는 정조의 정책에는 반영되지 못하였다.

이제까지 정조의 두 번째 「文體策」과 그에 대응한 閣臣들의 對策을 분석해보았다. 그 결과 정조 연간의 文風의 다양한 변화의 움직임에 대한 動因을 이해하는 실마리를 파악할 수 있었다. 또 그 과정의 분석을 통해 臣僚들의 상반된 정치적 입장과 다양한 문학적 견해가 서로 치열하게 부딪치고 있었다는 사실도 확인할 수 있었다.

특히 이제까지 그 시대를 파악하는 자료로 사용되었던 것들이 개개인의 문집이나 전집류 등의 저마다 다른 형태의 문학작품이었던 것과 달리, 동시대에 동일한 문체에 대한 다양한 견해를 개진했던 시험답안의 형태라는 점에서, 對策이 문학적 試料로서 갖는 의미가 결코 작은 것이 아니라는 사실을 확인할 수 있었다.

---

99) "何則今夫人之使工師爲宮室也, 必先定其制度, 先聚其材具,. 凡所以奧而爲堂, 敞而爲軒, 聳而爲樓, 扞而爲郡者, 瞭然於心目. 然後輪之以梗楠豫章之木, 以至領甃之具, 丹漆之用, 靡不畢備, 則凌雲之閣, 靈光之殿, 庶可指顧而成矣. 不然, 雖有工倕之巧, 匠石之技, 不能就一區之屋, 爲文之道, 亦猶是焉. 何謂文之制度, 曰理義是也, 何謂文之材具, 曰事實是也. 是故理義旣明, 事實旣美, 則雖欲文之不文, 不可得也."(李書九,「文體」)

100) "設專門之科, 去程式之文, 惟眞才實學之是取, 則俊異鴻博之士可以自見, 而未必不爲變文風之一助矣."(李書九,「文體」)

제7부

결론

지금까지 조선시대 策文을 중심으로, 策文의 자료적 양상을 구체적으로 파악하여 장르적 특징과 程式을 규명하고, 策問의 주제와 시대적 의의를 분석함과 아울러 對策의 문체적 전개 양상 및 내용상 특징을 고구하였다. 그래서 그간 구체적으로 설명되지 못했던 조선시대 策文의 전모를 규명하고 그 의의를 파악함으로써 조선시대의 文・史・哲이 집약된 연구 대상으로서의 策文을 재평가할 수 있는 근거를 제시하였다.

본 연구는 科文연구, 특히 조선시대 策文에 대한 연구 성과가 아직 미미하다는 문제의식에서 시작되었다. 연구를 통해 구체적으로 규명하고자 했던 의문은 다음 세 가지였다. 첫째, 策文은 科文으로서 어떤 문체적 특징과 정식을 가지고 있는가? 둘째, 왜 이 시기에 이런 策問이 출제되었으며 문교적 측면의 의도는 무엇이었는가? 셋째, 對策은 어떤 전개 과정을 거쳐 변모하여 조선만의 형태를 갖추게 되었는가?

이러한 문제의식을 가지고 먼저 조선시대 책문의 자료적 양상에 대해 정리하고 분석하였다. 이 책에서 연구 대상으로 삼은 책문 자료는 한국문집총간(속집 포함)과 책문 선집 세 종류(『科策』, 『殿策精粹』, 『東策精粹』)에 실려 있는 策文 총 917편이다. 이 자료들은 크게 세 부분으로 나누어 정리하였다.

첫째, 조선시대 科擧 수석 합격자와 策問의 策題 목록이다. 이것은 국사학계에서 지속적으로 주목했던 부분으로, 조선왕조실록이나 『문과방목』, 『燃藜室記述』 등의 다양한 자료를 교직적으로 검토하여 수정·보완해야만 명확하게 작성할 수 있는 자료이다. 둘째, 한국문집총간(속집 포함) 수록 策文의 策題 목록이다. 이것은 개개인의 문집에 실려 있는 策文을 정리한 목록으로, 같은 시기에 시험을 치른 이들의 기록이나 같은 문제에 대한 對策을 작성한 이들에 대한 정보를 확인하고 보완하였다. 셋째, 책문 선집에 수록된 策文의 策題 목록이다. 이 책에서는 일단 시기별 세 종류의 선집을 그 대상으로 삼았다.

먼저 책문의 자료적 양상을 전체적으로 조망하고 분석하기 위해 위에 열거한 세 가지 1차 자료를 정리하여 책문 연구의 밑그림이 될 하나의 분석 자료로 통합하였다. 그것이 바로 작가의 생몰연대를 기준으로 917편을 망라하여 策問의 주제별로 정리한 분석 자료이다.

이 자료를 근거로 2장에서는, 조선시대 책문의 자료적 양상에 대해 고찰하였다. 그 결과 대상으로 삼고 있는 자료 총 917편 중 策問과 對策이 모두 실려 있는 경우는 289편, 對策만 실려 있는 경우가 118편, 策問만 수록된 경우가 510편인 것을 확인할 수 있었다. 또 자료적 양상을 면밀히 살펴보기 위해 조선전기와 후기로 나누어 분석하되, 책문 선집의 편찬 사실에 주목하여 『策文』, 『東國壯元集』, 『殿策精粹』, 『東策精粹』, 『科策』, 『京外題錄』 등의 다양한 책문 선집에 수록된 작품과 저자 등을 통해 자료적 양상을 파악하였다. 아울러 책문 선집을 편집한 의도를 분석하여 해당 시기에 어떤 策題들이 주로 출제되었으며 어떤 인물의 對策이 수록되었는지 등을 고찰하였다.

다음으로 3장에서는 중국 策文의 전범에 대해 분석하였다. 1절에서는 중국에서 시작된 책문의 전범이 어떤 특징을 가지고 있으며, 조선시대 책문에 그 특징이 어떻게 수용되었는지에 대해 董仲舒의「天人三策」을 중심으로 고찰하였다. 먼저 조선시대 문인들은 어떤 중국의 대책을 전범으로 삼아 학습했는지에 대해 柳希齡이 편찬한『歷代文選策』에 수록된 작가와 작품을 분석하였다. 그리고 나서 漢武帝의 策問과 董仲舒의 對策으로 구분하여 전범으로서의 특징이 어떤 것이었는지를 규명하였다.

漢武帝의 策問을 통해 확인된 전범적 특징은 다음과 같다. 첫째, 策題의 주제와 관련된 역사적 사실에 대해 언급한다. 둘째, 단답식 혹은 구체적인 답안을 요구한다. 셋째, 역사적 사실의 득실과 그에 조응하는 당대 현실을 반드시 언급한다. 넷째, 定義를 활용하여 왕의 의지를 표명한다. 다섯째, 한 가지 사항만을 출제하는 경우가 드물다. 아울러 조선시대 策問의 논지 전개방식을 정리함으로써 對策을 채점하는 기준에 대해서도 어느 정도 윤곽을 파악할 수 있었다.

董仲舒가「天人三策」에서 이론을 전개한 방식을 통해 분석한 對策의 특징요소와 그 내용에 대해 살펴보았다. 그 결과, 첫째, 인용의 활용방식을 확인할 수 있었다. 이는 유가경전을 인용하여 그 내용을 활용하는 것에서 더 나아가, 경전의 본래 성향을 對策의 전체 혹은 단락에 적용시키는 방식으로 활용하고 있음을 알 수 있었다.

둘째, 설득의 양극화 방식의 양상을 확인하였다. '災異論'이라는 이론을 이용하여 위협적 효과를 거두는 방식과 자신의 주장을 받아들일 경우 얻게 되는 긍정적 결과를 제시하는 '효과제시'의 방식을 적절히 혼합하여 효과를 거두고 있다. 셋째, 정의, 연쇄, 비유의 활용방식에서 對策에 사용되는 수사법이 '설득'에 효과적인 것들로 배치되었다는 점을 확인하였다. 아울러 유가경전 학습자들에게 효과적인 반응을 얻기 위해 유가경전의 방식을 변용하였다는 글쓰기 전략에 대한 부분도 알 수 있었다. 이러한 연구결과는 조선시대 책문 연구에 대한 중국 문학과의 영향관계는 물론 조선시대만의 策文이 어떤 특징을 갖는가에 대한 연구의 기초 작업을 다지는 의미가 있다 할 것이다.

그리고 4장에서는 조선시대 對策의 문체상 특징과 정식에 대해 규명하였다. 여기서는 18세기에 편찬된 것으로 추정되는 『科策』의 첫머리에 序文격으로 수록된 「策文準的」의 12가지 항목과 科文의 형식을 설명한 서적인 『科文規式』의 7가지 항목, 그리고 최근 발견된 고문서 자료의 策規에 보이는 11가지 항목을 중심으로, 실제 對策에서 해당용어들이 어떻게 사용되었으며 어떻게 서로 유기적으로 연결되어 있는지 등을 고찰하였다. 어떤 용어가 논리 전개를 설명하는 것이고 어떤 용어가 연결조사를 통한 문장 구성에 사용된 것인지에 대해 용어 간 상호 연관관계를 밝혀 對策 분석의 이론적인 틀을 마련하였다.

그리고 그러한 對策의 程式이 조선 전반에 걸쳐 어떤 양상으로 변모해나갔는지를 통시적으로 살펴보았다. 「策文準的」의 12가지 항목을 근거로, 중국 책문의 전범으로서의 특징이 어떻게 조선 책문의 특징으로 자리 잡게 되는지 변화과정과 시기별 특징을 규명하였다.

변려문의 전통은 다음의 네 가지 형태로 조선시대 對策의 문체적 특징에 용해되었다. 첫째, 사륙문의 특징이 명료하다. 둘째, 성책에 대한 내용을 빠짐없이 그대로 기록하고 있다. 셋째, 對策의 화두로 삼는 대전제를 虛頭에서 설정하고 있다. 넷째, 유교경전의 활용이 두드러진다.

17세기 이후에는 양극단의 두 가지 움직임이 간취되었다. 한 가지는 기존 중국 전범의 규격화된 형태에서 벗어나고자 하는 움직임이고, 다른 한 가지는 새롭게 만든 정격의 틀에 맞춰 규칙을 갖추려고 하는 움직임이다. 이 양극단의 움직임은 서로 조금씩 형태를 맞춰가기 시작하면서 조선시대 책문만이 갖는 특징의 기반을 갖추게 되었다. 이 절에서는 그 특징을 파악하기 위해 『科策』에 수록된 28편의 對策에 보이는 특징들을 면밀히 분석하였다. 그 결과 「策文準的」이 수록되어있는 선집임에도 불구하고 12가지 항목이 모두 천편일률적으로 적용되지 않았다는 사실을 확인할 수 있었고, 오히려 그러한 정격을 벗어나려는 파격적인 변화가 조선 대책만의 특징으로 자리 잡기 시작했다는 사실을 파악할 수 있었다.

18세기 정조 연간에는 폐단에 대한 지적이나 대안의 제시보다는 사전적 지식에 의한 고증과 비평이 확대된 것을 알 수 있었다. 특히, 정약용의 경우는 對策을 문집에 수록할 때, 아예 책문의 문항을 항목별로 나누어 바로 아래 대답을 적는 개별적 편집방식을 취한 사실을 확인할 수 있었다.

마지막으로 정조 연간 이후의 19세기 策文이 보이는 문체적 특징을 간취하기 위해 姜瑋가 지은 「擬三政捄弊策」을 중심으로 살펴보았다. 이 對策은 이건창이 策規의 단어를 사용하여 문체상의 특징을 구분지어 표기하였다는 점에서 19세기 對策의 형태를 파악하는 데 요긴한 자료이다. 19세기 對策의 문체적 특징은 본래 對策이 갖고 있던 원형으로 회귀하고 있다는 점이다. 이것은 文風이나 사회적인 변화와도 밀접한 연관이 있는데, 한문학의 장르가 더 이상 근대적 장르로 변용되지 못하고 철저하게 古文의 형태로 돌아서게 되었음을 반증하는 사실이기도 하다. 그래서 策文은 科文에서 자취를 감추고 科文역시 근대로 계승되지 못한 채 사라지게 된 것이다.

이상의 형식에 대한 분석과 논의를 바탕으로 5, 6장에서는 조선시대 策文에 대한 주제와 내용에 대해 본격적으로 고찰하였다. 5장에서는, 먼저 1절에서 조선 전반에 걸쳐 시행된 策問의 출제 경향을 개괄적으로 검토하였다. 조선전기와 후기의 시기적 흐름에 따른 책제의 변화가 어떻게 이루어지고 있는지를 확인하였다. 이어 2절에서는 책문의 주제를 대표적인 15가지의 항목으로 나누어 어떤 분야의 策題가 출제되었는지를 분석하고, 그에 해당하는 책문들은 어떤 것들이 있는지 분석하였다. 15가지 항목을 열거해보면, 道學의 正統, 제왕의 덕목, 인재의 등용, 文風의 개선, 신하역할 및 선비기상, 역사적 사실고증, 경학의 개념 정의, 자연현상의 해석, 출처관, 심성론과 성정론, 三政의 문란, 화폐제도의 개선, 과거제도의 개선, 군사 및 외교, 풍속의 개선 등이었다.

그러한 책문의 출제 경향을 분석한 결과, 같은 주제라 할지라도 시대의 관심사에 따라 변모가 있었다는 점을 확인할 수 있었고, 특히, 책문 연구에 있어 시대의 상황을 함께 고려한다면 왜 그 시대에 그런 책문이 출제되었는지에 대해 문학사나 사회사의 측면에서 살펴보는 데는 상당한 자료적 근거를 마련할 수 있다는 사실을 확인할 수 있었다.

마지막으로 6장에서는 '문체'라는 공통적인 주제를 가지고 조선 전기, 중기, 후기를 대표하는 세 편의 策文을 중심으로 그 시기의 文風이 어떤 특징을 가지고 있었으며, 당시 문체에 대해 어떠한 견해가 있었는지에 대해 고구하였다.

먼저 1절에서는, 李珥의 「文策」를 분석하였다. 策問에서는 16세기의 도문일치가 성향과 당시 문단에서 도학 정통의 계보를 어떻게 파악하고 있었는지 등을 알 수 있었다. 對策에서는 「文策」에서 李珥가 정의하는 道의 요점으로 '道本文末 知行一致'라는 여덟 자로 명확하게 정의하는 것을 확인할 수 있었다. 특히, 對策의 전범을 크게 어기지 않으면서도 그 틀을 벗어나지 않는 범위에서 다양한 변용을 어떻게 시도하고 있는지를 통해 李珥의 탁월한 글쓰기를 알 수 있었다. 李珥가 救弊로 제시하는 구체적인 방안은 크게 네 가지 부분을 개선하라는 것이었다. 첫째, 權衡의 책임을 맡는 사람이 모범이 될 만한 인물이어야 할 것, 둘째, 인재를 등용할 때 문장보다는 덕행을 우선으로 삼을 것, 셋째, 爲己之學을 위주로 할 것, 넷째, 문장을 평가하는 데 의리를 취하고 부화한 것을 배제할 것을 제안하고 있다. 인재를 뽑을 적에 덕행을 우선으로 삼은 것과 爲己之學을 위주로 하라는 점에서 李珥가 문장의 기본을 인성에 두고 있다는 것을 확인할 수 있다. 이는 李珥가 문학을 氣의 작용으로 보고 그 지향점을 四書와 六經에서 찾았던 것과도 일맥상통한다.

2절에서는, 鄭弘溟의 策問을 분석하였다. 對策이 보이지 않는 자료임에도 불구하고 정홍명의 책문을 17세기의 대상 자료로 채택된 것은 정조가 출제한 두 편의「文體策」중 첫 번째「文體策」이 바로 정홍명의「문체」라는 策問을 원형으로 하여 개작된 것으로 추정되기 때문이었다. 그래서 왜 이러한 추정이 가능했는지를 면밀히 분석하여 정조가 정홍명의 策問을 개작했다는 사실을 밝혀냈다.

정홍명의 策問으로 살펴본 17세기 策問의 특징이 조선전기에 보였던 기본 형태에서 변화를 보였다는 점을 확인할 수 있었다. 특히, 출제자의 의도를 반영하기 시작하면서 방법적 측면을 강구하라고 제시하는 문제의 제기 방식은 1세기 이후 정조가 책문을 통해 문교적 의도를 펼칠 수 있는 역사적 배경을 제공했다는 점도 확인할 수 있었다. 아울러 정홍명의 책문을 150여 년 만에 개작한 정조의 첫 번째「文體策」과의 비교·분석을 통해 17세기 문단의 정황을 좀 더 명확하게 파악할 수 있었다.

마지막으로 3절에서는 조선후기를 대표하는 문체관련 策問인 正祖의 두 번째「文體策」을 분석하였다.「文體策」의 책문에서부터 그 형식과 내용을 분석하고, 그에 조응한 다섯 인물, 정약용, 이가환, 심진현, 이만수, 이서구의 對策을 비교·분석하여 그들이 어떤 정치적 입지 하에 어떤 문학적 주장으로 당시 문체 문제를 파악하였으며 어떤 대안을 제시하고 있었는지를 긍정적 대응과 부정적 대응으로 나누어 살펴보았다.

문체를 순정한 옛 형태의 것으로 되돌리고자 의도한 정조의「文體策」에 대해 정약용은 적극적으로 동조하면서 정조의 과단성 있는 결단을 촉구하는 긍정적 대응 양상을 보였다. 정약용과 같은 남인이었던 이가환은 오히려 문체보다는 국정에 신경을 써달라는 전형적인 유교적 선정론을 펼치며 정조에게는 긍정적인 대응 양상을 보여주었다. 또 소론이었던 이만수는 '設弊'에서는 정약용과 '救弊' 부분에서는 이가환의 유사한 형태를 보여주며 전체적으로는 정조의 정치가 잘 되어가고 있다고 판단하여 긍정적 대응 양상을 보여주었다.

한편, 같은 소론으로 보이는 심진현은 정조가 제시한 전범에는 적극적으로 동의하면서도 문체의 개선보다는 문장론의 기본으로 理와 氣를 제시하였다. 文弊의 원인이 稗官奇書라고 분석하는 듯하다가 근본적인 원인으로 그것을 받아들이는 사람의 문제라고 하여 문체를 개선하고자 했던 정조의 허를 찌른다. 篇終에는 『醫經』을 인용하여 문체를 강한 정책으로 개선하려는 정조를 오히려 권계하는 듯한 인상마저 주고 있다.

가장 부정적인 대응 양상을 보인 이서구의 對策의 핵심은 크게 두 가지 부분으로 나누어 볼 수 있다. 하나는 노론의 당론을 내세워 정조에게 반대 입장을 명백히 한 것이고, 다른 하나는 문학적인 측면에서 새로운 문체를 인정해야 한다고 하는 스승 박지원의 가르침을 주장하고 나선 것이다.

정조의 두 번째 「文體策」과 그에 대응한 閣臣들의 對策을 분석한 결과, 文風의 변화가 극에 달했던 정조 연간의 다양한 변화의 움직임에 대한 動因을 이해할 수 있게 하는 실마리를 파악할 수 있었다. 아울러 그 분석과정을 통해 정치적인 입장의 차이에도 불구하고 문인학자였던 臣僚들의 다양한 문학적 견해와 치열하게 부딪치고 있었다는 사실도 확인할 수 있었다.

策文이 조선시대 전반에 걸쳐 시행된 과문 과목 중 대표적 산문 장르로서 문·사·철을 아우르는 장르였다는 점에서, 조선시대 策文연구는 조선시대 전체를 조망할 수 있는 분야의 연구라 할 것이다.

이상의 분석 작업을 바탕으로, 향후 조선시대 책문 연구의 방향성을 제언하는 것으로 논의를 마치고자 한다.

科文이 형식을 강조하는 독특한 장르임은 주지의 사실이다. 때문에 책문 연구에서 형식에 대한 연구와 분석은 일차적으로 수행되어야 할 필수적인 작업이다. 아울러 조선시대 전반에 걸쳐 어떤 시험이 있었고 어떤 답안이 있었는지에 대한 연구 역시 기초자료로 마련되어야만 할 작업이다. 다양한 기록과 문인들의 문집을 통해 끊임없이 내용을 수정하고 보완하여 조선시대 전체 책문의 역사와 흐름을 알 수 있는 그림을 하나하나 맞춰 나가야만 한다.

이와 같은 이유로 책문의 형식과 체계에 대한 연구는 책문의 내용분석과는 별개로, 반드시 연구되어야만 하는 분야라고 생각한다. 개별 책문의 내용적인 부분에 대한 연구가 긴요치 않다는 의미는 결코 아니다. 형식이 중요시 되는 장르인 경우, 형식적 특징이 제대로 규명되지 못해서는 내용분석을 들어가더라도 사상누각이 될 뿐이라는 지극히 당연한 논리를 지적하는 것이다.

한편, 책문 연구가 이제까지와 같이 국사학계, 철학계, 한문학계의 연구로 분리되어 이루어져서는 고려시대부터 시작되어 조선시대 전반에 걸쳐 시행된 책문, 과문의 전모와 핵심을 제대로 포착해낼 수 없다. 따라서 향후 책문에 대한 연구는 문·사·철 세 분야의 연구가 교직되어 서로간의 상승효과를 거둘 수 있는 방향으로 한층 다각화되어야만 할 것이다.

끝으로, 조선시대 책문을 탐구하는 데 치력하였으나 몇 가지 미비점을 안고 있다는 사실에 대해 언급하지 않을 수 없다.

첫째, 조선시대 책문 전체를 대상으로 한 연구이므로 각 분야에 대한 세밀한 연구까지는 들어가지 못하였다. 조선시대 책문을 망라하는 연구는 처음으로 시도된 것이고 그 연구범위나 대상 자료가 워낙 방대하기 때문에 각 분야별로 세밀한 부분들에 대한 모색이 함께 진행되어야 비로소 모든 주제를 망라하여 포괄적으로 살피는 작업을 완성시킬 수가 있다. 하지만 이번 연구는 지면의 문제와 시간의 부족 등으로 그 단계에까지 미치지 못하였다. 따라서 이 연구가 갖는 가치를 배가시키기 위해서는 각 분야에 대한 보다 세밀한 연구들이 집약되어야만 모든 분야의 책문으로 주제를 넓히고 한국문집총간 이외의 試券 자료들까지 연구의 폭을 넓혀 논의를 더욱 확장시킬 수 있을 것이다.

둘째, 개별 문집을 주요 기본 자료로 사용했음에도 불구하고 개별 작품에 대한 미시적 차원의 고찰이 부족하였다. 그러므로 이 책에서는 조선시대 책문을 시대의 흐름에 따라 각 시기별 특질을 밝혀내는 작업을 수행하는데 노력하였다. 여기서 더 나아가 문인들의 책문을 그들의 문학세계에 대한 분석과 연계하여 미시적 부분까지 살폈더라면 개개인이 갖는 글쓰기의 특질이나 정치적 입장 등을 좀 더 심도 있게 다룰 수 있었을 것이나 그에 대해서는 미처 논의를 진행하지 못하였다. 이는 책문 연구가 규격화된 문체 내에서 한 문인의 글쓰기가 동시대의 다른 인물들과 비교하여 어떤 특징을 드러내는가를 살피는 데 적합한 자료임을 시사한다는 점에서 주목할 분야이기도 하다.

셋째, 이번 연구를 통해 책문의 문체적 특징과 정식을 밝혀내는 성과를 거두긴 하였으나 논의의 초점을 책문에 한정했기 때문에 科文이라는 전체적인 측면에서 책문과 다른 과문의 차이를 함께 조감하는 세부적인 작업에는 미진한 측면이 없지 않았다. 운문은 제외하더라도 여타 산문 과목과 책문이 어떤 차이를 보이고, 책문을 채택하는 경우가 다른 경우와 어떤 점에서 달랐는지 등의 문제까지 논의를 확장시키지 못했다. 책문 자체에 대한 연구가 갖는 의미도 작다고 할 수 없겠으나 다른 과문과의 관계에서 책문의 성격을 파악하는 작업은 간과되어서는 안 될 부분이다. 조선시대 科文 연구의 지형도에서 책문이 갖는 의미가 선명히 파악되기 위해서는 추후 이와 같은 논의가 충분히 이루어져야 할 것이다.

전술했던 바와 같이, 책문의 전모를 온전히 다루는 것은 이 책이 감당할 수 있는 범위를 넘어서는 바, 추후 다각적인 연구를 통해 책문에 대한 이해를 심화시키고, 그 토대 위에 다시 과문육체로 확대된 연구를 통해 책문에 대한 논의를 보완하고 다듬어갈 필요가 있다.

이상의 미비점에 유념하여, 차후 한문학사에 있어 과문 연구에 대한 시야를 확장하고 심화시켜 후속 논문으로 보완해나가고자 한다.

참고문헌

1. 자료 (시대순)

安 軸, 『謹齋集』, 한국문집총간 2집.

柳景深, 『龜村集』, 한국문집총간 3집,

權春蘭, 『晦谷集』, 한국문집총간 4집.

尹安性, 『冥觀遺稿集』, 한국문집총간 5집

洪履祥, 『慕堂集』, 한국문집총간 6집.

河 崙, 『浩亭集』, 한국문집총간 6집.

李 詹, 『雙梅堂篋藏集』, 한국문집총간 6집.

卞季良, 『春亭集』, 한국문집총간 8집.

河緯地, 『丹溪遺稿』, 한국문집총간 8집.

申叔舟, 『保閑齋集』, 한국문집총간10집.

成三問, 『成謹甫集』, 한국문집총간 10집.

成 俔, 『虛白堂文集』. 한국문집총간 14집.

蔡 壽, 『懶齋集』, 한국문집총간 15집.

金 訢, 『顏樂堂集』, 한국문집총간 15집.

楊熙止, 『大峯集』, 한국문집총간 15집.

李 穆, 『李評事集』, 한국문집총간 18집.

洪彦弼, 『默齋集』, 한국문집총간 19집.

金安國, 『慕齋集』, 한국문집총간 20집.

趙光祖, 『靜菴集』, 한국문집총간 22집.

金正國, 『思齋集』, 한국문집총간 23집,

金 絿, 『自菴集』, 한국문집총간 24집.

奇 遵, 『德陽遺稿』, 한국문집총간 25집.

金義貞, 『潛庵逸稿』, 한국문집총간 26집.

李浚慶, 『東皐遺稿』, 한국문집총간 28집.

羅世纘, 『松齋遺稿』, 한국문집총간 28집.

宋麒秀, 『秋坡集』, 한국문집총간 32집.

楊士彦, 『蓬萊詩集』, 한국문집총간 36집.

朴承任, 『嘯皐集』, 한국문집총간 36집.

盧 禛, 『玉溪集』, 한국문집총간 37집.

李 沃, 『博泉集』, 한국문집총간 44집.

李 珥, 『栗谷全書』, 한국문집총간 44집.

洪聖民, 『拙翁集』, 한국문집총간 46집.

鄭 澈, 『松江集』, 한국문집총간 46집.

洪可臣, 『晚全集』卷五, 한국문집총간 51집.

孫命來, 『昌舍集』, 한국문집총간 54집.

柳夢寅, 『於于集』卷五 한국문집총간 63집.

全 湜, 『沙西集』, 한국문집총간 67집.

姜 樸, 『菊圃集』, 한국문집총간 70집.

李廷龜, 『月沙集』, 한국문집총간 70집.

許 筠, 『惺所覆瓿稿』, 한국문집총간 74집.

李民宬, 『敬亭集』, 한국문집총간 76집.

權得己, 『晚悔集』, 한국문집총간 76집.

任叔英, 『疏菴集』, 한국문집총간 83집.

鄭弘溟, 『畸庵集』, 한국문집총간 87집.

張 維, 『谿谷集』, 한국문집총간 92집.

姜栢年, 『雪峯遺稿』, 한국문집총간 103집.

金萬基, 『瑞石集』, 한국문집총간 144집.

金鎭圭, 『竹泉集』, 한국문집총간 174집,

蔡彭胤, 『希菴集』, 한국문집총간 182집.

李 瀷, 『星湖全集』, 한국문집총간 199집.

林象德, 『老村集』, 한국문집총간 206집.

尹 愭, 『無名子集』, 한국문집총간 256집.

李德懋, 『靑莊館全書』. 한국문집총간 258집.

柳得恭, 『泠齋集』, 한국문집총간 260집.

朴齊家, 『貞蕤閣集』, 한국문집총간 261집.

正 祖, 『弘齋全書』, 한국문집총간 263-267집.

李書九, 『惕齋集』, 한국문집총간 270집,

丁若鏞, 『與猶堂全書』, 한국문집총간 281집.

徐有榘, 『金華集』, 한국문집총간 288집.

洪奭周, 『淵泉集』, 한국문집총간 293집.

許 傳, 『性齋集』, 한국문집총간 308집.

李震相, 『寒洲集』, 한국문집총간 317집.

金允植, 『雲養集』, 한국문집총간 328집.

『退溪全書』, 대동문화연구원, 1958.

『弘齋全書』, 규장각 귀중본, 태학사 영인본, 1978.

『東國莊元集』, 규장각 소장본.

『殿策精粹』, 규장각 소장본.

『策文準的』, 국립중앙도서관 소장본.

『京外題錄』, 규장각 소장본.

『東策精粹』, 국립중앙도서관 소장본.

『國朝文科榜目』 전4권, 태학사영인본, 1988..

민족문화추진회, 『한국문집총간』, 고전번역원 홈페이지.

『朝鮮前期論文選集』61, 「科擧」3, 韓國人文科學院, 1998.

2. 연구논저 (저자명 가나다순)

강만길 외, 『조선후기사 연구의 현황과 과제』, 창작과 비평사, 2000.

강명관, 「16세기 말 17세기 초 의고문파의 수용과 진한고문파의 성립」, 『한국한문학 연구』18, 1995.

강혜선, 「정조의 문체반정과 경화문화(京華文化)」, 『한국실학연구』23, 한국실학회. 2012.

곽신환, 「이율곡의 책문 연구」, 『유교사상문화연구』7, 한국유교학회, 1994.

김경용, 『科擧制度와 韓國 近代敎育의 再認識』, 교육과학사, 2003.

———, 「조선시대 과거제도 시행의 법규와 실제」『敎育 法學 硏究』16, 대한교육법학 회, 2004.

金東錫, 「朝鮮時代 科體詩의 程式 考察」, 『大東漢文學』Vol.28, 대동한문학회, 2008.

김명호, 『熱河日記硏究』, 창작과 비평사, 1990,

김문식, 「정조, 정약용, 서유규의 十三經 이해」, 『다산학』16, 다산학술문화재단, 2010,

———, 「조선시대 중국 서적의 수입과 간행~『四書五經大全』을 中心으로」 『奎章閣』29, 2006.

———, 『정조의 제왕학』, 태학사, 2007.

김성진, 「正祖年間 科文의 문체변화와 文體反正」, 『韓國漢文學硏究』16, 한국한문학 회, 1993.

———, 「朝鮮朝 科擧制度 講書試劵 연구」『장서각』15, 한국학 중앙연구원, 2006.

김성환, 「日本 蓬左文庫 所藏『策文』」, 『포은학연구』3, 포은학회, 2009.

김우정, 「선조·광해 연간 文風의 변화와 그 의미: 前後七子의 수용 논의의 반성적 고찰을 겸하여」, 『한국한문학연구』39, 한국한문학회, 2007.

김 영, 「『장자』와『망양록』의 우언문학적 관련성-「노파의 오악」을 중심으로」, 『한 국문학연구의 현단계』, 역락, 2005.

김태완, 『책문 : 시대의 물음에 답하라』, 소나무, 2004.

김형수, 「책문을 통해 본 이제현의 현실인식」, 『한국중세사연구』13, 한국중세사학회, 2002.

김현옥, 「成三問과 申叔舟의 策文에 나타난 現實認識 比較」, 『漢文學論集』, 근역한문 학회, 2011.

─────, 『正祖의 經世思想 研究』, 공주대학교 한문교육 박사 논문, 2010.

桂勳模, 「司馬榜目總錄 (p.111-139) : 附司馬試設科年次」, 『歷史學報』88, 역사학회, 1980.

남지대, 「조선후기 정치제도사 연구현황」, 『韓國中世社會 解體期의 諸問題』(上) 정치 사상 편, 근대사연구회, 한울, 1987.

─────, 「양반집권체제의 구조」, 『한국역사입문』2, 풀빛, 1995.

남궁원, 「조선시대 科體詩의 문학성 탐구」, 『漢文古典研究』7, 한국한문고전학회, 2003.

도현철, 「對策文을 통해본 정몽주의 국방 對策과 문무겸용론」, 『한국중세사연구』26, 한국중세사학회, 2009.

朴連鎬, 「朝鮮時代의 敎育·科學에 관한 研究의 현황과 과제」, 『朝鮮時代 研究史』, 韓 國精神文化硏究院, 1999

박현순, 「19세기 文科에 대한 고찰」, 『韓國文化』54, 규장각한국학연구원, 2011.

─────, 「조선후기 文科에 나타난 京鄕 간의 불균형 문제 검토」, 『韓國文化』58, 규장 각한국학연구원, 2012.

─────, 「조선후기 試券에 대한 고찰 - 試種別 試券의 특징을 중심으로 -」, 『古文書 研究』41, 한국고문서학회, 2012.

배숙희, 「南宋高宗時期的策試研究」, 『國際中國學研究』14, 한국중국학회, 2011.

송혁기, 「道文一致 理想에 對한 論辨과 儒敎的 文學觀」, 한국어문학 국제학술포험 제8차 국제학술대회, 2010.

안세현, 「조선중기 한문산문에서『장자』 수용의 양상과 그 의미」, 『韓國漢文學研 究』45, 2010.

―――,「조선중기 文風의 변화와 科文」,『大東文化研究』74, 대동문화연구원, 2011.

양원석,『朝鮮 後期 文字訓詁學 研究』, 고려대학교박사학위논문, 2007.

李炳赫,「韓國科文研究 : 詩・賦를 中心으로」,『東洋學』16, 단국대학교 동양학연구소, 1986.

―――,「科文의 形式考(Ⅱ)-表. 策을 중심으로-」,『동양한문학연구』2, 동양한문학회, 1987.

―――,「韓國科文研究(Ⅲ)」,『동양한문학연구』12, 동양한문학회, 1998.

이승수,「조선조 지식인의 장자 수용과 분격 의식 : 삼연 김창흡을 중심으로」,『道教 文化研究』15, 한국도교문화학회, 2001.

이연승,「董仲舒의 천인상관설에 관하여」,『종교문화연구』2, 한신인문학연구소, 2000.

이욱진,「董仲舒 對策文의 수사법」,『수사학』16, 한국수사학회』, 2012.

이원명,『조선시대 문과급제자 연구』, 국학자료원, 2004.

이성무,『韓國의 科舉制度』, 한국학술정보, 2004.

이정섭,『(국역) 東策精粹』, 국립중앙도서관, 2006.

임완혁,「朝鮮前期 策文과 士의 世界 認識 :『殿策精粹』를 중심으로」,『漢文學報』20, 우리한문학회, 2009.

이홍렬,「과폐의 말기적 양상과 그 대비책 : 특히 다산의 과제안에 대한 검토」,『사 총』Vol.15, 고려대학교 역사연구소, 1971.

李洪烈,「文科設行과 疑獄事件 : 己卯科獄을 中心으로」『白山學報』8, 1970.

이현호,「申維翰 산문의 擬古性과『莊子』패러디」,『동양한문학연구』20, 동양한문 학회, 2004.

이상하,「貫道, 載道, 道文一致의 상호관계 및 개념, 성격 再考」,『韓國漢文學研究』40, 한국한문학회, 2007.

원창애,「朝鮮時代 文科及第者 研究」, 韓國精神文化研究院 韓國學大學院 박사학위논 문, 1996.

―――,「조선시대 문과 중시 급제자 연구」,『역사와 실학』39, 역사실학회, 2009.

禹仁秀,「조선 숙종조 科舉 부정의 실상과 그 대응책 조선 숙종조 科舉 부정의 실 상과 그 대응책」,『한국사연구』130, 2005.

심경호,「한학기초학사서설」,『한국한문학 연구의 새 지평』, 소명출판, 2005.

송준호, 송만오 편,『朝鮮時代 文科白書』, 삼우반, 2008.

장유승,「조선시대 과체시 연구」,『韓國漢詩研究』11, 한국한시학회, 2003.

鄭炳憲, 「羅世纘의 策文과 論述의 傳統」, 『語文論集』6, 숙명여자대학교 어문학연구 소, 1996.

지두환, 『(명문명답으로 읽는)조선과거실록』, 동연, 1997.

조상우, 「息影亭記의 寓言 글쓰기와 文學史的 意義」, 『溫知論叢』16, 온지학회, 2007.

조희정, 「사회적 문해력으로서의 글쓰기 교육 연구」, 서울대 국어교육과 박사논문, 2002.

차미희, 「조선후기 과거제도 연구의 성과와 과제」, 『조선후기사 연구의 현황과 과제』, 창작과 비평사, 2000.

――――, 「조선시대 문과 연구의 동향과 전망」, 『역사교육논집』49, 역사교육학회, 2012.

차장섭, 「조선후기 문과급제자의 성분」, 『대구사학』47, 1994.

최 식, 「策文의 특징과 글쓰기 - 『策文準的』을 중심으로」, 『東方漢文學』39, 동방한 문학회, 2009.

천혜봉, 『日本 蓬左文庫 韓國典籍』, 지식산업사, 2003.

황위주, 「한국한문학 연구의 몇 가지 과제」, 『大東漢文學』22, 대동한문학회, 2005.

홍대표 옮김, 『한서열전』, 범우사, 1997.

허경진, 「『東時品彙補』와 허균의 科體詩」, 『열상고전연구』14, 洌上古典研究會, 2001.

허흥식, 『조선시대의 과거와 벼슬』, 집문당, 2003.

천푸칭, 『중국우언문학사』, 소나무, 1994.

胡遠, 『莊子詮詁』. 黃山書社, 1996.

劉生良, 『鵬翔无疆: 『庄子』文學研究』, 人民出版社, 2004.

郭預衡, 『中國散文史』上冊, 上海古籍出版社, 1986.

張擧英, 『董仲舒 「天人三策」 研究』, 山東大學碩士學位論文, 2008.

福井重雅, 『漢代儒教の史的研究』, 汲古書院, 2005.

부록

1. 조선시대 科擧 수석 합격자와 策問의 策題 목록

【범례】

① 제시된 자료는 『練藜室記述別集』9권, 「官職典故」의 「登科摠目」의 자료를 토대로 작성하였고, 정조 18년 이후의 자료는 『문과방목』의 자료를 통해 조선시대 전반에 걸쳐 시험된 과거시험과 그 성격, 수석 합격자와 策題를 기록한 것이다.

② 小科에 대해서는 기록하지 않았고, 大科(文科)에 한하여 기록하였다.

③ 策題가 있는 경우는 표기하였고, 같은 해에 두 개 이상의 策題가 발견된 경우 에는 殿試 策題를 먼저 기록하고, 다음 자료를 병기하였다. 策問으로 시험이 치러지지 않았거나 확인이 불가한 경우는 공란으로 두었다.

④ 과거 시험의 성격에 대해서는 기록에 있는 그대로 표기하되 구분하여 설명하면 아래와 같다.

1) 정규시험

○ 식년시(式年試) : 3년에 한 번씩 보는 시험. 식년시는 子·午·卯·酉년을 식년으로 3년마다 정기적으로 시행되는 것으로 33인을 선발하도록 정례화 되어 있었다. 初試, 覆試, 殿試로 나뉘고 또 각기 初場, 中場 終場으로 나뉘었다.

2) 특별시험

○ 증광시(增廣試) : 임금의 등극 혹은 등극 30주년을 축하하기 위해 실시.

○ 알성시(謁聖試) : 임금이 문묘에 참배하고 나서 성균관에 행차할 때 성균관 학생에게 실시.

○ 별시(別試) : 즉위 이외의 경사가 있을 때 실시.

○ 외방별시(外方別試) : 임금이 몽진을 갈 때나 능침, 온천을 갈 때 행재소에서 실시.

○ 현량과(賢良科) : 조광조에 의해 실시된 천거제도.

○ 춘당대시(春塘臺試) : 왕실에 경사가 있거나 창경궁 춘당대에서 관무재가 있을 때 임금이 친히 실시하던 시험.

○ 기로과(耆老科) : 영조의 70세 탄신을 기념하기 위하여 실시한 시험. 60세 이상 된 신하와 종친에게 실시하였다.

○ 친시(親試) : 임금이 직접 참석한 자리에서 시험을 실시.

○ 정시(庭試) : 나라에 경사가 있을 때 대궐 안마당에서 실시.

3) 중시(重試)

현직 관리들을 위하여 시행한 文科의 특별 시험. 문과에 급제한 뒤, 堂下官에 머물러 있는 이가 이 시험에 합격하면 堂上 正三品의 품계로 올려주었음. 10년에 한 번씩 실시하였음.

○ 발영시(拔英試) ; 세조12년 단오에 序賢亭에서 문무백관에게 실시.
○ 등준시(登俊試) ; 세조12년 7월에 임금이 친히 제목을 정하여 문신들에게 실시한 시험.
○ 전문시(箋文試) ; 세조 4년에 실시.
○ 진현시(進賢試) ; 성종 13년에 실시.
○ 탁영시(擢英試) ; 중종 33년에 실시.

4) 문과 급제자 총 33명.

○ 갑과 : 3명. ○ 을과 : 7명. ○ 병과 : 23명.

번호	왕력	간지	연도	시험 형태(합격자수)	수석 합격자	책문 내용
1	태조2	계유	1393	식년시(33명)	송개신(宋介臣)	
2	태조5	병자	1396	식년시(33명)	김익정(金益精)	
3	정종1	기묘	1399	식년시(33명)	전가식(田可植)	
4	태종1	신사	1401	증광시(33명)	조말생(趙末生)	
5	태종2	임오	1402	식년시(33명)	신효(申曉)	
6	태종5	을유	1405	식년시(33명)	유면(兪勉)	
7	태종7	정해	1407	중시(10명)	변계량(卞季良)	法制
8	태종8	무자	1408	식년시(33명)	어변갑(魚變甲)	
9	태종11	신묘	1411	식년시(33명)	권극중(權克中)	治道本末
10	태종14	갑오	1414	식년시(33명)	정인지(鄭麟趾) 손미옥(孫美玉)	天人相應之道

					김작(金綽)	
11	태종14	갑오	1414	친시(25명)	권제(權踶)	時務·知人·任人
12	태종16	병신	1416	친시(9명)	정지담(鄭之澹)	忠孝
13	태종16	병신	1416	중시(5명)	김자(金赭)	忠孝
14	태종17	정유	1417	식년시(33명)	한혜(韓惠)	
15	세종1	기해	1419	증광시(33명)	조상치(曹尚治)	
16	세종2	경자	1420	식년시(33명)	안숭선(安崇善)	務農·禮讓·城郭·水軍
17	세종5	계묘	1423	식년시(32명)	정집(鄭楫)	災異
18	세종8	병오	1426	식년시(34명)	황보량(皇甫良)	急務
19	세종9	정미	1427	친시(20명)	남계영(南季瑛)	制田之法
20	세종9	정미	1427	중시(12명)	황보량(皇甫良) 이긍(李兢) 정인지(鄭麟趾)	
21	세종11	기유	1429	식년시(33명)	허사문(許斯文)	祭禮·疆理·詞訟
22	세종11	기유	1429	친시(3명)	조주(趙注)	
23	세종14	임자	1432	식년시(33명)	김길통(金吉通)	
24	세종16	갑인	1433	알성시(25명)	최항(崔恒)	
25	세종17	을묘	1435	식년시(33명)	이함녕(李咸寧)	宗學·戶口牌·兵農
26	세종18	병진	1436	친시(9명)	윤사균(尹士昀)	厚倫成俗·制寇安民
27	세종18	병진	1436	중시(12명)	남수문(南秀文)	
28	세종20	무오	1438	식년시(33명)	하위지(河緯地)	王政損益
29	세종21	기미	1439	친시(10명)	최경신(崔敬身)	經義
30	세종23	신유	1441	식년시(33명)	이석형(李石亨)	
31	세종24	임술	1442	친시(8명)	이교연(李皎然)	
32	세종26	갑자	1444	식년시(33명)	황효원(黃孝源)	
33	세종29	정묘	1447	식년시(33명)	이승소(李承召)	
34	세종29	정묘	1447	중시(19명)	성삼문(成三問)	置私兵·禮大臣·分政權·復政房
35	세종29	정묘	1447	친시(26명)	강희맹(姜希孟)	育才辨才用才之道
36	세종32	경오	1450	식년시(33명)	권남(權擥)	求賢從諫,寡欲勤政
37	문종1	신미	1451	증광시(40명)	홍응(洪應)	學道治道
38	단종1	계유	1453	증광시(40명)	이숭원(李崇元)	朝廷之弊
39	단종1	계유	1453	식년시(33명)	김수녕(金壽寧)	守成難

40	단종2	갑술	1454	식년시(33명)	정효상(鄭孝常)	兵食
41	세조2	병자	1456	식년시(33명)	임원준(任元濬)	賢才·冗官·城郭
42	세조3	정축	1457	친시(13명)	강자평(姜子平)	置巨鎭, 楮幣
43	세조3	정축	1457	중시(21명)	이영은(李永垠)	盜賊·六畜·軍器
44	세조3	정축	1457	별시(13명)	오응(吳凝)	閏無定, 推閏委任, 七音之說, 步兵騎兵, 河洛八卦
45	세조4	무인	1458	별시(5명)	도하(都夏)	夷狄, 賑貧
46	세조5	기묘	1459	식년시(33명)	고태정(高台鼎)	
47	세조6	경진	1460	춘당대시(4명)	이맹현(李孟賢)	
48	세조6	경진	1460	별시(20명)	최경지(崔敬止)	
49	세조6	경진	1460	평양별시(22명)	유자한(柳自漢)	
50	세조7	신사	1460	별시(3명)	하숙산(河叔山)	我國四方虛實
51	세조8	임오	1461	식년시(33명)	유자빈(柳自濱)	文武
52	세조8	임오	1461	별시(9명)	강안중(姜安重)	禮樂, 用人
53	세조10	갑신	1464	춘당대시(13명)	이육(李陸)	人材登用
54	세조11	을유	1465	춘당대시(33명)	성진(成晉)	求賢
55	세조11	을유	1465	별시(3명)	이봉(李封)	易·四聖
56	세조12	병술	1466	고성춘시(18명)	진지(陳祉)	巡省
57	세조12	병술	1466	춘시(17명)	신승선(愼承善)	
58	세조12	병술	1466	중시(9명)	김극검(金克儉)	
59	세조12	병술	1466	발영시(40명)	김수온(金守溫)	治世之能臣 亂世之奸雄
60	세조12	병술	1466	등준시(12명)	김수온(金守溫)	
61	세조14	무자	1468	춘당대시(33명)	이인형(李仁亨)	風俗, 從化, 刑不濫而情必輸
62	세조14	무자	1468	중시(5명)	이보(李溥)	
63	세조14	무자	1468	별시(4명)	유자광(柳子光)	
64	예종1	기축	1469	추장시(33명)	채수(蔡壽)	養民
65	성종1	경인	1470	별시(16명)	신준(申浚)	救荒, 尚節義·勵廉恥
66	성종2	신묘	1471	별시(9명)	김흔(金訢)	善治, 兵倉, 倭人
67	성종3	임진	1472	춘당대시(33명)	안양생(安良生)	經濟之策
68	성종5	갑오	1474	식년시(33명)	최관(崔灌)	任用之方·治亂安危

69	성종6	을미	1475	친시(20명)	박형문(朴衡文)	知人善任, 野人
70	성종7	병신	1476	별시(13명)	윤희손(尹喜孫)	知人
71	성종7	병신	1476	중시(10명)	정회(鄭淮)	御戎安民, 天下之理
72	성종8	정유	1477	춘당대시(33명)	신계거(辛季琚)	窮理
73	성종8	정유	1477	친시(4명)	권건(權建)	
74	성종9	무술	1478	친시(5명)	권경희(權景禧)	
75	성종10	기해	1479	별시(10명)	정광세(鄭光世)	學問・勤政・任人 ・刑罰, 三浦倭人
76	성종10	기해	1479	중시(5명)	조지서(趙之瑞)	時弊
77	성종11	경자	1480	친시(3명)	최서(崔湑)	
78	성종11	경자	1480	식년시(33명)	신종호(申從濩)	
79	성종12	신축	1481	친시(13명)	윤달신(尹達莘)	禮・樂・刑・政
80	성종13	임인	1482	친시(11명)	김기손(金驥孫)	正統
81	성종13	임인	1482	진현시(4명)	이승건(李承健)	保邦備邊
82	성종14	계묘	1483	춘당대시(33명)	이문좌(李文佐)	
83	성종16	을사	1485	별시(16명)	송영(宋瑛)	綱目
84	성종17	병오	1486	식년시(33명)	민이(閔頤)	中興
85	성종17	병오	1486	중시(8명)	신종호(申從濩)	儒之有用
86	성종18	정미	1487	별시(5명)	유순정(柳順汀)	風欲・屯田・張軍
87	성종19	무신	1488	별시(4명)	이수공(李守恭)	
88	성종20	기유	1489	식년시(33명)	김전(金詮)	軍事,財用,御史,禮 樂,異端
89	성종21	경술	1490	별시(10명)	송일(宋軼)	制敵安民
90	성종22	신해	1491	별시(6명)	권세형(權世衡)	移風教・正士習
91	성종23	임자	1492	식년시(33명)	강숙돌(姜叔突)	
92	성종23	임자	1492	별시(40명)	이희맹(李希孟)	用將
93	성종25	갑인	1494	별시(22명)	한훈(韓訓)	文章
94	연산군1	을묘	1495	별시(33명)	이목(李穆)	
95	연산군2	병진	1496	식년시(33명)	김천령(金千齡)	歷代待夷之道
96	연산군3	정사	1497	별시(13명)	권홍(權弘)	九經之道
97	연산군3	정사	1497	중시(10명)	윤장(尹璋)	安民・正俗
98	연산군4	무오	1498	식년시(33명)	정인인(鄭麟仁)	邊寇・奸猾・用人 ・尊卑・抱冤
99	연산군4	무오	1498	별시(6명)	김극성(金克成)	治化思俗
100	연산군7	신유	1501	식년시(35명)	이부(李頫)	恤民・任賢

101	연산군8	임술	1502	별시(14명)	송세림(宋世琳)	
102	연산군9	계해	1503	별시(8명)	권복(權福)	
103	연산군10	갑자	1504	별시(9명)	윤은필(尹殷弼)	
104	연산군10	갑자	1504	식년시(31명)	이자(李耔)	
105	연산군10	갑자	1504	별시(19명)	최세절(崔世節)	
106	연산군12	병인	1506	별시(17명)	김안로(金安老)	
107	중종1	병인	1506	별시(15명)	진식(陳植)	
108	중종2	정묘	1507	증광시(36명)	김정(金淨)	
109	중종2	정묘	1507	식년시(33명)	유옥(柳沃)	
110	중종2	정묘	1507	중시(6명)	권홍(權弘)	善始善終
111	중종3	무진	1508	알성시(3명)	권성(權晟)	
112	중종4	기사	1509	별시(18명)	김정국(金正國)	
113	중종5	경오	1510	식년시(33명)	이려(李膂)	
114	중종6	신미	1511	별시(16명)	강태수(姜台壽)	
115	중종8	계유	1513	별시(10명)	한충(韓忠)	酒禍
116	중종8	계유	1513	식년시(33명)	표빙(表憑)	
117	중종9	갑술	1514	명경별시(4명)	최호(崔灝)	
118	중종9	갑술	1514	별시(20명)	박세희(朴世憙)	
119	중종10	을해	1515	별시(15명)	장옥(張玉)	洪範
120	중종11	병자	1516	식년시(33명)	김유신(金庾信)	
121	중종11	병자	1516	별시(11명)	심희전(沈希佺)	酒禍
122	중종11	병자	1516	중시(3명)	정사룡(鄭士龍)	
123	중종12	정축	1517	별시(18명)	허관(許寬)	
124	중종14	기묘	1519	식년시(29명)	박소(朴紹)	
125	중종14	기묘	1519	현량과(28명)	김식(金湜)	
126	중종14	기묘	1519	별시(19명)	김필(金珌)	
127	중종15	경진	1520	별시(11명)	송염(宋瑊)	
128	중종16	신사	1521	별시(18명)	조세영(趙世英)	
129	중종17	임오	1522	식년시(33명)	강전(姜銓)	
130	중종17	임오	1522	별시(7명)	강숭덕(姜崇德)	
131	중종18	계미	1523	알성시(4명)	신영(申瑛)	
132	중종19	갑신	1524	별시(30명)	이효충(李效忠)	
133	중종20	을유	1525	식년시(33명)	심광언(沈光彦)	
134	중종21	병술	1526	별시(13명)	김홍윤(金弘胤)	習俗之變本於人心
135	중종21	병술	1526	중시(8명)	박상(朴祥)	使价

136	중종23	무자	1528	식년시(33명)	정희안(鄭希顔)	輔養儲副
137	중종23	무자	1528	별시(19명)	김만균(金萬鈞)	欲守先王之治者必守先王之法
138	중종23	무자	1528	별시(3명)	신석간(申石澗)	變奢爲儉之道
139	중종26	신묘	1531	식년시(33명)	김충렬(金忠烈)	
140	중종27	임진	1532	별시(5명)	정대년(鄭大年)	
141	중종27	임진	1532	별시(8명)	이현당(李賢讜)	
142	중종28	계사	1533	별시(14명)	이현충(李顯忠)	
143	중종29	갑오	1534	식년시(26명)	김희성(金希聖)	崇禮讓善風俗
144	중종29	갑오	1534	별시(8명)	이존인(李遵仁)	王道論
145	중종30	을미	1535	별시(11명)	이출(李秨)	
146	중종30	을미	1535	별시(7명)	이을규(李乙奎)	
147	중종30	을미	1535	별시(3명)	진복창(陳復昌)	
148	중종31	병신	1536	별시(7명)	이정(李楨)	
149	중종31	병신	1536	중시(5명)	홍춘경(洪春卿)	
150	중종31	병신	1536	친시(4명)	허경(許坰)	
151	중종32	정유	1537	식년시(27명)	윤현(尹鉉)	
152	중종32	정유	1537	별시(8명)	심통원(沈通源)	
153	중종33	무술	1538	별시(8명)	정유길(鄭惟吉)	
154	중종33	무술	1538	별시(15명)	이만영(李萬榮)	
155	중종33	무술	1538	탁영시(12명)	나세찬(羅世纘)	
156	중종34	기해	1539	별시(12명)	성몽설(成夢說)	
157	중종34	기해	1539	별시(6명)	김주(金澍)	
158	중종35	경자	1540	식년시(33명)	김윤정(金胤鼎)	天道地理人事
159	중종35	경자	1540	별시(19명)	윤희성(尹希聖)	興學育材
160	중종36	신축	1541	별시(5명)	유혼(柳渾)	
161	중종37	임인	1542	정시(4명)	이건(李楗)	治可復古
162	중종38	계묘	1543	식년시(33명)	노수신(盧守愼)	
163	중종39	갑진	1544	별시(23명)	권용(權容)	仁・明・武
164	명종1	병오	1546	증광시(33명)	최응룡(崔應龍)	君子小人之辨
165	명종1	병오	1546	식년시(33명)	심수경(沈守慶)	士氣
166	명종1	병오	1546	중시(10명)	유경심(柳景深)	
167	명종2	정미	1547	알성시(6명)	이수철(李壽鐵)	
168	명종3	무신	1548	별시(22명)	김홍도(金弘度)	
169	명종4	기유	1549	식년시(34명)	민시중(閔時中)	

170	명종6	신해	1551	별시(5명)	김충(金沖)	
171	명종7	임자	1552	식년시(36명)	황서(黃瑞)	
172	명종8	계축	1553	별시(39명)	김경원(金慶元)	治效
173	명종8	계축	1553	친시(4명)	박순(朴淳)	
174	명종10	을묘	1555	식년시(33명)	한복(韓輹)	
175	명종11	병진	1556	중시(9명)	양응정(梁應鼎)	
176	명종11	병진	1556	별시(12명)	이민각(李民覺)	
177	명종11	병진	1556	알성시(6명)	정윤희(丁胤禧)	
178	명종13	무오	1558	별시(11명)	오운기(吳雲驥)	
179	명종13	무오	1558	식년시(35명)	고경명(高敬命)	中朝朝貢便否
180	명종14	기미	1559	정시(12명)	유영길(柳永吉)	
181	명종15	경신	1560	별시(18명)	민덕봉(閔德鳳)	用人
182	명종16	신유	1561	식년시(36명)	최립(崔岦)	
183	명종17	계해	1562	알성시(4명)	이정빈(李廷賓)	
184	명종19	갑자	1564	식년시(33명)	이이(李珥)	天道
185	명종19	갑자	1564	별시(12명)	이광헌(李光軒)	學校不興·風俗不美·人心不純·紀綱不振·古今異端盛衰·僧徒鴟張·歷代宦寺善惡
186	명종20	을축	1565	알성시(4명)	김효원(金孝元)	六卿盡職
187	명종21	병인	1566	별시(17명)	이충원(李忠元)	
188	명종21	병인	1566	중시(6명)	정윤희(丁胤禧)	
189	선조0	정묘	1568	식년시(33명)	권수(權燧)	
190	선조1	무진	1568	증광시(33명)	정희적(鄭熙績)	征伐·和親
191	선조2	기사	1569	알성시(7명)	노진(盧禛)	
192	선조2	기사	1569	별시(16명)	윤담휴(尹覃休)	
193	선조3	경오	1570	식년시(34명)	김대명(金大鳴)	
194	선조5	임신	1572	춘당대시(15명)	심충겸(沈忠謙)	
195	선조5	임신	1572	별시(16명)	유근(柳根)	
196	선조5	임신	1572	별시(20명)	임영로(壬榮老)	
197	선조6	계유	1573	식년시(34명)	주덕원(朱德元)	
198	선조6	계유	1573	알성시(7명)	이발(李潑)	
199	선조7	갑술	1574	별시(15명)	정상(鄭詳)	
200	선조9	병자	1576	식년시(34명)	윤기(尹箕)	
201	선조9	병자	1576	별시(19명)	정곤수(鄭崑壽)	

202	선조9	병자	1576	중시(6명)	조광익(曺光益)	
203	선조10	정축	1577	알성시(15명)	김여물(金汝岉)	
204	선조10	정축	1577	별시(17명)	강신(姜紳)	
205	선조12	기묘	1579	식년시(34명)	홍인상(洪麟祥)	六弊
206	선조13	경진	1580	알성시(12명)	황치성(黃致誠)	
207	선조13	경진	1580	별시(27명)	황혁(黃赫)	財用任人
208	선조15	임오	1582	식년시(35명)	장운익(張雲翼)	
209	선조16	계미	1583	알성시(12명)	차운로(車雲輅)	
210	선조16	계미	1583	별시(33명)	심우정(沈友正)	兵食
211	선조16	계미	1583	정시(10명)	이홍로(李弘老)	制治保邦
212	선조17	갑신	1584	친시(4명)	박호(朴箎)	
213	선조17	갑신	1584	별시(10명)	민인백(閔仁伯)	推是心行是政
214	선조18	을유	1585	식년시(33명)	고한운(高翰雲)	
215	선조18	을유	1585	별시(12명)	최철견(崔鐵堅)	
216	선조19	병술	1586	알성시(9명)	여계선(呂繼先)	
217	선조19	병술	1586	별시(14명)	남근(南瑾)	六經
218	선조19	병술	1586	중시(6명)	이장영(李長榮)	
219	선조21	무자	1588	식년시(34명)	김시헌(金時獻)	
220	선조21	무자	1588	알성시(11명)	황신(黃愼)	
221	선조22	기축	1589	증광시(34명)	유몽인(柳夢寅)	
222	선조23	경인	1590	증광시(40명)	남이공(南以恭)	
223	선조24	신묘	1591	식년시(34명)	민유부(閔有孚)	
224	선조24	신묘	1591	별시(15명)	이유함(李惟咸)	洪範
225	선조25	임진	1592	별시(4명)	정종명(鄭宗溟)	
226	선조26	계사	1593	별시(9명)	윤길(尹日吉)	讖緯之說
227	선조27	갑오	1594	정시(13명)	박동열(朴東說)	
228	선조27	갑오	1594	별시(10명)	유담(柳潭)	
229	선조27	갑오	1594	별시(1명)	송준(宋駿)	
230	선조28	을미	1595	별시(3명)	조정견(趙庭堅)	
231	선조28	을미	1595	별시(15명)	성이민(成以敏)	
232	선조29	병신	1596	정시(19명)	안종록(安宗祿)	
233	선조30	정유	1597	별시(19명)	조수인(趙守寅)	
234	선조30	정유	1597	중시(5명)	허균(許筠)	甲戰守
235	선조30	정유	1597	정시(9명)	이호의(李好義)	
236	선조30	정유	1597	알성시(8명)	윤계선(尹繼善)	

237	선조32	기해	1599	정시(10명)	이재영(李再榮)	
238	선조32	기해	1599	별시(16명)	조탁(曹倬)	人才
239	선조33	경자	1600	별시(16명)	이시정(李時楨)	畏民
240	선조34	신축	1601	식년시(34명)	이사경(李士慶)	
241	선조35	임인	1602	알성시(5명)	안욱(安旭)	
242	선조35	임인	1602	별시(10명)	김수현(金壽賢)	九經八條
243	선조36	계묘	1603	정시(10명)	이명준(李命俊)	祭祀
244	선조36	계묘	1603	식년시(33명)	이언영(李彦英)	安危治亂
245	선조38	을사	1605	증광시(33명)	이식립(李植立)	
246	선조38	을사	1605	정시(7명)	전유형(全有亨)	
247	선조38	을사	1605	별시(12명)	이은로(李殷老)	
248	선조39	병오	1606	증광시(36명)	양응락(梁應洛)	
249	선조39	병오	1606	식년시(33명)	임기(林㦓)	
250	광해군0	무신	1608	중시(9명)	이이첨(李爾瞻)	
251	광해군0	무신	1608	별시(14명)	정호서(丁好恕)	酒·侈
252	광해군1	기유	1609	증광시(33명)	홍천경(洪千璟)	愼終于始, 鼎革宿弊日新萬化
253	광해군2	경술	1610	식년시(33명)	권득기(權得己)	錢幣
254	광해군2	경술	1610	알성시(7명)	김개(金闓)	
255	광해군2	경술	1610	별시(20명)	신광업(辛光業)	崇道學
256	광해군3	신해	1611	별시(13명)	정문익(鄭文翼)	時措
257	광해군4	임자	1612	식년시(34명)	홍명형(洪命亨)	俗尙
258	광해군4	임자	1612	증광시(33명)	이민구(李敏求)	史記
259	광해군5	계축	1613	알성시(6명)	신해익(愼海翊)	
260	광해군5	계축	1613	증광시(42명)	임성지(任性之)	官制
261	광해군6	갑인	1614	별시(4명)	양곡(梁穀)	
262	광해군7	을묘	1615	식년시(33명)	이상빈(李尙馪)	
263	광해군7	을묘	1615	알성시(8명)	권계(權啓)	
264	광해군8	병진	1616	증광시(41명)	김세렴(金世濂)	籍田
265	광해군8	병진	1616	알성시(10명)	기준격(奇俊格)	
266	광해군8	병진	1616	별시(27명)	정흔(鄭昕)	褒功
267	광해군8	병진	1616	중시(7명)	이대엽(李大燁)	歲除之夜
268	광해군9	정사	1617	알성시(5명)	허직(許稷)	李朝禮曹請依平安 道士民之願建立箕 子崇仁殿碑以聞仁

						賢之化
269	광해군10	무오	1618	정시(6명)	이직(李稷)	
270	광해군10	무오	1618	증광시(40명)	김기종(金起宗)	頒祿
271	광해군11	기미	1619	별시(4명)	유성증(兪省曾)	對策
272	광해군11	기미	1619	알성시(3명)	홍명구(洪命耈)	
273	광해군11	기미	1619	정시(3명)	이경의(李景義)	
274	광해군12	경신	1620	정시(15명)	김우진(金遇辰)	
275	광해군13	신유	1621	정시(11명)	박안제(朴安悌)	
276	광해군13	신유	1621	알성시(9명)	선세휘(宣世徽)	
277	광해군13	신유	1621	별시(40명)	최유연(崔有淵)	
278	인조1	계해	1623	알성시(10명)	홍보(洪寶)	
279	인조1	계해	1623	정시(4명)	신달도(申達道)	紀綱
280	인조1	계해	1623	개시(24명)	채유후(蔡裕後)	王伯
281	인조2	갑자	1624	정시(6명)	홍습(洪霫)	
282	인조2	갑자	1624	별시(11명)	김주우(金柱宇)	
283	인조2	갑자	1624	증광시(38명)	김육(金堉)	天者不言之聖人
284	인조2	갑자	1624	알성시(4명)	이경증(李景曾)	
285	인조2	갑자	1624	식년시(34명)	조빈(趙贇)	
286	인조3	을축	1625	별시(12명)	김종일(金宗一)	悔
287	인조4	병인	1626	별시(17명)	심연(沈演)	
288	인조4	병인	1626	정시(4명)	조경(趙絅)	
289	인조4	병인	1626	중시(8명)	이경석(李景奭)	
290	인조5	정묘	1627	정시(4명)	허색(許穡)	
291	인조5	정묘	1627	정시(4명)	김상빈(金尙賓)	
292	인조5	정묘	1627	정시(7명)	임득열(林得悅)	
293	인조5	정묘	1627	식년시(34명)	김호(金灝)	戰·守·和
294	인조6	무진	1628	별시(11명)	조석윤(趙錫胤)	順天心
295	인조6	무진	1628	별시(14명)	이방(李稖)	修身·安民·制敵
296	인조6	무진	1628	알성시(5명)	민광훈(閔光勳)	
297	인조7	기사	1629	별시(25명)	정두경(鄭斗卿)	體天道
298	인조7	기사	1629	정시(5명)	이상질(李尙質)	
299	인조8	경오	1630	식년시(33명)	정시망(鄭時望)	安民
300	인조8	경오	1630	별시(10명)	정뇌경(鄭雷卿)	復讎雪恥 ; 名節
301	인조9	신미	1631	별시(10명)	민우(閔愚)	城池
302	인조10	임신	1632	알성시(5명)	김시번(金始蕃)	

303	인조11	계유	1633	증광시(33명)	이조(李稠)	六經宗旨
304	인조11	계유	1633	식년시(33명)	목행선(睦行善)	一陰一陽之謂道
305	인조12	갑술	1634	별시(12명)	오달제(吳達濟)	君臣相與之道
306	인조13	을해	1635	알성시(8명)	이만영(李晩榮)	
307	인조13	을해	1635	증광시(43명)	이이송(李爾松)	
308	인조14	병자	1636	별시(11명)	신유(申濡)	議時務
309	인조14	병자	1636	중시(6명)	신희계(辛喜季)	
310	인조15	정축	1637	정시(11명)	조한영(曹漢英)	
311	인조15	정축	1637	별시(10명)	정지화(鄭知和)	
312	인조16	무인	1638	정시(15명)	황위(黃暐)	
313	인조17	기묘	1639	알성시(7명)	권집(權諿)	
314	인조17	기묘	1639	별시(16명)	이이존(李以存)	將相
315	인조17	기묘	1639	식년시(33명)	김운장(金雲長)	
316	인조19	신사	1641	정시(9명)	홍석기(洪錫箕)	
317	인조20	임오	1642	식년시(33명)	임한백(任翰伯)	
318	인조20	임오	1642	정시(5명)	심찬(沈讚)	
319	인조21	계미	1643	별시(4명)	김여욱(金汝旭)	
320	인조22	갑신	1644	정시(7명)	이경억(李慶億)	
321	인조22	갑신	1644	별시(19명)	최후현(崔後賢)	變通
322	인조23	을유	1645	별시(15명)	권오(權悟)	官爵
323	인조24	병술	1646	식년시(34명)	정승명(鄭承明)	
324	인조24	병술	1646	중시(8명)	강백년(姜栢年)	
325	인조24	병술	1646	정시(7명)	오핵(吳翮)	
326	인조26	무자	1648	정시(9명)	이정기(李廷夔)	
327	인조26	무자	1648	식년시(34명)	조정(曹挺)	經義
328	인조27	기축	1649	별시(13명)	오두인(吳斗寅)	
329	인조27	기축	1649	정시(7명)	민정중(閔鼎重)	
330	효종1	경인	1650	증광시(33명)	이운근(李雲根)	
331	효종2	신묘	1651	정시(4명)	이창현(李昌炫)	
332	효종2	신묘	1651	식년시(33명)	이익한(李翊漢)	
333	효종2	신묘	1651	알성시(7명)	김수항(金壽恒)	
334	효종2	신묘	1651	별시(17명)	정시대(鄭始大)	八弊
335	효종3	임진	1652	증광시(33명)	여증제(呂曾齊)	星變
336	효종4	계사	1653	알성시(7명)	민주면(閔周冕)	
337	효종4	계사	1653	별시(15명)	김진표(金震標)	一字

338	효종5	갑오	1654	춘당대시(6명)	박세모(朴世模)	
339	효종5	갑오	1654	식년시(34명)	유경립(柳經立)	志者萬事之根柢
340	효종6	을미	1655	춘당대시(7명)	유경(柳炅)	
341	효종7	병신	1656	별시(10명)	이민적(李敏迪)	求言育才室慾
342	효종7	병신	1656	중시(8명)	남용익(南龍翼)	
343	효종8	정유	1657	식년시(34명)	민중노(閔重魯)	
344	효종8	정유	1657	알성시(5명)	최준형(崔俊衡)	
345	현종1	경자	1660	식년시(35명)	소두산(蘇斗山)	
346	현종1	경자	1660	증광시(34명)	박세당(朴世堂)	
347	현종3	임인	1662	증광시(41명)	김석주(金錫冑)	
348	현종3	임인	1662	정시(13명)	홍만용(洪萬容)	
349	현종4	계묘	1663	식년시(33명)	권진한(權震翰)	
350	현종5	갑진	1664	춘당대시(8명)	민시중(閔蓍重)	
351	현종5	갑진	1664	별시(3명)	한기백(韓紀百)	
352	현종6	을사	1665	정시(11명)	김만중(金萬重)	
353	현종6	을사	1665	정시(9명)	홍우기(洪宇紀)	
354	현종6	을사	1665	별시(12명)	임상원(任相元)	
355	현종7	병오	1666	식년시(38명)	이후징(李厚徵)	
356	현종7	병오	1666	별시(3명)	권열(權說)	巡狩
357	현종7	병오	1666	별시(10명)	윤진(尹搢)	體統
358	현종7	병오	1666	중시(5명)	홍중용(洪重容)	
359	현종9	무신	1668	별시(13명)	민홍도(閔弘道)	爲治必法三代
360	현종9	무신	1668	정시(9명)	정수준(鄭壽俊)	
361	현종10	기유	1669	별시(4명)	양현망(楊顯望)	
362	현종10	기유	1669	식년시(33명)	이덕령(李德齡)	經術試士
363	현종10	기유	1669	정시(12명)	한태동(韓泰東)	
364	현종11	경술	1670	별시(10명)	정도성(鄭道成)	備豫
365	현종12	신해	1671	정시(8명)	박태상(朴泰尙)	
366	현종13	임자	1672	별시(21명)	유명천(柳命天)	人才盛衰
367	현종14	계축	1673	춘당대시(10명)	유명현(柳命賢)	
368	현종14	계축	1673	식년시(34명)	이익(李楹)	
369	숙종1	을묘	1675	식년시(34명)	조지석(趙祉錫)	
370	숙종1	을묘	1675	증광시(34명)	이봉징(李鳳徵)	君臣事業
371	숙종2	병진	1676	정시(11명)	오시만(吳始萬)	
372	숙종4	무오	1678	알성시(7명)	박태보(朴泰輔)	

373	숙종4	무오	1678	증광시(42명)	이진은(李震殷)	言語容貌
374	숙종4	무오	1678	정시(10명)	조효창(曹孝昌)	
375	숙종5	기미	1679	정시(10명)	김석(金晳)	
376	숙종5	기미	1679	중시(8명)	강세귀(姜世龜)	
377	숙종5	기미	1679	식년시(36명)	이인징(李麟徵)	
378	숙종6	경신	1680	춘당대시(4명)	이사명(李命命)	
379	숙종6	경신	1680	정시(9명)	서문중(徐文重)	
380	숙종6	경신	1680	별시(20명)	조형기(趙亨期)	法古
381	숙종7	신유	1681	알성시(8명)	김성시(金盛始)	
382	숙종7	신유	1681	식년시(33명)	이태동(李泰東)	災異
383	숙종8	임술	1682	춘당대시(10명)	김구(金構)	
384	숙종8	임술	1682	증광시(35명)	김창협(金昌協)	
385	숙종9	계해	1683	증광시(35명)	허윤(許玧)	敬德 祈命
386	숙종10	갑자	1684	정시(20명)	신필청(申必淸)	
387	숙종10	갑자	1684	식년시(36명)	홍수점(洪受漸)	
388	숙종12	병인	1686	춘당대시(9명)	조식(趙湜)	
389	숙종12	병인	1686	별시(15명)	민진장(閔鎭長)	托迹山林,釣採聲譽, 梔蠟言行,希望爵賞, 爲當今時弊
390	숙종12	병인	1686	중시(7명)	신계화(申啓華)	
391	숙종12	병인	1686	별시(3명)	한항(韓沆)	
392	숙종12	병인	1686	정시(7명)	김진규(金鎭圭)	
393	숙종13	정묘	1687	알성시(8명)	권성(權悓)	
394	숙종13	정묘	1687	식년시(38명)	이극형(李克亨)	時有不可之時
395	숙종15	기사	1689	증광시(38명)	이사상(李師尙)	崇儉約 節財用,薄 稅斂之道
396	숙종16	경오	1690	식년시(40명)	조덕순(趙德純)	
397	숙종16	경오	1690	정시(5명)	한명상(韓命相)	
398	숙종17	신미	1691	증광시(42명)	송래백(宋來栢)	賑政
399	숙종17	신미	1691	알성시(5명)	이야(李壄)	李朝儒生等謝令承 旨宣讀備忘記特加 戒諭
400	숙종18	임신	1692	춘당대시(6명)	신이익(愼爾益)	
401	숙종19	계유	1693	식년시(40명)	나만영(羅晚榮)	設學養士
402	숙종19	계유	1693	알성시(7명)	이인병(李寅炳)	
403	숙종19	계유	1693	정시(3명)	허보(許溥)	

404	숙종20	갑술	1694	알성시(7명)	오명준(吳命峻)	
405	숙종20	갑술	1694	별시(26명)	이광좌(李光佐)	便宜
406	숙종21	을해	1695	별시(4명)	전처경(田處坰)	
407	숙종21	을해	1695	별시(14명)	이탄(李坦)	大典
408	숙종22	병자	1696	정시(9명)	이만성(李晩成)	
409	숙종22	병자	1696	식년시(35명)	강영(姜楧)	
410	숙종23	정축	1697	정시(15명)	엄경운(嚴慶運)	
411	숙종23	정축	1697	중시(8명)	정사효(鄭思孝)	
412	숙종24	무인	1698	춘당대시(6명)	윤헌주(尹憲柱)	
413	숙종25	기묘	1699	정시(16명)	정식(鄭栻)	
414	숙종25	기묘	1699	식년시(40명)	이제(李濟)	
415	숙종25	기묘	1699	증광시(34명)	한세량(韓世良)	
416	숙종26	경진	1700	춘당대시(3명)	이익한(李翊漢)	
417	숙종28	임오	1702	알성시(9명)	이희태(李喜泰)	
418	숙종28	임오	1702	별시(4명)	한재회(韓在誨)	
419	숙종28	임오	1702	식년시(38명)	김일경(金一鏡)	
420	숙종28	임오	1702	별시(13명)	권집(權緝)	無敵國外患國恒亡
421	숙종30	갑신	1704	춘당대시(8명)	한세필(韓世弼)	
422	숙종31	을유	1705	식년시(41명)	정동후(鄭東後)	
423	숙종31	을유	1705	알성시(5명)	이교악(李喬岳)	
424	숙종31	을유	1705	증광시(31명)	임상덕(林象德)	亂極當治
425	숙종32	병술	1706	정시(7명)	홍호인(洪好人)	
426	숙종33	정해	1707	별시(12명)	이기성(李基聖)	
427	숙종33	정해	1707	중시(7명)	김일경(金一鏡)	
428	숙종34	무자	1708	식년시(37명)	이정주(李挺周)	
429	숙종35	기축	1709	알성시(5명)	김상옥(金相玉)	
430	숙종36	경인	1710	증광시(41명)	박징빈(朴徵賓)	
431	숙종36	경인	1710	춘당대시(5명)	이세면(李世勉)	
432	숙종37	신묘	1711	식년시(36명)	이진망(李眞望)	
433	숙종38	임진	1712	정시(19명)	양정호(梁廷虎)	
434	숙종39	계사	1713	증광시(51명)	남세운(南世雲)	
435	숙종40	갑오	1714	증광시(39명)	이정소(李廷熽)	
436	숙종41	을미	1715	식년시(35명)	박진량(朴震亮)	
437	숙종43	정유	1717	별시(7명)	이유춘(李囿春)	
438	숙종43	정유	1717	별시(4명)	임익빈(林益彬)	

439	숙종43	정유	1717	별시(4명)	주형리(朱炯离)	
440	숙종43	정유	1717	정시(5명)	이거원(李巨源)	
441	숙종43	정유	1717	중시(5명)	권세항(權世恒)	
442	숙종43	정유	1717	식년시(42명)	유복명(柳復明)	
443	숙종44	무술	1718	정시(13명)	홍현보(洪鉉輔)	
444	숙종45	기해	1719	별시(10명)	이성환(李星煥)	勤勉安逸
445	숙종45	기해	1719	증광시(34명)	정형익(鄭亨益)	
446	숙종45	기해	1719	춘당대시(4명)	남수현(南壽賢)	
447	경종1	신축	1721	정시(7명)	윤심형(尹心衡)	
448	경종1	신축	1721	식년시(34명)	오성유(吳聖兪)	農
449	경종1	신축	1721	증광시(32명)	신처수(申處洙)	城池
450	경종2	임인	1722	정시(9명)	조경명(趙景命)	
451	경종2	임인	1722	알성시(7명)	성덕윤(成德潤)	
452	경종3	계묘	1723	증광시(41명)	박사수(朴師洙)	
453	경종3	계묘	1723	별시(13명)	박사유(朴師游)	
454	경종3	계묘	1723	정시(5명)	김상성(金尙星)	
455	경종3	계묘	1723	식년시(35명)	정재춘(鄭再春)	
456	영조1	을사	1725	정시(15명)	박필철(朴弼哲)	
457	영조1	을사	1725	증광시(44명)	정언섭(鄭彦爕)	
458	영조1	을사	1725	정시(20명)	이만영(李萬榮)	
459	영조2	병오	1726	별시(5명)	성유열(成有烈)	
460	영조2	병오	1726	식년시(35명)	이휘항(李彙恒)	
461	영조2	병오	1726	알성시(7명)	김치후(金致垕)	
462	영조3	정미	1727	증광시(43명)	민원(閔瑗)	
463	영조3	정미	1727	정시(5명)	강백(姜栢)	
464	영조3	정미	1727	중시(4명)	이정작(李庭綽)	
465	영조4	무신	1728	춘당대시(3명)	오원(吳瑗)	
466	영조4	무신	1728	별시(5명)	이양(李瀁)	
467	영조4	무신	1728	별시(15명)	안복준(安復駿)	
468	영조4	무신	1728	정시(6명)	박대후(朴大厚)	
469	영조5	기유	1729	식년시(41명)	정동혁(鄭東赫)	
470	영조6	경술	1730	정시(20명)	이시희(李時熙)	
471	영조7	신해	1731	정시(5명)	심악(沈鐸)	法制·田賦·良役·軍政·錢貨·太學 등 七幣

472	영조7	신해	1731	별시(5명)	이재춘(李載春)	
473	영조8	임자	1732	정시(10명)	오대관(吳大觀)	
474	영조9	계축	1733	알성시(5명)	이석표(李錫杓)	
475	영조9	계축	1733	식년시(51명)	박첨(朴王詹)	
476	영조10	갑인	1734	정시(6명)	김상구(金尙耉)	
477	영조10	갑인	1734	춘당대시(5명)	이명곤(李命坤)	
478	영조11	을묘	1735	증광시(42명)	박필리(朴弼理)	
479	영조11	을묘	1735	식년시(37명)	윤택휴(尹澤休)	
480	영조11	을묘	1735	정시(7명)	신수(申燧)	
481	영조12	병진	1736	정시(15명)	조하망(曺夏望)	
482	영조12	병진	1736	정시(10명)	원경하(元景夏)	
483	영조12	병진	1736	알성시(5명)	윤득경(尹得敬)	
484	영조13	정사	1737	별시(17명)	홍계희(洪啓禧)	良役
485	영조13	정사	1737	중시(8명)	이섭원(李燮元)	
486	영조14	무오	1738	식년시(41명)	한광회(韓光會)	
487	영조15	기미	1739	알성시(10명)	이희겸(李喜謙)	
488	영조15	기미	1739	정시(19명)	이기경(李基敬)	
489	영조16	경신	1740	정시(7명)	정계주(鄭啓周)	
490	영조16	경신	1740	알성시(4명)	이창수(李昌壽)	
491	영조16	경신	1740	별시(3명)	전명조(全命肇)	
492	영조16	경신	1740	증광시(51명)	홍중효(洪重孝)	
493	영조17	신유	1741	식년시(37명)	안극효(安克孝)	
494	영조18	임술	1742	정시(9명)	이맹휴(李孟休)	良役・學校・軍政・用箋貨
495	영조19	계해	1743	알성시(6명)	한광조(韓光肇)	
496	영조19	계해	1743	정시(26명)	조영로(趙榮魯)	
497	영조20	갑자	1744	춘당대시(10명)	장주(張澍)	
498	영조20	갑자	1744	식년시(37명)	박창원(朴昌源)	
499	영조20	갑자	1744	정시(6명)	황합(黃柙)	
500	영조21	을축	1745	정시(12명)	이관섭(李觀燮)	
501	영조22	병인	1746	정시(9명)	남운로(南雲老)	
502	영조22	병인	1746	알성시(5명)	이득종(李得宗)	
503	영조22	병인	1746	중시(7명)	이윤신(李潤身)	
504	영조22	병인	1746	별시(5명)	이인채(李仁采)	
505	영조22	병인	1746	춘당대시(5명)	이명희(李命熙)	

506	영조22	병인	1746	별시(4명)	주형질(朱炯質)	
507	영조23	정묘	1747	식년시(34명)	심국현(沈國賢)	
508	영조23	정묘	1747	정시(15명)	이유수(李惟秀)	
509	영조24	무진	1748	춘당대시(5명)	김치인(金致仁)	
510	영조25	기사	1749	알성시(5명)	이양천(李亮天)	
511	영조26	경오	1750	식년시(51명)	이존중(李存中)	
512	영조26	경오	1750	알성시(5명)	이인원(李仁源)	
513	영조26	경오	1750	별시(7명)	조시겸(趙時謙)	
514	영조27	신미	1751	춘당대시(10명)	오찬(吳瓚)	良役
515	영조27	신미	1751	정시(24명)	윤득우(尹得雨)	
516	영조28	임신	1752	정시(25명)	이명환(李明煥)	
517	영조29	계유	1753	알성시(7명)	홍억(洪檍)	
518	영조29	계유	1753	정시(12명)	노성중(盧聖中)	
519	영조29	계유	1753	정시(15명)	이현옥(李鉉玉)	
520	영조29	계유	1753	식년시(36명)	권세구(權世矩)	
521	영조30	갑술	1754	정시(8명)	이빈(李贇)	
522	영조30	갑술	1754	증광시(40명)	홍종해(洪宗海)	本朝廟堂之臣請嚴 科規正士習
523	영조31	을해	1755	별시(7명)	오상현(吳尙顯)	
524	영조31	을해	1755	정시(10명)	이시민(李時敏)	
525	영조31	을해	1755	정시(15명)	심이지(沈履之)	
526	영조32	병자	1756	정시(35명)	김성유(金聖猷)	
527	영조32	병자	1756	정시(6명)	이가우(李嘉遇)	
528	영조32	병자	1756	식년시(38명)	한종찬(韓宗纘)	
529	영조32	병자	1756	정시(8명)	정원달(鄭遠達)	元會
530	영조33	정축	1757	정시(15명)	이택진(李宅鎭)	
531	영조33	정축	1757	정시(8명)	이재협(李在協)	
532	영조33	정축	1757	중시(7명)	이기경(李基敬)	
533	영조34	기묘	1758	식년시(56명)	이태정(李台鼎)	
534	영조34	기묘	1758	별시(12명)	이만영(李晚榮)	
535	영조34	기묘	1758	알성시(6명)	신익(申煜)	
536	영조34	기묘	1758	정시(11명)	심익운(沈翼雲)	
537	영조37	신사	1761	정시(31명)	권극(權極)	
538	영조38	임오	1762	알성시(3명)	권이강(權以綱)	
539	영조38	임오	1762	식년시(37명)	조진형(趙鎭衡)	

540	영조38	임오	1762	정시(17명)	신상권(申尙權)	
541	영조39	계미	1763	기로정시(6명)	이종령(李宗齡)	
542	영조39	계미	1763	증광시(70명)	조덕성(趙德成)	
543	영조40	갑신	1764	충량시(3명)	김노순(金魯淳)	
544	영조40	갑신	1764	별시(4명)	유택하(柳宅夏)	
545	영조40	갑신	1764	정시(5명)	민홍열(閔弘烈)	
546	영조41	을유	1765	식년시(52명)	서호수(徐浩修)	
547	영조41	을유	1765	알성시(5명)	강이정(姜彛正)	
548	영조42	병술	1766	별시(13명)	이한경(李漢慶)	
549	영조42	병술	1766	중시(8명)	이성원(李性源)	
550	영조42	병술	1766	정시(6명)	조재준(趙載俊)	忠孝
551	영조42	병술	1766	정시(10명)	홍찬해(洪纘海)	
552	영조42	병술	1766	정시(20명)	서유인(徐有隣)	
553	영조43	정해	1767	정시(3명)	김문순(金文淳)	
554	영조43	정해	1767	알성시(10명)	김광묵(金光默)	
555	영조43	정해	1767	중시(6명)	이지회(李之晦)	
556	영조44	무자	1768	식년시(57명)	조정(趙王政)	
557	영조44	무자	1768	정시(9명)	신사찬(申思贊)	
558	영조45	기축	1769	정시(3명)	홍낙임(洪樂任)	
559	영조45	기축	1769	정시(5명)	윤득성(尹得聖)	
560	영조45	기축	1769	정시(15명)	최해녕(崔海寧)	
561	영조46	경인	1770	정시(15명)	신대승(申大升)	
562	영조47	신묘	1771	정시(15명)	이상암(李商巖)	
563	영조47	신묘	1771	식년시(74명)	남봉로(南絳老)	
564	영조47	신묘	1771	정시(20명)	김상정(金相定)	
565	영조48	임진	1772	기로정시(6명)	신광수(申光洙)	
566	영조48	임진	1772	탕평정시(11명)	임종주(任宗周)	
567	영조48	임진	1772	정시(15명)	서유신(徐有臣)	
568	영조49	계사	1773	증광시(60명)	이회수(李會逐)	
569	영조49	계사	1773	정시(20명)	이겸환(李謙煥)	
570	영조50	갑오	1774	등준시(15명)	조덕성(趙德成)	
571	영조50	갑오	1774	식년시(46명)	김진구(金振久)	三代治國之道不同
572	영조50	갑오	1774	정시(20명)	김노영(金魯永)	
573	영조50	갑오	1774	별시(6명)	계덕해(桂德海)	
574	영조50	갑오	1774	별시(6명)	주중순(朱重純)	

575	영조50	갑오	1774	증광시(44명)	이영철(李永喆)	
576	영조51	을미	1775	정시(34명)	정극환(鄭克煥)	
577	영조51	을미	1775	정시(20명)	이연년(李延秊)	
578	영조51	을미	1775	전시(5명)	심낙수(沈樂洙)	
579	영조51	을미	1775	현량과(5명)	조진관(趙鎭寬)	
580	영조51	을미	1775	정시(15명)	임도호(林道浩)	
581	영조52	병신	1776	기로정시(2명)	강세황(姜世晃)	
582	정조0	병신	1776	정시(11명)	윤행리(尹行履)	
583	정조0	병신	1776	중시(3명)	오준근(吳濬根)	
584	정조1	정유	1777	증광시(35명)	유성한(柳星漢)	
585	정조1	정유	1777	식년시(33명)	남술의(南述毅)	
586	정조1	정유	1777	정시(9명)	박한규(朴漢奎)	信者人君之大寶
587	정조2	무술	1778	춘당대시(3명)	박종정(朴宗正)	
588	정조2	무술	1778	정시(8명)	최수옹(崔粹翁)	
589	정조3	기해	1779	정시(3명)	민태혁(閔台赫)	
590	정조4	경자	1780	식년시(44명)	김우해(金宇海)	
591	정조6	임인	1782	알성시(4명)	조항진(趙恒鎭)	
592	정조6	임인	1782	별시(9명)	조몽언(趙夢鷗)	
593	정조6	임인	1782	별시(7명)	박문원(朴聞遠)	
594	정조6	임인	1782	별시(15명)	신엄(申曘)	
595	정조7	계묘	1783	증광시(38명)	이면긍(李勉兢)	
596	정조7	계묘	1783	친시(5명)	한상신(韓商新)	知人則哲能官人
597	정조7	계묘	1783	식년시(33명)	최벽(崔璧)	
598	정조8	갑진	1784	정시(18명)	정최성(鄭㝡成)	
599	정조8	갑진	1784	정시(8명)	한치응(韓致應)	
600	정조9	을사	1785	알성시(5명)	김이익(金履翼)	
601	정조9	을사	1785	정시(10명)	장지면(張至冕)	
602	정조10	병오	1786	별시(7명)	박유환(朴猷煥)	
603	정조10	병오	1786	중시(8명)	목만중(睦萬中)	
604	정조10	병오	1786	식년시(32명)	오대곤(吳大坤)	
605	정조11	정미	1787	정시(15명)	이의강(李義綱)	
606	정조13	기유	1789	춘당대시(6명)	신헌조(申獻朝)	
607	정조13	기유	1789	식년시(60명)	서영보(徐榮輔)	
608	정조13	기유	1789	별시(5명)	조득영(趙得永)	
609	정조14	경술	1790	별시(5명)	이덕승(李德升)	

610	정조14	경술	1790	춘당대시(4명)	김경(金憬)	
611	정조14	경술	1790	증광시(47명)	이문회(李文會)	
612	정조16	임자	1792	식년시(59명)	이조원(李肇源)	
613	정조18	갑인	1794	알성시(5명)	김근순(金近淳)	
614	정조18	갑인	1794	정시(50명)	권준(權晙)	
615	정조19	을묘	1795	춘당대시(24명)	이경윤(李卿尹)	
616	정조19	을묘	1795	식년시(49명)	신봉조(申鳳朝)	
617	정조19	을묘	1795	별시(5명)	최지성(崔之聖)	
618	정조20	병진	1796	중시(10명)	신봉조(申鳳朝)	
619	정조20	병진	1796	별시(5명)	김수신(金秀臣)	
620	정조22	무오	1798	식년시(53명)	이경삼(李敬叄)	
621	정조23	기미	1799	알성시(6명)	이규진(李奎鎭)	
622	정조24	경신	1800	별시(41명)	이재기(李在璣)	
623	순조1	신유	1801	정시(10명)	서장보(徐長輔)	
624	순조1	신유	1801	별시(37명)	권상신(權常愼)	
625	순조1	신유	1801	식년시(35명)	윤치정(尹致鼎)	
626	순조2	임술	1802	정시(18명)	서능보(徐能輔) 안광우(安光宇) 황명한(黃明漢)	
627	순조3	계해	1803	별시(35명)	김상휴(金相休)	
628	순조3	계해	1803	알성시(3명)	이상우(李尙愚)	
629	순조4	갑자	1804	식년시(38명)	이우재(李愚在)	
630	순조4	갑자	1804	춘당대시(7명)	이동사(李東師)	
631	순조5	을축	1805	별시(42명)	이로신(李魯新)	
632	순조5	을축	1805	정시(6명)	이동영(李東永)	
633	순조6	병인	1806	별시(6명)	이항(李沆)	
634	순조6	병인	1806	중시(3명)	구득노(具得魯)	
635	순조7	정묘	1807	식년시(38명)	윤치겸(尹致謙)	
636	순조7	정묘	1807	별시(6명)	박승현(朴升鉉)	
637	순조7	정묘	1807	알성시(3명)	윤치후(尹致後)	
638	순조7	정묘	1807	정시(5명)	정완(鄭浣)	
639	순조9	기사	1809	별시(43명)	이재수(李在秀)	
640	순조10	경오	1810	식년시(39명)	남로(南潞)	
641	순조11	신미	1811	정시(20명)	이승열(李升烈)	
642	순조12	임신	1812	정시(11명)	구령석(具齡錫)	

643	순조13	계유	1813	증광시(51명)	김난순(金蘭淳)	
644	순조14	갑술	1814	식년시(38명)	서헌보(徐憲輔)	
645	순조14	갑술	1814	정시(20명)	조기영(趙冀永)	
646	순조15	을해	1815	별시(15명)	김낙례(金樂澧)	
647	순조15	을해	1815	정시(22명)	이시원(李是遠)	
648	순조16	병자	1816	식년시(38명)	박종휴(朴宗休)	
649	순조16	병자	1816	중시(3명)	이노집(李魯集)	
650	순조16	병자	1816	별시(20명)	임안철(林顔喆)	
651	순조17	정축	1817	별시(16명)	권복(權馥)	
652	순조19	기묘	1819	식년시(39명)	조인영(趙寅永)	
653	순조20	경진	1820	정시(9명)	김정균(金鼎均)	
654	순조21	신사	1821	정시(5명)	한홍교(韓弘敎)	
655	순조22	임오	1822	식년시(39명)	이효순(李孝淳)	
656	순조23	계미	1823	정시(16명)	서만순(徐萬淳) 이규팽(李圭祊)	
657	순조25	을유	1825	알성시(5명)	서경보(徐耕輔)	
658	순조25	을유	1825	식년시(48명)	오치순(吳致淳)	
659	순조26	병술	1826	별시(18명)	김성(金聲) 정기일(鄭基一)	
660	순조26	병술	1826	중시(3명)	윤제홍(尹濟弘)	
661	순조27	정해	1827	정시(28명)	임원배(林原培)	
662	순조27	정해	1827	증광시(40명)	홍중섭(洪重燮)	
663	순조28	무자	1828	식년시(42명)	유성환(兪星煥)	
664	순조29	기축	1829	정시(42명)	김필(金鉍)	
665	순조30	경인	1830	정시(5명)	김재전(金在田)	
666	순조31	신묘	1831	식년시(42명)	김공현(金公鉉)	
667	순조34	갑오	1834	식년시(49명)	심의승(沈宜升)	
668	헌종1	을미	1835	증광시(37명)	이진익(李晉翼)	
669	헌종1	을미	1835	별시(5명)	한계원(韓啓源)	
670	헌종2	병신	1836	중시(5명)	김석순(金錫淳)	
671	헌종2	병신	1836	정시(10명)	박래만(朴來萬)	
672	헌종3	정유	1837	별시(10명)	서유훈(徐有薰)	
673	헌종3	정유	1837	식년시(41명)	임긍수(林肯洙)	
674	헌종4	무술	1838	알성시(3명)	이인석(李寅奭)	
675	헌종4	무술	1838	별시(8명)	오종흡(吳鍾翕)	

676	헌종4	무술	1838	정시(11명)	이회영(李晦榮)	
677	헌종5	기해	1839	별시(12명)	김영삼(金永三)	
678	헌종6	경자	1840	식년시(38명)	조귀하(趙龜夏)	
679	헌종7	신축	1841	정시(19명)	이호형(李好亨)	
680	헌종9	계묘	1843	식년시(52명)	유광목(柳光睦)	
681	헌종10	갑진	1844	증광시(39명)	유진한(柳進翰)	
682	헌종11	을사	1845	별시(14명)	정창협(丁昌夾)	
683	헌종12	병오	1846	별시(7명)	장용규(張龍逵)	
684	헌종12	병오	1846	중시(3명)	임기수(林基洙)	
685	헌종12	병오	1846	식년시(38명)	이만덕(李晩德)	
686	헌종13	정미	1847	별시(24명)	조운경(趙雲卿)	
687	헌종14	무신	1848	별시(3명)	이인동(李仁東)	
688	헌종14	무신	1848	증광시(43명)	민영위(閔泳緯)	
689	헌종15	기유	1849	별시(5명)	윤돈(尹璈)	
690	헌종15	기유	1849	식년시(36명)	이량신(李亮信)	
691	철종1	경술	1850	증광시(40명)	홍우길(洪祐吉)	
692	철종2	신해	1851	별시(24명)	안재린(安在麟)	
693	철종2	신해	1851	알성시(3명)	곽치섭(郭致燮)	
694	철종3	임자	1852	식년시(39명)	김기현(金琦鉉)	
695	철종3	임자	1852	별시(7명)	김준(金準)	
696	철종4	계축	1853	별시(15명)	이승구(李承九)	
697	철종5	갑인	1854	별시(9명)	김명악(金命岳)	
698	철종5	갑인	1854	정시(19명)	이응려(李應呂)	
699	철종6	을묘	1855	별시(17명)	서우순(徐友淳)	
700	철종6	을묘	1855	식년시(33명)	김동원(金東元)	
701	철종7	병진	1856	중시(5명)	송흠익(宋欽翼)	
702	철종7	병진	1856	별시(10명)	이후선(李後善)	
703	철종8	정사	1857	정시(23명)	유만원(兪晩源)	
704	철종9	무오	1858	별시(28명)	김병수(金秉洙)	
705	철종9	무오	1858	식년시(39명)	이태익(李泰翼)	
706	철종10	기미	1859	증광시(40명)	윤태건(尹泰健)	
707	철종11	경신	1860	별시(19명)	김민수(金民秀)	
708	철종12	신유	1861	식년시(56명)	이심재(李心宰)	
709	철종12	신유	1861	정시(6명)	정한조(鄭漢朝)	
710	철종13	임술	1862	정시(15명)	김학로(金學魯)	

711	철종13	임술	1862	별시(6명)	조창화(趙昌和)	
712	철종14	계해	1863	별시(5명)	송상순(宋祥淳)	
713	철종14	계해	1863	정시(18명)	채동식(蔡東寔)	
714	고종1	갑자	1864	별시(18명)	허식(許栻)	
715	고종1	갑자	1864	증광시(37명)	박선수(朴瑄壽)	
716	고종2	을축	1865	식년시(43명)	양상기(梁相器)	
717	고종3	병인	1866	정시(18명)	황익수(黃益秀)	
718	고종3	병인	1866	알성시(3명)	고영석(高永錫)	
719	고종3	병인	1866	중시(7명)	이규영(李珪永)	
720	고종3	병인	1866	별시(17명)	이만도(李晩燾)	
721	고종3	병인	1866	별시(5명)	최봉명(崔鳳命)	
722	고종4	정묘	1867	식년시(46명)	김정호(金正浩)	
723	고종4	정묘	1867	별시(4명)	황하겸(黃夏謙)	
724	고종4	정묘	1867	별시(8명)	정탁인(鄭度仁)	
725	고종5	무진	1868	정시(4명)	이몽제(李蒙濟)	
726	고종5	무진	1868	정시宗親府宗科(1명)	기록없음	
727	고종5	무진	1868	별시(15명)	채사흠(蔡思欽)	
728	고종6	기사	1869	별시(32명)	도석훈(都錫壎)	
729	고종7	경오	1870	식년시(33명)	민치량(閔致亮)	
730	고종7	경오	1870	별시(22명)	남광철(南光轍)	
731	고종8	신미	1871	별시(25명)	이호익(李鎬翼)	
732	고종8	신미	1871	알성시(8명)	이재만(李載晩)	
733	고종9	임신	1872	별시(26명)	왕성협(王性協)	
734	고종9	임신	1872	알성시(5명)	김옥균(金玉均)	
735	고종10	계유	1873	식년시(45명)	윤승구(尹升求)	
736	고종10	계유	1873	정시(10명)	홍병일(洪炳一)	
737	고종11	갑술	1874	정시(11명)	조규현(趙圭鉉)	
738	고종11	갑술	1874	증광시(45명)	이주영(李胄榮)	
739	고종12	을해	1875	별시(34명)	이용원(李容元)	
740	고종13	병자	1876	별시(8명)	한백규(韓白奎)	
741	고종13	병자	1876	정시(5명)	김세진(金世鎭)	
742	고종13	병자	1876	중시(5명)	윤상현(尹相賢)	
743	고종13	병자	1876	식년시(44명)	김원규(金元圭)	
744	고종14	정축	1877	별시(21명)	조중필(趙重弼)	
745	고종14	정축	1877	춘당대시(3명)	서정훈(徐鼎勳)	

746	고종15	무인	1878	별시(18명)	고운정(高雲)	
747	고종16	기묘	1879	식년시(49명)	윤영수(尹英秀)	
748	고종16	기묘	1879	별시(29명)	남정호(南廷皓)	
749	고종17	경진	1880	별시(8명)	위익원(魏翼源)	
750	고종17	경진	1880	춘당대시(7명)	박인환(朴寅煥)	
751	고종17	경진	1880	증광시(72명)	유진옥(兪鎭沃)	
752	고종18	신사	1881	별시(12명)	서공순(徐公淳)	
753	고종19	임오	1882	정시(5명)	이구상(李龜相)	
754	고종19	임오	1882	별시(33명)	서상우(徐相雨)	
755	고종19	임오	1882	증광시(61명)	윤횡선(尹宖善)	
756	고종20	계미	1883	별시(14명)	김낙진(金洛鎭)	
757	고종20	계미	1883	식년시(41명)	윤호섭(尹皥燮)	
758	고종22	을유	1885	증광시(46명)	유치익(兪致益)	
759	고종22	을유	1885	식년시(35명)	송민수(宋敏洙)	
760	고종22	을유	1885	별시(44명)	이민규(李敏奎)	
761	고종23	병술	1886	중시(5명)	심기택(沈琦澤)	
762	고종23	병술	1886	별시(12명)	김경준(金敬濬)	
763	고종23	병술	1886	정시(26명)	김양현(金亮鉉)	
764	고종24	정해	1887	별시(8명)	서백윤(徐百倫)	
765	고종24	정해	1887	별시(68명)	남광희(南光熙)	
766	고종25	무자	1888	식년시(34명)	김의수(金懿秀)	
767	고종25	무자	1888	별시(53명)	송종오(宋鍾五)	
768	고종25	무자	1888	기로응제시(3명)	박화규(朴和圭)	
769	고종26	기축	1889	알성시(53명)	이면상(李冕相)	
770	고종27	경인	1890	기로응제시(5명)	김만수(金萬秀)	
771	고종27	경인	1890	별시(33명)	권연(權沇)	
772	고종28	신묘	1891	증광시(78명)	송병찬(宋秉瓚)	
773	고종28	신묘	1891	별시(41명)	김병흡(金炳翕)	
774	고종28	신묘	1891	식년시(39명)	민치은(閔致殷)	
775	고종29	임진	1892	별시(114명)	심상필(沈相弼)	
776	고종29	임진	1892	알성시(7명)	천광록(千光祿)	
777	고종30	계사	1893	별시(50명)	오영(吳英)	
778	고종30	계사	1893	별시(5명)	김윤기(金潤起)	
779	고종30	계사	1893	알성시(8명)	이용태(李龍泰)	
780	고종31	갑오	1894	전시(57명)	신종익(愼宗翼)	

2. 한국문집총간 수록 策文의 策題 목록

번호	출생	사망	호	수록문집	성명	策問주제
1	1168	1241	白雲居士	東國李相國集	李奎報	人事
2	1168	1241	白雲居士	東國李相國集	李奎報	文武
3	1282	1348	謹齋	謹齋集	安軸	書‧權
4	1287	1367	益齋	益齋亂稿	李齊賢	入孔門則願學者何事而代仲傴通錯則何以處之
5	1287	1367	益齋	益齋亂稿	李齊賢	田制
6	1287	1367	益齋	益齋亂稿	李齊賢	更張治道
7	1287	1340	拙翁	拙藁千百	崔瀣	異端
8	1287	1340	拙翁	拙藁千百	崔瀣	風俗
9	1298	1351	稼亭	稼亭集	李穀	食貨
10	1298	1351	稼亭	稼亭集	李穀	法制
11	1298	1351	稼亭	稼亭集	李穀	政由俗革因民設教
12	1298	1351	稼亭	稼亭集	李穀	財用盈虛戶口增減爲國者止深計
13	1298	1351	稼亭	稼亭集	李穀	皇帝王霸之道
14	1342	1398	三峯	三峯集	鄭道傳	禮‧刑
15	1342	1398	三峯	三峯集	鄭道傳	治道
16	1345	1405	雙梅堂	雙梅堂篋藏集	李詹	治道
17	1345	1405	雙梅堂	雙梅堂篋藏集	李詹	備荒之策
18	1345	1405	雙梅堂	雙梅堂篋藏集	李詹	帝王之道聖賢之學
19	1345	1405	雙梅堂	雙梅堂篋藏集	李詹	歷代有文者之來歷
20	1345	1405	雙梅堂	雙梅堂篋藏集	李詹	用兵之法
21	1347	1416	浩亭	浩亭集	河崙	治道
22	1347	1416	浩亭	浩亭集	河崙	治道
23	1347	1416	浩亭	浩亭集	河崙	治道
24	1347	1416	浩亭	浩亭集	河崙	心性
25	1347	1416	浩亭	浩亭集	河崙	輔相之道
26	1352	1409	陽村	陽村集	權近	中&極
27	1352	1409	陽村	陽村集	權近	制度
28	1352	1409	陽村	陽村集	權近	治國平天下
29	1352	1409	陽村	陽村集	權近	立志
30	1352	1409	陽村	陽村集	權近	治道
31	1352	1409	陽村	陽村集	權近	善治

32	1369	1430	春亭	春亭集	卞季良	存心出治之道立法定制之宜
33	1369	1430	春亭	春亭集	卞季良	心與性
34	1369	1430	春亭	春亭集	卞季良	作成人才
35	1369	1430	春亭	春亭集	卞季良	修人紀厚民生審治體立治法
36	1373	1455	別洞	別洞集	尹祥	勤
37	1373	1455	別洞	別洞集	尹祥	體 用
38	1373	1455	別洞	別洞集	尹祥	異端之說
39	1373	1455	別洞	別洞集	尹祥	天生烝民有物有則
40	1412	1456	丹溪	丹溪遺稿	河緯地	損益
41	1408	1442	敬齋	敬齋遺稿	南秀文	國之長
42	1409	1474	太虛亭	太虛亭集	崔恒	扶斯道闢異端
43	1409	1474	太虛亭	太虛亭集	崔恒	救輪對婚禮土風臺諫風聞之弊
44	1415	1477	樗軒	樗軒集	李石亨	置私兵禮大臣分政權復政房
45	1417	1475	保閑齋	保閑齋集	申叔舟	置私兵禮大臣分政權復政房
46	1418	1456	謹甫	成謹甫集	成三問	置私兵禮大臣分政權復政房
47	1424	1483	私淑齋	私淑齋集	姜希孟	育才辨才用才之道
48	1438	1498	青坡	青坡集	李陸	得賢用人之術
49	1439	1504	大峯	大峯集	楊熙止	闢異端
50	1439	1504	大峯	大峯集	楊熙止	帝王符瑞
51	1448	1492	顏樂堂	顏樂堂集	金訢	治亂
52	1448	1492	顏樂堂	顏樂堂集	金訢	帝王之爲治
53	1449	1515	懶齋	懶齋集	蔡壽	強柔之道
54	1449	1515	懶齋	懶齋集	蔡壽	鬼神, 巫覡, 卜筮, 談命, 地理, 風水
55	1449	1515	懶齋	懶齋集	蔡壽	保邦備邊
56	1449	1515	懶齋	懶齋集	蔡壽	養民均賦弭盜
57	1464	1498	濯纓	濯纓集	金馹孫	治道
58	1469	미상	虛庵	虛庵遺集	鄭希良	不可以孔子之事事有若
59	1471	1498	寒齋	李評事集	李穆	天人
60	1471	1498	寒齋	李評事集	李穆	治亂興亡
61	1471	1498	寒齋	李評事集	李穆	人才得失
62	1474	1540	憂亭	憂亭集	金克成	문제없음
63	1476	1549	默齋	默齋集	洪彦弼	變災
64	1478	1548	冲齋	冲齋集	權橃	善始善終策
65	1478	1543	慕齋	慕齋集	金安國	五百年王者興

66	1478	1543	慕齋	慕齋集	金安國	用人之路
67	1478	1543	慕齋	慕齋集	金安國	經傳史記古聖人之事多有可疑
68	1478	1543	慕齋	慕齋集	金安國	國朝制度倣擬中國而損益不同
69	1478	1543	慕齋	慕齋集	金安國	聖賢述作
70	1478	1543	慕齋	慕齋集	金安國	科擧之規
71	1478	1543	慕齋	慕齋集	金安國	堯讓天下於許由
72	1478	1543	慕齋	慕齋集	金安國	道學正傳
73	1478	1543	慕齋	慕齋集	金安國	書之垂法
74	1478	1543	慕齋	慕齋集	金安國	撰修國史
75	1478	1543	慕齋	慕齋集	金安國	井田
76	1478	1543	慕齋	慕齋集	金安國	聖賢爵刑
77	1478	1543	慕齋	慕齋集	金安國	天人之理
78	1480	1533	陰崖	陰崖集	李耔	輔相
79	1482	1519	靜菴	靜菴集	趙光祖	時務
80	1485	1541	思齋	思齋集	金正國	王者待夷狄
81	1485	1541	思齋	思齋集	金正國	立相委任
82	1485	1541	思齋	思齋集	金正國	扶植綱常
83	1485	1541	思齋	思齋集	金正國	士之立身行道
84	1485	1541	思齋	思齋集	金正國	敬天勤民
85	1486	1521	松齋	松齋集	韓忠	歷代懲亂備禍之由
86	1488	1534	自菴	自菴集	金絿	酒禍
87	1488	1534	自菴	自菴集	金絿	聖賢之憂懼
88	1491	1570	湖陰	湖陰雜稿	鄭士龍	變通´責實
89	1491	1570	湖陰	湖陰雜稿	鄭士龍	令
90	1492	1521	陽德	德陽遺稿	奇遵	立師道
91	1493	1583	俛仰亭	俛仰集	宋純	得賢致治
92	1495	1547	潛庵	潛庵逸稿	金義貞	好惡是非
93	1495	1547	潛庵	潛庵逸稿	金義貞	使价
94	1495	1554	愼齋	武陵雜稿	周世鵬	治道
95	1495	1554	愼齋	武陵雜稿	周世鵬	道學之傳
96	1498	1551	松齋	松齋遺稿	羅世纘	習俗之變本於人心
97	1498	1551	松齋	松齋遺稿	羅世纘	變奢爲儉之道
98	1498	1551	松齋	松齋遺稿	羅世纘	慮創業之艱難思守成之不易
99	1498	1551	松齋	松齋遺稿	羅世纘	欲守先王之治者必守先王之法
100	1498	1551	松齋	松齋遺稿	羅世纘	爲治之道不可不崇禮讓善風俗而已

101	1499	1572	東皐	東皐遺稿	李浚慶	禦夷狄方略
102	1499	1572	東皐	東皐遺稿	李浚慶	道學之傳
103	1501	1570	退溪	退溪集	李滉	道學之傳
104	1501	1570	退溪	退溪集	李滉	尙
105	1501	1572	南冥	南冥集	曹植	禦倭之策
106	1504	1585	忍齋	忍齋集	洪暹	人主善惡褒貶
107	1504	1585	忍齋	忍齋集	洪暹	三代輔養之道
108	1507	1581	楸坡	秋坡集	宋麒壽	古今詩家
109	1512	1563	寓菴	寓庵遺集	金澍	人稟
110	1515	1590	穌齋	穌齋集	盧守愼	賢人君子之相與
111	1517	1586	嘯皐	嘯皐集	朴承任	天道地理人事
112	1517	1586	嘯皐	嘯皐集	朴承任	史記
113	1517	1572	瞻慕堂	瞻慕堂集	林芸	天下之理
114	1517	1572	瞻慕堂	瞻慕堂集	林芸	治亂
115	1517	1572	瞻慕堂	瞻慕堂集	林芸	事大, 交隣, 嫡庶, 度僧
116	1517	1563	錦溪	錦溪集	黃俊良	史才得失純駁
117	1518	1578	玉溪	玉溪集	盧禛	師生傳授之流弊
118	1518	1578	玉溪	玉溪集	盧禛	治之制公革損益
119	1518	1578	玉溪	玉溪集	盧禛	治安
120	1519	1581	松川	松川遺集	梁應鼎	有志者事竟成
121	1519	1581	松川	松川遺集	梁應鼎	天道
122	1521	1574	德溪	德溪集	吳健	爲學之道
123	1526	1584	玉洞	玉洞集	文益成	文道
124	1527	1572	高峯	高峯集	奇大升	失題
125	1537	1597	大笑軒	大笑軒逸稿	趙宗道	學校
126	1539	1612	簡易	簡易集	崔岦	誠意´正心
127	1540	1622	龍潭	龍潭集	朴而章	醫國
128	1542	1590	省菴	省菴遺稿	金孝元	六卿盡職
129	1542	1607	西厓	西厓集	柳成龍	經義
130	1542	1607	西厓	西厓集	柳成龍	儒者
131	1542	1607	西厓	西厓集	柳成龍	주자학과 양명학
132	1543	1592	孤潭	孤潭逸稿	李純仁	禮
133	1544	1592	重峯	重峰集	趙憲	中,極
134	1545	1609	芝山	芝山集	曹好益	天地之理
135	1545	1609	芝山	芝山集	曹好益	君子之出處

136	1545	1609	芝山	芝山集	曺好益	人物之生有偏全不同
137	1549	1607	知退堂	知退堂集	李廷馨	經筵之得失
138	1553	1634	五峯	五峯集	李好閔	名教
139	1553	1634	五峯	五峯集	李好閔	聖希天賢希聖士希賢
140	1553	1634	五峯	五峯集	李好閔	進退之合禮
141	1553	1634	五峯	五峯集	李好閔	死生輪回
142	1553	1634	五峯	五峯集	李好閔	治平之道
143	1553	1634	五峯	五峯集	李好閔	救國家之危機
144	1556	1609	琴易堂	琴易堂集	裴龍吉	문제없음
145	1559	1623	於于堂	於于集	柳夢寅	法制
146	1559	1623	於于堂	於于集	柳夢寅	衣食
147	1559	1636	楸灘	秋灘集	吳允謙	用兵禦敵
148	1563	1625	守夢	守夢集	鄭曄	曆
149	1563	1642	沙西	沙西集	全湜	天文
150	1563	1642	沙西	沙西集	全湜	忍
151	1564	1635	月沙	月沙集	李廷龜	書籍
152	1564	1635	月沙	月沙集	李廷龜	辭命
153	1564	1635	月沙	月沙集	李廷龜	在祀
154	1564	1635	月沙	月沙集	李廷龜	安危治亂
155	1564	1635	月沙	月沙集	李廷龜	憂
156	1564	1635	月沙	月沙集	李廷龜	終始
157	1564	1635	月沙	月沙集	李廷龜	尙
158	1564	1635	月沙	月沙集	李廷龜	道學
159	1567	1618	睡隱	睡隱集	姜沆	地理之說
160	1567	1618	睡隱	睡隱集	姜沆	歷代之京邑
161	1567	1618	睡隱	睡隱集	姜沆	讖緯之說
162	1567	1618	睡隱	睡隱集	姜沆	天文星曆
163	1567	1649	玄谷	玄谷集	趙緯韓	山水與人物
164	1567	1649	玄谷	玄谷集	趙緯韓	變化氣質
165	1567	1649	玄谷	玄谷集	趙緯韓	鼎革宿弊日新萬化
166	1567	1644	石樓	石樓遺稿	李慶全	衣服飲食
167	1567	1644	石樓	石樓遺稿	李慶全	樂天順時
168	1567	1644	石樓	石樓遺稿	李慶全	救災
169	1569	1626	碧梧	碧梧遺稿	李時發	情
170	1569	1626	碧梧	碧梧遺稿	李時發	風水

171	1569	1626	碧梧	碧梧遺稿	李時發	天理人性
172	1570	1622	晚悔	晚悔集	權得己	錢幣
173	1570	1622	晚悔	晚悔集	權得己	設官與得人
174	1570	1622	晚悔	晚悔集	權得己	遵守與更張
175	1570	1622	晚悔	晚悔集	權得己	進賢退邪
176	1570	1622	晚悔	晚悔集	權得己	制治保邦
177	1570	1622	晚悔	晚悔集	權得己	制治保邦
178	1570	1622	晚悔	晚悔集	權得己	備禦南北和戰難易
179	1570	1622	晚悔	晚悔集	權得己	頌
180	1570	1622	晚悔	晚悔集	權得己	公道
181	1570	1622	晚悔	晚悔集	權得己	理氣之說
182	1570	1622	晚悔	晚悔集	權得己	天
183	1570	1622	晚悔	晚悔集	權得己	天地人
184	1570	1622	晚悔	晚悔集	權得己	處死之道
185	1570	1629	敬亭	敬亭集	李民宬	太極之動靜
186	1570	1629	敬亭	敬亭集	李民宬	漢文帝唐太宗宋仁宗之所以致治
187	1570	1629	敬亭	敬亭集	李民宬	學與道
188	1570	1629	敬亭	敬亭集	李民宬	墨氏之書
189	1570	1629	敬亭	敬亭集	李民宬	老子之說
190	1570	1629	敬亭	敬亭集	李民宬	月令之書
191	1570	1629	敬亭	敬亭集	李民宬	六藝
192	1570	1629	敬亭	敬亭集	李民宬	文廟祀典
193	1572	1630	鶴湖	鶴湖集	金奉祖	官制
194	1572	1630	鶴湖	鶴湖集	金奉祖	紀網
195	1573	1654	隱峰	隱峯全書	安邦俊	嶺湖備倭之策
196	1575	1638	竹陰	竹陰集	趙希逸	天理人理
197	1575	1638	竹陰	竹陰集	趙希逸	治平之道
198	1576	1623	疎菴	疎菴集	任叔英	時務
199	1579	1655	浦渚	浦渚集	趙翼	法古
200	1579	1655	浦渚	浦渚集	趙翼	待夷之道
201	1579	1655	浦渚	浦渚集	趙翼	教育
202	1579	1655	浦渚	浦渚集	趙翼	性
203	1579	1655	浦渚	浦渚集	趙翼	卜筮
204	1579	1655	浦渚	浦渚集	趙翼	敬天之道
205	1580	1658	潛谷	潛谷遺稿	金堉	寶

206	1580	1658	潛谷	潛谷遺稿	金堉	治平之道
207	1580	1658	潛谷	潛谷遺稿	金堉	用車
208	1582	1650	畸庵	畸庵集	鄭弘溟	聖賢氣象
209	1582	1650	畸庵	畸庵集	鄭弘溟	著書與傳道
210	1582	1650	畸庵	畸庵集	鄭弘溟	文體
211	1582	1650	畸庵	畸庵集	鄭弘溟	時與勢
212	1585	1657	白江	白江集	李敬輿	諫
213	1585	1657	白江	白江集	李敬輿	仁
214	1585	1657	白江	白江集	李敬輿	師古
215	1585	1657	白江	白江集	李敬輿	帝王之德
216	1585	1657	白江	白江集	李敬輿	兵
217	1585	1657	白江	白江集	李敬輿	山林川澤之產
218	1585	1657	白江	白江集	李敬輿	敬天恤民
219	1585	1657	白江	白江集	李敬輿	設官分職
220	1585	1657	白江	白江集	李敬輿	將
221	1585	1657	白江	白江集	李敬輿	儒術
222	1585	1657	白江	白江集	李敬輿	御史
223	1585	1657	白江	白江集	李敬輿	錢幣
224	1585	1657	白江	白江集	李敬輿	心
225	1584	1647	澤堂	澤堂集	李植	尙書
226	1584	1647	澤堂	澤堂集	李植	姓
227	1584	1647	澤堂	澤堂集	李植	夫婦
228	1584	1647	澤堂	澤堂集	李植	娼妓
229	1584	1647	澤堂	澤堂集	李植	養生
230	1584	1647	澤堂	澤堂集	李植	氣
231	1584	1647	澤堂	澤堂集	李植	避寇
232	1584	1647	澤堂	澤堂集	李植	是非
233	1584	1647	澤堂	澤堂集	李植	宦侍
234	1584	1647	澤堂	澤堂集	李植	士論
235	1584	1647	澤堂	澤堂集	李植	聖賢行道傳道
236	1584	1647	澤堂	澤堂集	李植	設官分職
237	1584	1647	澤堂	澤堂集	李植	帝王之學
238	1584	1647	澤堂	澤堂集	李植	辨奸
239	1584	1647	澤堂	澤堂集	李植	治道擇術
240	1584	1647	澤堂	澤堂集	李植	建極

241	1584	1647	澤堂	澤堂集	李植	君子小人
242	1584	1647	澤堂	澤堂集	李植	文治
243	1584	1647	澤堂	澤堂集	李植	治體
244	1584	1647	澤堂	澤堂集	李植	人主使臣
245	1587	1671	孤山	孤山遺稿	尹善道	春
246	1587	1671	孤山	孤山遺稿	尹善道	兵家長技
247	1587	1671	孤山	孤山遺稿	尹善道	名節
248	1587	1671	孤山	孤山遺稿	尹善道	雨暘
249	1587	1671	孤山	孤山遺稿	尹善道	法制
250	1587	1671	孤山	孤山遺稿	尹善道	經傳宗旨
251	1587	1638	谿谷	谿谷集	張維	君國之道
252	1587	1638	谿谷	谿谷集	張維	順民心
253	1587	1638	谿谷	谿谷集	張維	天人之道
254	1587	1638	谿谷	谿谷集	張維	治道
255	1587	1638	谿谷	谿谷集	張維	城池
256	1587	1638	谿谷	谿谷集	張維	大和流行
257	1587	1638	谿谷	谿谷集	張維	地靈
258	1587	1638	谿谷	谿谷集	張維	著書
259	1595	1671	白軒	白軒集	李景奭	人才
260	1595	1671	白軒	白軒集	李景奭	禮
261	1595	1671	白軒	白軒集	李景奭	皇王執一以爲平天下
262	1595	1671	白軒	白軒集	李景奭	地
263	1595	1671	白軒	白洲集	李明漢	江山養豪傑
264	1596	1653	松崖	松崖集	金慶餘	老成年少用舍
265	1597	1658	台溪	台溪集	河溍	法制
266	1597	1658	台溪	台溪集	河溍	經傳要旨
267	1597	1658	台溪	台溪集	河溍	重恢
268	1599	1660	湖洲	湖洲集	蔡裕後	行王道則王行伯道則伯
269	1599	1660	湖洲	湖洲集	蔡裕後	皇王執一以爲平天下
270	1603	1681	雪峰	雪峯遺稿	姜栢年	極
271	1603	1681	雪峰	雪峯遺稿	姜栢年	中
272	1603	1681	雪峰	雪峯遺稿	姜栢年	書法
273	1603	1681	雪峰	雪峯遺稿	姜栢年	六府
274	1603	1681	雪峰	雪峯遺稿	姜栢年	月令
275	1604	1656	漫浪	漫浪集	黃㦿	蒙養之方

276	1604	1656	漫浪	漫浪集	黃㦿	帝王之學
277	1604	1656	漫浪	漫浪集	黃㦿	帝王之治
278	1604	1672	炭翁	炭翁集	權諰	楚却齊請東地兵
279	1605	1687	南坡	南坡集	洪宇遠	名器
280	1605	1687	南坡	南坡集	洪宇遠	詔誥
281	1605	1687	南坡	南坡集	洪宇遠	馬政
282	1607	1689	尤庵	宋子大全	宋時烈	習尙
283	1607	1689	尤庵	宋子大全	宋時烈	占卜
284	1607	1689	尤庵	宋子大全	宋時烈	公議
285	1607	1689	尤庵	宋子大全	宋時烈	困阨
286	1609	1637	秋潭	忠烈公遺稿	吳達濟	怨
287	1609	1637	秋潭	忠烈公遺稿	吳達濟	錢
288	1609	1637	秋潭	忠烈公遺稿	吳達濟	君臣相與之道
289	1610	1656	滄洲	滄洲遺稿	金益熙	弭災之策
290	1610	1656	滄洲	滄洲遺稿	金益熙	衛道之策
291	1610	1656	滄洲	滄洲遺稿	金益熙	立德立功立言
292	1612	1671	久堂	久堂集	朴長遠	敬仁誠
293	1612	1671	久堂	久堂集	朴長遠	聽言用人
294	1612	1671	久堂	久堂集	朴長遠	心術
295	1612	1671	久堂	久堂集	朴長遠	治體
296	1612	1671	久堂	久堂集	朴長遠	內修外攘
297	1612	1671	久堂	久堂集	朴長遠	法三代
298	1612	1671	久堂	久堂集	朴長遠	治與所尙
299	1612	1671	久堂	久堂集	朴長遠	復之義
300	1612	1671	久堂	久堂集	朴長遠	革弊
301	1612	1671	久堂	久堂集	朴長遠	正風俗得賢才
302	1612	1671	久堂	久堂集	朴長遠	治之本末
303	1612	1671	久堂	久堂集	朴長遠	經費
304	1612	1671	久堂	久堂集	朴長遠	輕與惰
305	1612	1671	久堂	久堂集	朴長遠	理與事
306	1612	1671	久堂	久堂集	朴長遠	飢寒
307	1612	1671	久堂	久堂集	朴長遠	鼓
308	1612	1671	久堂	久堂集	朴長遠	豫
309	1612	1671	久堂	久堂集	朴長遠	喜
310	1612	1671	久堂	久堂集	朴長遠	道與食

311	1612	1671	久堂	久堂集	朴長遠	師友與道義
312	1612	1671	久堂	久堂集	朴長遠	靜重
313	1612	1671	久堂	久堂集	朴長遠	著述
314	1612	1671	久堂	久堂集	朴長遠	聲
315	1617	1678	東里	東里集	李殷相	曆法
316	1617	1678	東里	東里集	李殷相	物華天寶
317	1617	1678	東里	東里集	李殷相	正心窒慾求言育才
318	1617	1678	東里	東里集	李殷相	文武幷用
319	1617	1678	東里	東里集	李殷相	勤政納諫
320	1619	1672	存齋	存齋集	李徽逸	敬
321	1619	1672	存齋	存齋集	李徽逸	靈草
322	1619	1672	存齋	存齋集	李徽逸	醫藥
323	1619	1672	存齋	存齋集	李徽逸	曆
324	1625	1689	畏齋	畏齋集	李端夏	經術
325	1625	1689	畏齋	畏齋集	李端夏	經國大典
326	1625	1689	畏齋	畏齋集	李端夏	關防
327	1628	1687	汾厓	汾厓遺稿	申晸	氣數
328	1628	1687	汾厓	汾厓遺稿	申晸	尙
329	1633	1688	西河	西河集	李敏敍	名節
330	1633	1688	西河	西河集	李敏敍	規模
331	1633	1688	西河	西河集	李敏敍	武備
332	1633	1688	西河	西河集	李敏敍	災異
333	1633	1688	西河	西河集	李敏敍	糶糴
334	1633	1688	西河	西河集	李敏敍	皇帝王霸同異優劣
335	1633	1688	西河	西河集	李敏敍	土地,兵革,人才,法制
336	1633	1688	西河	西河集	李敏敍	法古
337	1633	1687	瑞石	瑞石集	金萬基	聖賢之學
338	1633	1687	瑞石	瑞石集	金萬基	科目之設
339	1633	1687	瑞石	瑞石集	金萬基	帝王之道
340	1634	1684	息庵	息庵遺稿	金錫胄	문제없음
341	1634	1684	息庵	息庵遺稿	金錫胄	格物致知
342	1634	1684	息庵	息庵遺稿	金錫胄	不師古
343	1634	1684	息庵	息庵遺稿	金錫胄	自古讒毀之害人國家
344	1634	1684	息庵	息庵遺稿	金錫胄	中幸
345	1634	1684	息庵	息庵遺稿	金錫胄	心學

346	1636	1688	寓軒	寓軒集	柳世鳴	理
347	1638	1697	恬軒	恬軒集	任相元	先秦古書
348	1638	1697	恬軒	恬軒集	任相元	異端
349	1645	1703	西坡	西坡集	吳道一	理氣
350	1645	1703	西坡	西坡集	吳道一	生知學知困知
351	1645	1703	西坡	西坡集	吳道一	制詰
352	1645	1703	西坡	西坡集	吳道一	危者安其位亂者有其治
353	1645	1703	西坡	西坡集	吳道一	釋迦
354	1649	1696	滄溪	滄溪集	林泳	致知
355	1649	1696	滄溪	滄溪集	林泳	爲治有法
356	1649	1696	滄溪	滄溪集	林泳	註解
357	1649	1696	滄溪	滄溪集	林泳	爲學
358	1649	1696	滄溪	滄溪集	林泳	養
359	1651	1708	農巖	農巖集	金昌協	讀春秋
360	1651	1708	農巖	農巖集	金昌協	辯理氣
361	1651	1708	農巖	農巖集	金昌協	規模
362	1652	1720	約軒	約軒集	宋徵殷	五行五事
363	1654	1689	定齋	定齋集	朴泰輔	大學
364	1654	1689	定齋	定齋集	朴泰輔	恒政 恒心
365	1654	1724	損窩	損窩遺稿	崔錫恒	立
366	1654	1724	損窩	損窩遺稿	崔錫恒	策士
367	1654	1724	損窩	損窩遺稿	崔錫恒	動
368	1654	1724	損窩	損窩遺稿	崔錫恒	動
369	1654	1724	損窩	損窩遺稿	崔錫恒	盟約
370	1654	1724	損窩	損窩遺稿	崔錫恒	遵守更張之法
371	1654	1724	損窩	損窩遺稿	崔錫恒	田制
372	1658	1716	竹泉	竹泉集	金鎭圭	官兵田三制
373	1658	1716	竹泉	竹泉集	金鎭圭	文章與世運
374	1658	1716	竹泉	竹泉集	金鎭圭	無敵國外患爲亡國之兆
375	1658	1716	竹泉	竹泉集	金鎭圭	君臣情志之不可不交
376	1661	1721	壽谷	壽谷集	金柱臣	好惡之道
377	1661	1733	屏山	屏山集	李觀命	死事易成事難
378	1669	1731	希菴	希菴集	蔡彭胤	謹權審量
379	1669	1731	希菴	希菴集	蔡彭胤	詩經旨義
380	1669	1731	希菴	希菴集	蔡彭胤	五伯

381	1669	1731	希菴	希菴集	蔡彭胤	遲與不遲之適宜
382	1670	1717	北軒	北軒集	金春澤	聖賢資稟氣像之優劣
383	1670	1717	北軒	北軒集	金春澤	以天才行術學
384	1670	1717	北軒	北軒集	金春澤	文章辭理之兼盡
385	1680	1748	凝軒	凝軒集	金德五	道學之傳
386	1680	1748	凝軒	凝軒集	金德五	문제없음
387	1680	1761	圃巖	圃巖集	尹鳳朝	朱子諸書
388	1680	1715	恕菴	恕菴集	申靖夏	碑誌之文
389	1680	1715	恕菴	恕菴集	申靖夏	畫像
390	1681	1752	靑泉	靑泉集	申維翰	문제없음
391	1683	1719	老村	老村集	林象德	窮盡性分
392	1683	1719	老村	老村集	林象德	類之相應相隨
393	1683	1719	老村	老村集	林象德	靈
394	1683	1719	老村	老村集	林象德	綱目之筆法
395	1683	1719	老村	老村集	林象德	傳註之作
396	1683	1719	老村	老村集	林象德	性氣說
397	1683	1719	老村	老村集	林象德	人材物産之盛衰
398	1683	1719	老村	老村集	林象德	辨義利
399	1683	1719	老村	老村集	林象德	近思錄與心經
400	1683	1719	老村	老村集	林象德	氣數之命
401	1688	미상	江左	江左集	權萬	洪範
402	1692	1737	洞谿	東溪集	趙龜命	革科制
403	1692	1737	洞谿	東溪集	趙龜命	道學
404	1692	1737	洞谿	東溪集	趙龜命	事功
405	1692	1737	洞谿	東溪集	趙龜命	公論
406	1692	1737	洞谿	東溪集	趙龜命	士習
407	1692	1737	洞谿	東溪集	趙龜命	官方
408	1692	1737	洞谿	東溪集	趙龜命	心術
409	1692	1737	洞谿	東溪集	趙龜命	法制
410	1692	1737	洞谿	東溪集	趙龜命	顯慮
411	1712	1781	旅菴	旅菴遺稿	申景濬	車制
412	1718	1774	雪橋	雪橋集	安錫儆	문제없음
413	1719	1792	雙溪	雙溪遺稿	李福源	子房辟穀食何物
414	1719	1792	雙溪	雙溪遺稿	李福源	문제없음
415	1719	1792	雙溪	雙溪遺稿	李福源	士之事

416	1724	1802	耳溪	耳溪集	洪良浩	乾坤策
417	1724	1802	耳溪	耳溪集	洪良浩	海
418	1724	1802	耳溪	耳溪集	洪良浩	玉
419	1731	1797	修山	修山集	李種徽	革舊俗
420	1731	1797	修山	修山集	李種徽	矯弱勢
421	1731	1797	修山	修山集	李種徽	公選擧
422	1731	1797	修山	修山集	李種徽	固邊圉
423	1731	1797	修山	修山集	李種徽	守要害
424	1731	1797	修山	修山集	李種徽	取遼瀋
425	1731	1797	修山	修山集	李種徽	審幾微
426	1731	1797	修山	修山集	李種徽	正朝廷
427	1731	1797	修山	修山集	李種徽	養士氣
428	1737	1805	燕巖	燕巖集	朴趾源	公孫鞅入秦
429	1741	1826	無名子	無名子集	尹愭	治亂興亡係於君子小人消長之際
430	1741	1826	無名子	無名子集	尹愭	心
431	1741	1826	無名子	無名子集	尹愭	尊賢禮士
432	1741	1826	無名子	無名子集	尹愭	召公戒成王
433	1741	1826	無名子	無名子集	尹愭	義利公私之分
434	1741	1826	無名子	無名子集	尹愭	立志
435	1741	1826	無名子	無名子集	尹愭	愼獨
436	1741	1826	無名子	無名子集	尹愭	知行
437	1741	1826	無名子	無名子集	尹愭	人惟求舊
438	1741	1826	無名子	無名子集	尹愭	伏節死義
439	1741	1826	無名子	無名子集	尹愭	大才晚成
440	1741	1826	無名子	無名子集	尹愭	寶鑑
441	1741	1826	無名子	無名子集	尹愭	禮
442	1741	1826	無名子	無名子集	尹愭	仁
443	1741	1826	無名子	無名子集	尹愭	動靜
444	1741	1826	無名子	無名子集	尹愭	詢謀之道
445	1741	1826	無名子	無名子集	尹愭	中
446	1741	1826	無名子	無名子集	尹愭	詩
447	1741	1826	無名子	無名子集	尹愭	文體之艱易
448	1741	1826	無名子	無名子集	尹愭	文體與世道
449	1741	1826	無名子	無名子集	尹愭	中庸
450	1741	1826	無名子	無名子集	尹愭	大學

451	1741	1826	無名子	無名子集	尹愭	俗學之弊
452	1741	1826	無名子	無名子集	尹愭	周禮
453	1741	1826	無名子	無名子集	尹愭	敬授人時
454	1741	1826	無名子	無名子集	尹愭	四勿
455	1741	1826	無名子	無名子集	尹愭	聖希天賢希聖士希賢
456	1741	1826	無名子	無名子集	尹愭	道義功利辨
457	1741	1826	無名子	無名子集	尹愭	進銳退速
458	1741	1826	無名子	無名子集	尹愭	老成之人
459	1741	1826	無名子	無名子集	尹愭	服飾
460	1741	1826	無名子	無名子集	尹愭	時體
461	1741	1826	無名子	無名子集	尹愭	杖
462	1741	1826	無名子	無名子集	尹愭	霜
463	1741	1826	無名子	無名子集	尹愭	文房四友
464	1741	1826	無名子	無名子集	尹愭	壽
465	1741	1826	無名子	無名子集	尹愭	命
466	1741	1826	無名子	無名子集	尹愭	皇極經世書
467	1741	1826	無名子	無名子集	尹愭	好人好書好山水
468	1741	1826	無名子	無名子集	尹愭	讀論語
469	1741	1826	無名子	無名子集	尹愭	帝王生必有祥瑞
470	1741	1826	無名子	無名子集	尹愭	鳴
471	1749	1807	泠齋	泠齋集	柳得恭	橘策
472	1749	1807	泠齋	泠齋集	柳得恭	六書策
473	1749	1807	泠齋	泠齋集	柳得恭	七夕策
474	1749	1807	泠齋	泠齋集	柳得恭	科弊
475	1749	1824	明皐	明皐全集	徐瀅修	聲
476	1749	1824	明皐	明皐全集	徐瀅修	體用
477	1749	1824	明皐	明皐全集	徐瀅修	無聲之樂
478	1749	1824	明皐	明皐全集	徐瀅修	經學
479	1749	1824	明皐	明皐全集	徐瀅修	名教
480	1749	1824	明皐	明皐全集	徐瀅修	大學衍義補
481	1749	1824	明皐	明皐全集	徐瀅修	奢侈
482	1749	1824	明皐	明皐全集	徐瀅修	握奇經
483	1749	1824	明皐	明皐全集	徐瀅修	策
484	1749	1824	明皐	明皐全集	徐瀅修	載籍
485	1750	1805	楚亭	貞蕤閣集	朴齊家	試士

486	1750	1805	楚亭	貞蕤閣集	朴齊家	六書
487	1750	1805	楚亭	貞蕤閣集	朴齊家	七七
488	1750	1805	楚亭	貞蕤閣集	朴齊家	八子百選
489	1750	1805	楚亭	貞蕤閣集	朴齊家	賀若弼´ 韓擒虎´ 俱爲上勳
490	1750	1805	楚亭	貞蕤閣集	朴齊家	記里皷
491	1752	1800	弘齋	弘齋全書	正祖	治亂
492	1752	1800	弘齋	弘齋全書	正祖	文武
493	1752	1800	弘齋	弘齋全書	正祖	中
494	1752	1800	弘齋	弘齋全書	正祖	皇極內篇
495	1752	1800	弘齋	弘齋全書	正祖	周禮
496	1752	1800	弘齋	弘齋全書	正祖	奎章閣
497	1752	1800	弘齋	弘齋全書	正祖	信
498	1752	1800	弘齋	弘齋全書	正祖	春
499	1752	1800	弘齋	弘齋全書	正祖	五行
500	1752	1800	弘齋	弘齋全書	正祖	史
501	1752	1800	弘齋	弘齋全書	正祖	義利
502	1752	1800	弘齋	弘齋全書	正祖	氣
503	1752	1800	弘齋	弘齋全書	正祖	擧本業´ 抑末利
504	1752	1800	弘齋	弘齋全書	正祖	言路
505	1752	1800	弘齋	弘齋全書	正祖	知
506	1752	1800	弘齋	弘齋全書	正祖	姑息
507	1752	1800	弘齋	弘齋全書	正祖	三日
508	1752	1800	弘齋	弘齋全書	正祖	馬政
509	1752	1800	弘齋	弘齋全書	正祖	箴
510	1752	1800	弘齋	弘齋全書	正祖	漕運
511	1752	1800	弘齋	弘齋全書	正祖	士習
512	1752	1800	弘齋	弘齋全書	正祖	明經
513	1752	1800	弘齋	弘齋全書	正祖	賙賑
514	1752	1800	弘齋	弘齋全書	正祖	大學衍義補
515	1752	1800	弘齋	弘齋全書	正祖	奢侈
516	1752	1800	弘齋	弘齋全書	正祖	握奇
517	1752	1800	弘齋	弘齋全書	正祖	策規
518	1752	1800	弘齋	弘齋全書	正祖	知人
519	1752	1800	弘齋	弘齋全書	正祖	橘
520	1752	1800	弘齋	弘齋全書	正祖	黜陟

521	1752	1800	弘齋	弘齋全書	正祖	規模
522	1752	1800	弘齋	弘齋全書	正祖	文體
523	1752	1800	弘齋	弘齋全書	正祖	立賢無方(현인을 등용함에는 정해진 틀이 없음)
524	1752	1800	弘齋	弘齋全書	正祖	名分
525	1752	1800	弘齋	弘齋全書	正祖	儒
526	1752	1800	弘齋	弘齋全書	正祖	時
527	1752	1800	弘齋	弘齋全書	正祖	言
528	1752	1800	弘齋	弘齋全書	正祖	皇極
529	1752	1800	弘齋	弘齋全書	正祖	尙書
530	1752	1800	弘齋	弘齋全書	正祖	語默
531	1752	1800	弘齋	弘齋全書	正祖	人日
532	1752	1800	弘齋	弘齋全書	正祖	學
533	1752	1800	弘齋	弘齋全書	正祖	孟子
534	1752	1800	弘齋	弘齋全書	正祖	隆勢
535	1752	1800	弘齋	弘齋全書	正祖	天文
536	1752	1800	弘齋	弘齋全書	正祖	文體
537	1752	1800	弘齋	弘齋全書	正祖	人才
538	1752	1800	弘齋	弘齋全書	正祖	十三經
539	1752	1800	弘齋	弘齋全書	正祖	中庸
540	1752	1800	弘齋	弘齋全書	正祖	農
541	1752	1800	弘齋	弘齋全書	正祖	敬
542	1752	1800	弘齋	弘齋全書	正祖	大學
543	1752	1800	弘齋	弘齋全書	正祖	論語
544	1752	1800	弘齋	弘齋全書	正祖	俗學
545	1752	1800	弘齋	弘齋全書	正祖	八大家
546	1752	1800	弘齋	弘齋全書	正祖	七七
547	1752	1800	弘齋	弘齋全書	正祖	版籍
548	1752	1800	弘齋	弘齋全書	正祖	文字
549	1752	1800	弘齋	弘齋全書	正祖	心
550	1752	1800	弘齋	弘齋全書	正祖	儀禮
551	1752	1800	弘齋	弘齋全書	正祖	樂
552	1752	1800	弘齋	弘齋全書	正祖	通書
553	1752	1800	弘齋	弘齋全書	正祖	詩
554	1752	1800	弘齋	弘齋全書	正祖	僞書

555	1752	1800	弘齋	弘齋全書	正祖	春秋
556	1752	1800	弘齋	弘齋全書	正祖	關東
557	1752	1800	弘齋	弘齋全書	正祖	薦擧
558	1752	1800	弘齋	弘齋全書	正祖	耽羅
559	1752	1800	弘齋	弘齋全書	正祖	壽
560	1752	1800	弘齋	弘齋全書	正祖	八子百選
561	1752	1800	弘齋	弘齋全書	正祖	還餉(환곡과 군향)
562	1752	1800	弘齋	弘齋全書	正祖	經術
563	1752	1800	弘齋	弘齋全書	正祖	南靈草
564	1752	1800	弘齋	弘齋全書	正祖	弊習
565	1752	1800	弘齋	弘齋全書	正祖	노인을 쉬게 하고 농부를 위로함
566	1752	1800	弘齋	弘齋全書	正祖	關北
567	1752	1800	弘齋	弘齋全書	正祖	湖南
568	1752	1800	弘齋	弘齋全書	正祖	科講
569	1752	1820	展園	展園遺稿	李晩秀	學
570	1752	1820	展園	展園遺稿	李晩秀	墜勢
571	1752	1820	展園	展園遺稿	李晩秀	學制
572	1752	1820	展園	展園遺稿	李晩秀	閏月
573	1752	1820	展園	展園遺稿	李晩秀	三百六旬二十四節
574	1752	1820	展園	展園遺稿	李晩秀	試取
575	1759	1816	竹石	竹石館遺集	徐榮輔	使价之爲任重矣
576	1759	1816	竹石	竹石館遺集	徐榮輔	國家於嶺南一路´ 懷柔仁育
577	1759	1816	竹石	竹石館遺集	徐榮輔	關防有國所重
578	1754	1825	惕齋	惕齋集	李書九	天文
579	1754	1825	惕齋	惕齋集	李書九	文體
580	1754	1825	惕齋	惕齋集	李書九	文字
581	1760	1840	金陵	金陵集	南公轍	辟雍
582	1762	1836	茶山	與猶堂全書	丁若鏞	地理
583	1762	1836	茶山	與猶堂全書	丁若鏞	十三經
584	1762	1836	茶山	與猶堂全書	丁若鏞	文體
585	1762	1836	茶山	與猶堂全書	丁若鏞	人才
586	1762	1836	茶山	與猶堂全書	丁若鏞	論語
587	1762	1836	茶山	與猶堂全書	丁若鏞	孟子
588	1762	1836	茶山	與猶堂全書	丁若鏞	中庸
589	1762	1836	茶山	與猶堂全書	丁若鏞	孟子

590	1762	1836	茶山	與猶堂全書	丁若鏞	文體
591	1762	1836	茶山	與猶堂全書	丁若鏞	人才
592	1762	1836	茶山	與猶堂全書	丁若鏞	問東西南北
593	1762	1836	茶山	與猶堂全書	丁若鏞	鹽
594	1762	1836	茶山	與猶堂全書	丁若鏞	弊
595	1762	1836	茶山	與猶堂全書	丁若鏞	戰船
596	1762	1836	茶山	與猶堂全書	丁若鏞	漕運
597	1762	1836	茶山	與猶堂全書	丁若鏞	荒政
598	1762	1836	茶山	與猶堂全書	丁若鏞	農
599	1762	1836	茶山	與猶堂全書	丁若鏞	律度量衡
600	1762	1836	茶山	與猶堂全書	丁若鏞	錢幣
601	1762	1836	茶山	與猶堂全書	丁若鏞	儒
602	1762	1836	茶山	與猶堂全書	丁若鏞	竹
603	1762	1801	碩齋	碩齋稿	尹行恁	地理
604	1762	1801	碩齋	碩齋稿	尹行恁	天文
605	1762	1801	碩齋	碩齋稿	尹行恁	用人
606	1762	1801	碩齋	碩齋稿	尹行恁	八子百選
607	1764	1845	楓石	楓石全集	徐有榘	詩
608	1764	1845	楓石	楓石全集	徐有榘	十三經
609	1764	1845	楓石	楓石全集	徐有榘	農
610	1764	1845	楓石	楓石全集	徐有榘	擬上經界策[上]
611	1764	1845	楓石	楓石全集	徐有榘	擬上經界策[下]
612	1774	1842	淵泉	淵泉集	洪奭周	習俗
613	1774	1842	淵泉	淵泉集	洪奭周	經術
614	1776	1840	臺山	臺山集	金邁淳	朱子
615	1776	1840	臺山	臺山集	金邁淳	三不朽
616	1783	1873	經山	經山集	鄭元容	井田
617	1791	1849	成齋	成齋集	趙秉鉉	鄕貢
618	1791	1849	成齋	成齋集	趙秉鉉	田制
619	1791	1849	成齋	成齋集	趙秉鉉	史
620	1791	1849	成齋	成齋集	趙秉鉉	量田
621	1791	1849	成齋	成齋集	趙秉鉉	福祿
622	1791	1849	成齋	成齋集	趙秉鉉	農
623	1791	1849	成齋	成齋集	趙秉鉉	學校
624	1791	1849	成齋	成齋集	趙秉鉉	明堂

625	1791	1849	成齋	成齋集	趙秉鉉	河洛(河圖洛書)
626	1791	1854	梧墅	梧墅集	朴永元	辟暑之方
627	1791	1854	梧墅	梧墅集	朴永元	用心
628	1797	1886	性齋	性齋集	許傳	爲人作北道
629	1797	1886	性齋	性齋集	許傳	深衣喪服制度
630	1797	1886	性齋	性齋集	許傳	三政
631	1798	1879	蘆沙	蘆沙集	奇正鎭	문제없음
632	1799	1877	澹人	澹人集	申佐模	전라남도 방비책
633	1801	1859	鳳棲	鳳棲集	兪莘煥	田政
634	1801	1859	鳳棲	鳳棲集	兪莘煥	關防 安危
635	1814	1888	橘山	嘉梧藁略	李裕元	士之處世有二道
636	1814	1888	橘山	嘉梧藁略	李裕元	心者一身之主宰
637	1818	1886	寒洲	寒洲集	李震相	三政
638	1819	1891	重菴	重菴集	金平默	志于學
639	1819	1891	重菴	重菴集	金平默	理氣之說
640	1819	1891	重菴	重菴集	金平默	異端
641	1819	1891	重菴	重菴集	金平默	取士之規
642	1819	1891	重菴	重菴集	金平默	春秋
643	1819	1891	重菴	重菴集	金平默	天地人物
644	1819	1891	重菴	重菴集	金平默	朋黨之說
645	1819	1891	重菴	重菴集	金平默	井田
646	1820	1884	秋琴	古歡堂收艸	姜瑋	三政捄弊
647	1821	1893	省齋	省齋集	柳重敎	三政
648	1835	1922	雲養	雲養集	金允植	三政
649	1842	1915	毅庵	毅菴集	柳麟錫	學之所貴在乎志
650	1851	1909	陽園	陽園遺集	申箕善	鄕間縫掖之儒
651	1363	1419	梅軒	梅軒集	權遇	卜筮之法
652	1416	1464	撫松軒	撫松軒集	金淡	法立弊生
653	1427	1497	勿齋	勿齋集	孫舜孝	求民安集之策
654	1487	1544	雲巖	雲巖逸稿	金緣	문제없음
655	1494	1558	倻溪散翁	倻溪集	宋希奎	灾異
656	1494	1558	倻溪散翁	倻溪集	宋希奎	婚姻喪祭宮室衣服飲食
657	1494	1558	倻溪散翁	倻溪集	宋希奎	政
658	1497	1540	檜山	檜山集	丁煥	致治之本
659	1509	1570	久庵	久庵集	金就文	治道

660	1514	1558	松坡	松坡逸稿	朴全	忠孝
661	1516	1571	龜村	龜村集	柳景深	修進之方
662	1516	1571	龜村	龜村集	柳景深	用人黜陟
663	1516	1571	龜村	龜村集	柳景深	變災異致祥瑞之道
664	1516	1571	龜村	龜村集	柳景深	仁明武三者之道
665	1516	1571	龜村	龜村集	柳景深	霜露鬼神
666	1516	1571	龜村	龜村集	柳景深	軍旅之事
667	1524	1609	晚軒	晚軒集	丁焰	用人之道
668	1539	1617	晦谷	晦谷集	權春蘭	문제없음
669	1539	1617	晦谷	晦谷集	權春蘭	문제없음
670	1540	1617	竹牖	竹牖集	吳澐	古人之於憂樂
671	1540	1617	竹牖	竹牖集	吳澐	治國如治病
672	1540	1617	竹牖	竹牖集	吳澐	出處
673	1542	1615	宜觀	冥觀遺稿集	尹安性	學問與文章
674	1542	1615	宜觀	冥觀遺稿集	尹安性	正士習
675	1542	1615	宜觀	冥觀遺稿集	尹安性	道學
676	1549	1615	慕堂	慕堂集	洪履祥	進退
677	1549	1615	慕堂	慕堂集	洪履祥	紀綱
678	1551	1612	獨石	獨石集	黃赫	財用
679	1552	1590	松巢	松巢集	權宇	大學
680	1552	1592	鑑湖	鑑湖集	呂大老	太極道
681	1552	1592	鑑湖	鑑湖集	呂大老	兵食
682	1554	1611	感樹齋	感樹齋集	朴汝樑	殿
683	1554	1611	感樹齋	感樹齋集	朴汝樑	救弊
684	1474	1547	可畦	可畦集	趙翊	禦敵之道
685	1556	미상	海月軒	海月集	黃汝一	政在得人
686	1556	미상	海月軒	海月集	黃汝一	幾
687	1559	1624	西潭	西潭集	洪瑋	財用
688	1560	1624	少陵	少陵集	李尚毅	漢鄭當時請穿渭渠
689	1564	1627	希菴	希菴遺稿	玄德升	山水
690	1566	1630	凌虛	凌虛集	朴敏	繼述
691	1568	1639	浣亭	浣亭集	李彦英	安危治亂
692	1571	1639	松竹堂	松竹堂集	鄭文翼	時務
693	1572	1630	潛窩	潛窩遺稿	李命俊	祀
694	1572	1630	潛窩	潛窩遺稿	李命俊	理財之道

695	1572	1630	潛窩	潛窩遺稿	李命俊	作史之法
696	1574	1643	秋潭	秋潭集	金友伋	中和
697	1575	1644	東溪	東溪集	權濤	官方兵制貢法變通之議
698	1577	1658	雙峯	雙峯集	鄭克後	道統之傳
699	1577	1658	雙峯	雙峯集	鄭克後	興邦之道
700	1580	1693	河陰	河陰集	申楫	民蒙至治之澤
701	1580	1693	河陰	河陰集	申楫	因革之道
702	1582	1646	秋山	秋山集	朴弘中	應變
703	1585	1639	苔川	苔川集	金地粹	天命與治道
704	1585	1639	苔川	苔川集	金地粹	養民致賢
705	1585	1639	苔川	苔川集	金地粹	聚財訓士
706	1585	1645	天默齋	天默遺稿	李尙馨	悔
707	1585	1651	白石	白石遺稿	柳楫	致國家鞏固之道
708	1585	1651	白石	白石遺稿	柳楫	體天之道
709	1585	1651	白石	白石遺稿	柳楫	王霸之別
710	1585	1651	白石	白石遺稿	柳楫	嚴科法之道
711	1585	1651	白石	白石遺稿	柳楫	當今國事用中之道
712	1585	1651	白石	白石遺稿	柳楫	精擇守令之道
713	1585	1651	白石	白石遺稿	柳楫	料敵之方應變之策
714	1585	1651	白石	白石遺稿	柳楫	民樂赴役築城之道
715	1585	1651	白石	白石遺稿	柳楫	轉災爲祥之道
716	1585	1651	白石	白石遺稿	柳楫	君臣相遇之道
717	1585	1651	白石	白石遺稿	柳楫	立紀綱救弊之道
718	1585	1651	白石	白石遺稿	柳楫	立信於民之道
719	1585	1651	白石	白石遺稿	柳楫	責宰相臺諫經筵守令之道
720	1585	1651	白石	白石遺稿	柳楫	人材畫出以輔成國家之治
721	1585	1651	白石	白石遺稿	柳楫	急務
722	1585	1651	白石	白石遺稿	柳楫	當今國勢用中之道
723	1585	1651	白石	白石遺稿	柳楫	士皆同心以致治之道
724	1585	1651	白石	白石遺稿	柳楫	教化行倫紀明以致三代之盛之道
725	1585	1651	白石	白石遺稿	柳楫	法制
726	1585	1651	白石	白石遺稿	柳楫	陰陽和順之道
727	1585	1651	白石	白石遺稿	柳楫	兵食
728	1585	1651	白石	白石遺稿	柳楫	急務
729	1585	1651	白石	白石遺稿	柳楫	清高之士涵養之道

730	1585	1651	白石	白石遺稿	柳楫	天地至公
731	1585	1651	白石	白石遺稿	柳楫	士學歸正文體近道化成天下
732	1585	1651	白石	白石遺稿	柳楫	天地位萬物育
733	1585	1651	白石	白石遺稿	柳楫	福善禍淫之理
734	1585	1651	白石	白石遺稿	柳楫	君子恒進之道
735	1585	1651	白石	白石遺稿	柳楫	兵可精財可豐之道
736	1585	1651	白石	白石遺稿	柳楫	濟世誰任其責
737	1585	1651	白石	白石遺稿	柳楫	民安物阜比隆三代
738	1585	1651	白石	白石遺稿	柳楫	養生之方
739	1585	1651	白石	白石遺稿	柳楫	國勢熾如炎火之道
740	1587	1641	默守堂	嘿守堂集	崔有海	天道
741	1587	1641	默守堂	嘿守堂集	崔有海	任官致治之效
742	1592	1645	汾西	汾西集	朴瀰	風動感化之策
743	1592	1645	汾西	汾西集	朴瀰	保身與殺身
744	1597	1675	魯庵	魯庵集	金宗一	悔而能改
745	1598	1668	麒峰	騏峯集	李時省	雪
746	1598	1668	麒峰	騏峯集	李時省	梅
747	1598	1668	麒峰	騏峯集	李時省	關防守禦之道
748	1598	1668	麒峰	騏峯集	李時省	易之道
749	1601	1647	琴川	琴川集	鄭時修	恨
750	1601	1647	琴川	琴川集	鄭時修	閨怨
751	1601	1647	琴川	琴川集	鄭時修	詩窮
752	1601	1647	琴川	琴川集	鄭時修	福善
753	1601	1647	琴川	琴川集	鄭時修	山川險固
754	1602	1644	棠溪	棠溪集	金華俊	聖人之言辭
755	1602	1644	棠溪	棠溪集	金華俊	聖賢之道
756	1606	미상	晚洲	晚洲集	鄭昌冑	霜
757	1608	1670	晦谷	晦谷集	曹漢英	海之爲物
758	1608	1670	晦谷	晦谷集	曹漢英	何以成濟睽之功
759	1611	1693	八松	八松集	鄭必達	문제없음
760	1612	1684	存養齋	存養齋集	宋挺濂	君臣
761	1612	1684	存養齋	存養齋集	宋挺濂	災變
762	1612	1684	存養齋	存養齋集	宋挺濂	鑑戒
763	1614	1690	楸潭	秋潭集	兪瑒	言語
764	1614	1690	楸潭	秋潭集	兪瑒	得君之難

765	1614	1690	楸潭	秋潭集	兪瑒	正明公
766	1614	1690	楸潭	秋潭集	兪瑒	公與私
767	1614	1690	楸潭	秋潭集	兪瑒	天地之氣
768	1614	1690	楸潭	秋潭集	兪瑒	江山之助
769	1614	1690	楸潭	秋潭集	兪瑒	明五倫
770	1619	1658	春沼	春沼子集	申最	論仁
771	1619	1658	春沼	春沼子集	申最	雜術
772	1619	1658	春沼	春沼子集	申最	象數
773	1619	1658	春沼	春沼子集	申最	鳳鳥
774	1620	1688	梧灘	梧灘集	沈攸	天人相感
775	1620	1688	梧灘	梧灘集	沈攸	時務
776	1622	1680	歸巖	歸巖集	李元禎	培養人才
777	1622	1680	歸巖	歸巖集	李元禎	星變
778	1622	1680	歸巖	歸巖集	李元禎	名分
779	1622	1680	歸巖	歸巖集	李元禎	諸侯之三寶
780	1622	1680	歸巖	歸巖集	李元禎	文與質
781	1622	1680	歸巖	歸巖集	李元禎	心與事
782	1624	1689	陽谷	陽谷集	吳斗寅	禮
783	1625	1691	雲浦	雲浦遺稿	呂聖齊	律呂
784	1628	1673	錦翁	錦翁集	金學培	五服之制
785	1629	1698	林湖	林湖集	朴守儉	人材
786	1629	1698	林湖	林湖集	朴守儉	時中之道
787	1630	1680	九峯	九峯集	趙遠期	太極
788	1631	1690	南岳	南岳集	趙宗著	人材盛衰
789	1631	1690	南岳	南岳集	趙宗著	要務
790	1631	1690	南岳	南岳集	趙宗著	津濟
791	1631	1690	南岳	南岳集	趙宗著	駢儷
792	1631	1690	南岳	南岳集	趙宗著	致仕
793	1631	1690	南岳	南岳集	趙宗著	立言著書
794	1631	1690	南岳	南岳集	趙宗著	氣化
795	1631	1690	南岳	南岳集	趙宗著	是非
796	1631	1690	南岳	南岳集	趙宗著	某
797	1631	1690	南岳	南岳集	趙宗著	天下之患
798	1635	1707	茅菴	茅庵集	張璶	量
799	1640	1676	槽巖	槽巖集	趙昌期	富強

800	1641	1698	博泉	博泉集	李沃	諸侯之三寶
801	1641	1698	博泉	博泉集	李沃	人品
802	1641	1698	博泉	博泉集	李沃	攻戰之道
803	1642	1704	壺隱	壺隱集	洪受疇	內外交羞之道
804	1646	1707	絅庵	絅菴集	申琓	用兵之道
805	1646	1707	絅庵	絅菴集	申琓	官制
806	1646	1687	是窩	是窩遺稿	韓泰東	敬者聖學所以成始成終
807	1646	1687	是窩	是窩遺稿	韓泰東	天下秖有善惡邪正二塗而已
808	1646	1687	是窩	是窩遺稿	韓泰東	學者所以變化氣質
809	1646	1687	是窩	是窩遺稿	韓泰東	田制
810	1650	1692	鳳谷	鳳谷集	宋疇錫	爲國之道
811	1654	1676	洞虛齋	洞虛齋集	成獻徵	天道
812	1664	1722	昌舍	昌舍集	孫命來	星辰
813	1664	1722	昌舍	昌舍集	孫命來	晩節
814	1664	1722	昌舍	昌舍集	孫命來	日本
815	1664	1722	昌舍	昌舍集	孫命來	風水
816	1664	1722	昌舍	昌舍集	孫命來	治期
817	1664	1722	昌舍	昌舍集	孫命來	治定
818	1664	1722	昌舍	昌舍集	孫命來	文義
819	1664	1722	昌舍	昌舍集	孫命來	諺文
820	1673	1755	弼雲翁	弼雲遺稿	金令行	문제없음
821	1682	1747	西州	西州集	曹夏望	文學政事
822	1683	1752	悔窩	悔窩集	安重觀	文
823	1683	1752	悔窩	悔窩集	安重觀	武
824	1685	1728	老隱	老隱集	任適	禹貢
825	1685	1728	老隱	老隱集	任適	三代治道
826	1685	1757	梅山	梅山集	鄭重器	近思錄
827	1685	1757	梅山	梅山集	鄭重器	心經
828	1686	1761	觀我齋	觀我齋稿	趙榮祏	圖畫
829	1688	1762	退軒	退軒遺稿	徐宗伋	變化氣質
830	1690	1742	菊圃	菊圃集	姜樸	昌黎集
831	1690	1742	菊圃	菊圃集	姜樸	文王世子篇
832	1692	1742	沙村	沙村集	金致垕	儒老佛
833	1692	1742	沙村	沙村集	金致垕	君臣服制
834	1692	1742	沙村	沙村集	金致垕	君子與小人

835	1692	1757	鳴皐	鳴皐集	鄭榦	關防
836	1695	1767	晚慕	晚慕遺稿	鄭基安	春秋大義
837	1703	1773	松湖	松湖集	兪彦述	君子比德於玉
838	1712	미상	庸齋	庸齋集	金謹行	養老
839	1722	1787	雲溪	雲溪漫稿	金鍾正	春秋綱目
840	1725	1789	魯宇	魯宇集	鄭忠弼	推步
841	1730	1796	默山	默山集	南基萬	智仁勇
842	1731	1798	五龍齋	五龍齋遺稿	南溟學	還餉
843	1731	1809	蘿山	蘿山集	趙有善	時務
844	1731	1809	蘿山	蘿山集	趙有善	農政
845	1734	1761	菊軒	菊軒集	蘇始萬	大小

박재경 ─────────────────────────────

서울대학교 국어국문학과에서 박사학위를 받고, 일본 홋카이도 대학에서 문학과 철학
으로 박사과정을 밟았다.
한국의 대학은 물론, 일본, 중국, 대만, 러시아 등지의 유수한 대학의 교수로 학생들을
가르치고 있다.
현재 중세 한자문화권 시기부터 형성된 한중일 문사철 영향관계에 대해 관심을 갖고 연
구 중이다.

조선시대 책문 연구

초판인쇄 2020년 11월 15일
초판발행 2020년 11월 15일

지은이   박재경
펴낸이   채종준
펴낸곳   한국학술정보㈜
주소   경기도 파주시 회동길 230(문발동)
전화   031) 908-3181(대표)
팩스   031) 908-3189
홈페이지 http://ebook.kstudy.com
전자우편 출판사업부 publish@kstudy.com
등록   제일산-115호(2000. 6. 19)

ISBN   979-11-6603-195-3 93910

이 책은 한국학술정보(주)와 저작자의 지적 재산으로서 무단 전재와 복제를 금합니다.
책에 대한 더 나은 생각, 끊임없는 고민, 독자를 생각하는 마음으로 보다 좋은 책을 만들어갑니다.